MANGA

STEP BY STEP **SHŌNEN**

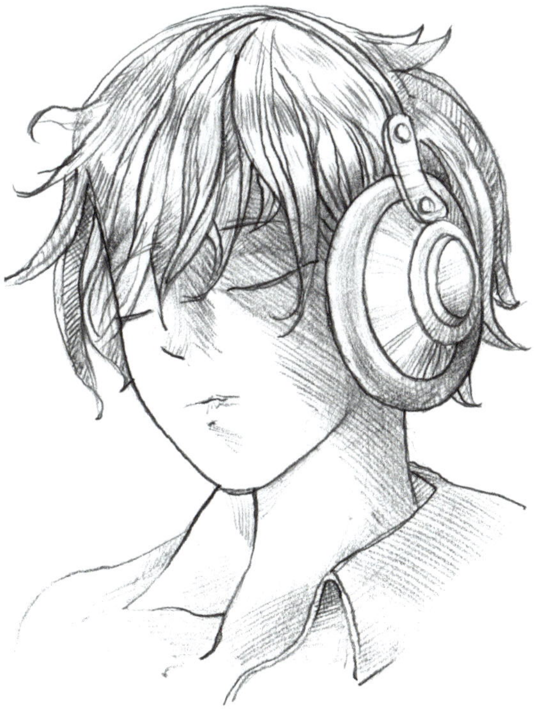

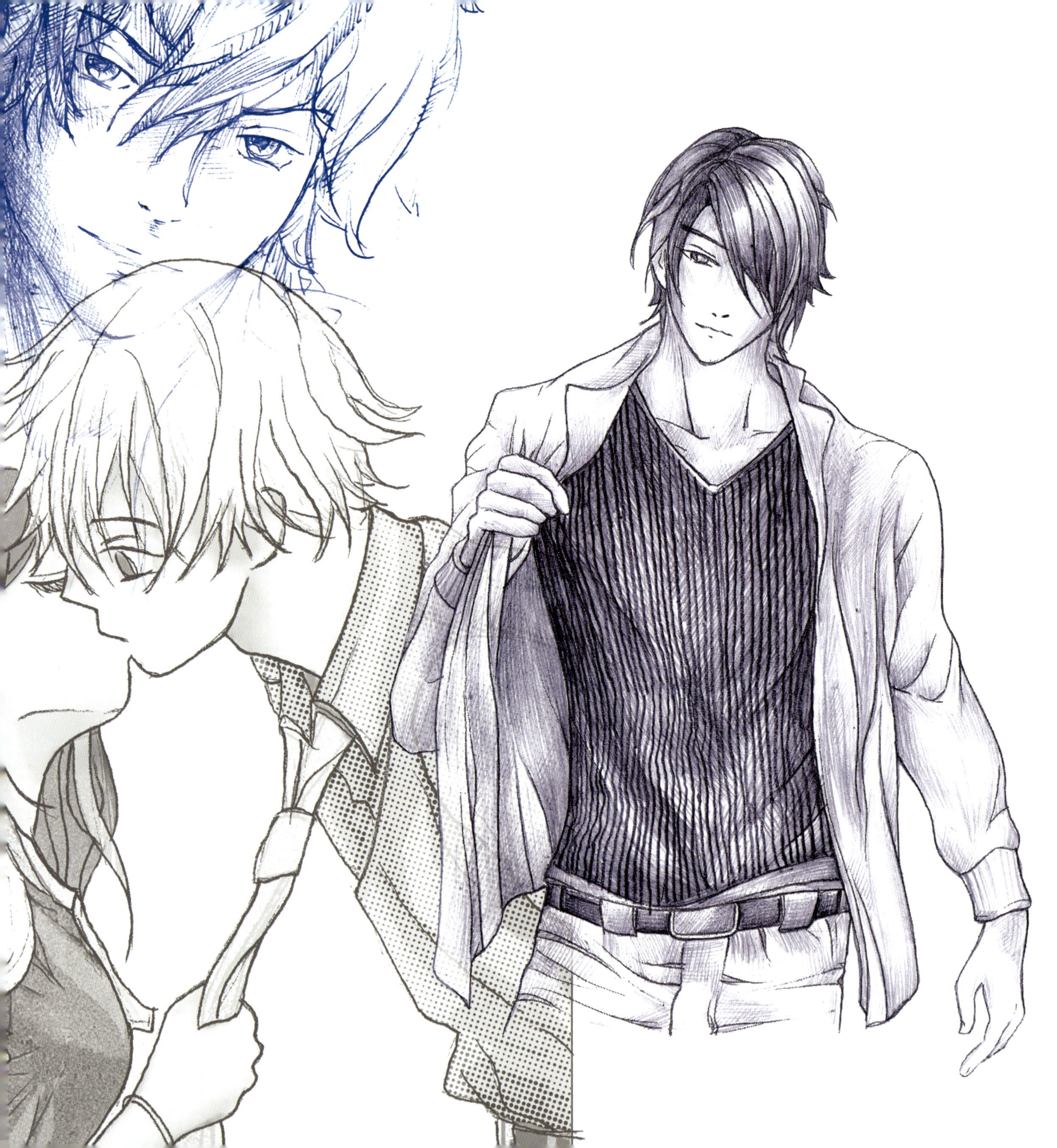

Gecko Keck

MANGA

STEP BY STEP

SHŌNEN

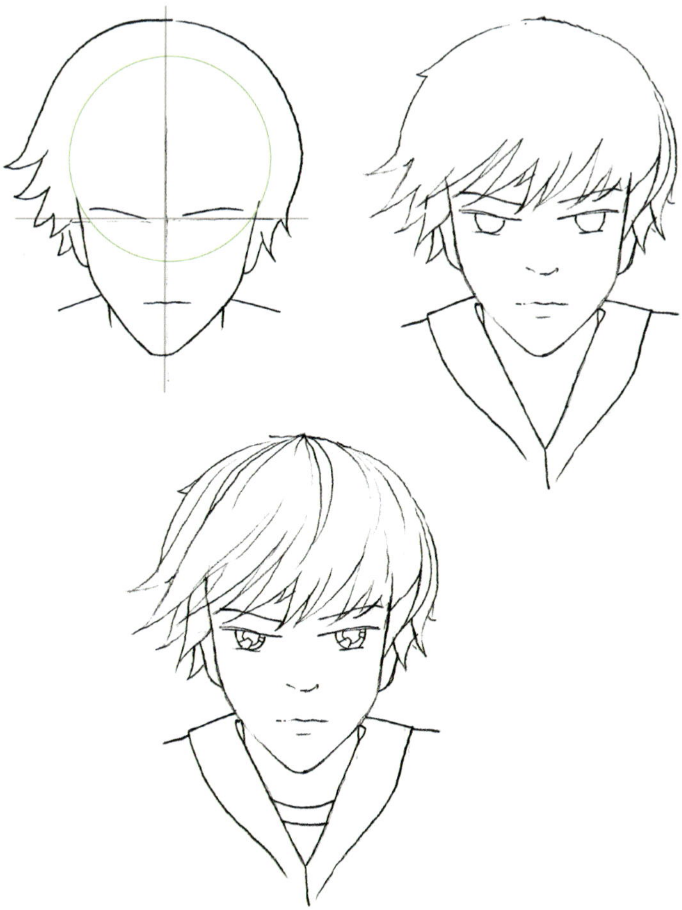

Einzigartiger Themenkurs

Körperaufbau, Kleidung

Bewegung und Gefühle

Inhaltsverzeichnis

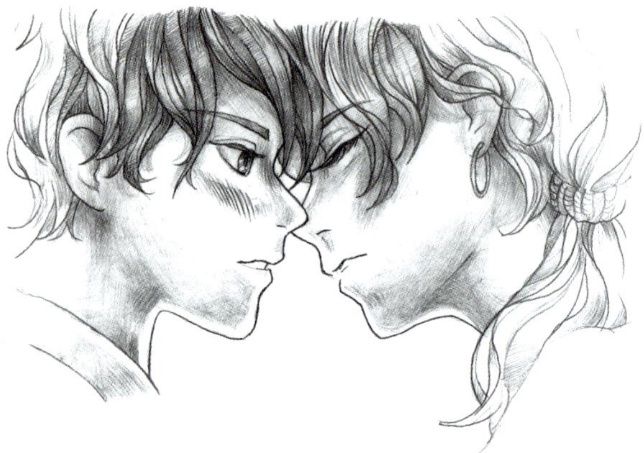

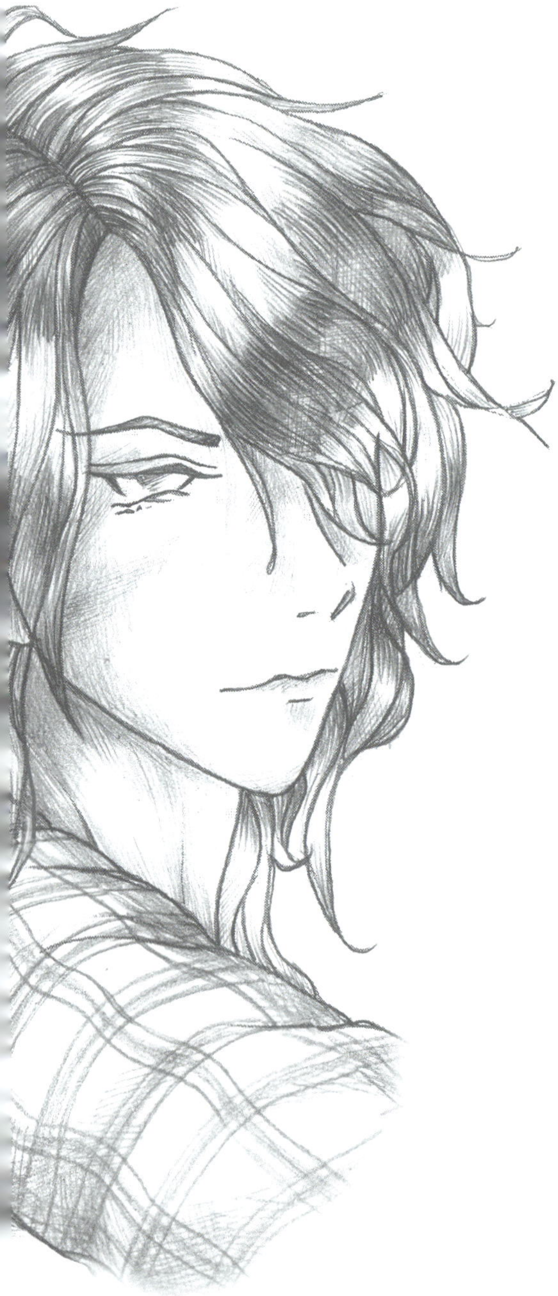

Vorwort

Der japanische Begriff **Shōnen** (japanisch 少年, auch Shonen oder Shounen genannt) bedeutet in der direkten Übersetzung „Junge" oder „Jugendlicher". In der Manga- und Animewelt steht das Wort für ein bestimmtes Genre, das sich mit den Themenwelten rund um männliche Jugendliche auseinandersetzt. Shōnen-Mangas und -Animes gehören auf dem japanischen Markt zu den erfolgreichsten Mangas, und sie übertreffen in ihrer Beliebtheit sogar die Shōjo-Mangas, in denen vorwiegend junge Mädchen die Hauptrollen spielen. Vielleicht habt ihr in dem Zusammenhang auch schon den Begriff **Bishōnen** gehört. Die japanische Übersetzung dafür ist „schöner Junge". Bishōnen sind androgyn gestaltete männliche Charaktere, die sehr dem in der japanischen Kultur vorherrschenden Schönheitsideal eines jungen Heranwachsenden entsprechen.

Shōnen grenzen sich von Bishōnen durch die Themenwelten ab, in denen man sie antrifft. Spricht man in Action-, Science-Fiction- oder Fantasy-Mangas eher von Shōnen, so bezeichnet man die feingliedrigen Jungs, die vor allem in

Shōjo-Mangas auftreten, als Bishōnen. Sie stehen oft in Zusammenhang mit Themen wie Freundschaft und erste Liebe, sind aber auch dem Genre Boys Love zuzuordnen.

In diesem Buch werdet ihr von Action-Helden über coole Draufgänger bis hin zu schüchternen Jungs viele Varianten des Shōnen- und Bishōnen-Genres kennenlernen und zeichnen. Die wichtigen Manga-Basics zum Einstieg zeigen, wie ihr dabei vorgehen und das Zeichnen vereinfachen könnt. Mit etwas Übung werdet ihr dann recht schnell eure ersten Figuren aufs Blatt bringen.
Nehmt also am besten gleich Bleistift und Papier zur Hand und legt los. Die vielen im Buch versammelten Shōnen-Motive mit Schritt-für-Schritt-Anleitungen zum Nacharbeiten sollen euch inspirieren und zu eigenen kreativen Experimenten anregen.
Ich wünsche euch viel Spaß beim Zeichnen und Erfinden eurer Figuren und Geschichten.

Euer Gecko

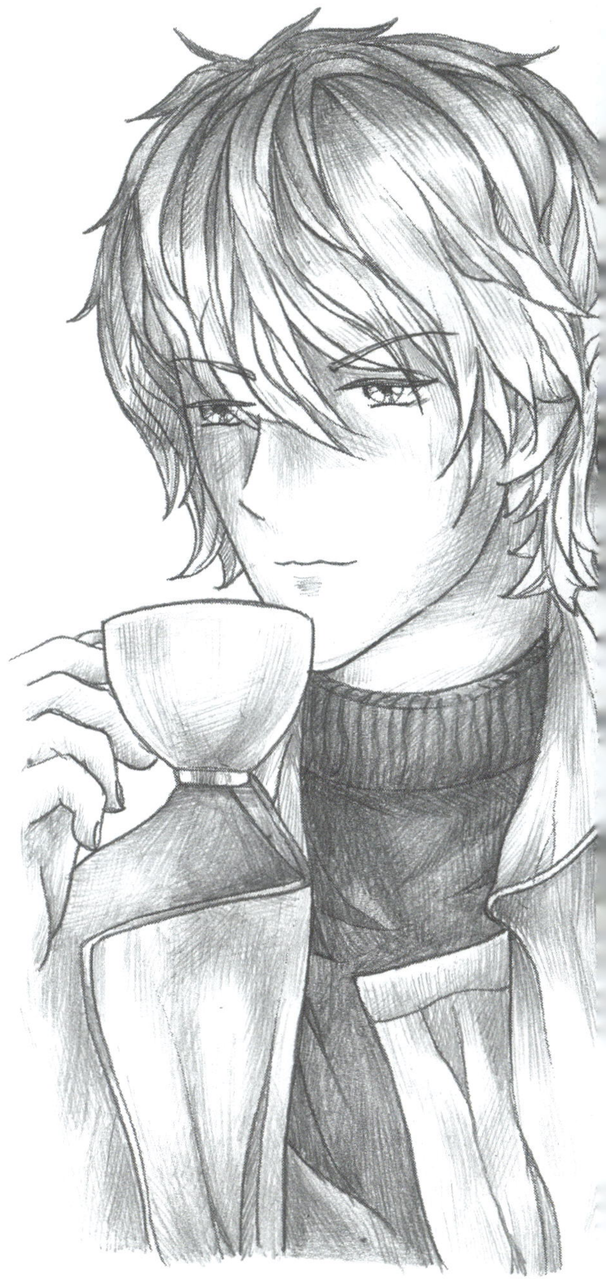

Manga Basics

Ob du absoluter Neuling bist oder schon etwas Erfahrung mitbringst – hier findest du zum Einstieg alle wichtigen Zeichen-Basics und Facts, um ein echter Mangaka zu werden. Du erfährst nicht nur, wie du einen coolen Jungenkopf zeichnest und welche Rolle dabei Augen, Nase, Mund sowie die Frisur spielen, sondern auch, welche Tricks es gibt, um den Körper zeichnerisch darzustellen. Also, leg dein Arbeitsmaterial bereit, wir starten gleich mit wichtigen Grundtechniken und einfachen Übungen dazu.

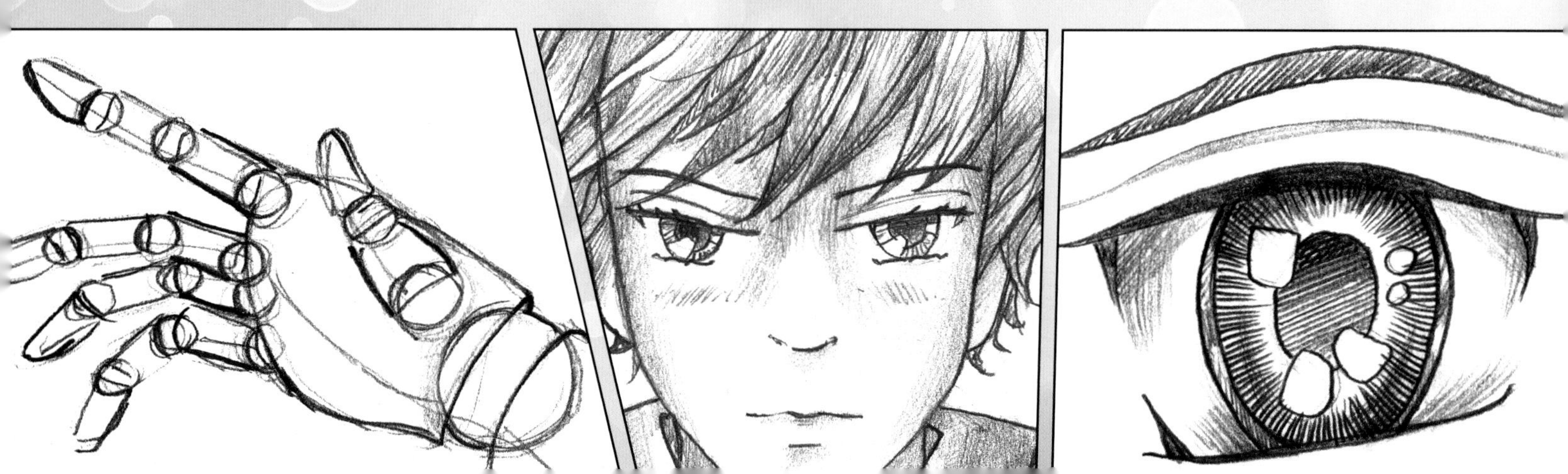

CHECKLISTE BASICS

Ohne diese Grundausstattung geht es nicht, wenn du Mangas zeichnen möchtest! Schau, was du alles bei deinen Zeichenmaterialien zu Hause findest und kaufe den Rest ein.

- » Bleistifte in verschiedenen Härtegraden (2H bis 3B)
- » schwarze Fineliner
- » Kugelschreiber
- » weißes Papier
- » Radiergummi
- » Spitzer
- » feste, glatte Zeichenunterlage
- » Lineale

CHECKLISTE BASICS PLUS

Diese Ergänzungen zum Basismaterial sind ebenfalls sehr nützlich. Diese Materialien erlauben es dir, speziellere Bilder zu zeichnen.

- » Buntstifte und Marker
- » (Manga-)Gliederpuppe
- » Zirkel
- » Computer mit grafiktauglichem Arbeitsspeicher
- » Scanner und Drucker
- » zumindest ein gutes Grafikprogramm

CHECKLISTE FÜR PROFIS

In diesem Buch werden wir weniger mit diesem Profizubehör arbeiten. Wer sich aber intensiv mit dem Mangazeichnen beschäftigen möchte, sollte wissen, womit die Profis arbeiten.

- » Leuchttisch
- » Kurvenschablonen
- » Profi-Grafikprogramme
- » verschiedene Schriften (Fonts) für den Computer
- » Grafiktablett
- » Transparentfolie

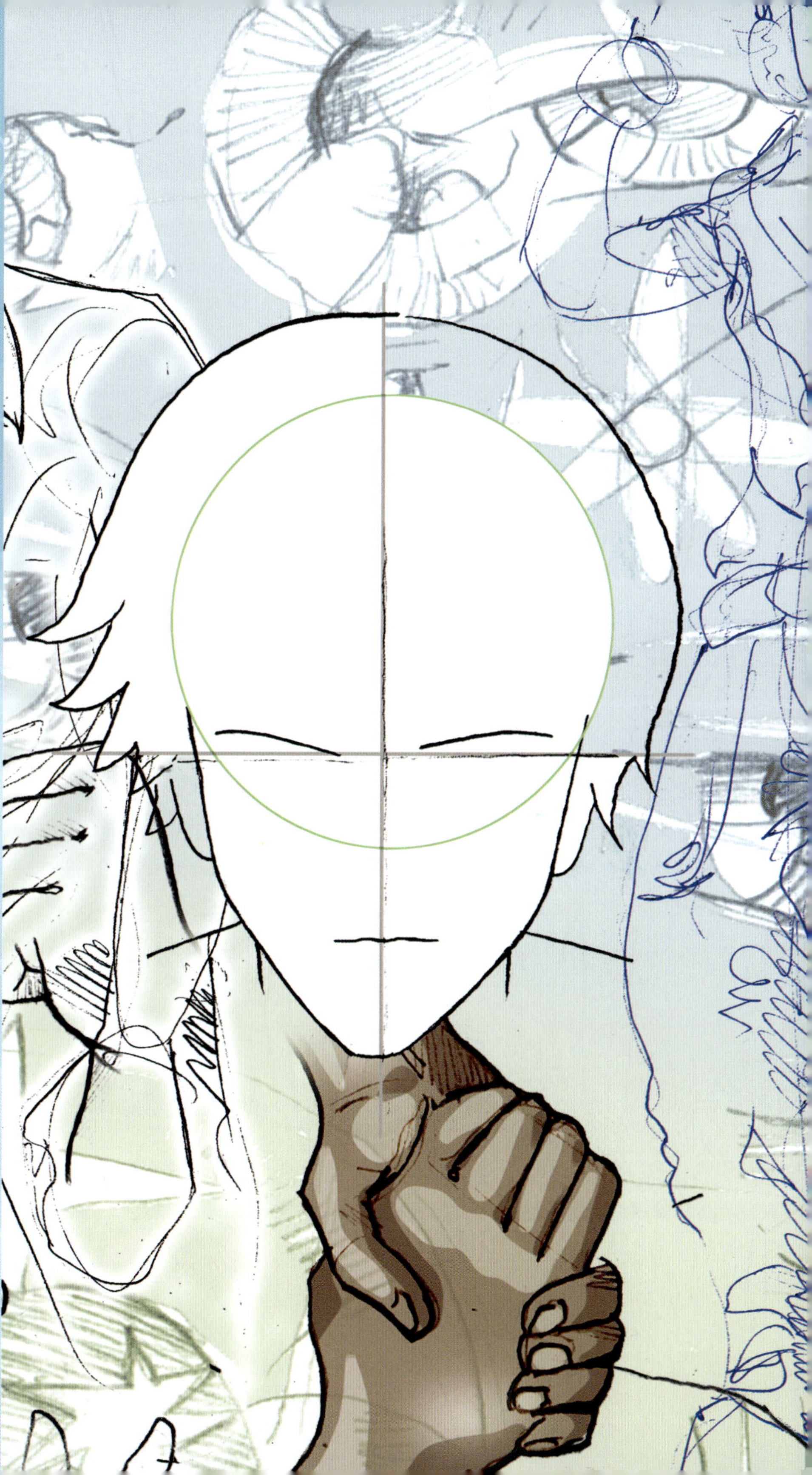

Wichtige Zeichentechniken

Für das Zeichnen – nicht nur von Mangas – gibt es grafische Grundtechniken, die dir helfen, deine Ideen aufs Papier zu bringen. Wenn du diese Techniken gut übst, kannst du sie später gezielt einsetzen und damit nahezu alle grafischen Darstellungen aufbauen.

Auf dieser Seite habe ich am Beispiel der drei jungen Männer die wichtigsten Zeichentechniken für dich zusammengestellt. Schau dir die Zeichnungen also gut an und übe die Techniken auf einem Extrablatt Papier.

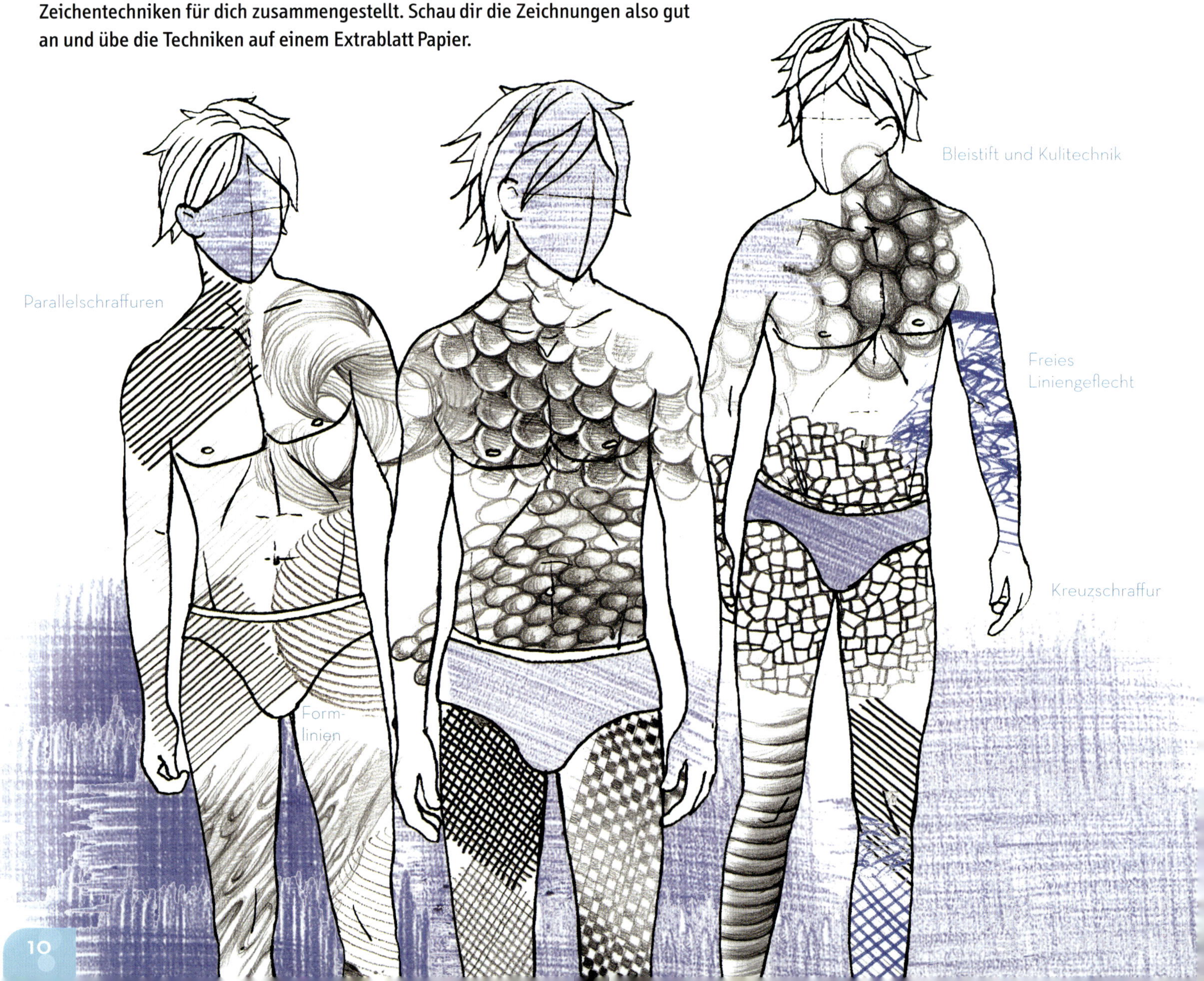

KONTUREN

Konturen oder Outlines sind Umrisslinien, die einen Körper oder ein Objekt nach außen hin abgrenzen. Beim Mangazeichnen ist das Material, mit dem du die Konturen einer Figur anlegst, sehr wichtig: Eine Bleistiftlinie sieht ganz anders aus als eine Linie, die mit einem Fineliner gezeichnet wurde.

SCHRAFFUREN

Schraffuren sind Liniengeflechte, die du mit unterschiedlichen Hell-Dunkel-Abstufungen gestalten kannst. Mit etwas Abstand wirken sie wie eine Fläche. Es gibt unterschiedliche Arten von Schraffuren: Parallel- und Kreuzschraffuren sowie Schraffuren, die der Form folgen. Du siehst sie alle im Beispiel gegenüber.

STRUKTUREN

Strukturen sind Flächen und Formen, mit denen du eine bestimmte Oberfläche wiedergeben kannst. Dabei kann es sich zum Beispiel um Schuppen, Blasen, Haare oder Wölbungen handeln. Entdeckst du einige dieser Strukturen bei den drei jungen Männern?

Wichtig

Ansprechende Konturen, Schraffuren und Strukturen zu zeichnen, erfordert etwas Übung. Also gib nicht gleich auf, wenn es am Anfang noch nicht so gut klappt. Du wirst sehen, je öfter du zeichnest, desto besser wirst du diese Grundtechniken beherrschen und umso besser werden auch deine Bilder.

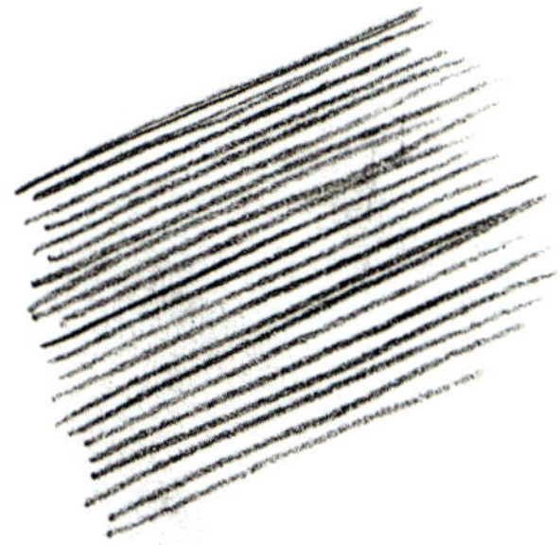

PARALLELSCHRAFFUREN

Alle Linien verlaufen bei dieser Technik parallel.

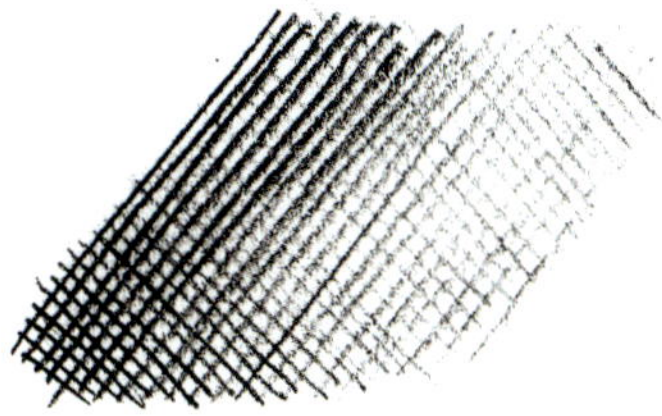

KREUZSCHRAFFUR

Bei einer Kreuzschraffur überkreuzen sich die Linien mindestens zweier Parallelschraffuren.

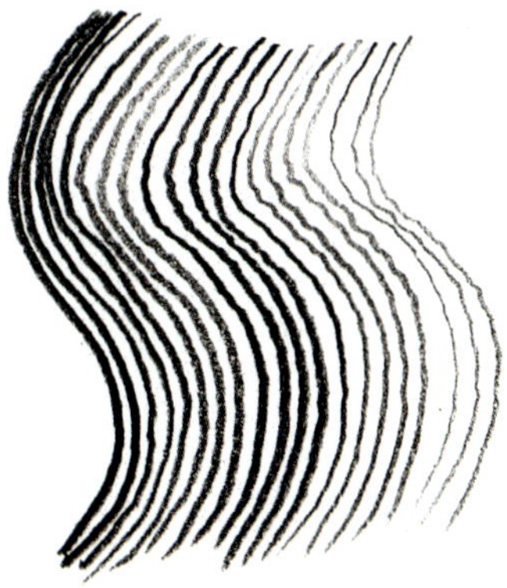

FORMLINIEN

Formlinien verlaufen ebenfalls parallel und folgen dabei der Form des Objekts.

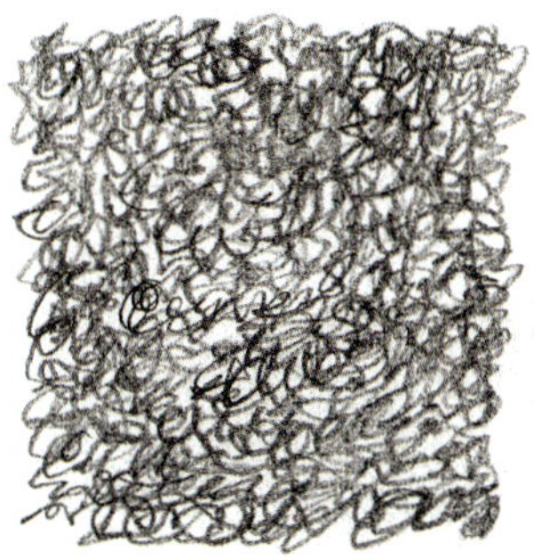

FREIES LINIENGEFLECHT

Die Linien oder Strukturen haben bei einem freien Liniengeflecht keine bestimmte Richtung. Man zeichnet sie eher spontan und schnell.

Verschiedene Werkzeuge – verschiedene Konturen

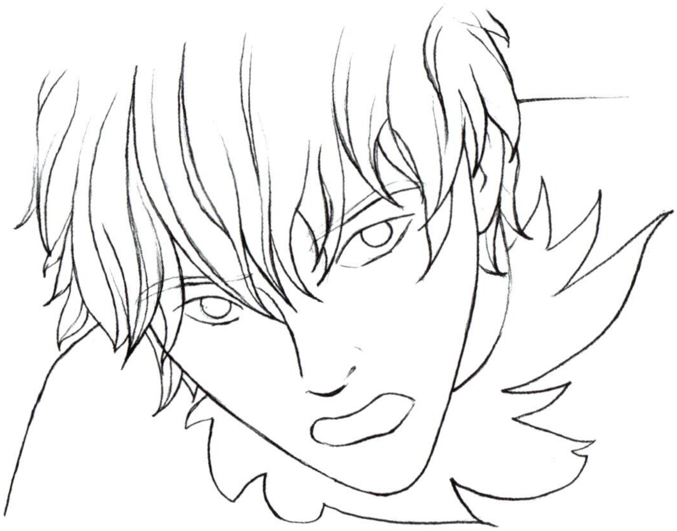

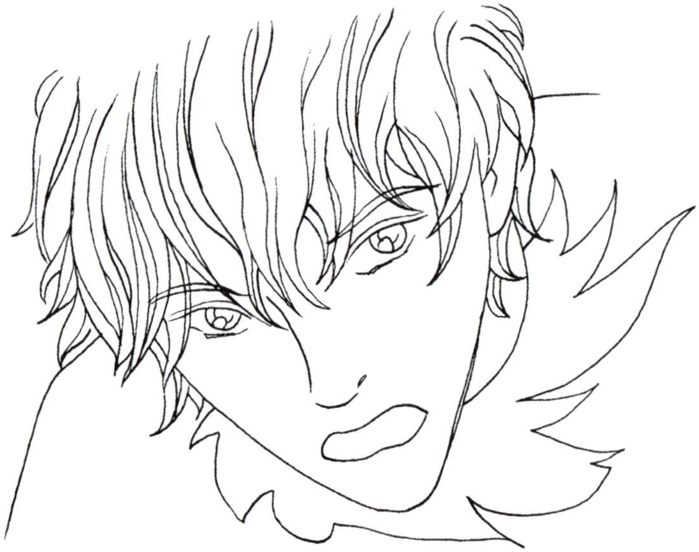

Die Konturen dieses Gesichts wurden mit einem Bleistift gezeichnet. Verwendest du einen härteren Bleistift, erhältst du sehr scharf begrenzte, aber helle Konturen. Mit einem weicheren Bleistift werden die Konturen dunkel bis schwarz, allerdings „franst" der Strich auch etwas aus.

Fineliner kommen beim Mangazeichnen gern zum Einsatz. Fineliner sind eine Art Filzstift, allerdings mit sehr feiner und harter Spitze. Mit einem Fineliner kannst du eine sehr präzise Kontur zeichnen. Mit etwas Abstand betrachtet, ist der Unterschied zur Bleistiftkontur allerdings gar nicht besonders groß.

Detail

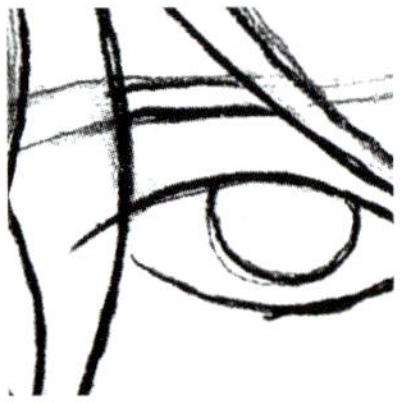

Im Detail kannst du sehr gut die Charakteristik einer Bleistiftkontur erkennen. Die Linien sind nicht ganz einheitlich und schwanken auch in der Helligkeit.

Detail

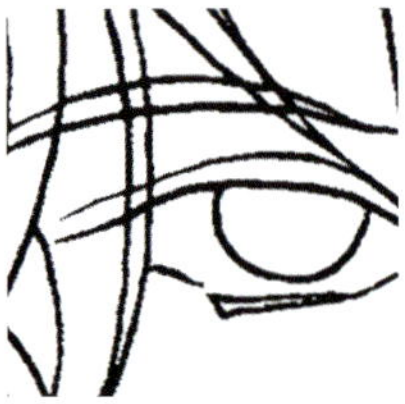

Im Detail wird dieser Unterschied jedoch wesentlich deutlicher. Jetzt siehst du, wie klar die Fineliner-Linie gegenüber der Bleistiftlinie tatsächlich ist.

Lass uns noch ein bisschen beim Thema Konturen bleiben, denn sie spielen beim Mangazeichnen eine wichtige Rolle. Es gibt zwei Arten von Konturen, mit denen du dein Motiv aufbaust. Da ist einmal die äußere Kontur, also die Umrisslinie deines Motivs. Aber auch innerhalb der Umrisslinie verlaufen feine Outlines. Sie gehören zu den Details, die sich innerhalb deines Motivs befinden.

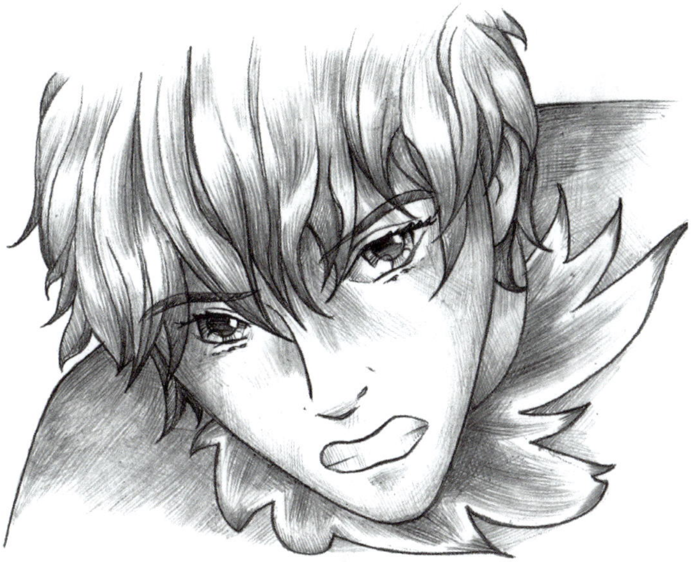

Für die Ausarbeitung eines Motivs, die sogenannte Reinzeichnung, stehen dir ebenfalls verschiedene Varianten zur Verfügung. Die Abbildung zeigt, wie das von einer Bleistiftkontur umrissene Gesicht hier mit Bleistift-Schraffuren ausgearbeitet wurde. Dabei lassen sich sehr feine Abstufungen von Hell nach Dunkel erzeugen.

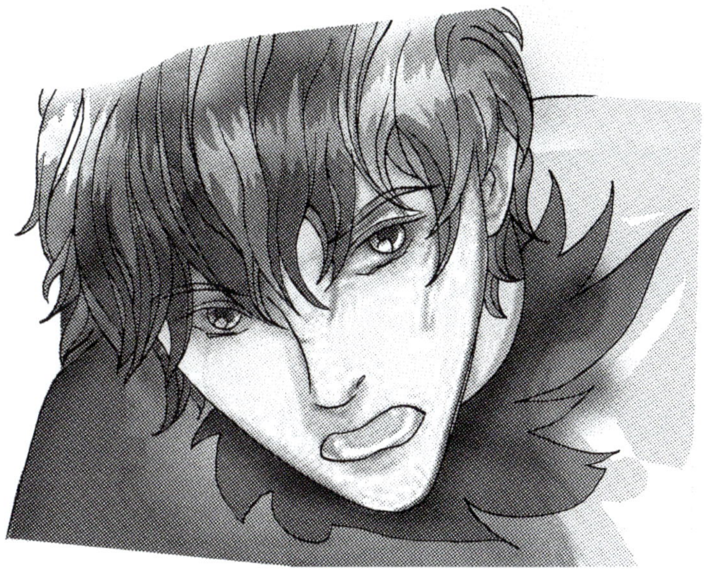

Diese Abbildung zeigt dir eine am Computer gefertigte Reinzeichnung, eine für Mangas ganz typische Darstellung. Dabei werden die Flächen in Verläufen angelegt und per Grafikprogramm vom Computer in gerasterte Flächen umgewandelt.

Detail

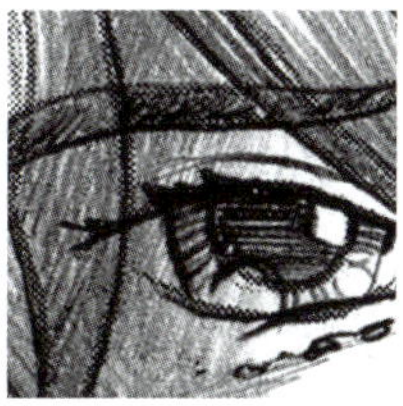

Im Detail siehst du, dass man beim Ausgestalten selbst in den Augen und auf kleinsten Flächen mit feinen Schraffuren arbeiten kann, damit das Gesicht plastischer wirkt.

Detail

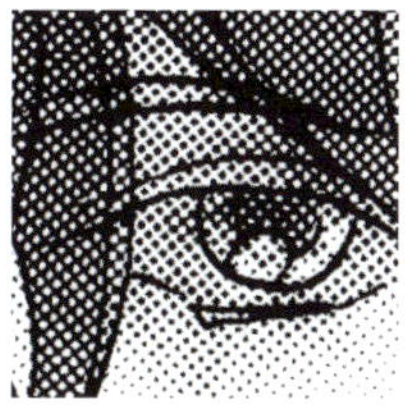

Das Detail zeigt genau diese Rasterung. In manchen Programmen wie zum Beispiel Clip Studio kannst du die Flächen direkt gerastert anlegen. In Photoshop funktioniert dies unter anderem über den Modus „Bitmap“.

Der Aufbau eines Jungen-Kopfs

Bist du gut aufgewärmt? Super, dann können wir damit anfangen, uns den ersten Themen zu widmen, die dich zum perfekten Zeichner von Shōnen-Mangas machen. Natürlich sind dabei besonders der Kopf und das Gesicht besonders wichtig, denn der Grund, weshalb Mangas nach wie vor für so viel Begeisterung sorgen, liegt an den ausdrucksstarken Gesichtern der Manga-Helden und -Heldinnen. Bevor wir uns jedoch den Emotionen widmen, zeige ich hier zunächst den einfachen, systematischen Aufbau eines Shōnen-Gesichts. Nimm Bleistift und Papier zur Hand und mach gleich mit!

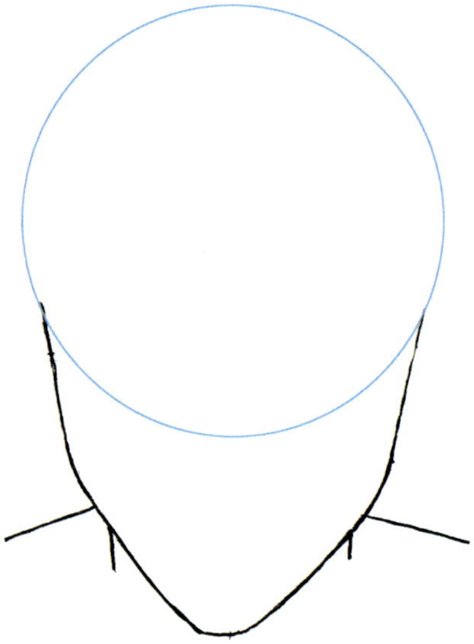

ERSTER SCHRITT

Zeichne zunächst einen Kreis und füge dann die untere Gesichtshälfte mit dem Kinn hinzu. Bei Jungen ist das Kinn meist etwas markanter ausgeprägt als bei Mädchen. Deute den Ansatz von Hals und Schultern an.

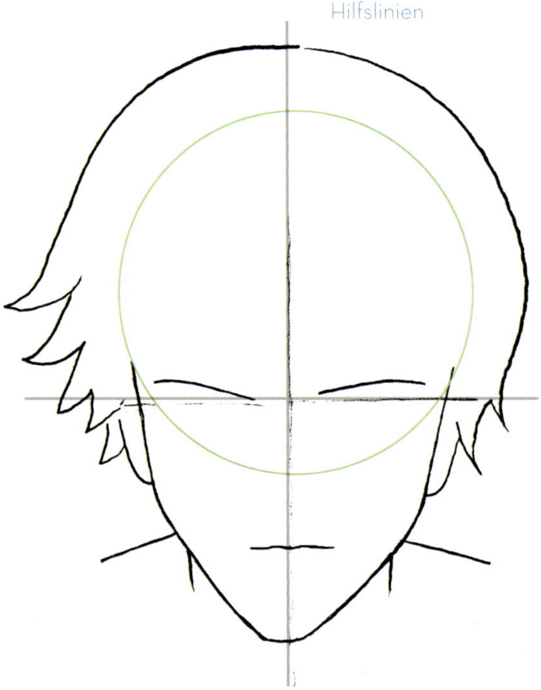

ZWEITER SCHRITT

Zeichne jeweils mittig eine vertikale und eine horizontale Hilfslinie ein. Die horizontale Linie markiert die Position der Augen – sie sind bei Jungen kleiner als bei Mädchen. Zeichne die Haare als Volumen, nicht in Form einzelner Strähnen ein.

Info

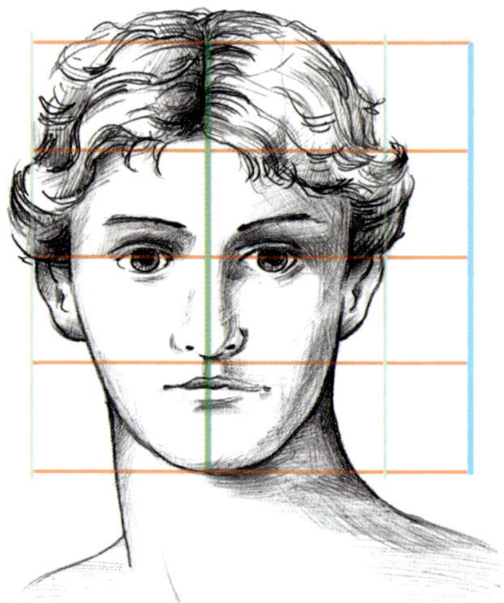

WAHRE PROPORTIONEN

Wenn du einen Manga-Kopf zeichnen möchtest, ist es sinnvoll, zunächst die Proportionen eines echten Kopfs zu betrachten. Oben siehst du die Abbildung eines ideal proportionierten Männergesichts. Es ist in vier Segmente aufgeteilt, wobei die Augen genau auf der horizontalen Mittelachse liegen und der Mund im unteren Viertel.

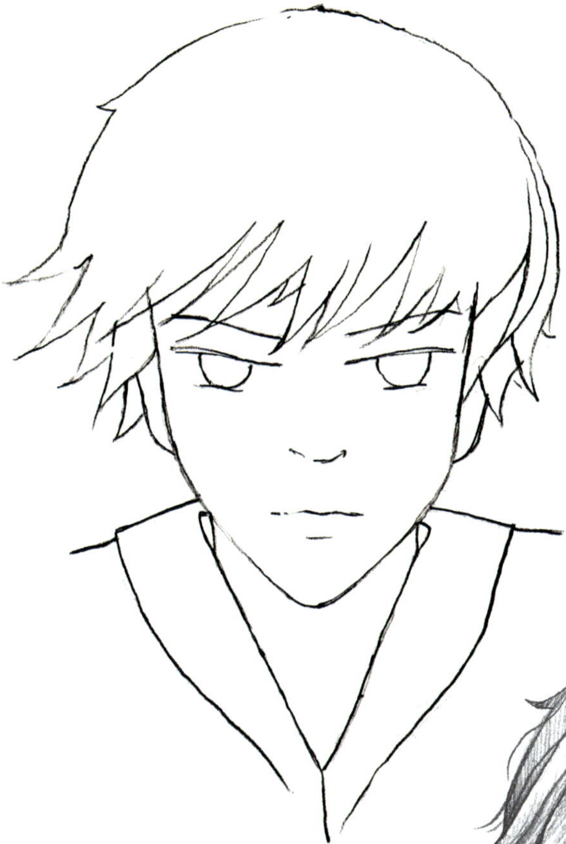

DRITTER SCHRITT

Radiere die Hilfslinien weg und zeichne mit wenigen Strichen Augen, Nase und Mund ein. Gestalte den Haarschopf und die Kleidung.

Typische Haarsträhnen

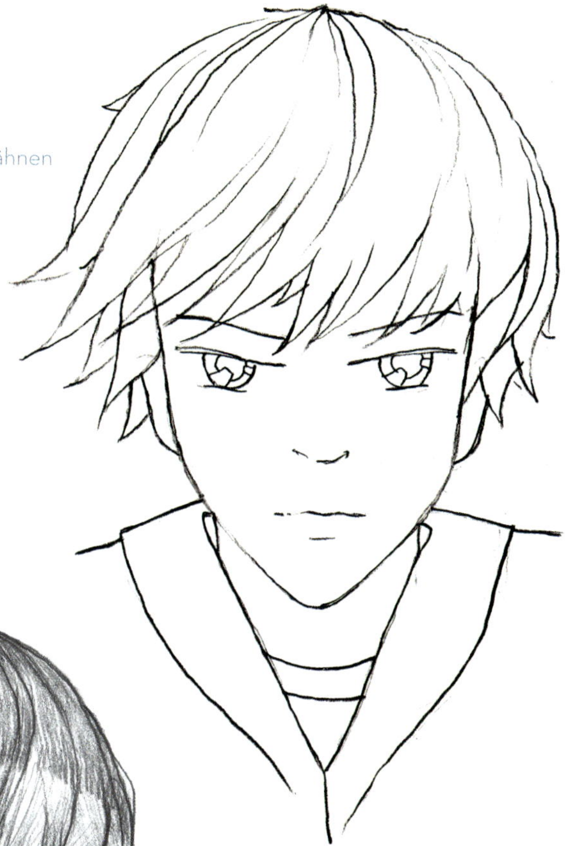

VIERTER SCHRITT

Ergänze weitere Details, vor allem an den Augen. Wie du die typischen Manga-Augen überzeugend zeichnen kannst, erfährst du auf Seite 18.

Glanzpunkte in den Augen

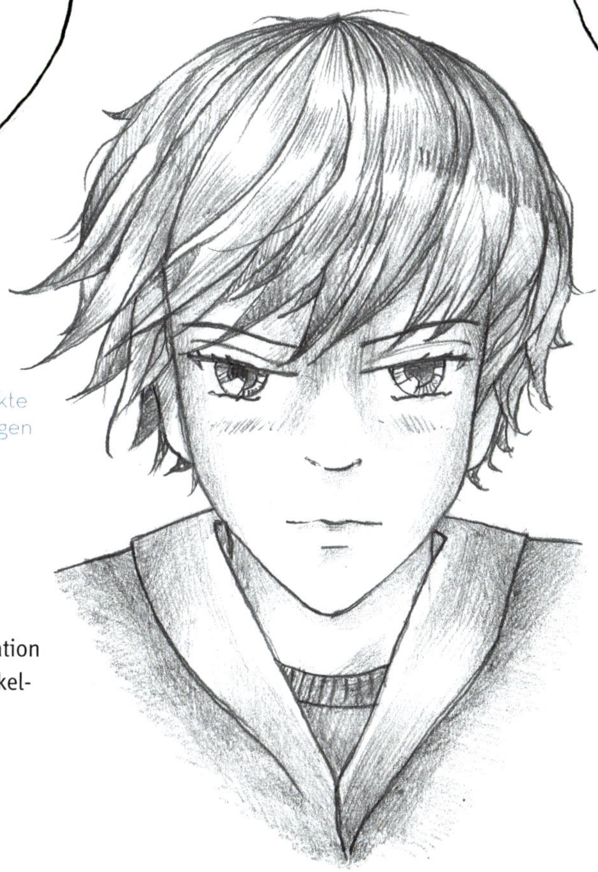

FÜNFTER SCHRITT

Hier siehst du die fertige Illustration des Kopfes. Die feinen Hell-Dunkel-Abstufungen wurden mit einem Bleistift schraffiert.

Jungen-Kopf im Profil

Natürlich sind Manga-Charaktere nicht immer nur von vorn zu sehen, deshalb zeige ich dir hier, wie man einen Shōnen-Kopf auch im Halbprofil und im Profil darstellen kann. Wenn du diese Zeichengrundlagen gut beherrschst, dürfte es dir in Zukunft leichtfallen, überzeugende Shōnen-Köpfe zu gestalten.

Profil

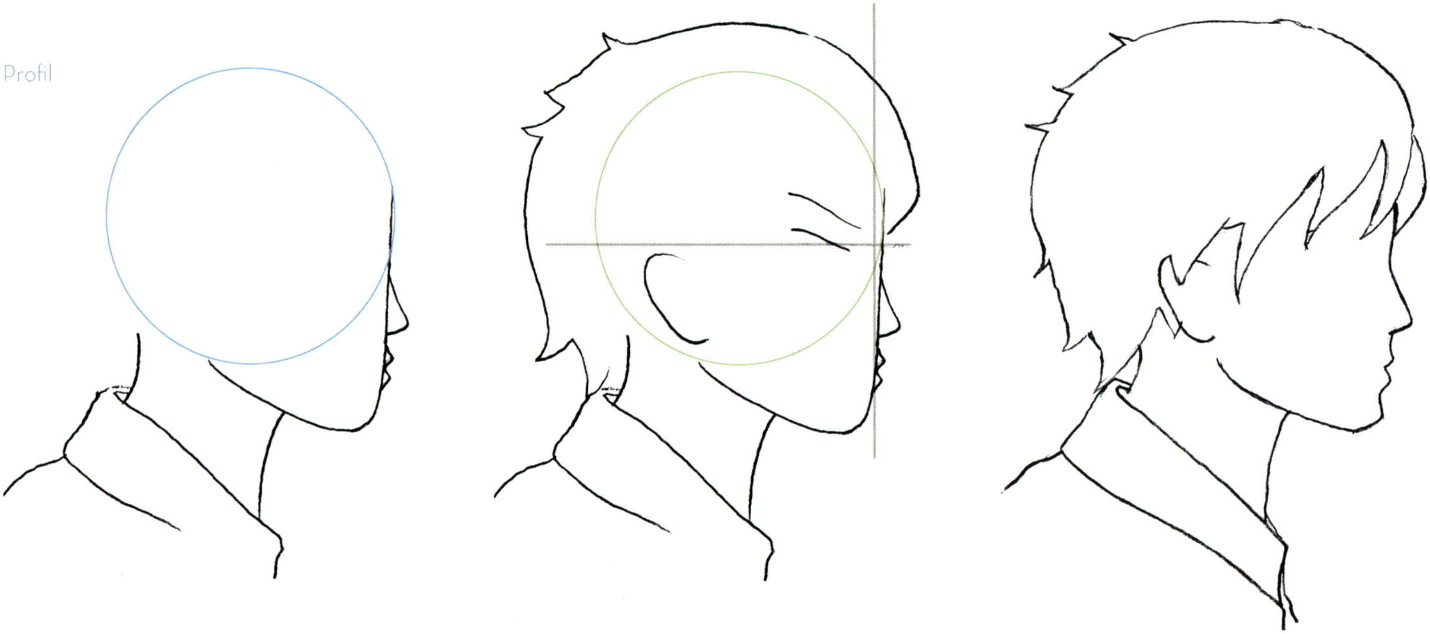

Halbprofil

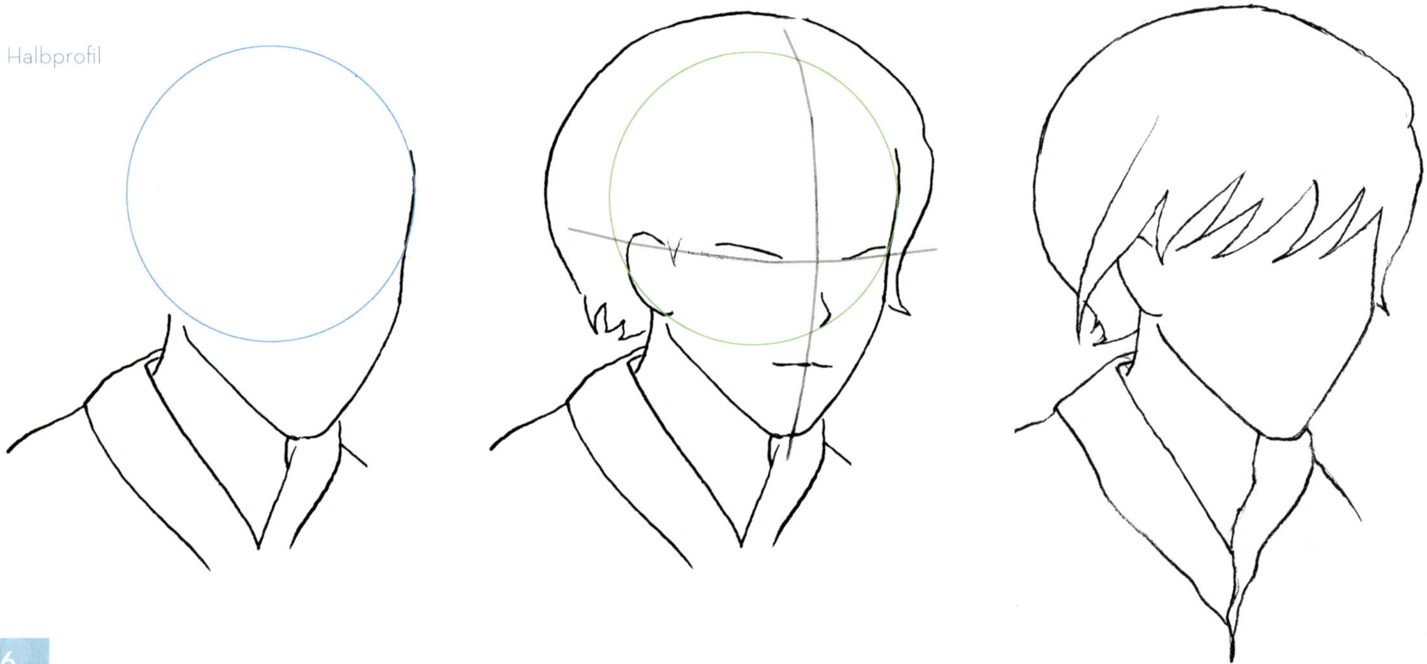

PROFIL

Auch im Profil ist die Ausgangsform ein Kreis. Die Form für das Kinn setzt nun ganz rechts am Kreis an. Der Halsansatz rutscht in die andere Richtung. Die vertikale Hilfslinie entspricht nun dem rechten Bogen des Gesichts.

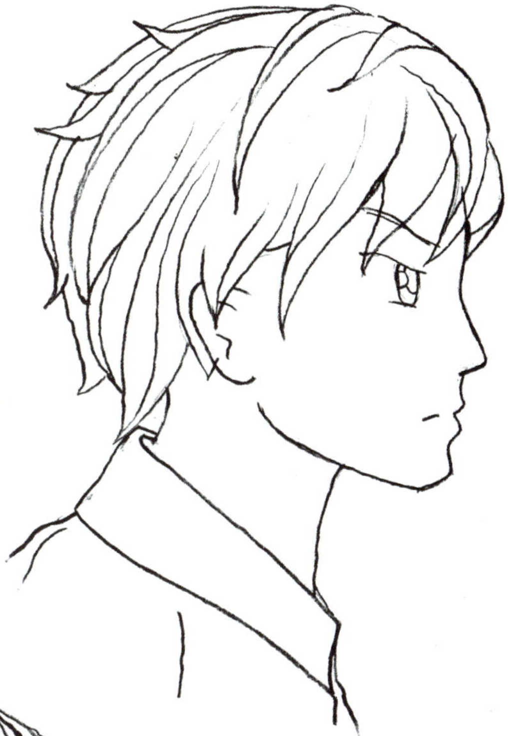

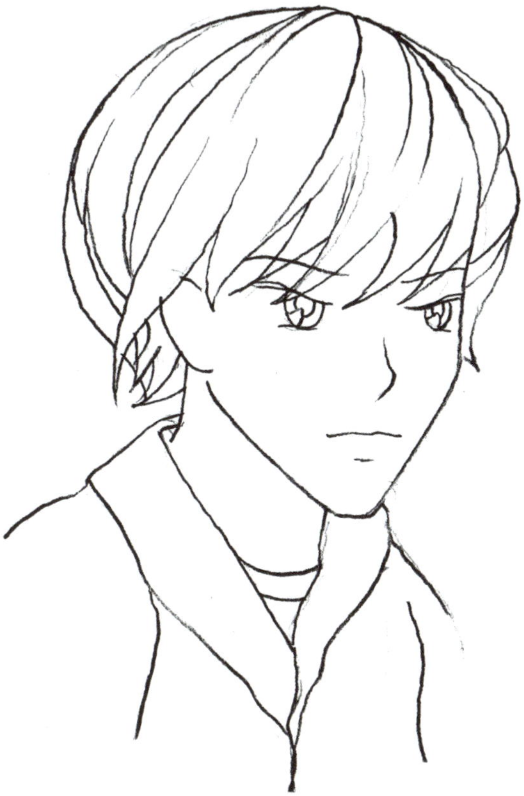

Auch die Kleidung verändert sich perspektivisch.

HALBPROFIL

Zeichne entlang der vertikalen Hilfslinie die feine Silhouette von Nase und Mund ein. Das Auge orientiert sich an der waagerechten Hilfslinie und wird sehr reduziert dargestellt. Die weiteren Schritte sind dieselben wie bei der Ansicht im Halbprofil.

Info

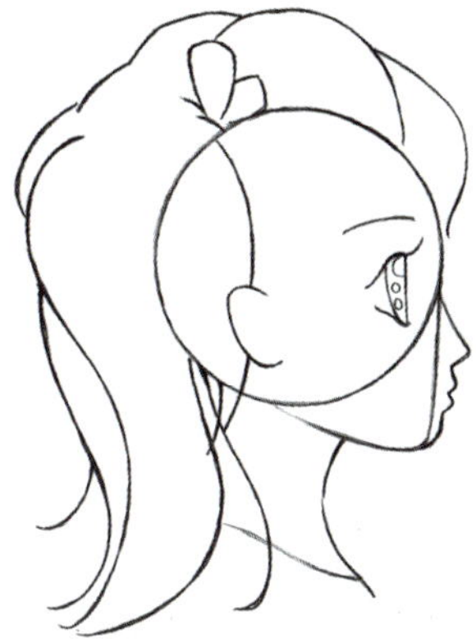

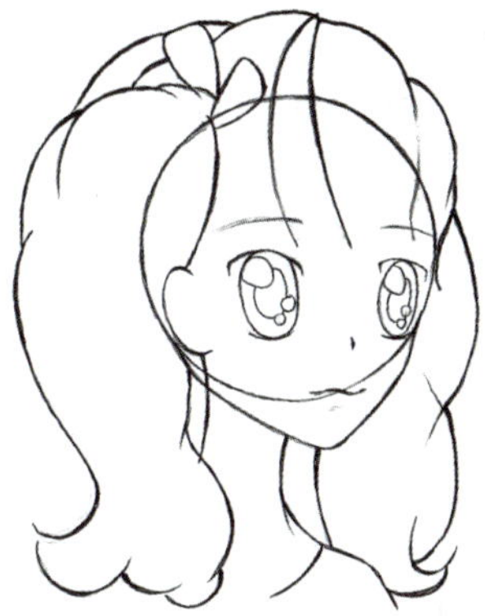

MÄDCHEN-KOPF

Hier siehst du, wie im Gegensatz zu einem Shōnen-Kopf ein Shōjo-Kopf im Profil dargestellt wird. Der Ablauf ist dabei derselbe wie beim Jungen. Die Unterschiede liegen im Detail: Die Augen sind bei Mädchen größer und die Frisuren voluminöser.

Augenformen bei Jungs

Die Augen sind das wichtigste Gesichtsmerkmal bei Manga-Figuren. Sie spiegeln den Charakter der Figur wider und verleihen Gefühlen wie Freude, Ärger oder Angst Ausdruck. Zwar sind die Augen von Shōjos meistens deutlich ausgearbeiteter, größer und glänzender als bei Shōnen, dennoch transportieren die Augen auch bei Shōnen die Gefühle des Charakters und sind dementsprechend wichtig.

AUGEN – SCHRITT FÜR SCHRITT

Hier kannst du gut nachvollziehen, wie du ein Auge schrittweise aufbaust. Den Anfang bildet ein einfacher Bogen mit einem Halbkreis darunter. Zeichne dann die Pupille und die Glanzpunkte ein. Wenn du magst, kannst du deine Zeichnung noch farbig ausgestalten.

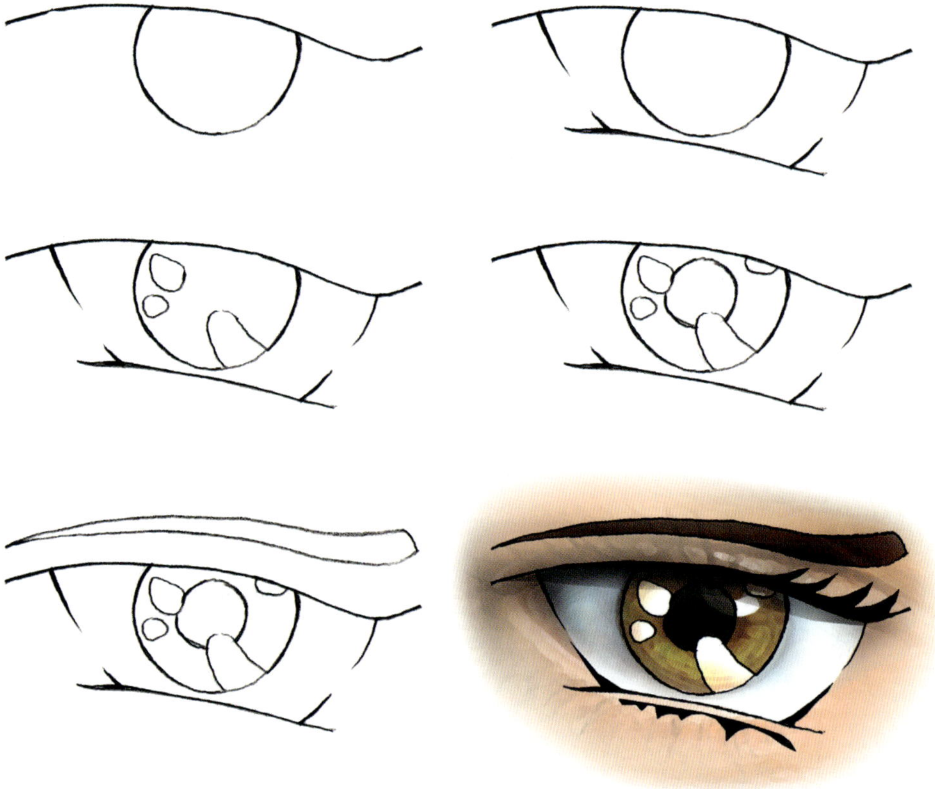

Stilisierte Wimpern

Glanzpunkte als wichtiges Gestaltungselement

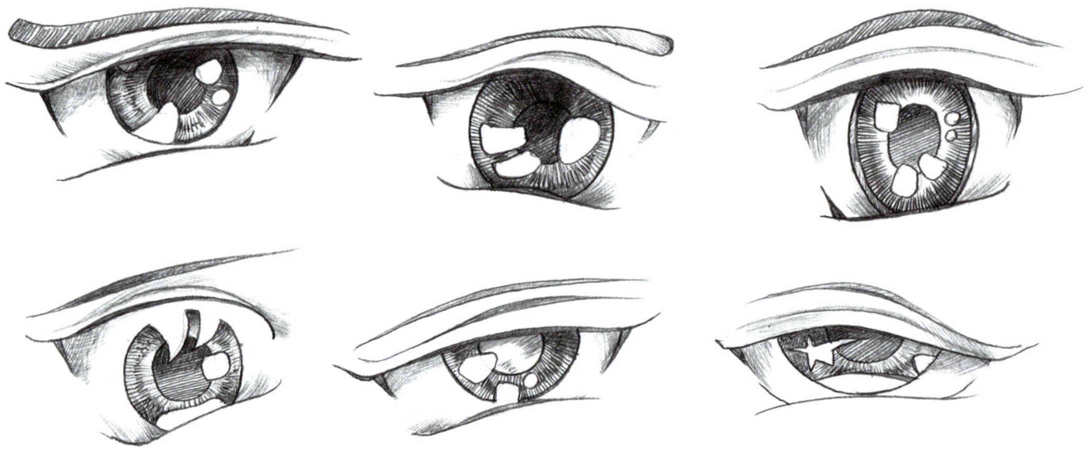

Es gibt die unterschiedlichsten Darstellungsarten für Augen, hier siehst du einige Beispiele. Ein paar Merkmale bleiben jedoch immer gleich: das Einarbeiten von Glanzpunkten und die Ausgestaltung der Iris. Manchmal verdeckt das Augenlid mehr als die Hälfte von Iris und Pupille, manchmal sind Iris und Pupille fast ganz zu sehen.

Wichtig

Zeichnest du deine Figur in ganz unterschiedlichen Ansichten und Größen, so variiert natürlich auch die Größe der Augen. Übe deshalb ganz besonders, auch kleinere Darstellungen von Augen zu zeichnen. Dabei reduzieren sich die einzelnen Elemente auf das Wesentlichste.

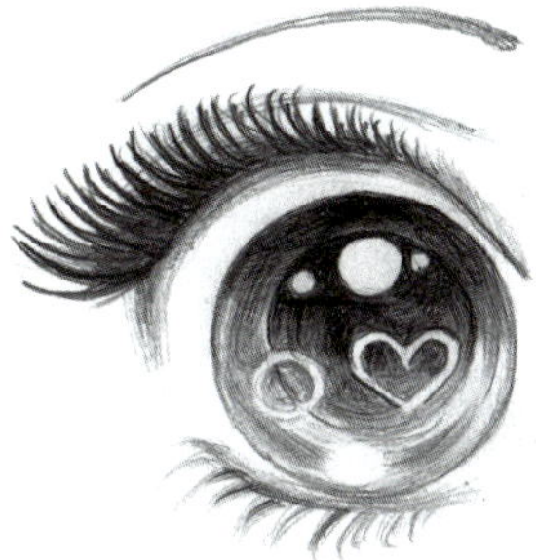

VERSPIELT

Hier kannst du noch einmal gut den Unterschied von Shōjo- zu Shōnen-Augen sehen. Die Augen der Mädchen werden oftmals viel detailreicher und verspielter dargestellt.

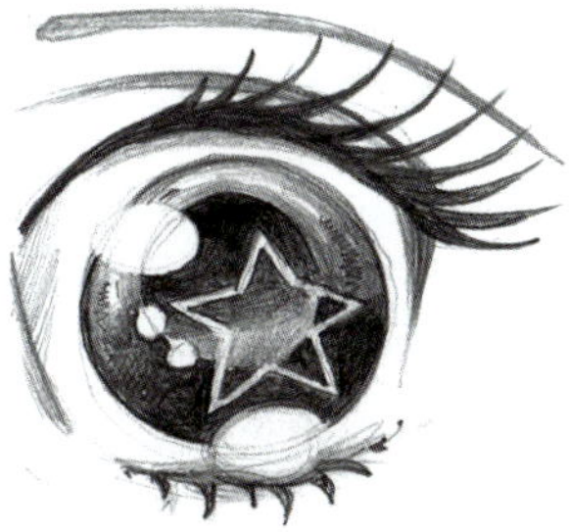

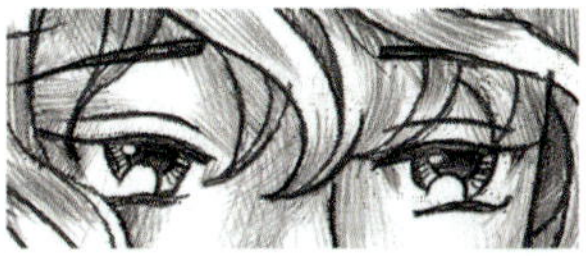

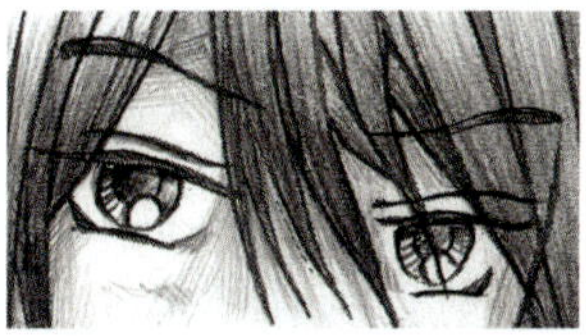

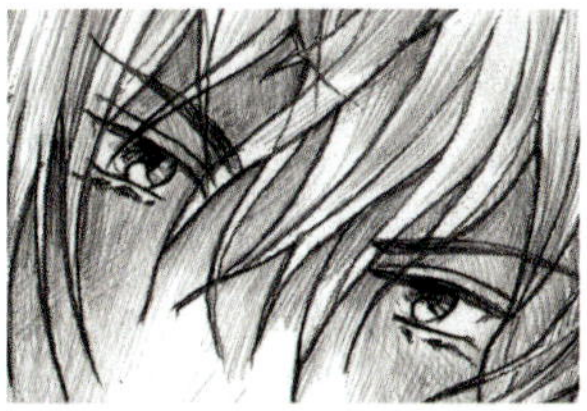

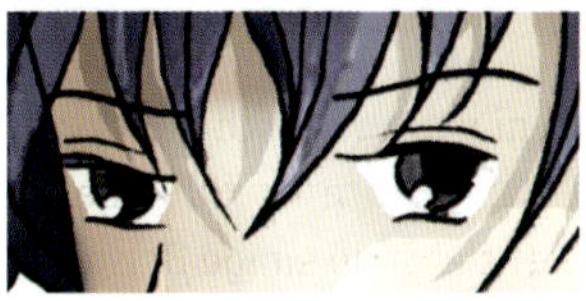

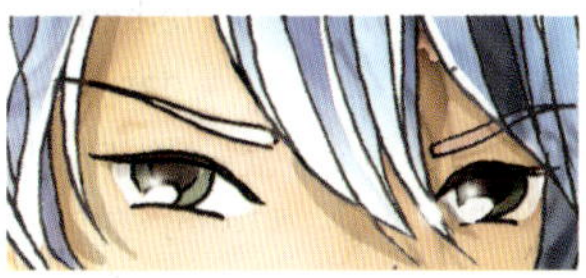

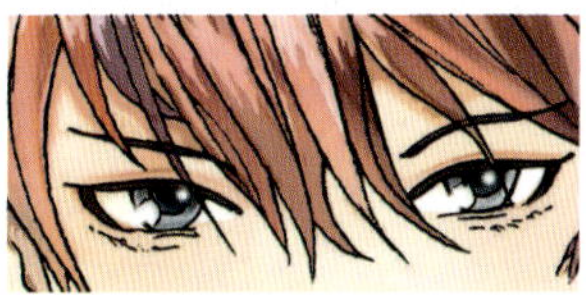

Info

MUND UND NASEN

Im Gegensatz zu den Augen werden Mund und Nase häufig deutlich reduzierter dargestellt. Die Ausnahme bilden sehr emotionale Gefühlszustände. Darauf werden wir im weiteren Verlauf des Buchs noch ausführlicher zu sprechen kommen.

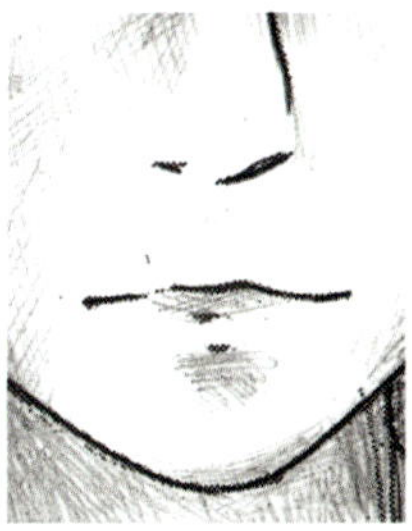

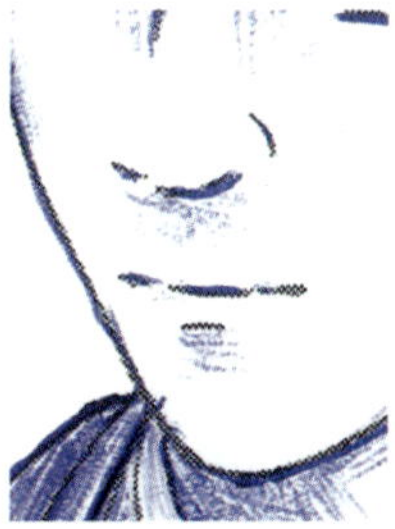

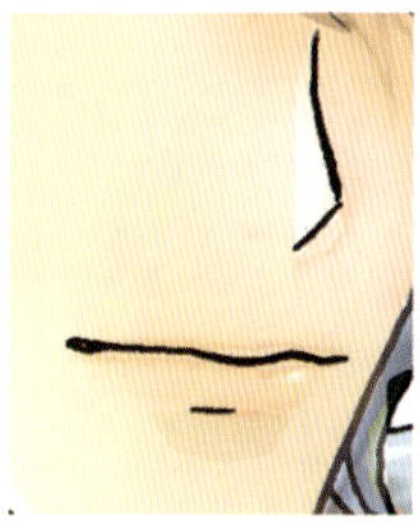

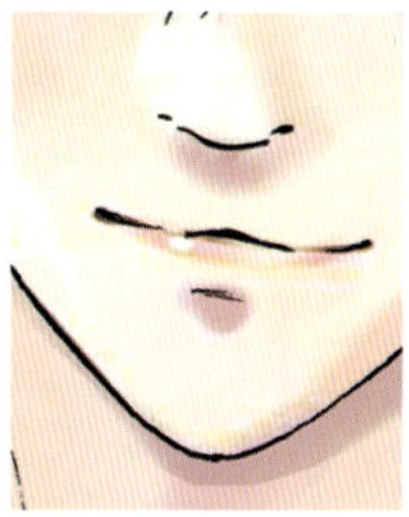

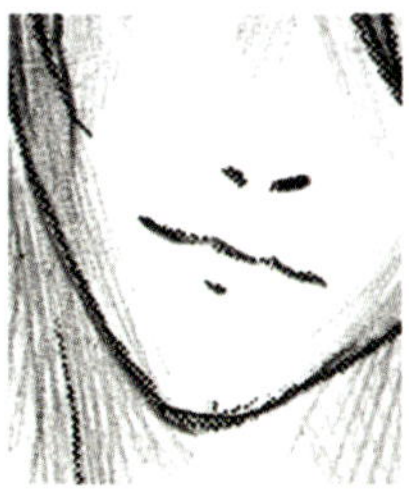

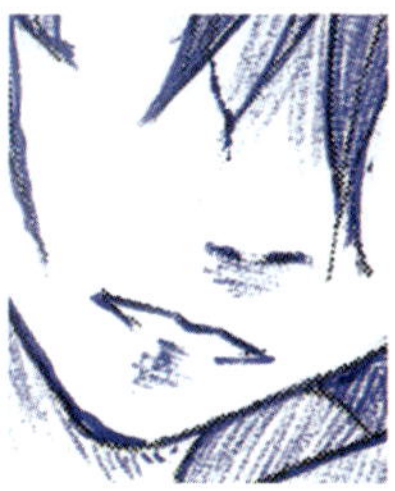

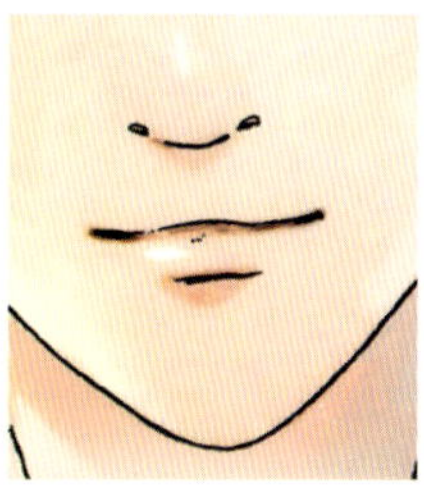

Hier siehst du verschiedene Beispiel zu dem Thema Mund und Nase von den Bildern in diesem Buch.

Frisuren für Jungs

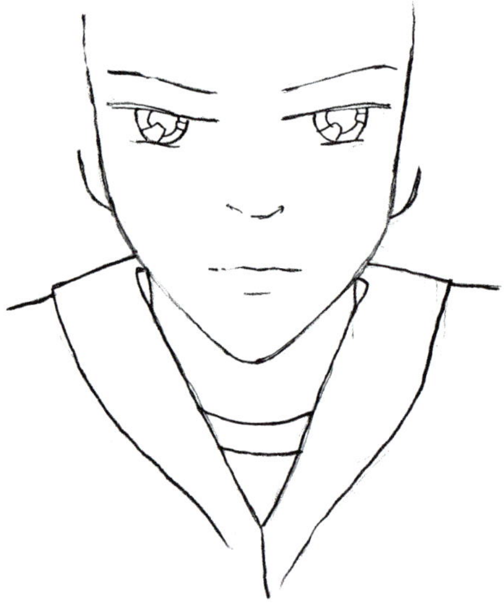

Natürlich gehört zur Darstellung eines perfekten Kopfes auch die entsprechende Frisur, denn neben Augen sind die Haare ein wichtiges Stilmittel. Mit Form, Stil und Farbe kannst du eine ganze Menge über deine Figur aussagen. Auch wenn Jungen in der Manga-Welt oft Kurzhaarfrisuren tragen, brauchst du dich daran nicht zu halten. Hauptsache, die Frisur passt zu den typischen Wesenszügen deines Charakters.

Möchtest du verschiedene Frisuren testen? Dann bietet es sich an, mit einem Modellkopf zu arbeiten.

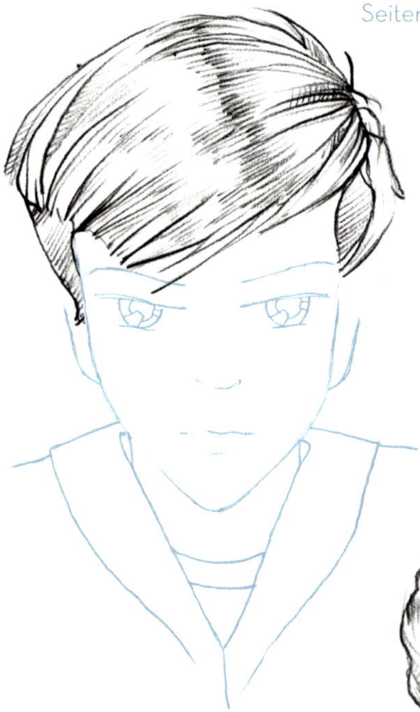

Seitenscheitel

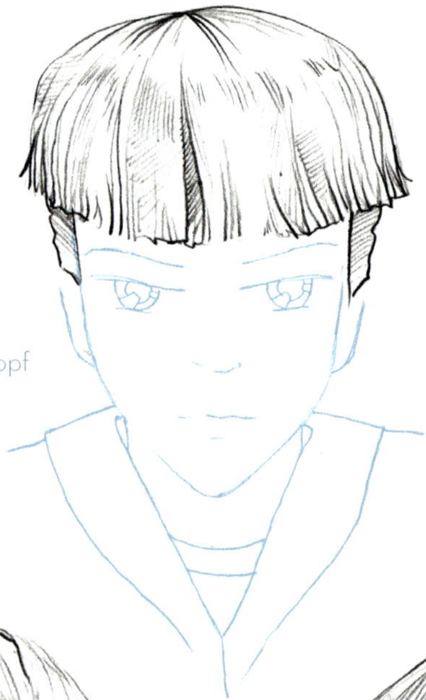

Pilzkopf

ZEICHENTIPP

Pause diesen Kopf einfach mehrfach ab und probiere verschiedene Haar-Styles aus. Oder du legst Transparentpapier über den Modellkopf und zeichnest deine Wunschfrisuren darüber.

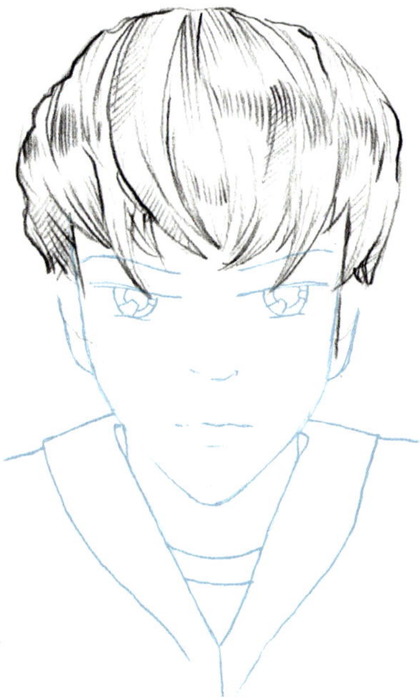

Ganz klassisch oder eher wild? Welche Frisur würde zu deiner Figur passen?

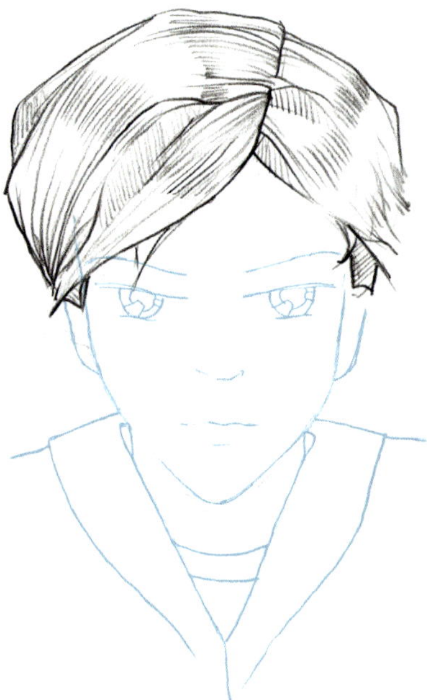

Volles Haar

Info

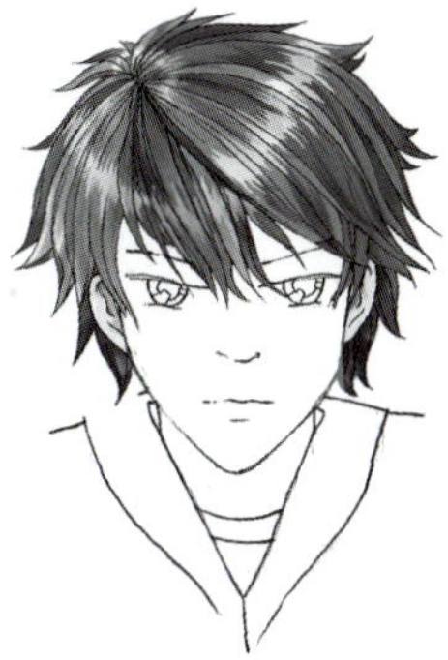

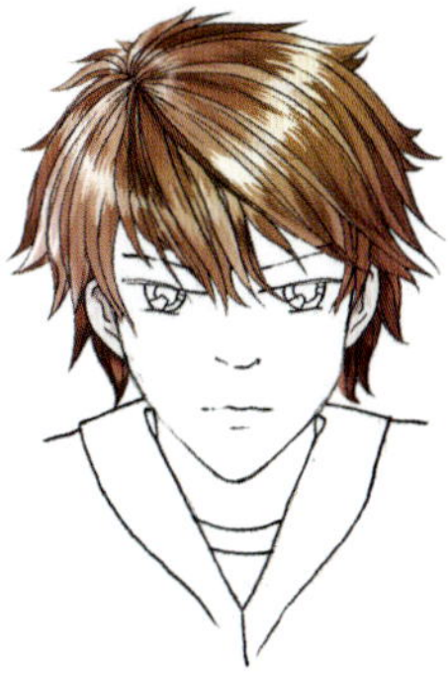

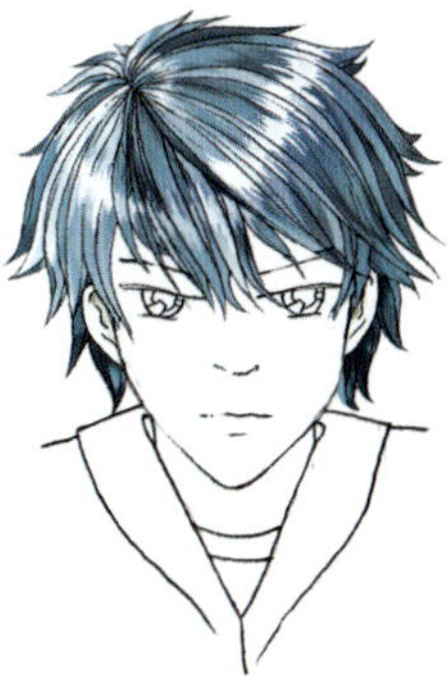

HAARFARBE

Die drei Abbildungen zeigen eine Frisur in unterschiedlichen Haarfarben. Überlege gut, welche Variante am besten zu deinen Zeichnungen passen könnte.

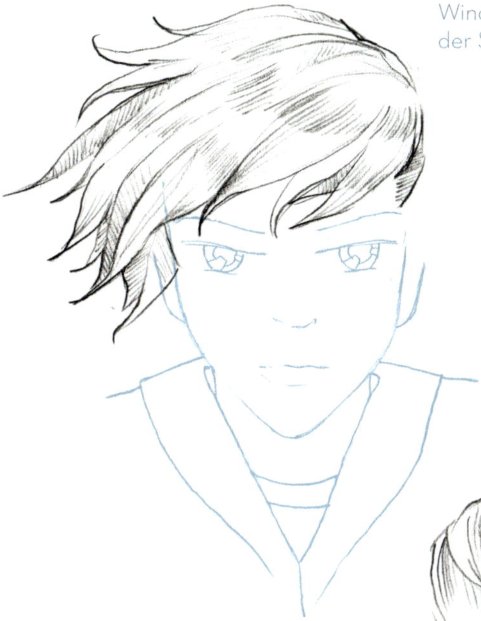

Wind von der Seite

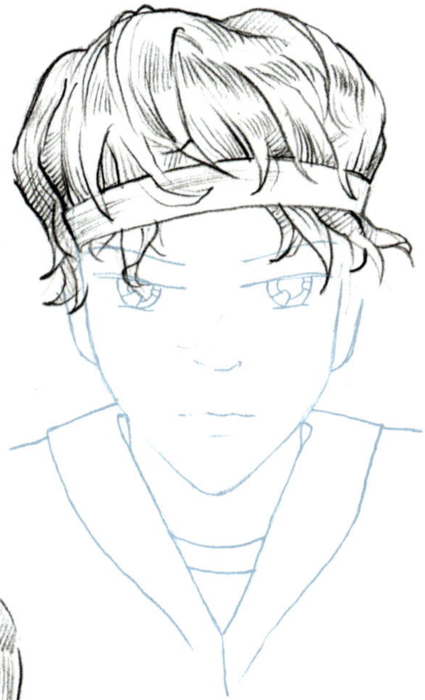

Mit Stirnband

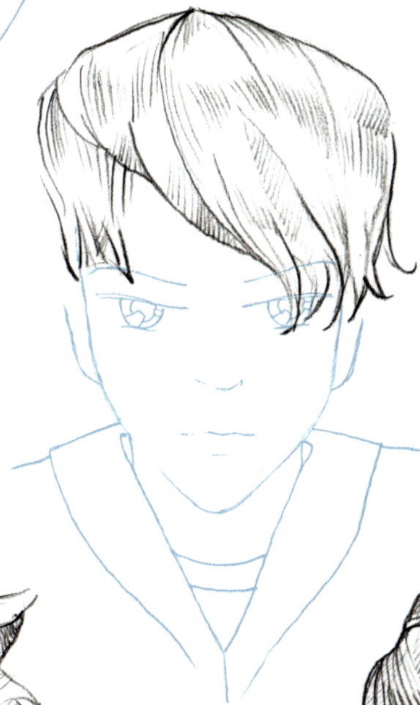

Modischer Stil

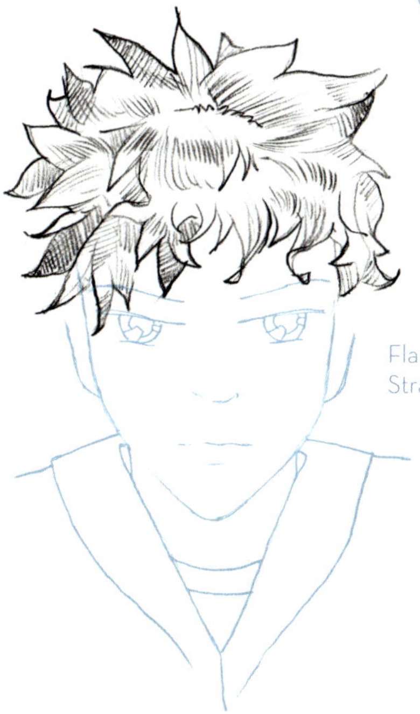

Flammenartige Strähnen

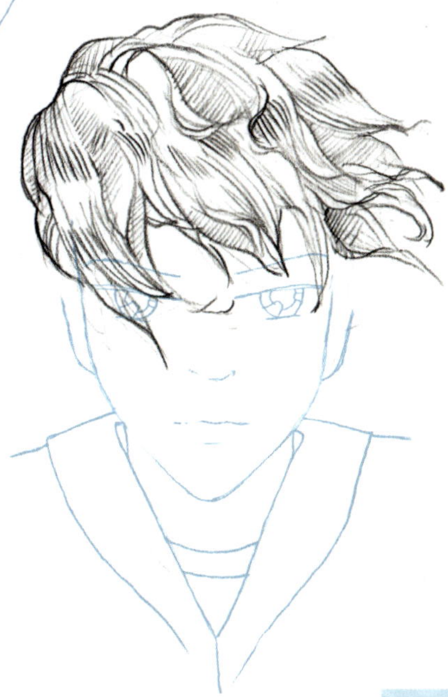

Lange Strähnen im Wind

Hände und Handposen

Hände zu zeichnen bereitet manchmal etwas Kopfzerbrechen. Das ist verständlich, denn Hände bestehen aus vielen kleinen Knochen, Muskeln und Gelenken und können eine Vielzahl an Posen und Positionen einnehmen. Dennoch kannst du das Zeichnen von Händen lernen, indem du sie zunächst auf einfache Grundformen reduzierst. Also los, lass uns starten!

GRUNDAUFBAU

Wenn du von einem Kreis als Handfläche und von Zylinderformen für die Finger ausgehst, kannst du eine Hand ganz einfach aufbauen.

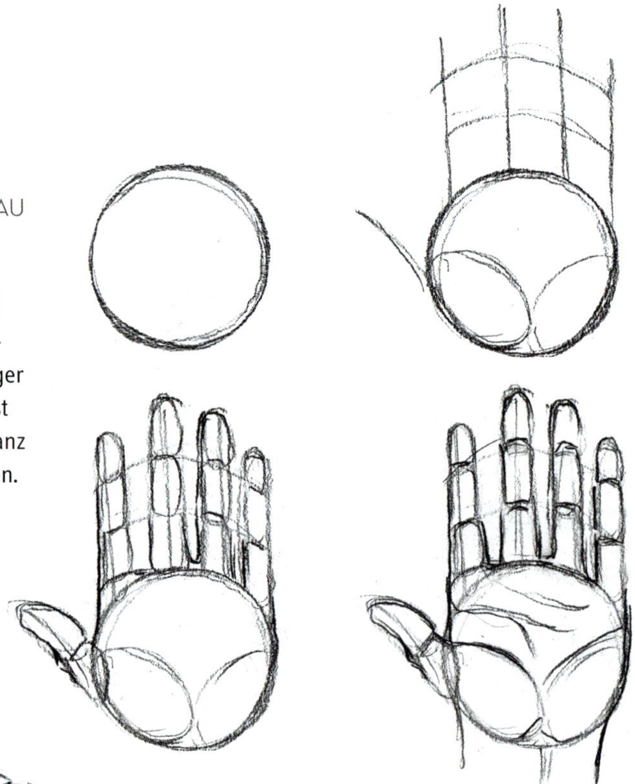

Info

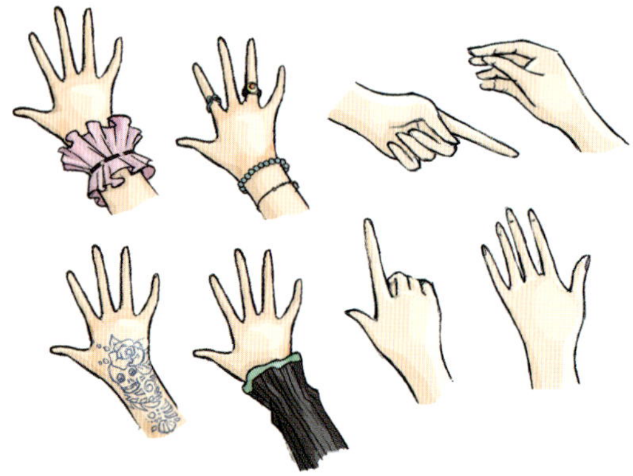

FEINE HÄNDE

Im Gegensatz zu den etwas gröberen und detaillierteren Darstellungen von Shōnen-Händen, werden Shōjo-Hände meist feiner und ohne Fältchen gezeichnet. Die Abbildung zeigt einige Beispiele, mit und ohne Accessoires.

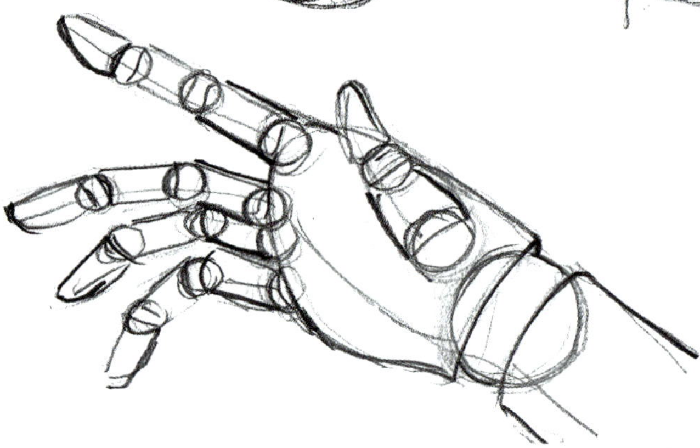

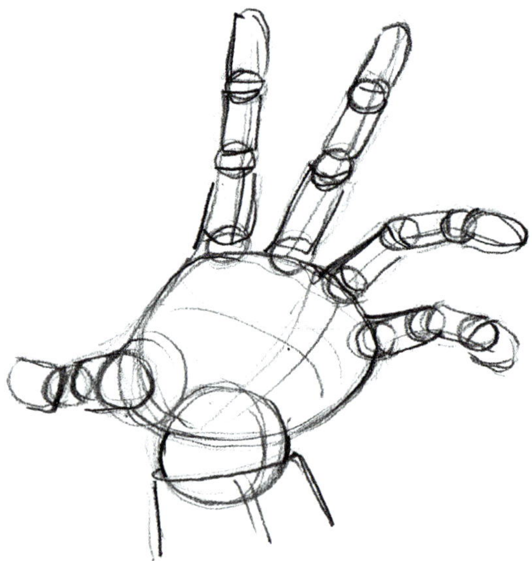

HANDHALTUNGEN

Etwas schwieriger wird es, wenn du die Hand in verschiedenen Posen darstellen möchtest. Hier hilft es, sich Hände und Finger wie bei einer Gliederpuppe vorzustellen – mit kleinen Kreisen als Gelenken.

Hier siehst du viele verschiedene Handhaltungen, teilweise mit Accessoires wie einem Messer, einer Pistole, einer Tasse oder einem Stift. Übe solche Posen und lasse dich dabei nicht entmutigen. Tatsächlich ist es gar nicht so wichtig, dass die Hände immer anatomisch absolut korrekt sind. Viel wichtiger ist der Ausdruck, den du damit transportierst.

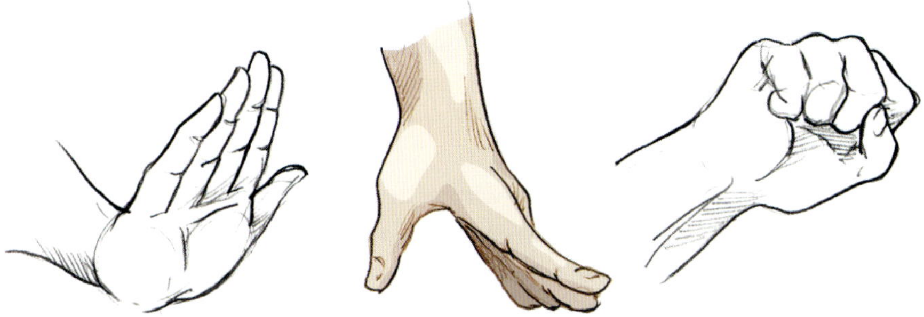

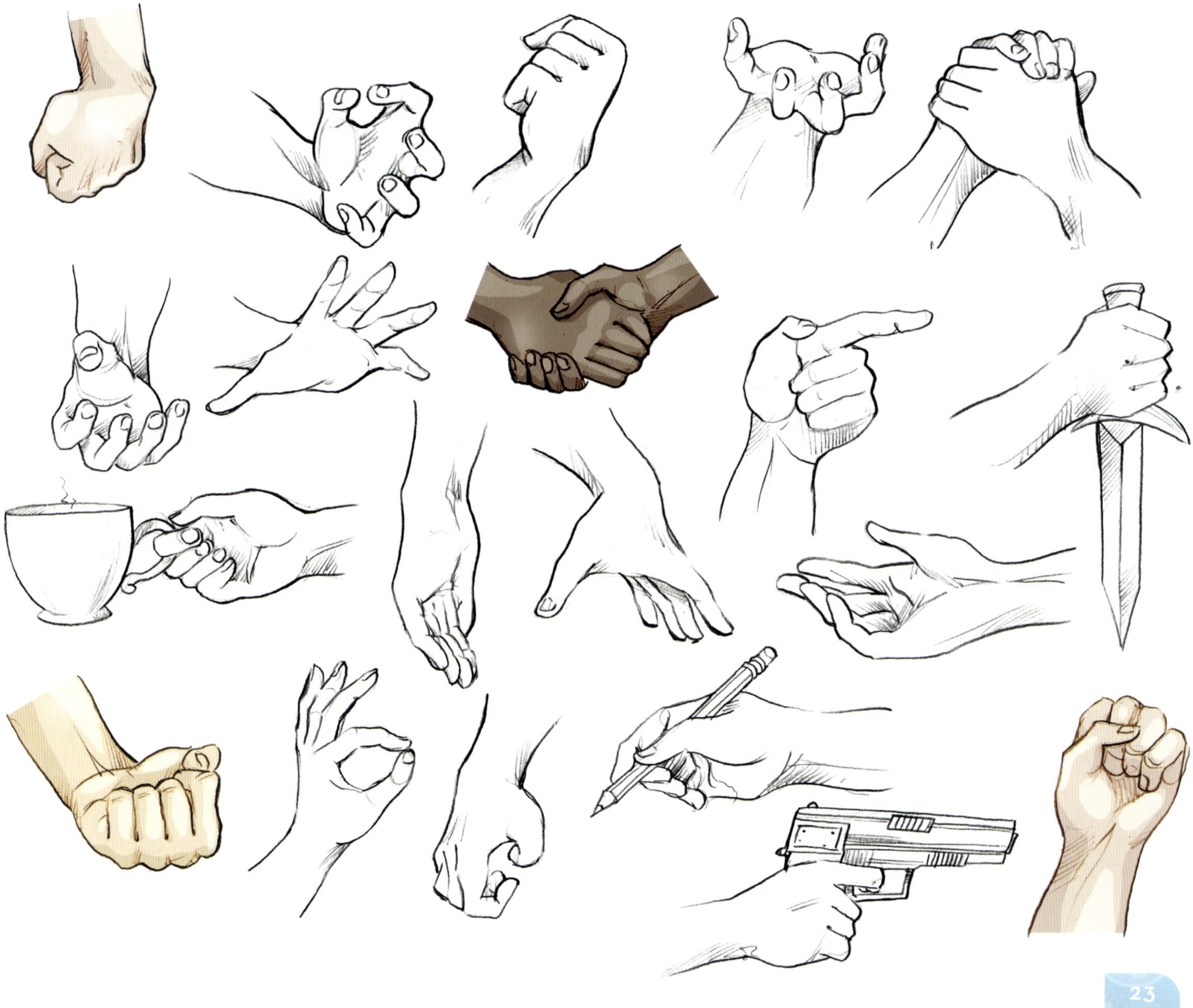

Füße und Schuhe

Mit den Füßen verhält es sich ähnlich wie mit den Händen, allerdings gibt es zwei gravierende Unterschiede: Zum einen sind Zehen deutlich einfacher zu zeichnen als Finger und zum anderen sieht man Füße oft gar nicht, da sie in Schuhen stecken. Dennoch ist es wichtig, den anatomischen Aufbau eines Fußes zu kennen.

GRUNDAUFBAU

Auch hier ist die Ausgangsform ein Kreis. In vier Schritten entsteht die Form des Fußes, bis am Ende die Fußsohle, die Zehen und der Fußballen klar zu erkennen sind.

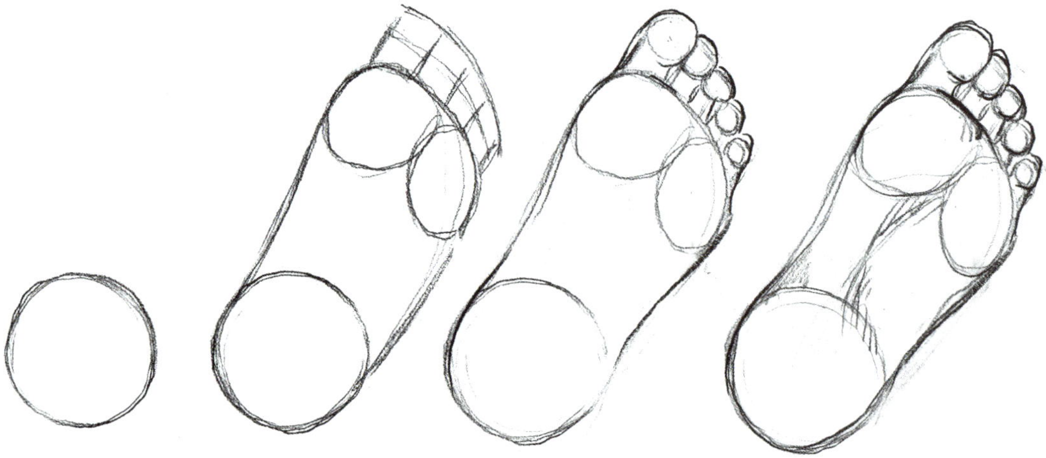

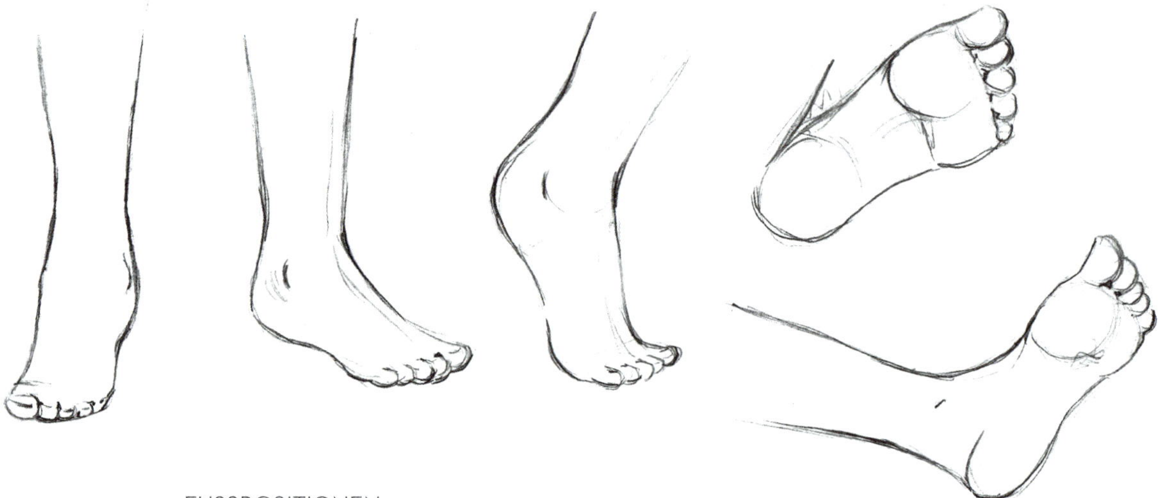

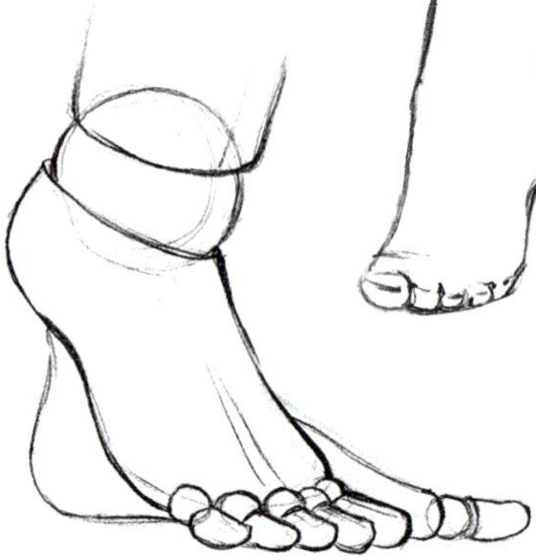

FUSSPOSITIONEN

Allerdings werden Füße eher selten in einer Ansicht von unten auf die Fußsohle dargestellt. Deshalb hilft es auch hier weiter, wenn du dir den Fuß wieder wie bei einer Gliederpuppe vorstellst.

SCHUHE

Viel häufiger als barfüßige Shōnen-Figuren sind diejenigen, die Schuhe tragen. Hier kannst du deinen modischen Geschmack mit einbringen und frei entscheiden, ob deine Charaktere Sneakers, Stiefel oder auch einfache Turnschuhe tragen.

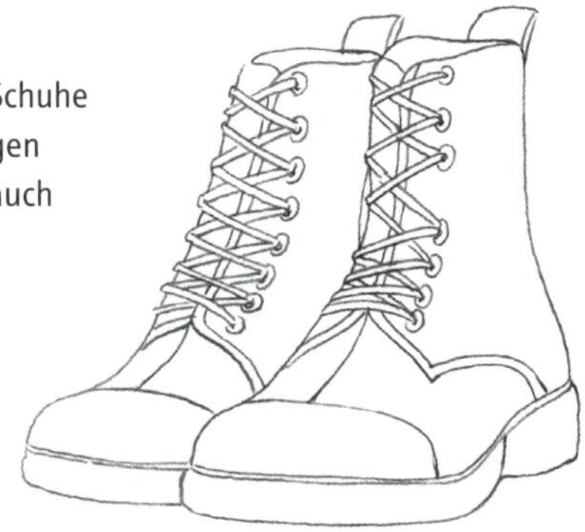

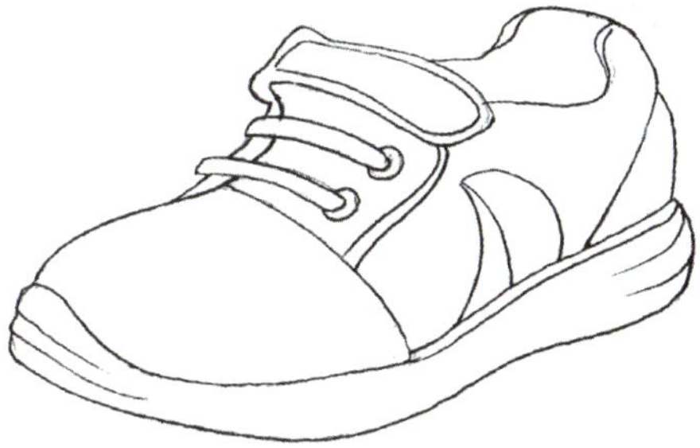

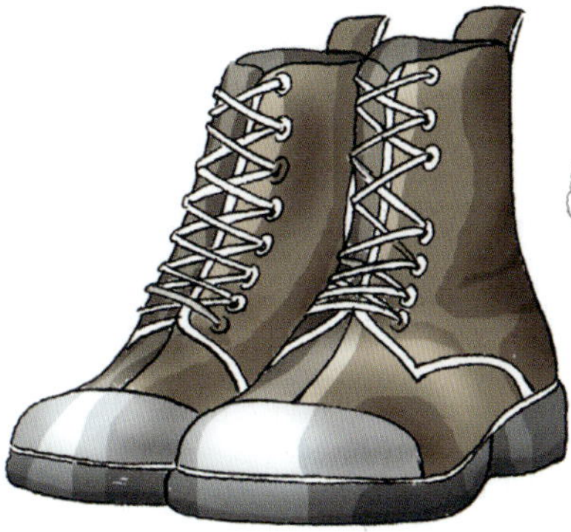

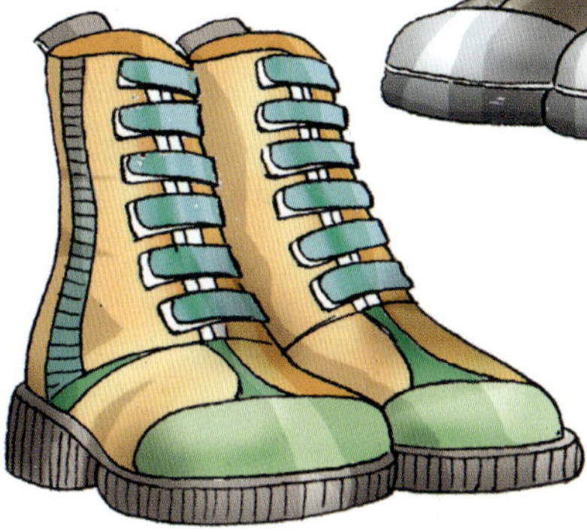

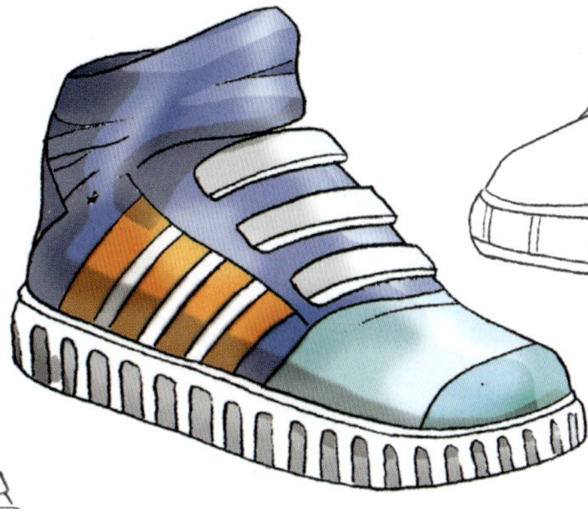

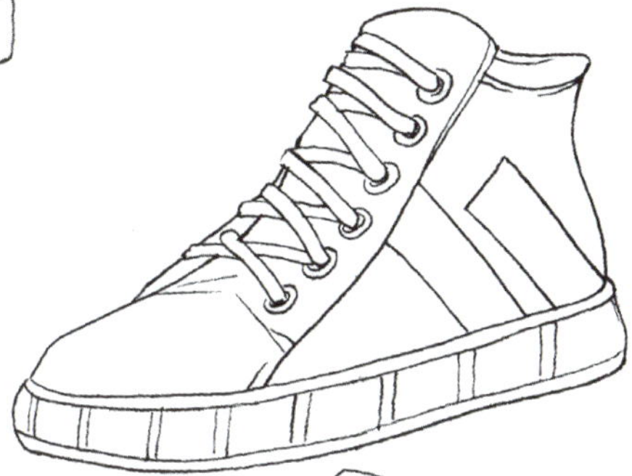

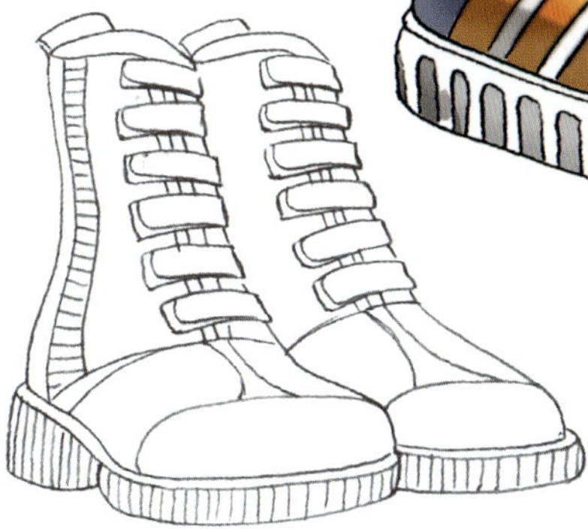

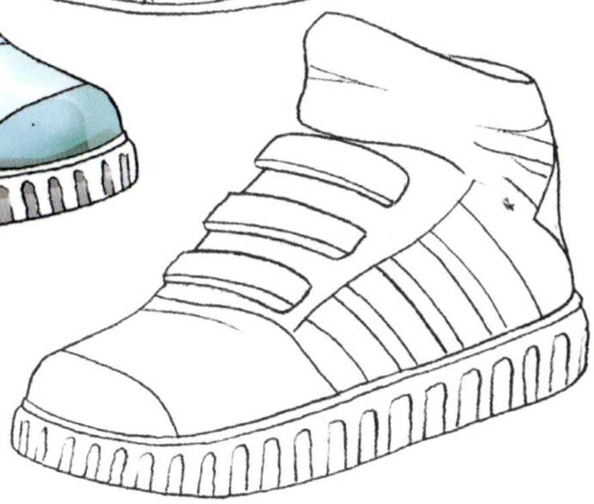

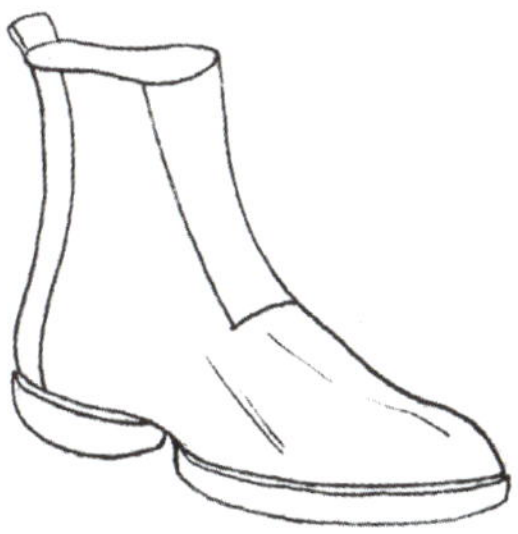

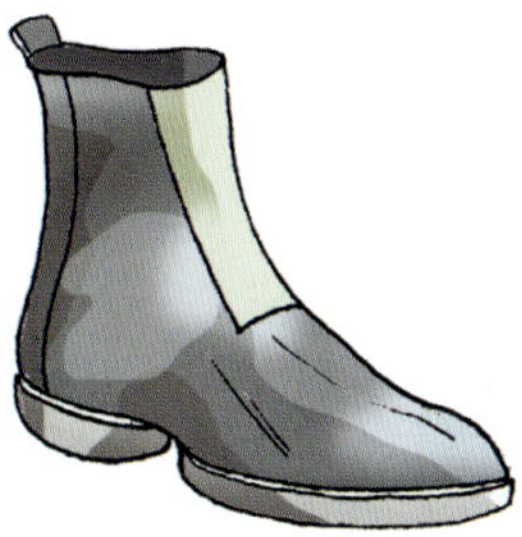

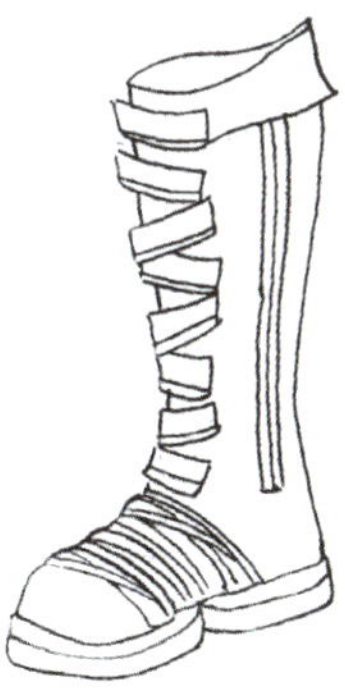

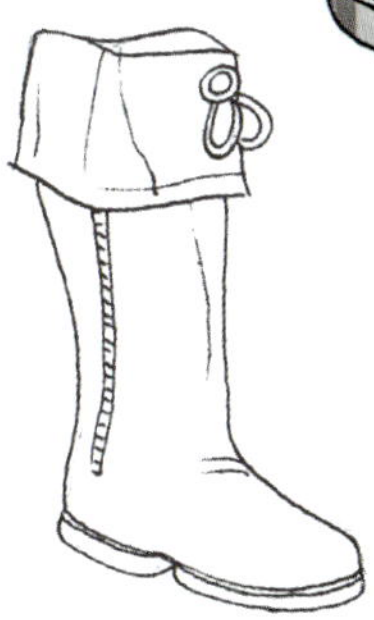

Info

ZARTE FÜSSE

Die kleine, farbige Abbildung zeigt dir im Vergleich die feingliedrigen Füße von Manga-Mädchen. Deshalb werden auch die Schuhe, die Shōjos tragen, wahrscheinlich etwas anders aussehen.

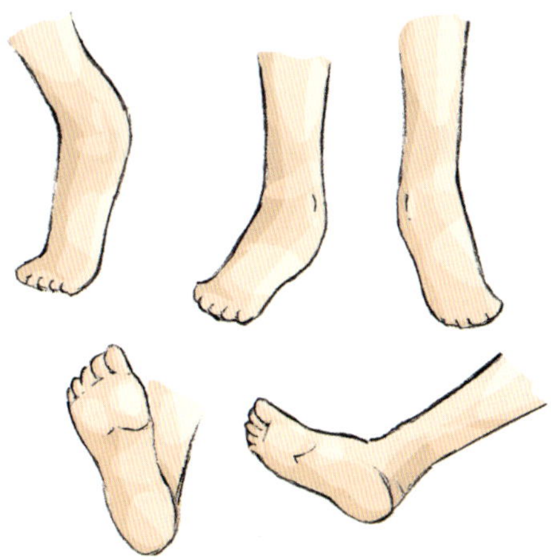

Der Körperbau von Manga-Jungs

Wir haben uns im ersten Teil des Basiskurses bereits mit dem Zeichnen von Kopf, Gesicht, Händen und Füßen einer Shōnen-Figur befasst. Nun widmen wir uns dem Körper der Manga-Jungs. Ihn zu zeichnen, vor allem in Bewegung, erscheint dir vielleicht auf den ersten Blick schwierig, aber ich zeige dir eine ganz einfache Methode, wie du den Grundaufbau schnell erfassen und damit die Körperform mit ihren Proportionen zeichnen kannst. Der Trick besteht darin, einfache Strichmännchen zu skizzieren, die dabei helfen, Posen und Gesten schnell darzustellen.

Sieh dir diese sieben Strichmännchen in ihren unterschiedlichen Posen genau an. Du wirst feststellen, dass selbst diese reduzierte Darstellung bereits ausreicht, um eine bestimmte Körperhaltung auszudrücken. Selbst Gefühle kommen dabei bereits zum Ausdruck, wie zum Beispiel der Jubel oder die geknickte Pose.

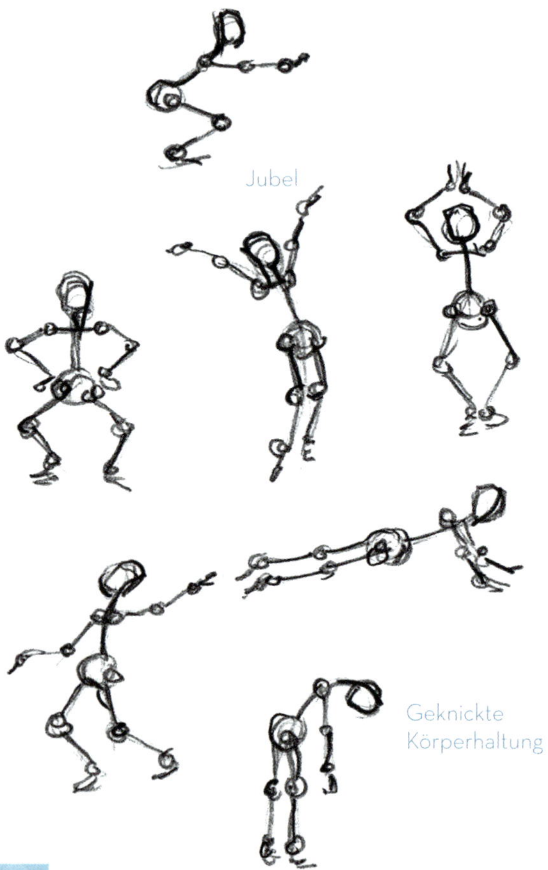

VOM STRICHMÄNNCHEN ZUR FIGUR

Wenn du diese Strichmännchen zum Ausgangspunkt deiner Darstellung machst, kannst du daraus bereits ausdrucksstarke Shōnen-Figuren entwickeln. Die drei Abbildungen zeigen, wie das funktioniert:

SCHRITT 1

Zeichne deine Figuren zunächst als Strichmännchen mit kleinen Kreisen für die Gelenke. Orientiere dich dabei an diesen drei Strichmännchen hier.

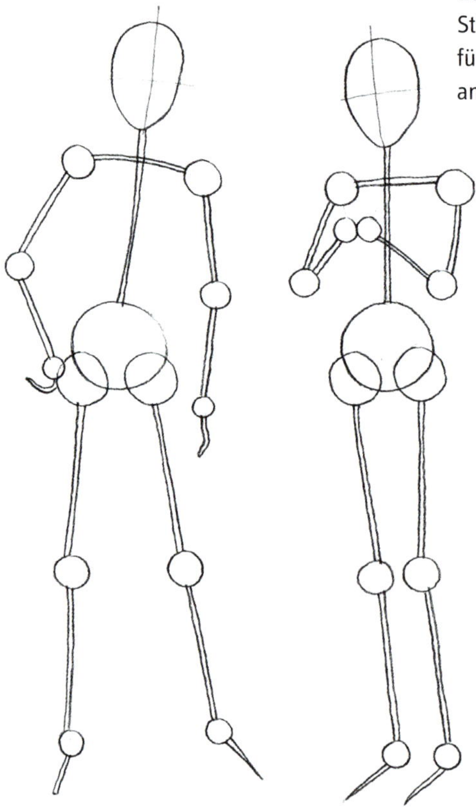

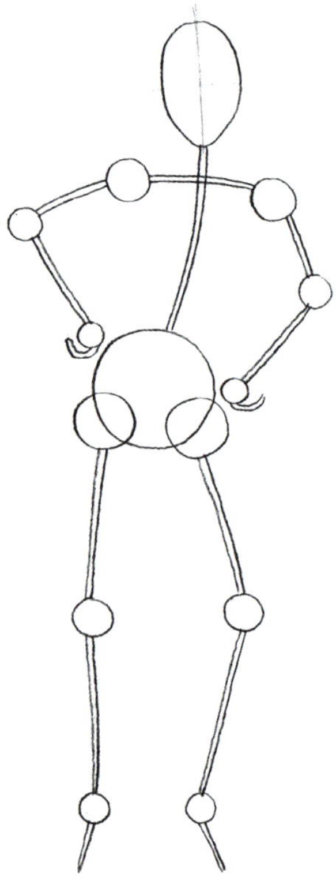

SCHRITT 2

Nimm dann ein neues Blatt Papier und zeichne deine Figuren mit Bleistift über die Strichmännchen. Das klappt sehr gut mit einem Leuchttisch, du kannst es aber auch mit Hilfe einer durchscheinenden Fensterscheibe versuchen. Die Strichmännchen sind hier noch blau zu sehen.

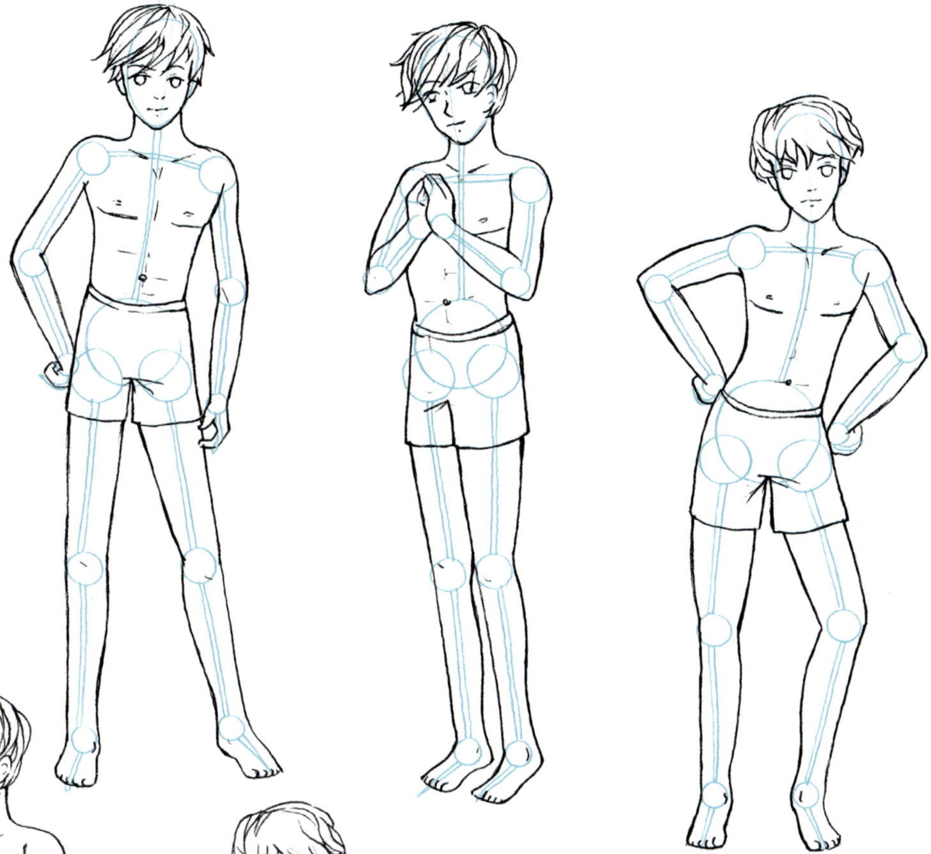

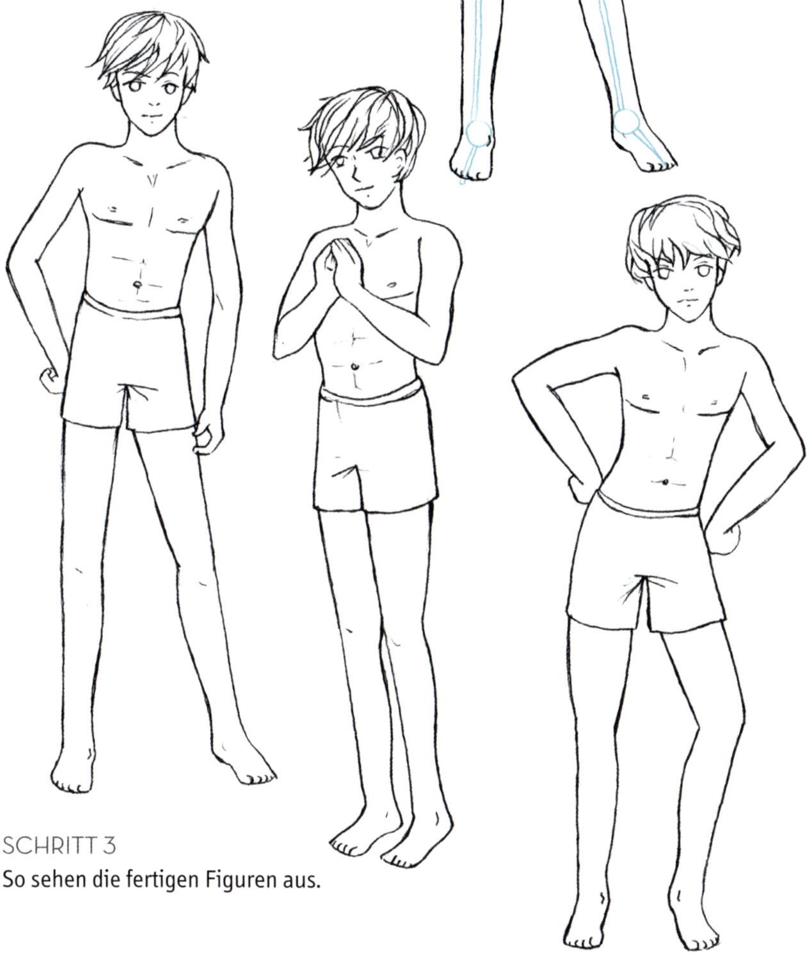

SCHRITT 3

So sehen die fertigen Figuren aus.

Info

DIE WAHREN PROPORTIONEN

Bei einem echten Erwachsenen macht der Kopf ungefähr ein Siebtel der Gesamtkörpergröße aus. Ober- und Unterarm sind ungefähr gleich lang, ebenso Unter- und Oberschenkel. Die Beinlänge entspricht ungefähr der Länge von Oberkörper und Kopf.

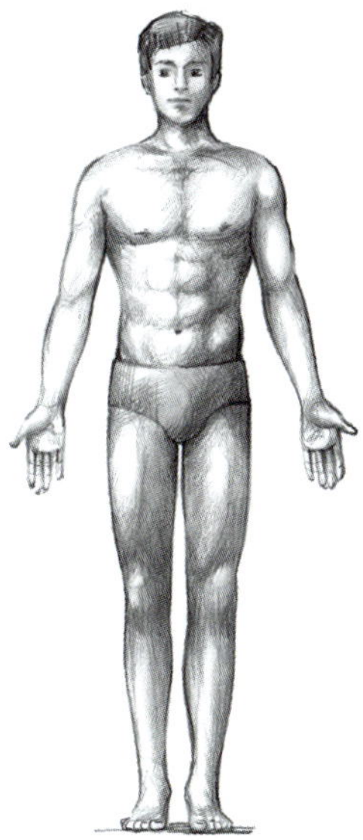

Der Körper in Bewegung

Strichmännchen sind bereits eine gute Möglichkeit, um sich Bewegungsabläufe und Proportionen klarzumachen. Wer noch einen Schritt weiter gehen möchte, für den sind Gliederpuppen aus Holz womöglich eine Option. Du bekommst sie im Künstlerbedarfshandel oder in Online-Shops. Mit ihrer Hilfe lassen sich auch sehr komplexe Szenen in den Griff bekommen.

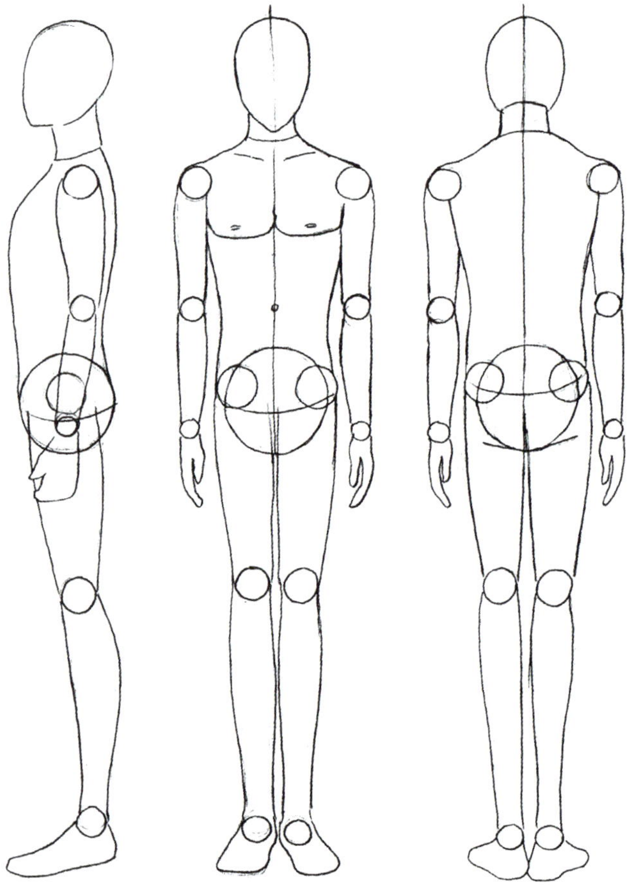

TURNAROUND
Unter einem Turnaround versteht man die Rundumansicht eines Körpers. Hier siehst du den einfachen Turnaround eines Mannes – von vorne, von der Seite und von hinten. Wenn du eine solche Rundumansicht einmal gezeichnet hast, wirst du dich bei allen folgenden Zeichnungen wesentlich leichter tun.

Info

MANGA-GLIEDERPUPPEN
Spezielle Manga-Puppensets helfen, Situationen detailgetreu nachzustellen. Du kannst diese Szenen fotografieren und als Grundlage für deine Zeichnungen verwenden. Die Puppensets sind sogar mit verschiedenen Händen und Accessoires ausgestattet. Für ambitionierte Manga-Zeichner:innen sind sie eine sinnvolle Anschaffung.

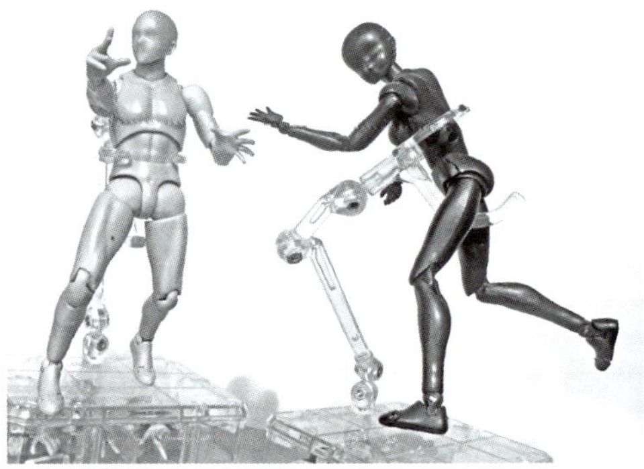

POSEN MIT DER GLIEDERPUPPE
Durch ihren einfachen Aufbau und die eingebauten Gelenke ermöglicht es die Gliederpuppe, auch komplexere Posen und Bewegungen nachzustellen.

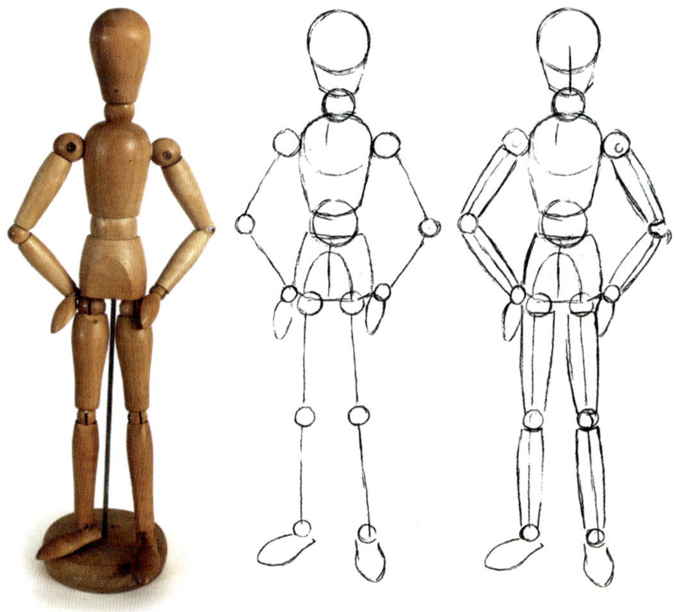

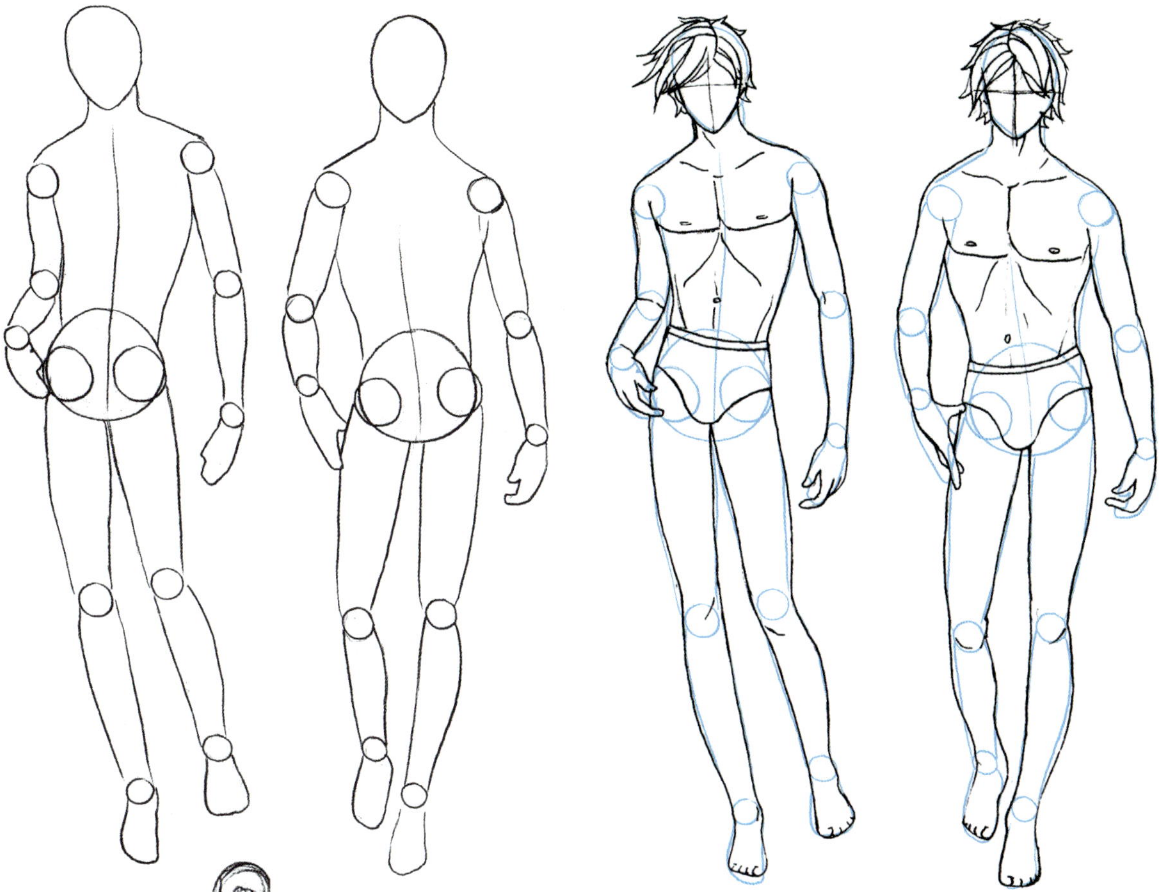

LÄSSIGE HALTUNG

Diese zwei Shōnen in lässiger Körperhaltung verdeutlichen nochmals das Prinzip: Analog zu den Strichmännchen kannst du mit Hilfe einer Gliederpuppe zuerst eine vereinfachte Zeichnung anlegen und anschließend den ganzen Körper samt Details darüberzeichnen.

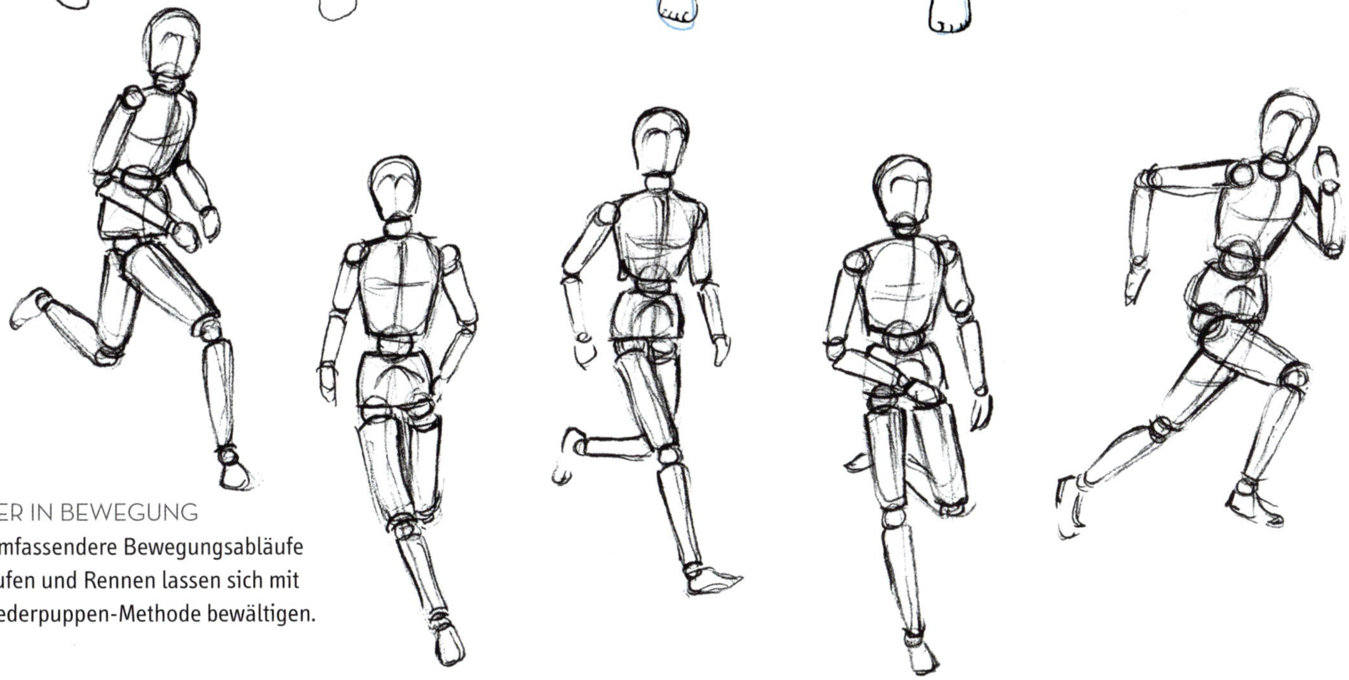

KÖRPER IN BEWEGUNG

Auch umfassendere Bewegungsabläufe wie Laufen und Rennen lassen sich mit der Gliederpuppen-Methode bewältigen.

Mode und Gefühle

Jungs interessieren sich nicht so sehr für Mode? Von wegen! Zumindest in der Manga-Shōnen-Welt ist das richtige Outfit super wichtig, denn der Style bestimmt, um was für eine Figur es sich handelt und in welchen Welten sie sich bewegt.
Nicht weniger wichtig ist in Manga-Geschichten das Thema Emotionen. Denn auch Jungs haben Gefühle, und neben den coolen, lässigen und kämpferischen Shōnen-Darstellungen finden sich viele sensibel und verletzlich anmutende Jungs oder solche, die heftig am ersten Liebeskummer leiden. Diese Gefühle und Stimmungen zeichnerisch zu erfassen, ist nicht leicht. Hier findest du Hilfestellungen, Tipps und Übungen dazu. Und was du im vorherigen Kapitel über das Zeichnen von Körpern gelernt hast, ist eine gute Grundlage, um deine Figuren nun fantasievoll einzukleiden.

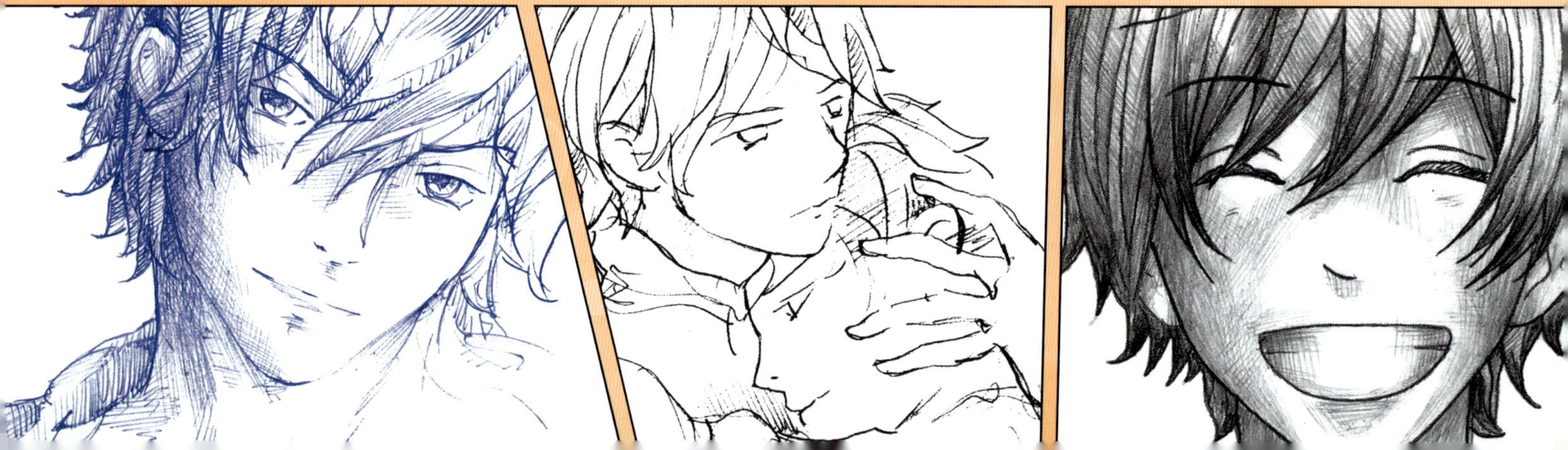

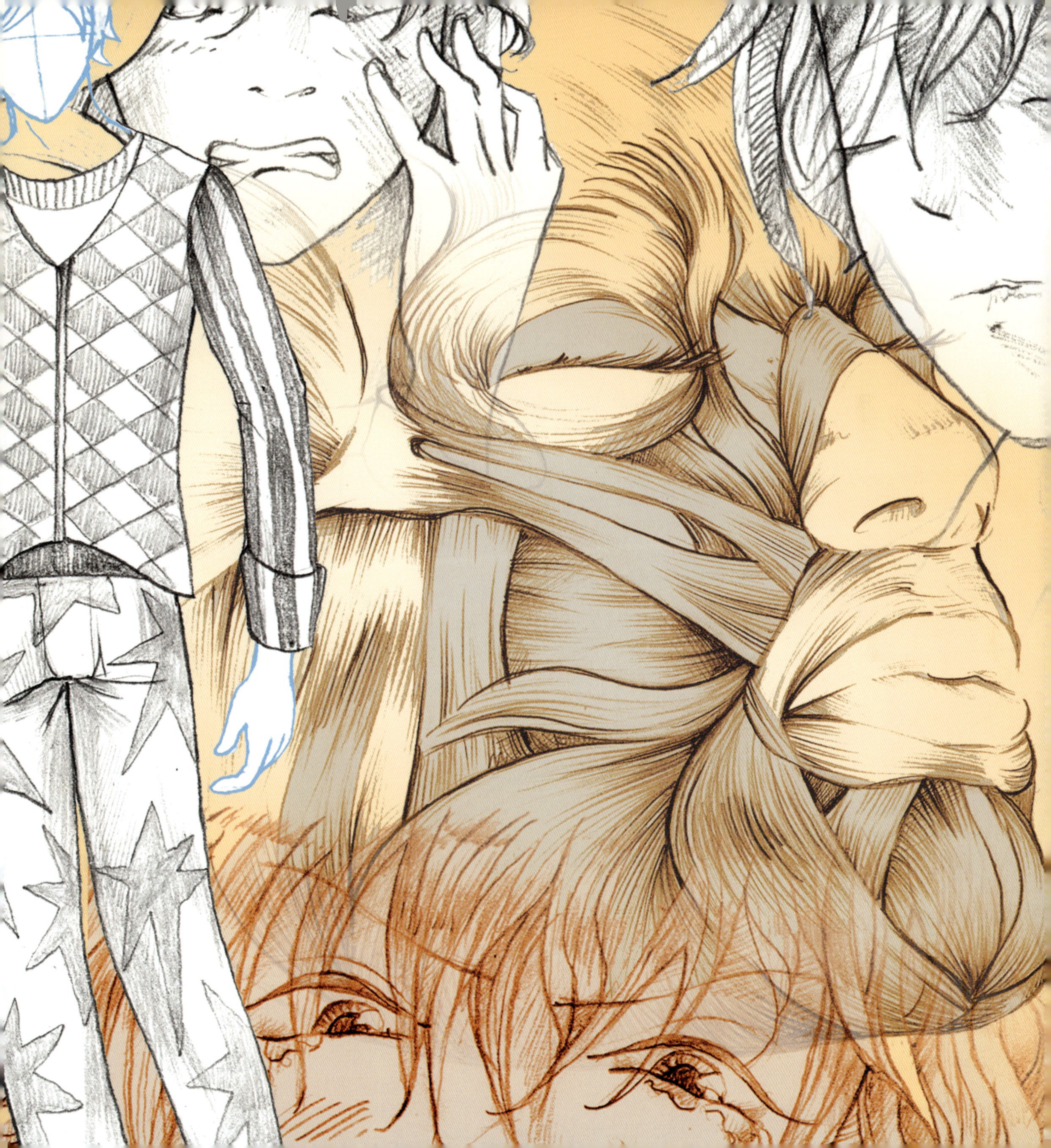

Einen Style entwickeln

Wer sich fragt, wie man den modischen Style einer Figur entwickelt, findet hier einen einfachen Weg dazu. Denn wie in der echten Modebranche helfen gezeichnete Modepuppen, auf die du dann deine Designs übertragen kannst.

MODEPUPPEN FÜR SHŌNEN-FIGUREN

Die Anatomie dieser drei Jungs in verschiedenen Körperhaltungen entspricht weitgehend der von echten Menschen. Möchtest du also relativ real erscheinende Shōnen-Figuren zeichnen, verwendest du am besten diese drei Vorlagen als Grundlage. Pause die Figuren einfach ab oder lege Transparentpapier über die Figuren und zeichne deine Mode-Styles.

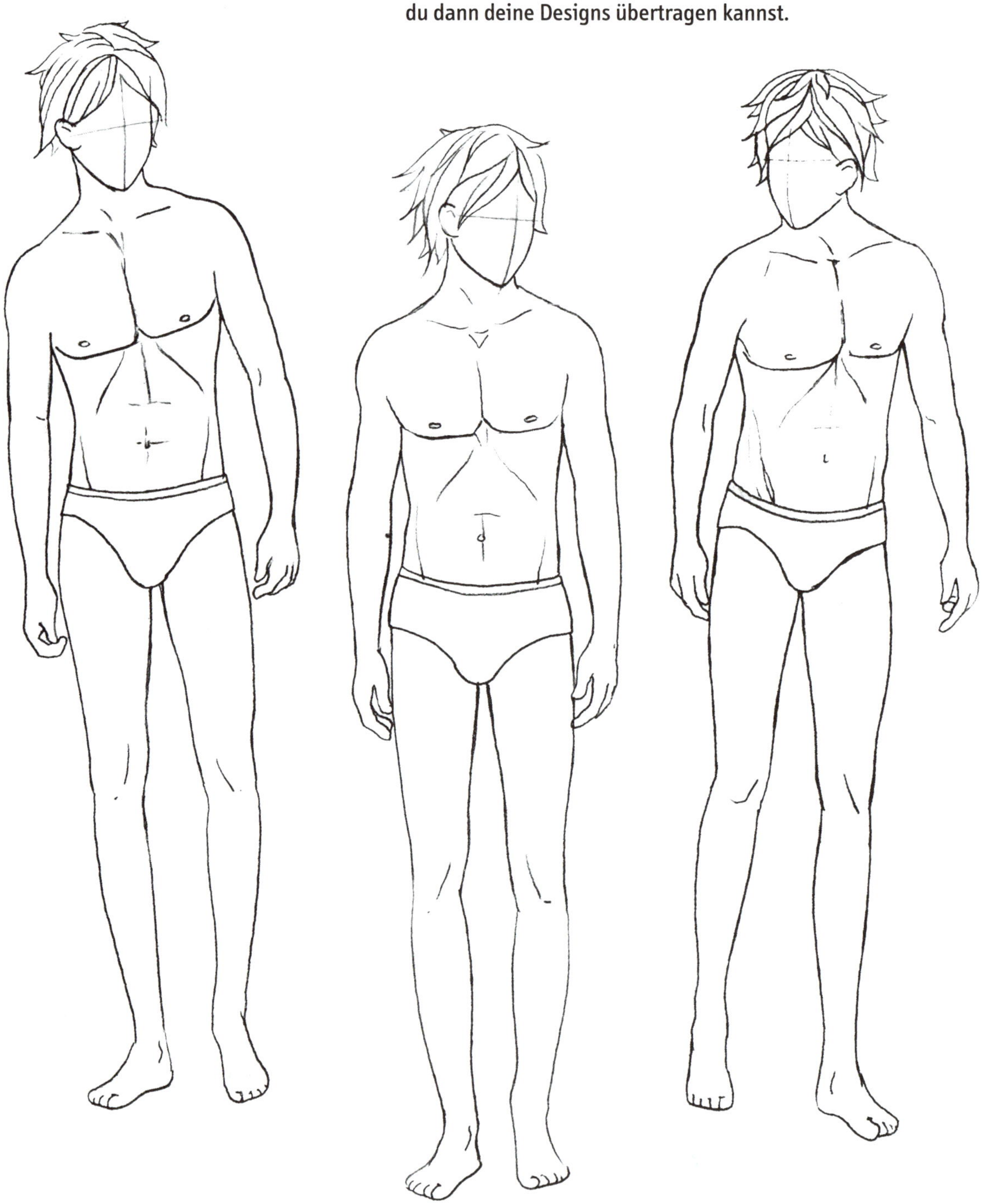

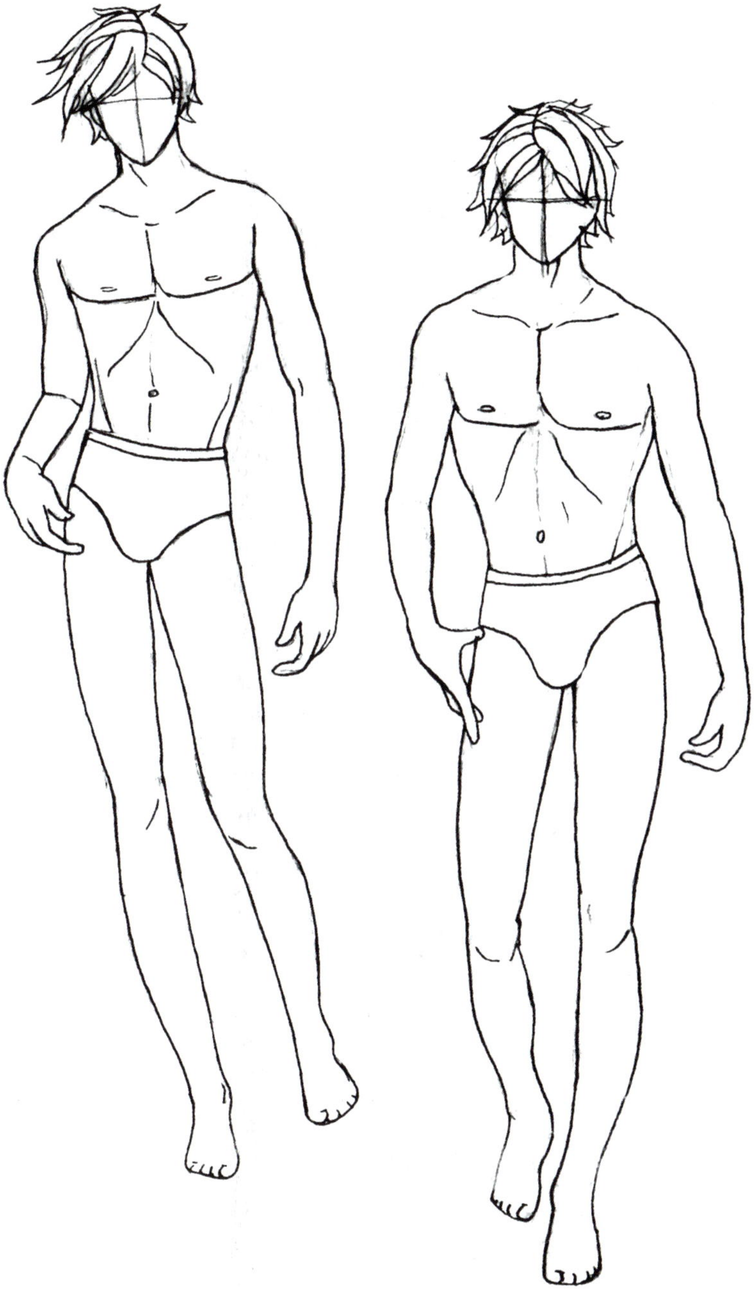

MODEPUPPEN FÜR BISHŌNEN-FIGUREN

Diese beiden Figuren entsprechen mehr dem klassischen, japanischen Bishōnen-Ideal. Sie sind sehr schlank, mit langen Beinen, und der Kopf erscheint in Relation zur Gesamtkörpergröße klein. Entsprechen eher diese beiden Jungs deiner Vorstellung von Shōnen, dann verwende diese beiden Vorlagen für deine Mode-Styles.

Info

SCHÖNHEITSIDEALE?

Auch diese beiden Darstellungen kannst du für Shōjo-Figuren verwenden, denn es gibt auch feingliedrige und androgyn wirkende Jungs. Übrigens: In Zeiten einer zunehmenden Akzeptanz des eigenen Körpers jenseits von Schönheitsidealen ist es nicht nötig, immer nur überschlanke Figuren zu zeichnen.

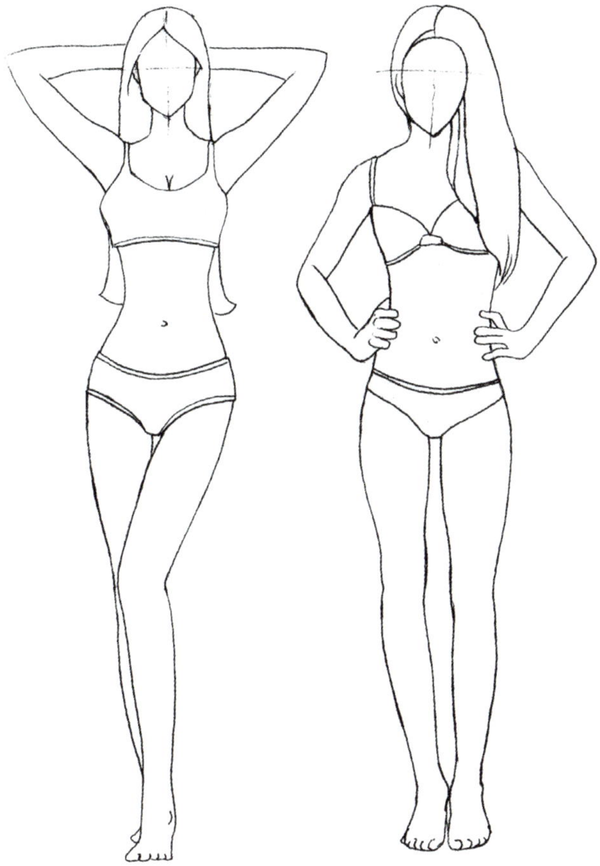

Verschiedene Looks ausprobieren

Wie sieht es mit deinen modischen Vorstellungen zu deinen Shōnen-Figuren aus? Sollen sie eher lässig und sportlich rüberkommen oder eher im Business-Look auftreten? Oder sind es vielleicht sogar Fantasy-Helden?

Du hast die freie Wahl. Probiere alles aus, was dir gefällt. Die folgenden vier unterschiedlichen Styles wurden über die Modepuppen der vorigen Doppelseite gezeichnet. Das lässt sich gut an den blauen Strichen erkennen, die die unbekleideten Stellen zeigen.

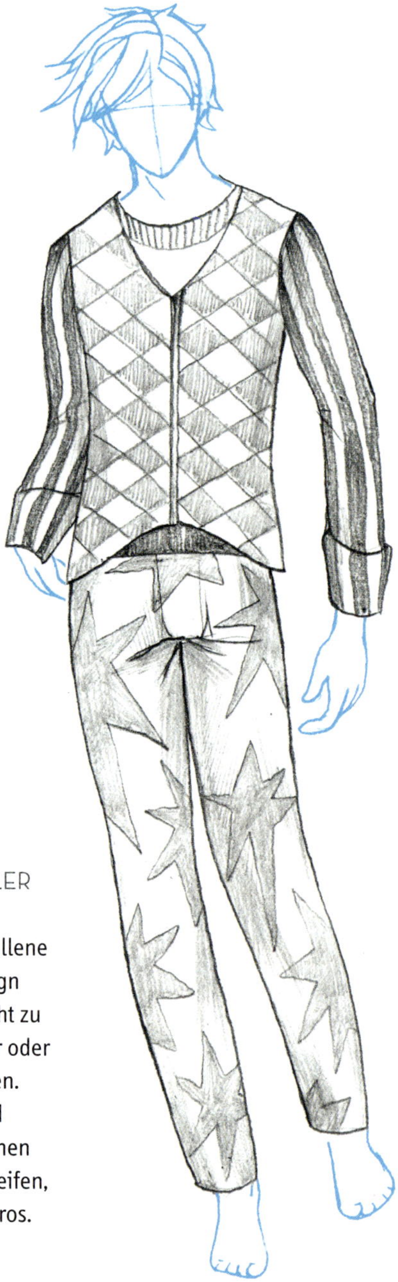

INDIVIDUELLER LOOK
Dieses ausgefallene modische Design könnte vielleicht zu einem Künstler oder Popstar gehören. Auffallend sind die verschiedenen Muster wie Streifen, Sterne oder Karos.

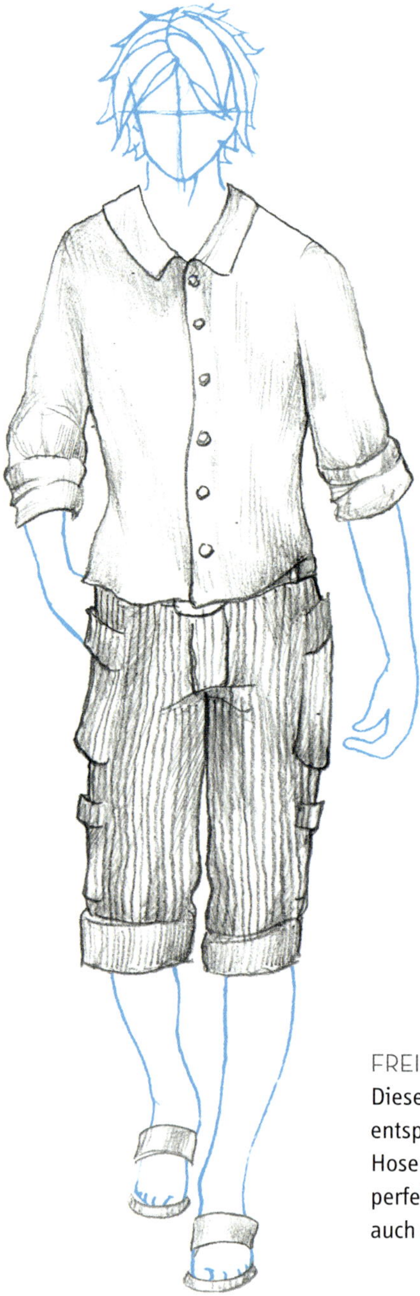

FREIZEIT-LOOK
Dieses Outfit könnte man sich gut für einen entspannten Urlaub vorstellen. Mit knielangen Hosen und einem lässigen Hemd lässt es sich perfekt in einer Metropole schlendern, aber auch am Strand spazieren.

BUSINESS LOOK

Diese Kombination eignet sich für geschäftliche Termine oder auch im Büro. Sie passt aber auch für feierliche Anlässe und Theater- oder Opernbesuche.

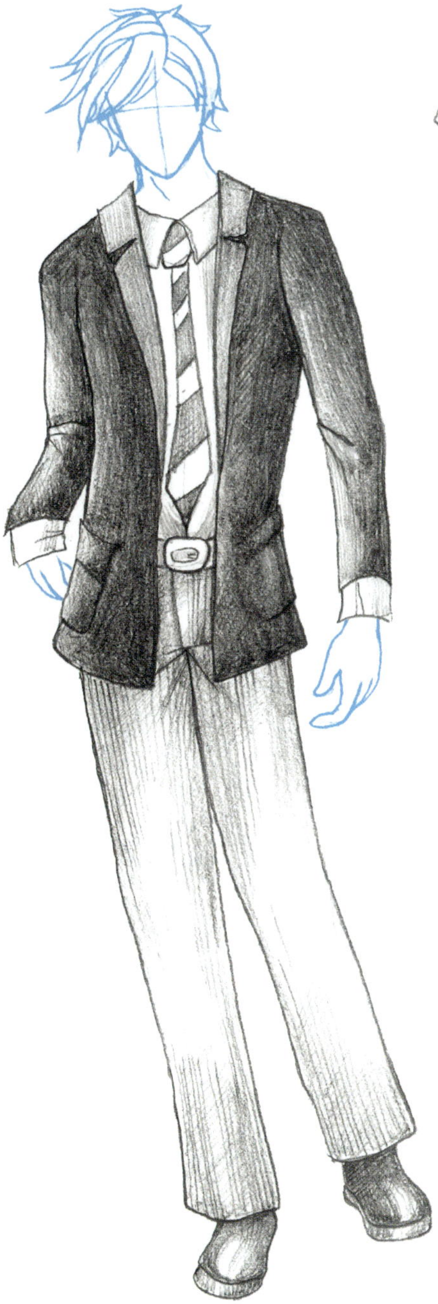

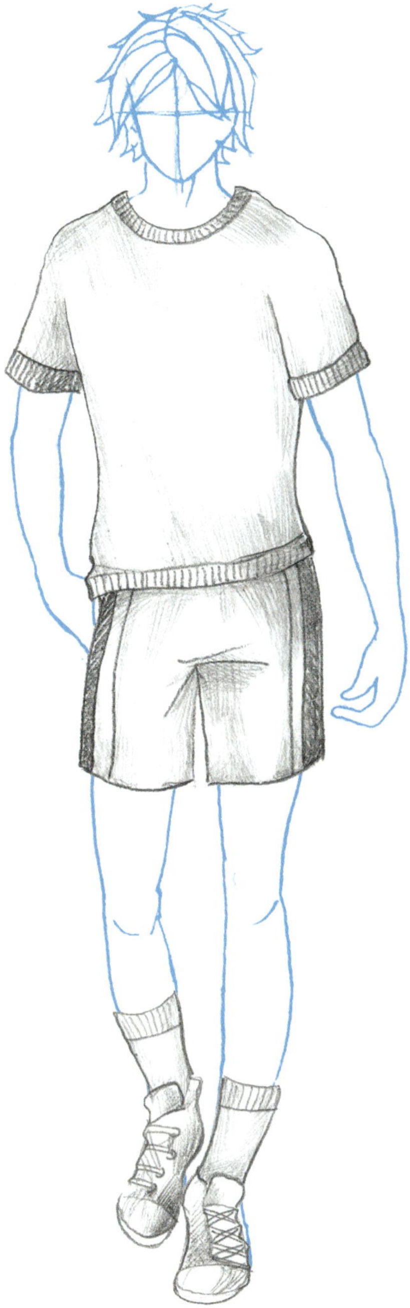

SPORTLICHER LOOK

Eine Sporthose und ein entsprechendes Shirt zieht man natürlich zum Training an. Sicher wird der eine oder andere von euch so auch im Sommer zur Schule gehen.

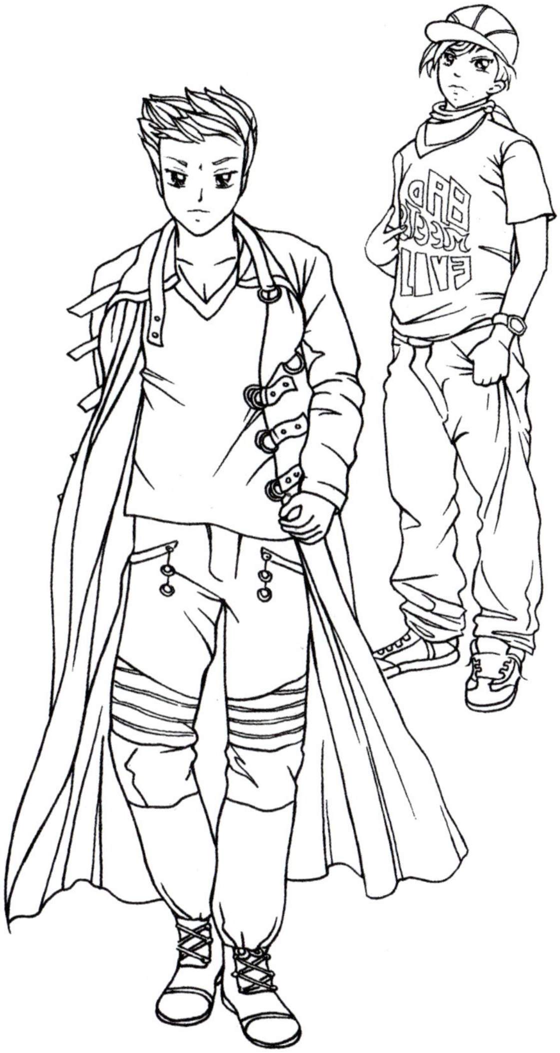

Wichtig

Damit Kleidung nicht aussieht wie eine zweite Haut, braucht sie an den Stellen, wo sich Bewegung unter der Haut abzeichnet, Knitterfalten und gröbere Falten. Das ist vor allem an den Ellbogen und Knien der Fall. Freizeitkleidung sitzt oft lockerer und wirft deshalb meist mehr Falten als Business-Kleidung.

Ganz große Gefühle

Liebe, Angst, Trauer, Wut, Melancholie, Freude – all das sind Gefühle, die auch Jungs empfinden. Sie machen das Leben erst lebenswert und sind häufig der Dreh- und Angelpunkt in Manga-Geschichten. Überschäumende Freude, brennender Hass, leidenschaftliche Liebe und stolzer Heldenmut sind die emotionalen Zutaten, mit denen Mangas ihre Leser:innen in den Bann ziehen.

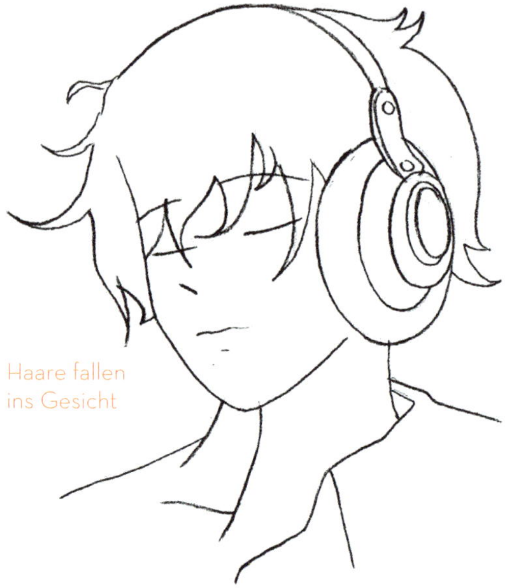

Haare fallen ins Gesicht

DAS KLEINE EINMALEINS DER MIMIK

Mit ganz einfachen Strichen gezeichnet und doch gut zu erkennen: Je mehr sich die Linien im Gesicht zur Mitte hin zusammenziehen, umso negativer ist der Gesichtsausdruck. Je mehr sich diese Linien um die Mitte runden, umso fröhlicher wird die Mimik. Wirr verlaufende Linien sorgen für einen undefinierbaren Gesichtsausdruck. Gibt es keine Richtung, ist das Gesicht emotionslos.

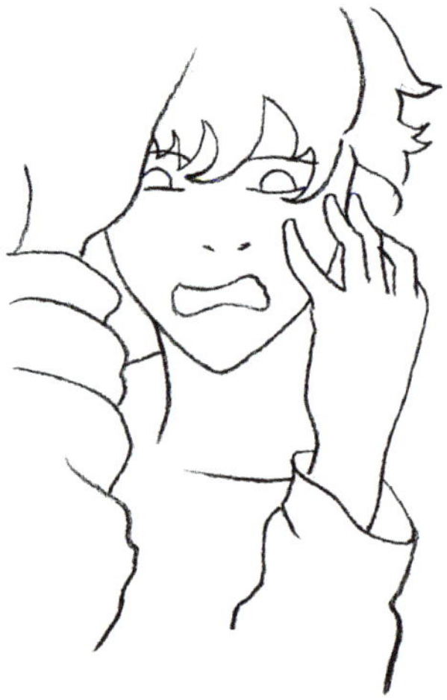

Hand greift an die Wange

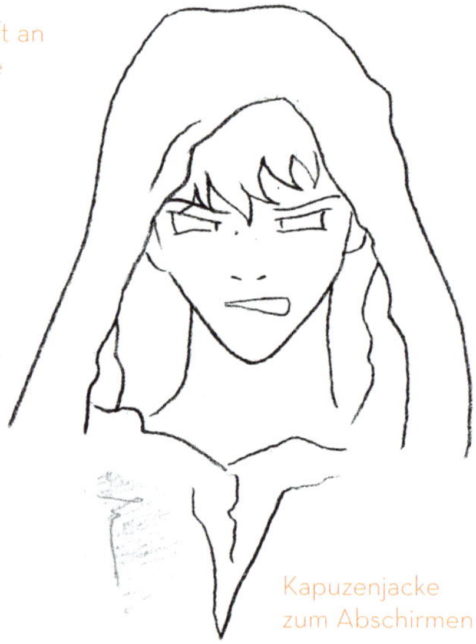

Kapuzenjacke zum Abschirmen

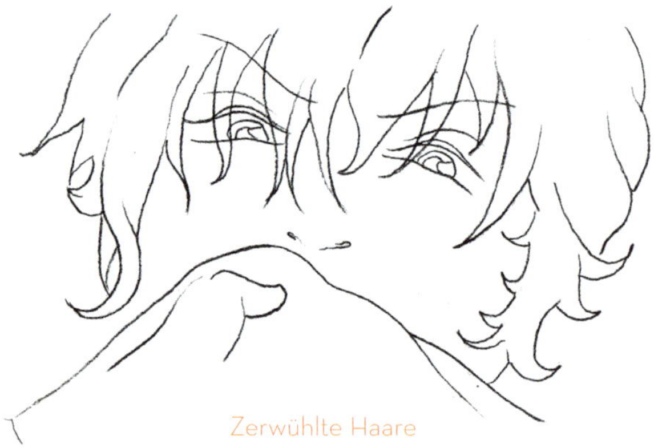

Zerwühlte Haare

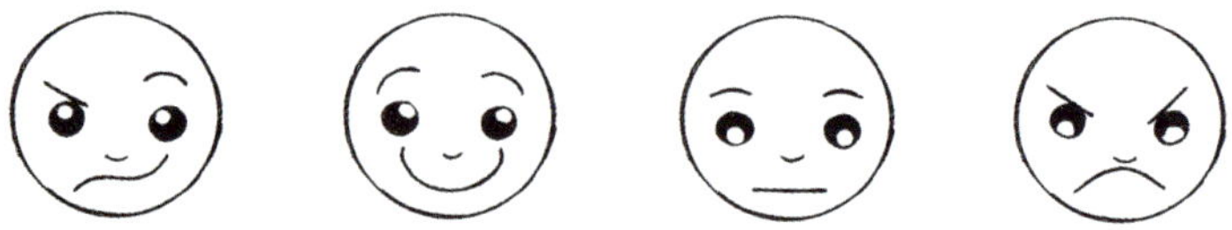

undefinierbar fröhlich neutral zornig

Info

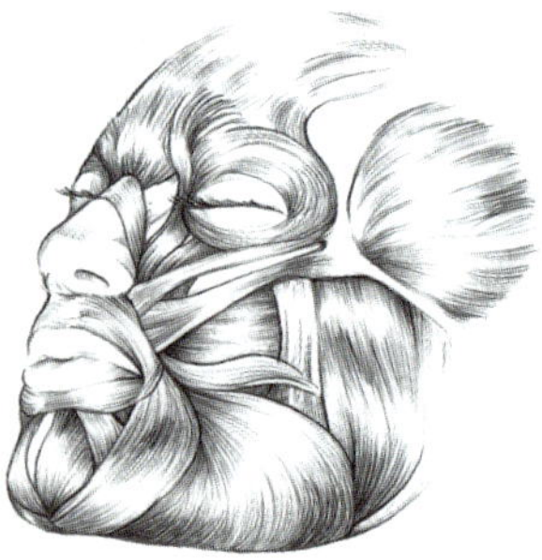

MUSKELSPIEL

Auf dieser Darstellung der Muskulatur eines realen Gesichts kannst du erkennen, welche Vielzahl an kleinen Muskeln, die über das ganze Gesicht verteilt sind, uns Menschen so eine differenzierte Mimik ermöglicht.

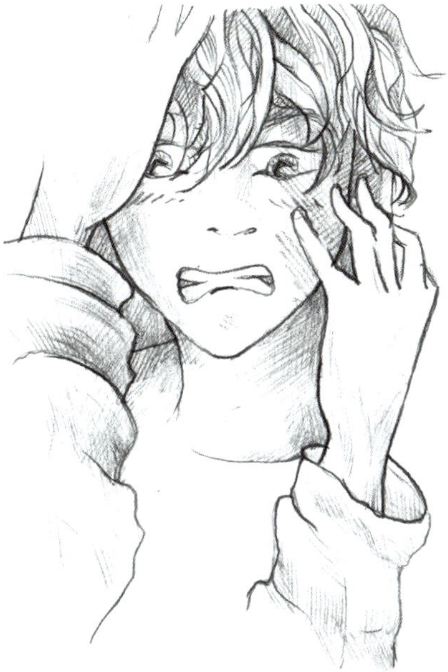

Dieser Junge ist entsetzt, der Mund ist verzerrt, die Augen aufgerissen. Seine rechte Hand greift zur Stirn.

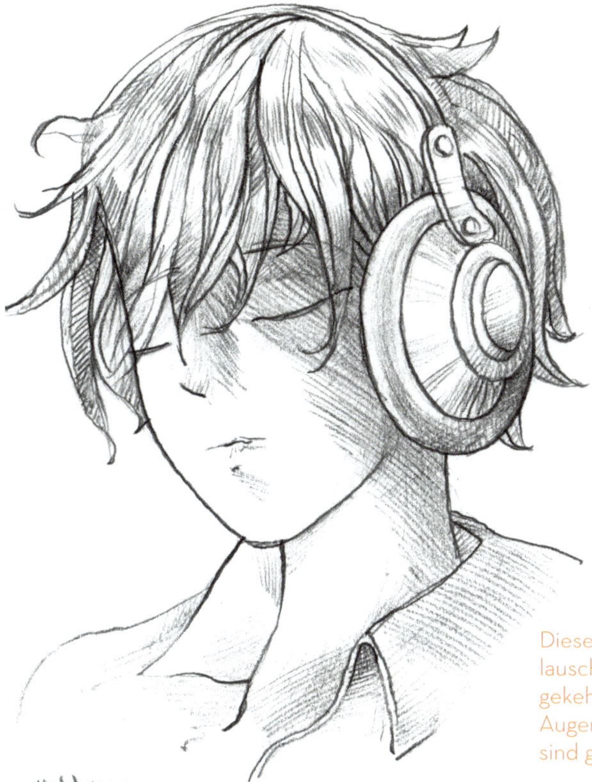

Dieser Junge lauscht ganz in sich gekehrt der Musik. Augen und Mund sind geschlossen.

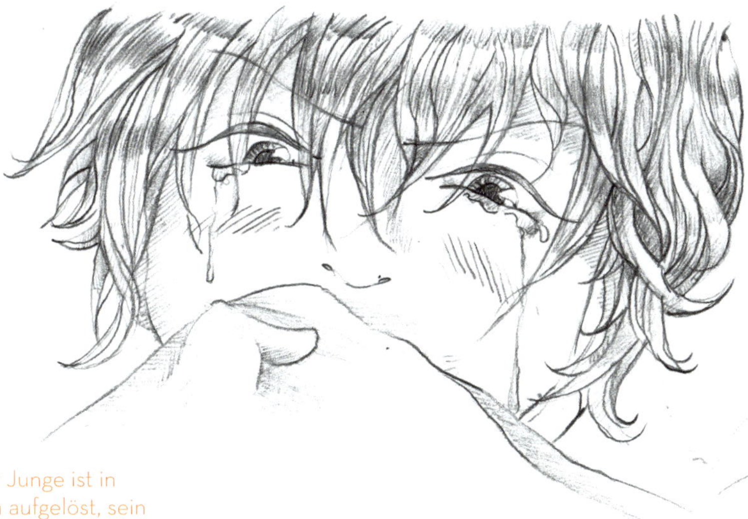

Dieser Junge ist in Tränen aufgelöst, sein Blick fassungslos. Vor den Mund hält er ein Tuch gepresst.

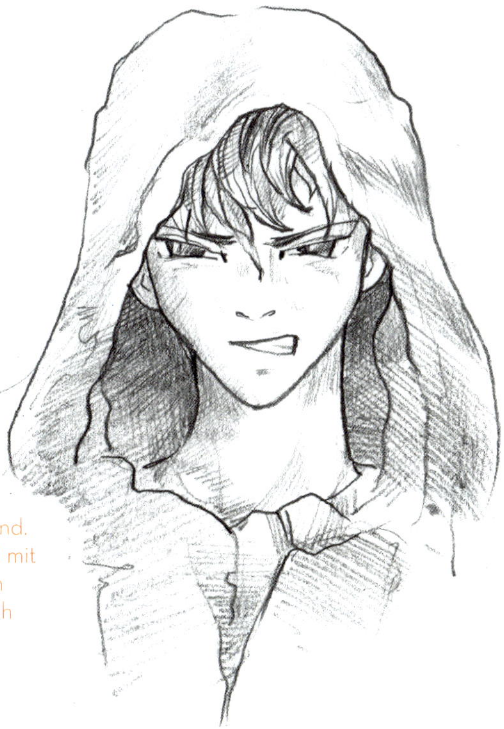

Dieser Junge ist wütend. Zähneknirschend und mit zusammengekniffenen Augen versucht er, sich zu beherrschen.

Lachen ist gesund

Lachen tut gut und lachende Menschen schauen wir gern an. Wie dieses Beispiel eines fröhlich lachenden Jungengesichts – was fällt dir auf? Zuerst sicher der große, offene Mund. Die vielen kleinen Muskeln um den Mund herum ziehen sich beim Lachen zusammen und schieben die darüberliegenden Muskeln und das Gewebe nach oben. Aus diesem Grund werden die Augen schmäler und verengen sich im Extremfall zu Schlitzen.
Rufe dir beim Üben des Motivs noch einmal die Vorgehensweise zum Aufbau eines Shōnen-Kopfes in Erinnerung, denn das Gesicht ist direkt von vorn dargestellt.

SCHRITT 1
Zeichne zuerst die Form des Kopfes und darüber die Kontur der Haare. Ergänze auch den Ansatz des Shirts.

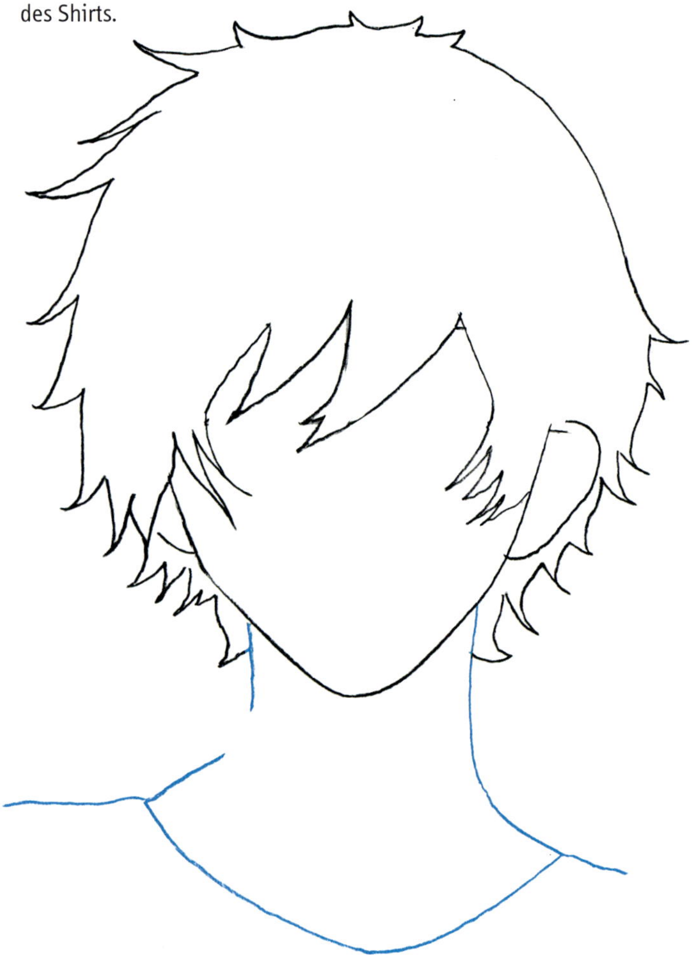

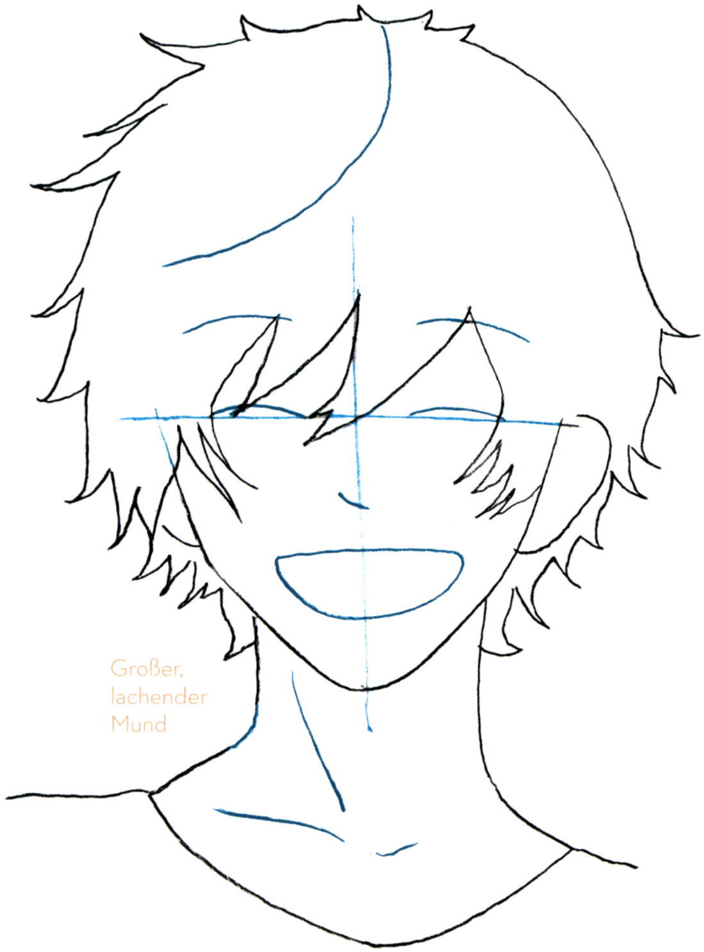

SCHRITT 2
Zeichne die vertikale und horizontale Hilfslinie ein, damit du dich bei der Platzierung von Augen, Nase, Mund und Augenbrauen daran orientieren kannst. Achte besonders auf die große Form des lachenden Mundes.

SCHRITT 4

Stelle deine Zeichnung mit feinen hellen und dunklen Schraffuren fertig. Betone auch noch einmal die Konturen der Augen und der Augenbrauen.

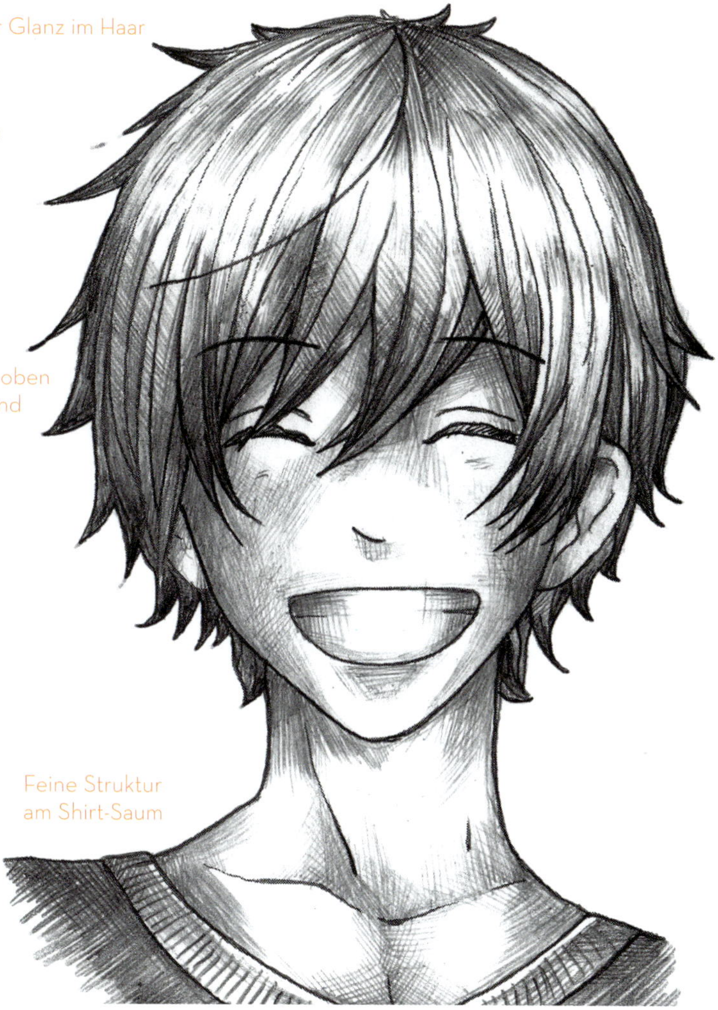

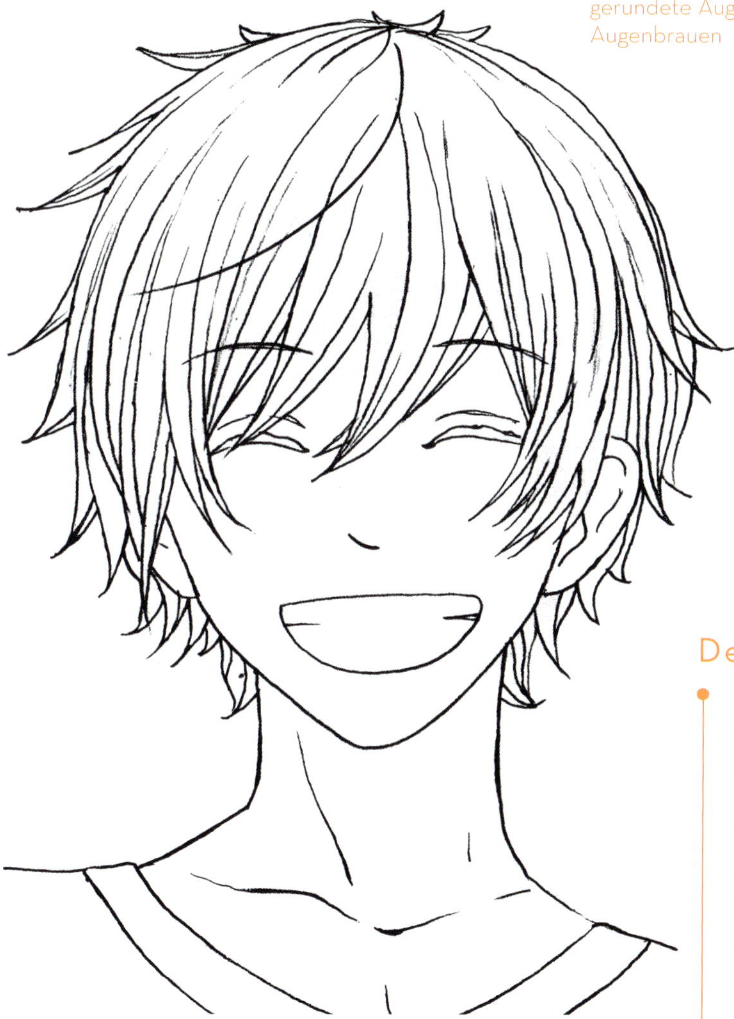

SCHRITT 3

Arbeite die vielen feinen Haarsträhnen und auch den Kragen des Shirts aus.

Detail

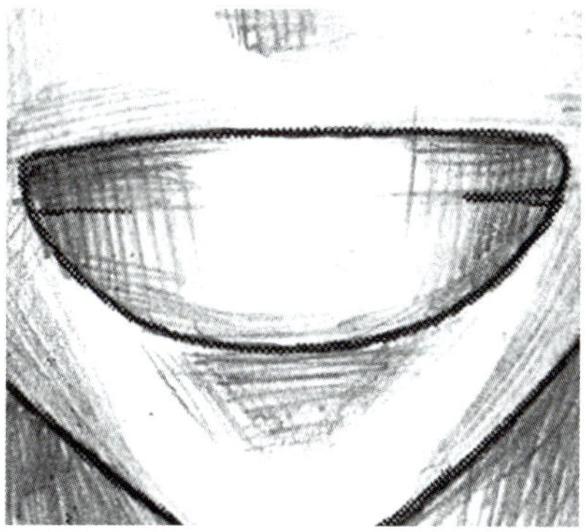

LACHENDER MUND

In der Detailansicht siehst du, weshalb das Lachen des Jungen so strahlend ist: In der Mitte der Zahnreihen bleibt eine große, weiße Fläche stehen, welche auch die Kontur der Zahnreihen unterbricht. Deshalb wirken die Zähne so weiß und das Lachen so fröhlich.

Ideenfinder: Einfache Skizzen

Du hast eine Idee für eine geniale Shōnen-Figur im Kopf, weißt aber nicht, wie du sie so zu Papier bringst, dass sie genau deinen Vorstellungen entspricht? Mach dir keine Gedanken, das geht selbst Profis so, wenn sie sich neue Konzept ausdenken. Die Lösung des Problems: Man fängt einfach mit ersten Skizzen an und nähert sich nach und nach dem gewünschten Design. Das machst du so lange, bis du überzeugt davon bist, die richtige Darstellung gefunden zu haben.

ERSTE ANNÄHERUNG

Die ersten, einfachen Skizzen haben noch gar nicht den Anspruch, perfekt zu sein. Sie dienen nur dazu, sich zeichnerisch den Figuren zu nähern. Du findest die hier skizzierten Charaktere später in diesem Buch auch im Motivteil wieder.

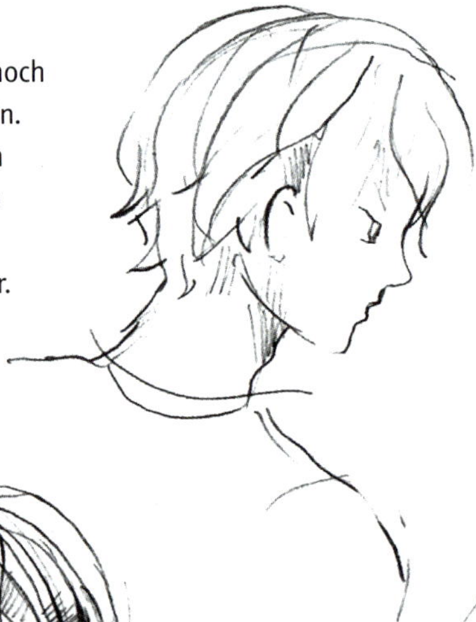

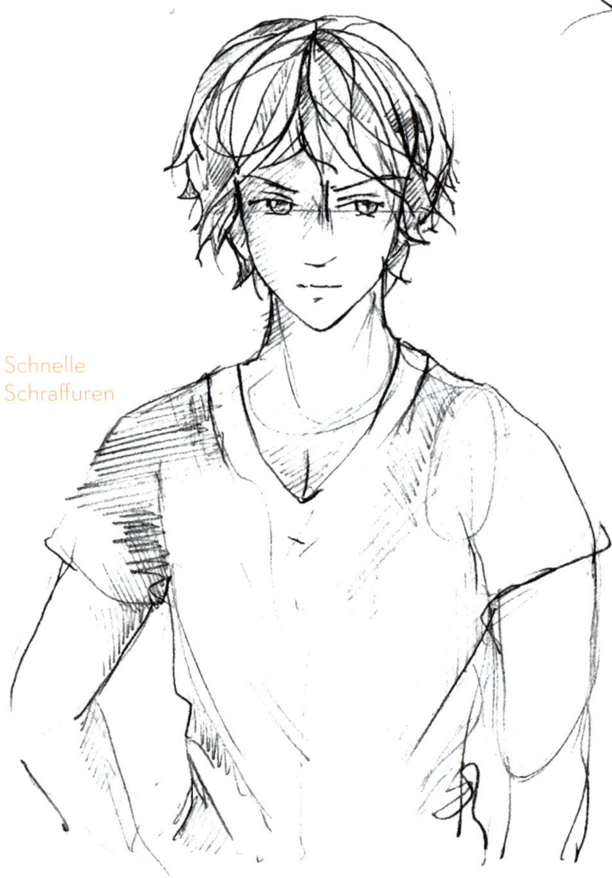

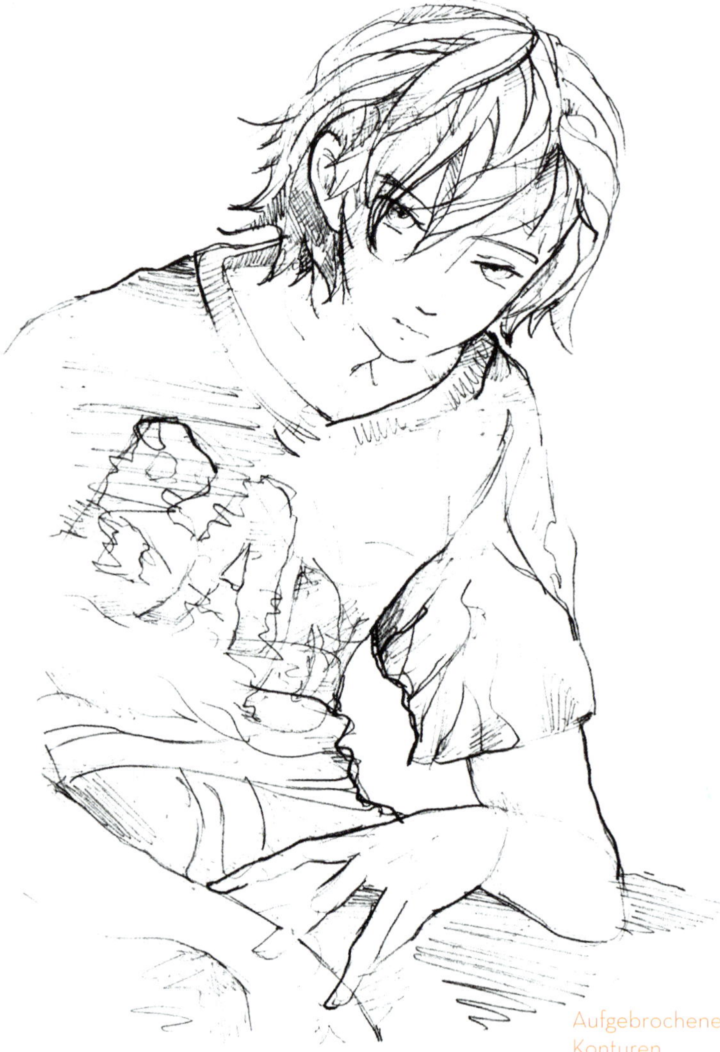

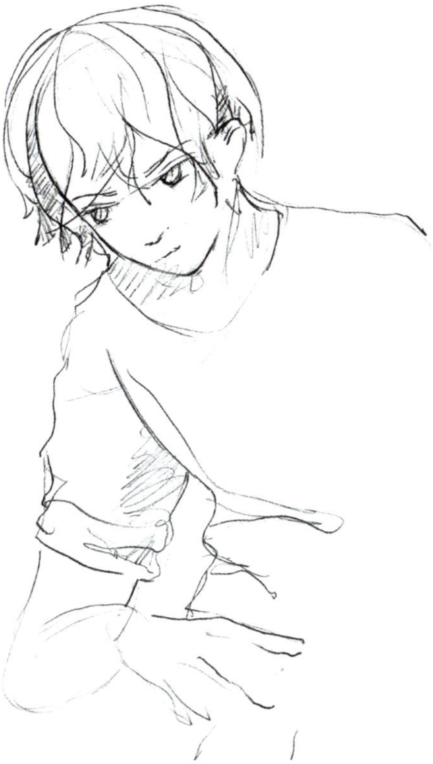

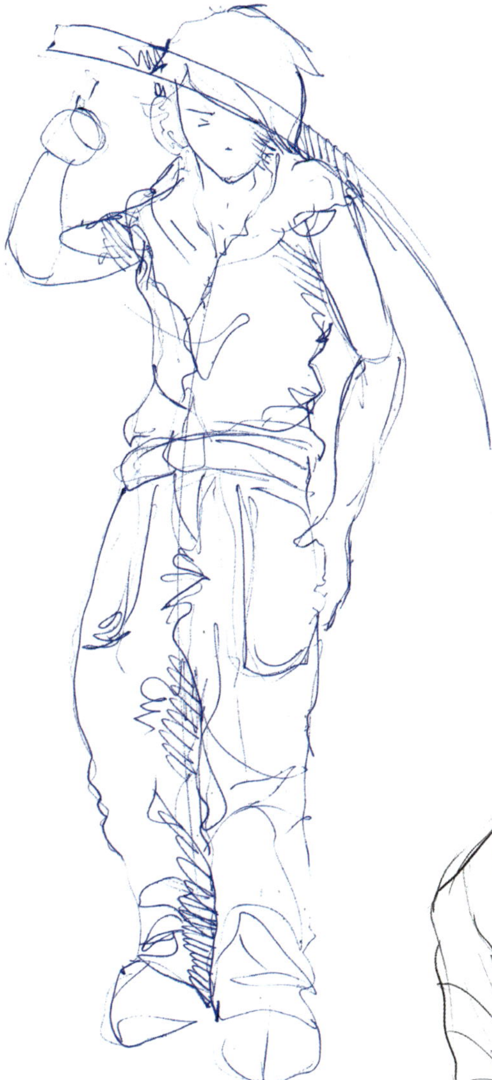

Info

KUGELSCHREIBER-TECHNIK

Kugelschreiber kennst du wahrscheinlich eher aus dem Büro oder der Schule, um Notizen zu machen oder etwas in einen Kalender einzutragen. Sie eignen sich aber auch hervorragend zum Skizzieren und Zeichnen! Das kleine Kügelchen in der Spitze eines Kugelschreibers ist perfekt, um schnell und spontan über das Papier zu flitzen.

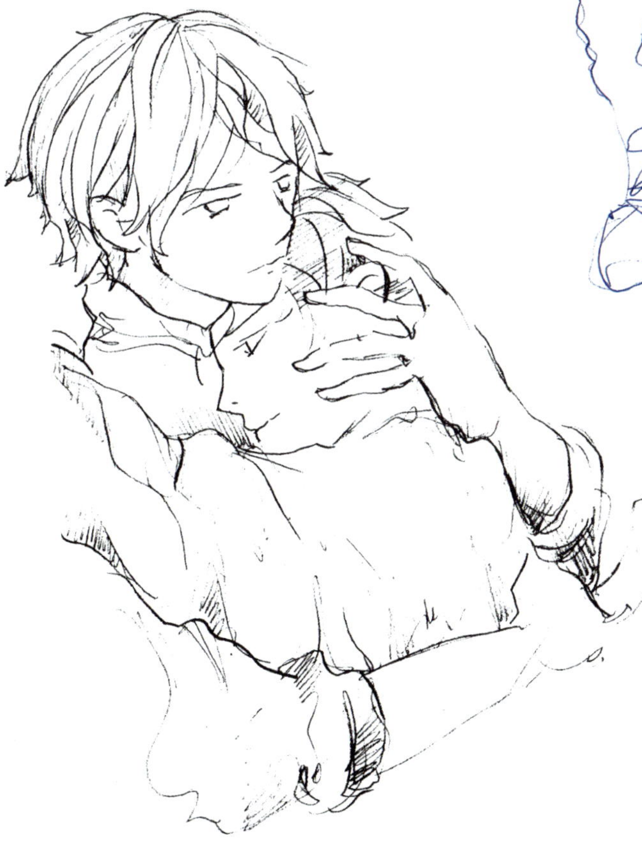

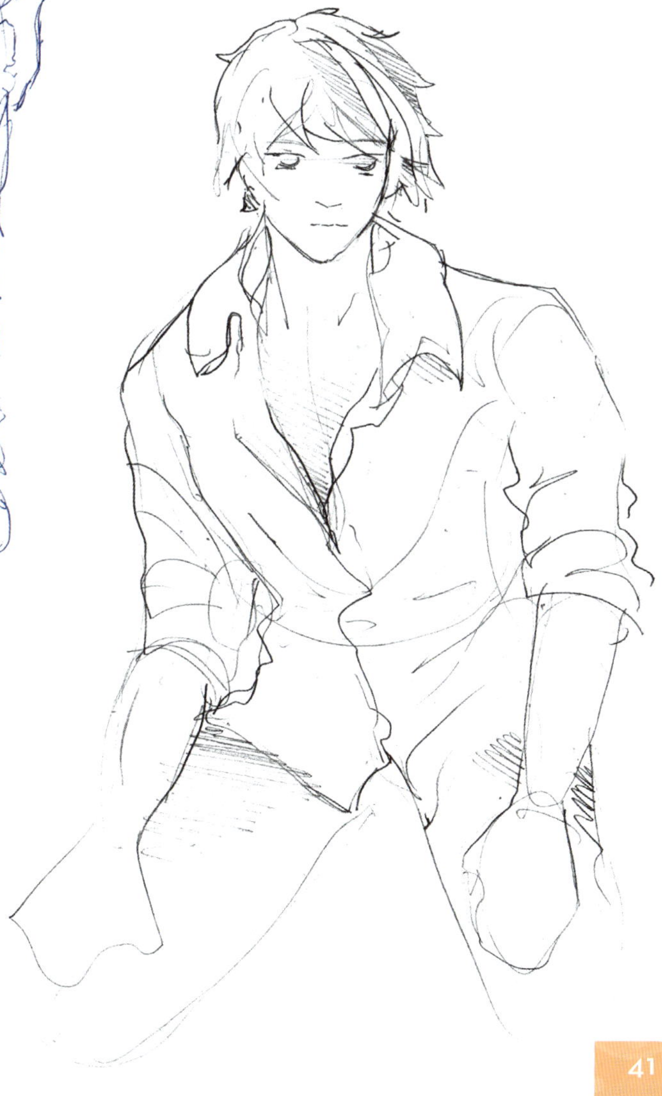

Der konkrete Entwurf

Hast du deine ersten Ideen grob skizziert, kannst du sie mit weiteren Skizzen detaillierter ausarbeiten. Auch hier eignet sich ein Kugelschreiber prima als Zeichenwerkzeug. Lege so viele Skizzen an, bis du den endgültigen Entwurf für deinen Shōnen-Charaker gefunden hast. Was du hier siehst, sind die Weiterentwicklungen der einfachen Skizzen auf der vorhergehenden Doppelseite.

Diese vier Skizzen reichen bereits nah an die späteren Illustrationen heran. Die Outlines und Bildelemente sind bereits sehr konkret, lediglich die Ausarbeitung der Flächen mittels Schraffuren ist noch etwas vage.

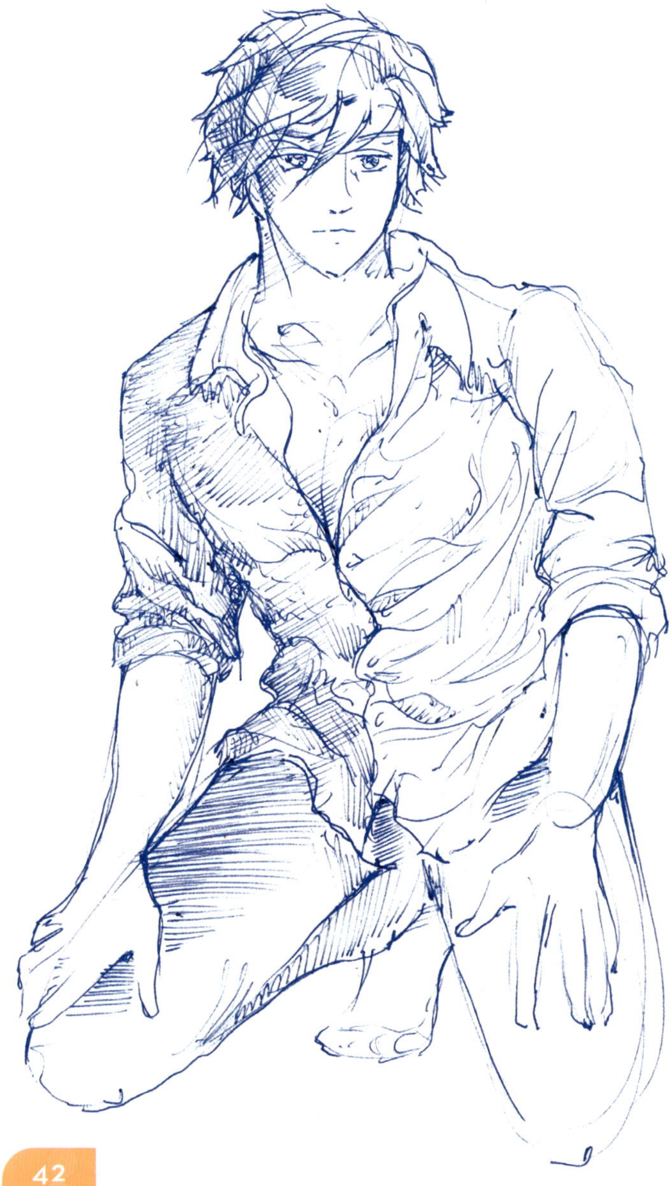

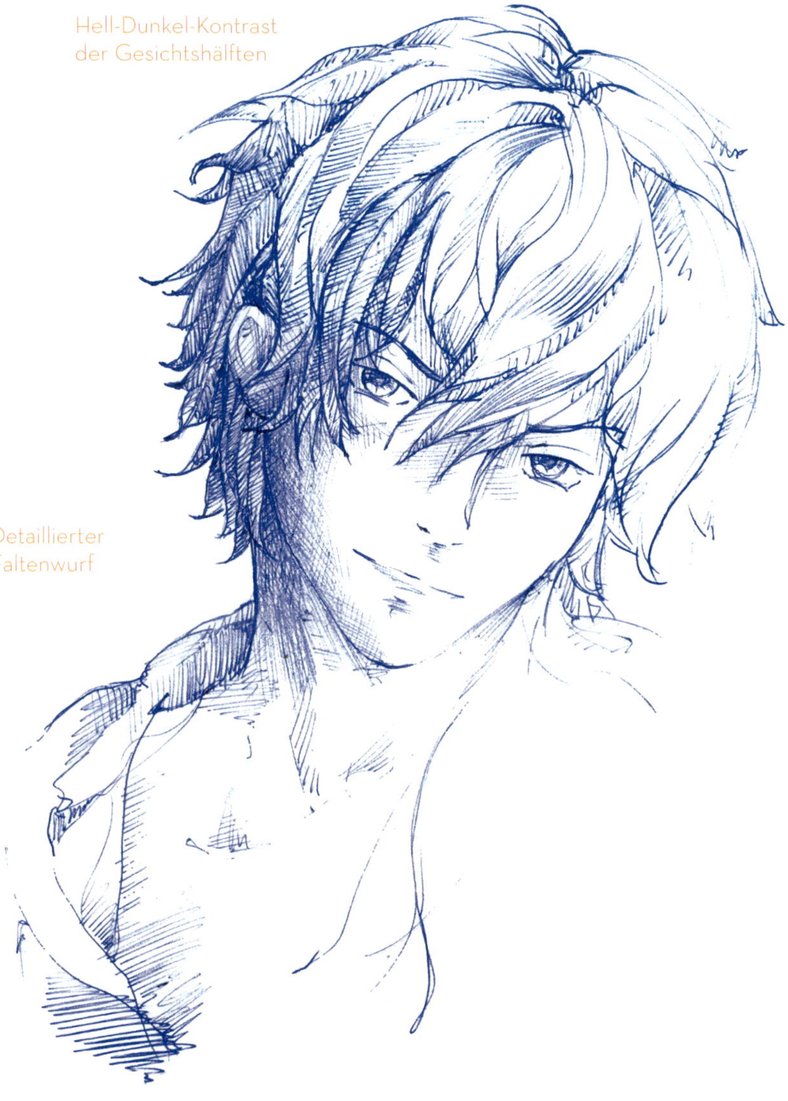

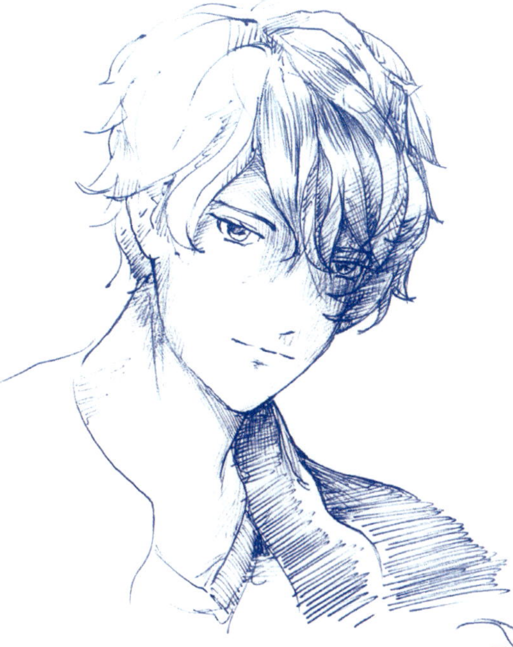

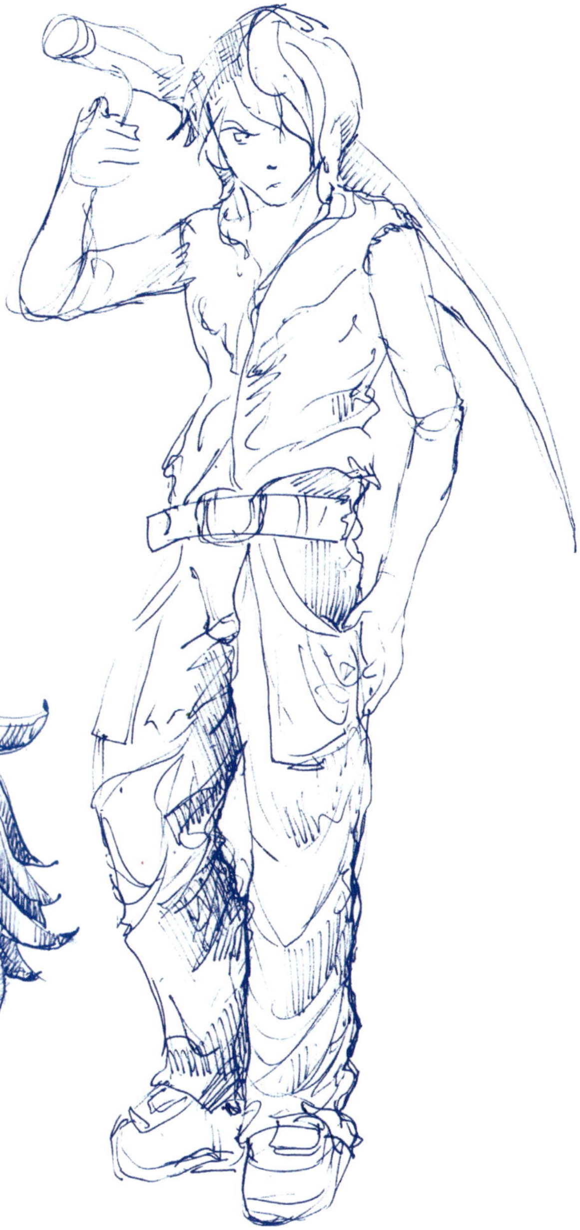

Feine
Haarsträhnen

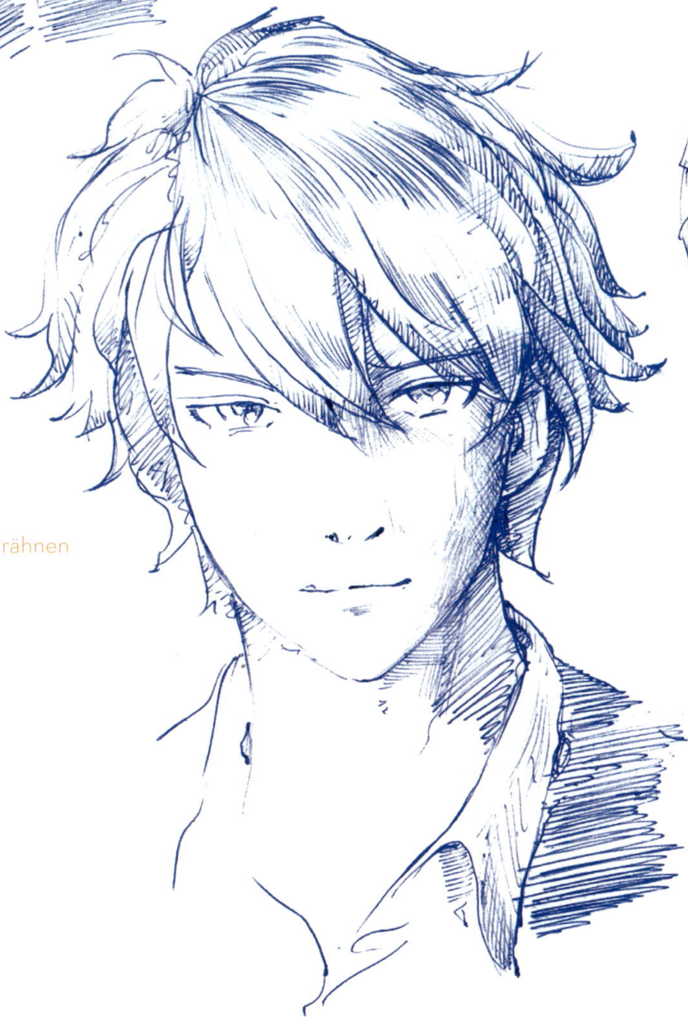

Shōnen-Welten

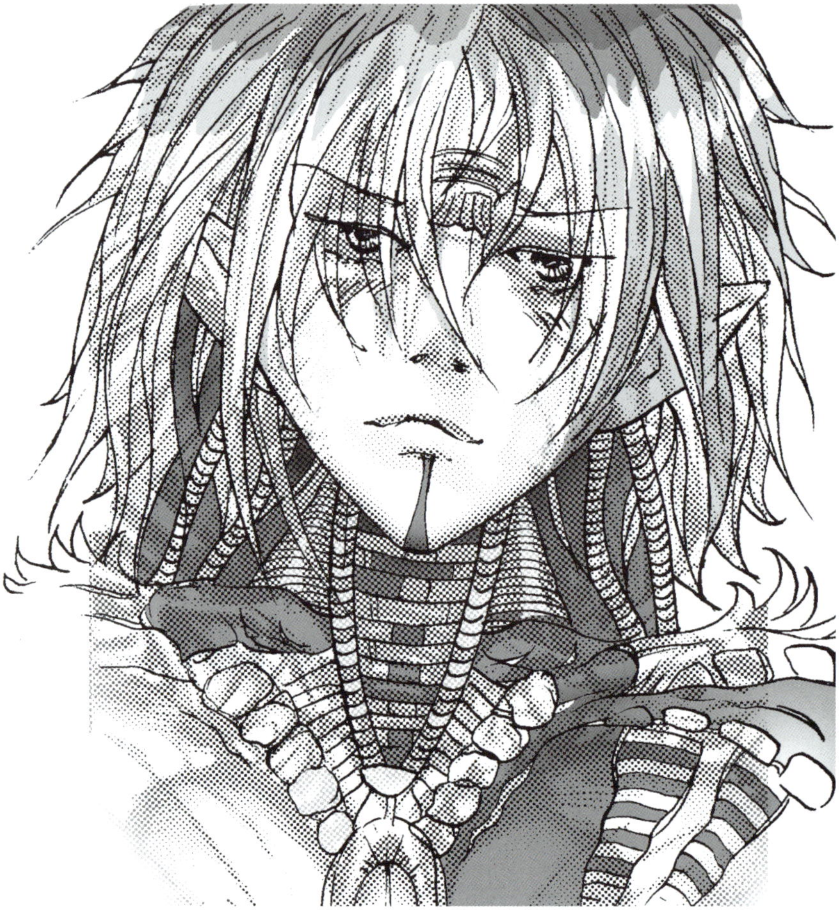

Darauf hast du bestimmt schon gewartet: Jetzt steigen wir in die Welten ein, in denen sich die Shōnen-Helden bewegen. Dabei geht es oft um bestimmte Figuren, zum Beispiel um die Abenteuer eines Elfenkriegers in einer Fantasy-Welt. Es gibt aber auch Charaktere, die sich in eine außergewöhnliche Figur verwandeln können. Dann wird zum Beispiel aus einem ganz normalen Schuljungen durch eine magische Handlung ein Held mit Superkräften. Lass uns mit einer solchen Verwandlung beginnen.

Wichtig

Skizziere mit wenigen Strichen, locker aus dem Handgelenk. Mit der Skizze bekommst du ein Gefühl für die Haltung der Figur und die Perspektive deiner Zeichnung. Das hilft dir später beim Anlegen der Reinzeichnung.

Detail

LOCKERER STRICH

Die Skizzen sind mit lockerem Strich angelegt, das kannst du an diesem Ausschnitt gut erkennen. Für die erste Formfindung ist es noch nicht wichtig, zu sehr ins Detail zu gehen.

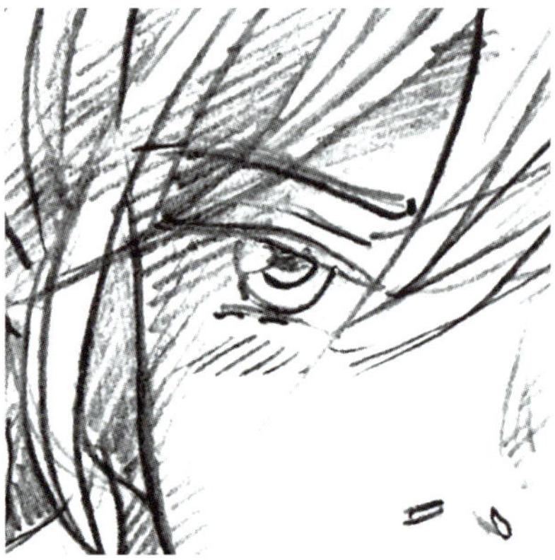

Schnell gezeichnete Schraffuren

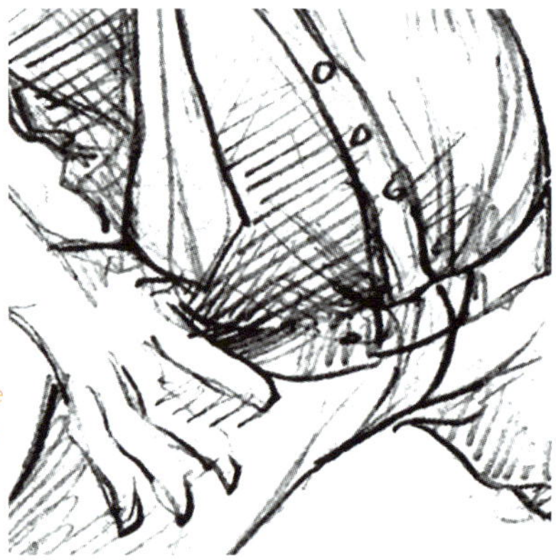

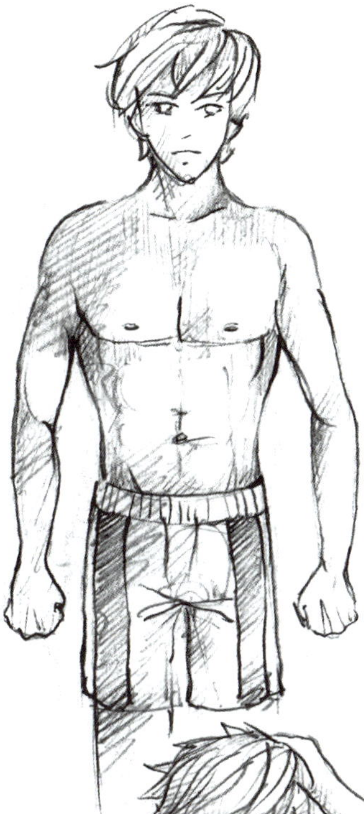

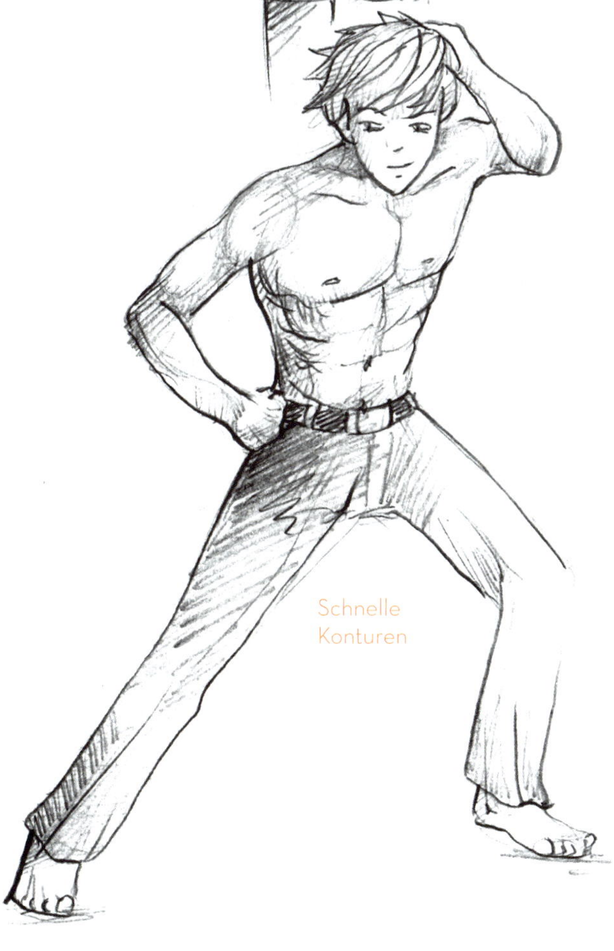

Schnelle Konturen

Schwierige Perspektive

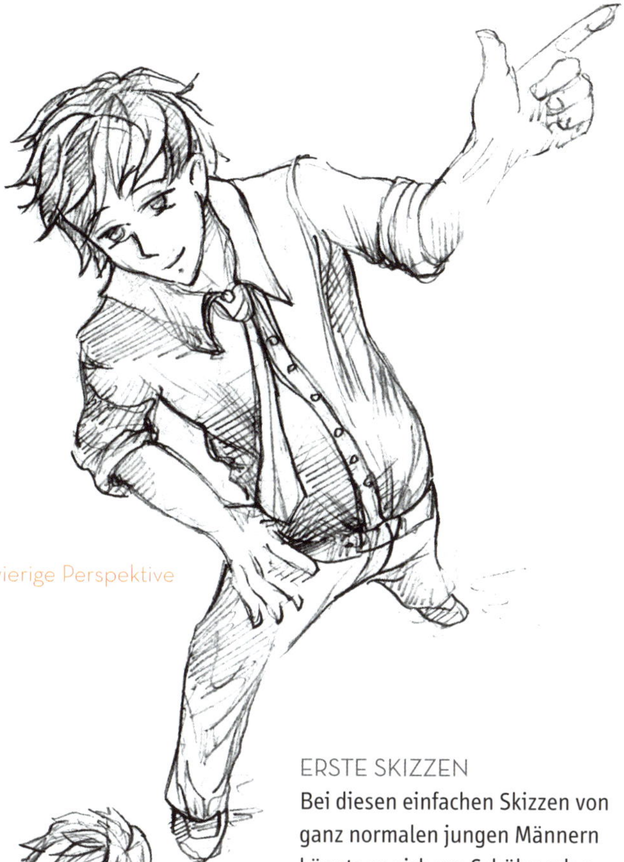

ERSTE SKIZZEN

Bei diesen einfachen Skizzen von ganz normalen jungen Männern könnte es sich um Schüler oder um Sportler handeln. Ihre Kleidung oder Statur lässt noch wenig ahnen, auf welche Art und Weise sie sich verwanden könnten. Achte auf den Jungen, der in einer Ansicht von schräg oben wiedergegeben ist. Im Grundkurs hast du schon geübt, wie man solche Perspektiven zeichnen kann.

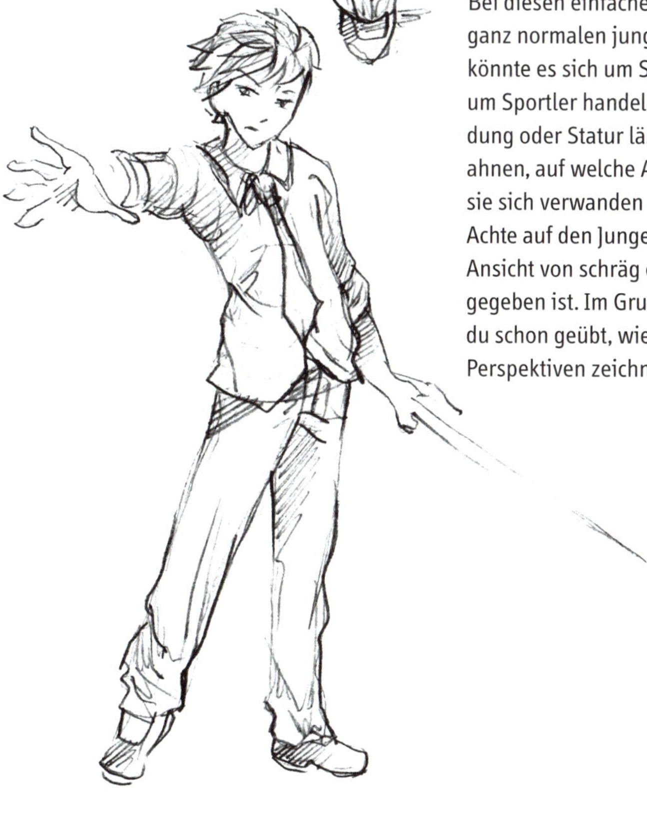

Coole Typen aus anderen Welten

Na, erkennst du in diesen Helden, Monstern und schrägen Typen deine Figuren von der vorigen Doppelseite wieder? Überlege dir vorher genau, in welche Welt du deine Figuren transformieren möchtest. In eine Science-Ficition- oder Fantasy-Welt? Auch eine Zeitreise oder ein historisches Thema könnten spannend sein.

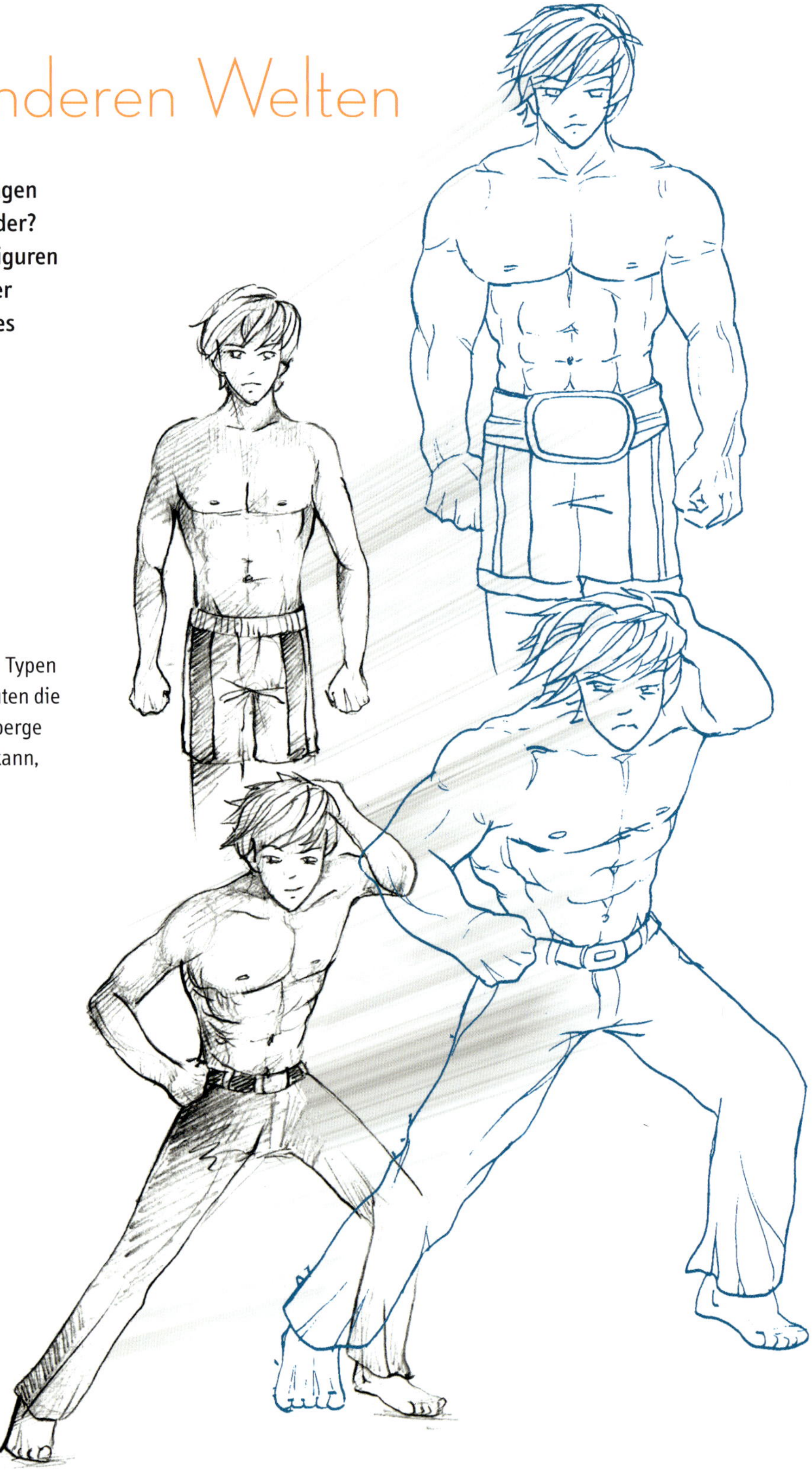

HELDEN MIT SUPERKRÄFTEN
Diese beiden Sportler haben sich in zwei Typen mit Superkräften verwandelt. Darauf deuten die Muskeln hin, die hier zu wahren Muskelberge anwuchsen, sodass man sich vorstellen kann, welche Kräfte dahinterstecken.

Info

VORLAGEN AUSDRUCKEN

Wenn du magische Verwandlungen üben möchtest, brauchst du nicht jedes Mal deine Ausgangsfigur neu zu zeichnen. Scanne deine Zeichnung ein und drucke sie anschließend ganz hell aus, sodass du die Konturen gerade noch erkennst. Über diese Vorlage kannst du dann direkt deine magische Wunschfigur skizzieren.

SCHRÄGE TYPEN

Eine ganz andere Verwandlung hat bei diesen beiden Jungs stattgefunden: Aus dem netten Jungen oben wurde ein windiger Playboy-Typ, während der Junge unten sich in einen Helden aus einer Fantasy-Welt verwandelt hat.

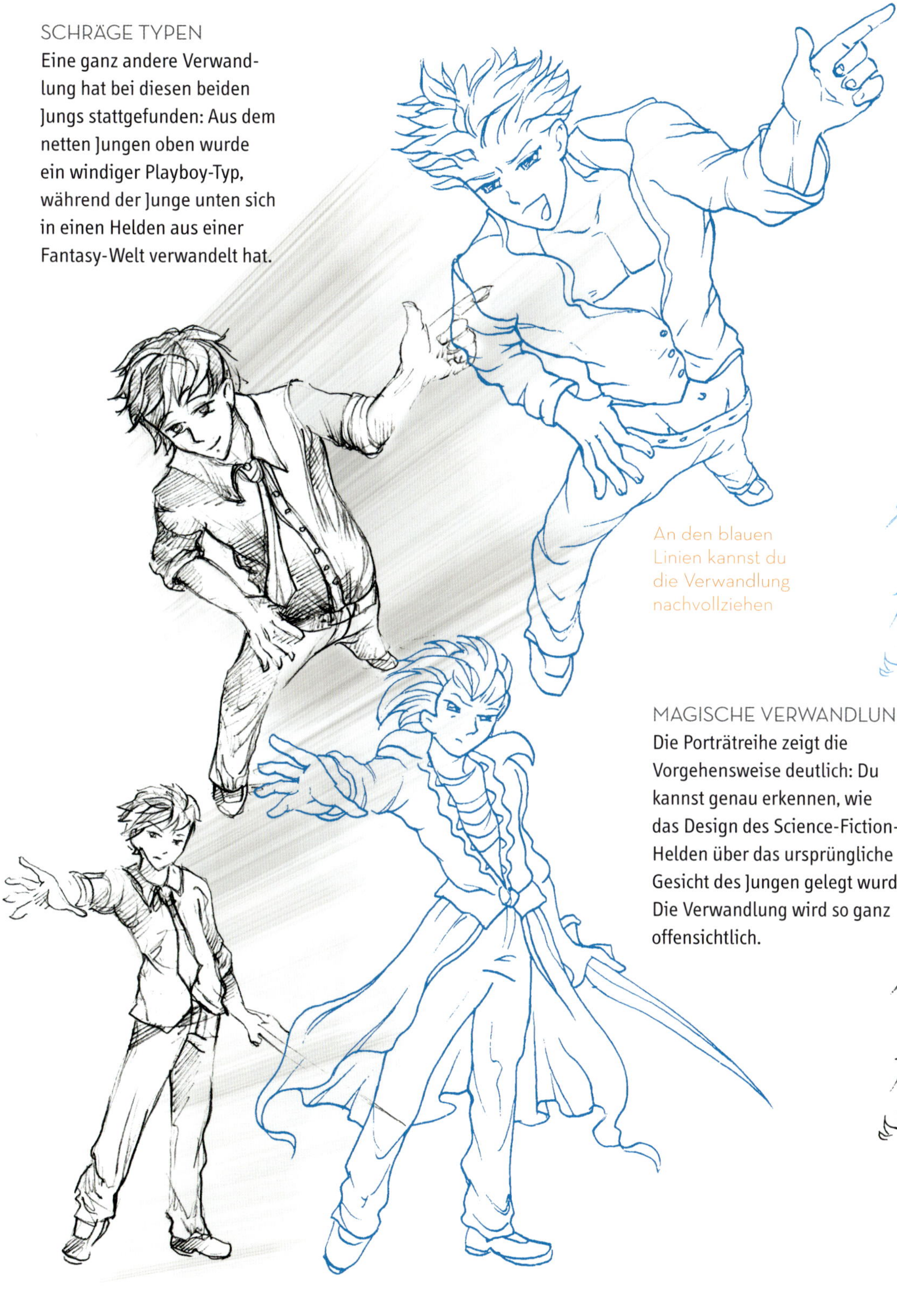

An den blauen Linien kannst du die Verwandlung nachvollziehen

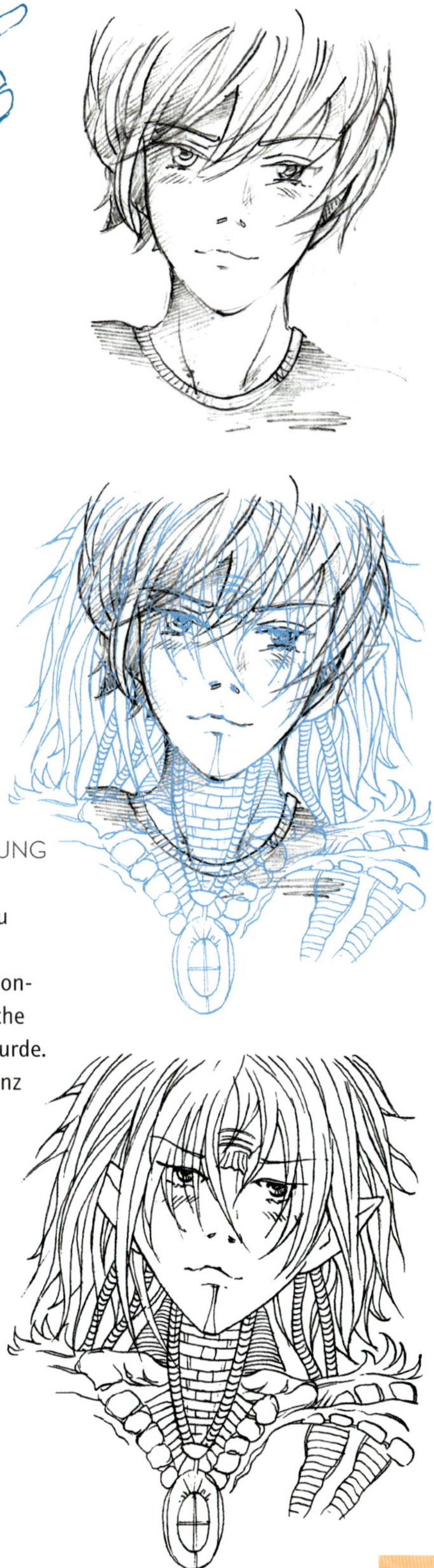

MAGISCHE VERWANDLUNG

Die Porträtreihe zeigt die Vorgehensweise deutlich: Du kannst genau erkennen, wie das Design des Science-Fiction-Helden über das ursprüngliche Gesicht des Jungen gelegt wurde. Die Verwandlung wird so ganz offensichtlich.

Reinzeichnungen

Unter einer Reinzeichnung versteht man die fertige, saubere Ausarbeitung eines Entwurfs. Ganz zu Anfang des Buchs ging es dazu bereits um die Frage des Strichs, also ob man eher die Bleistiftlinie oder die Finelinerlinie bevorzugt. Zur Umsetzung der Skizzen von den vorigen Doppelseiten wurde bei diesen Figuren ganz klassisch der Fineliner gewählt. Er passt zu der Art der Figuren einfach am besten.

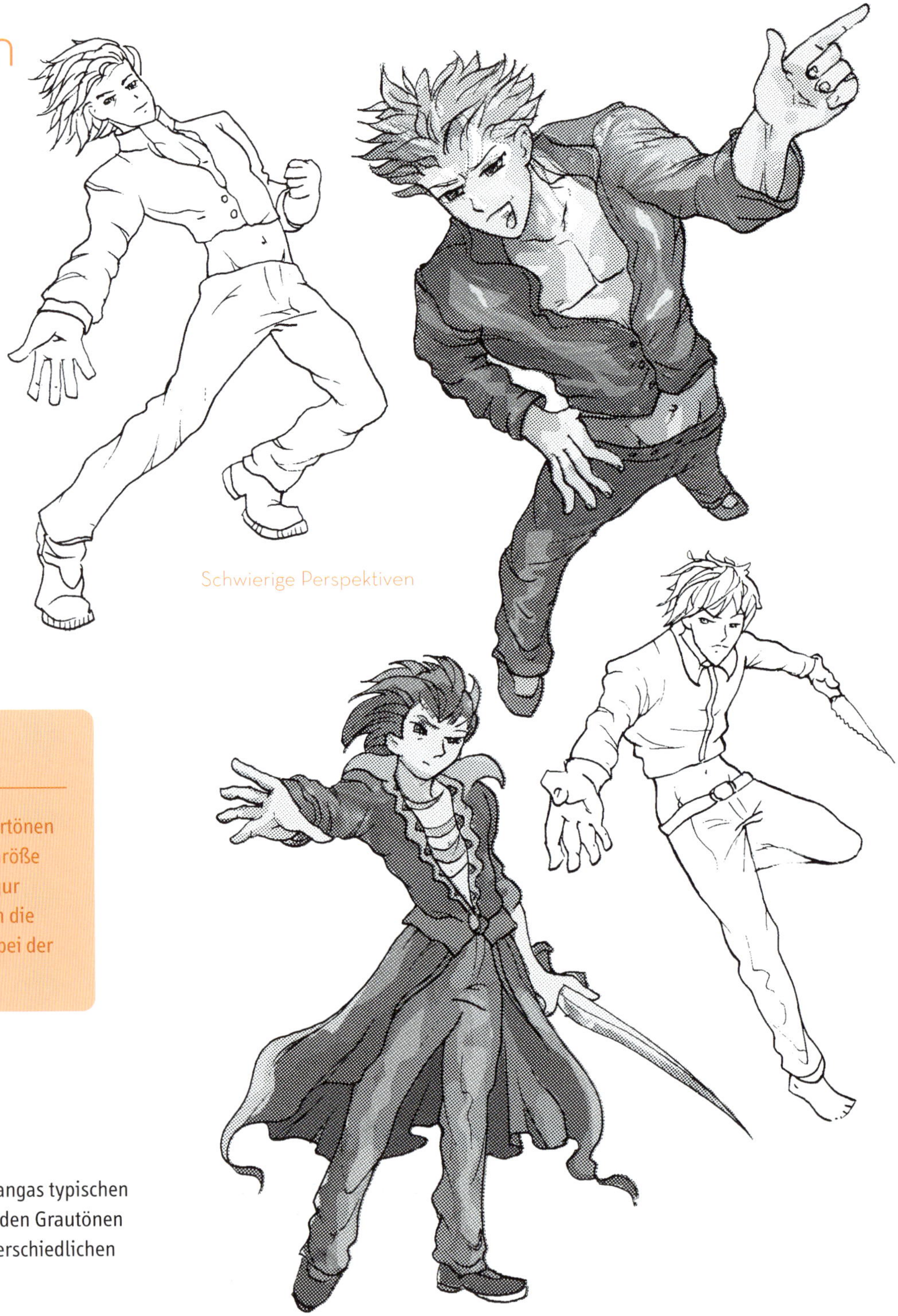

Schwierige Perspektiven

Wichtig

Bei der Ausarbeitung deines Designs in Rastertönen solltest du vorher bereits wissen, in welcher Größe deine Figur später gedruckt wird. Wird die Figur zu stark verkleinert, dann verschwinden durch die Verkleinerung die winzigen Rasterpunkt, die bei der Technik ja gerade gewollt sind.

GESTALTUNG MIT RASTERTÖNEN

Die fertige Linienzeichnung wurde mit der für Mangas typischen Rastertechnik kombiniert. Beim Ausarbeiten mit den Grautönen entstehen so Charaktere, wie man sie sich in unterschiedlichen Shōnen-Mangas vorstellen kann.

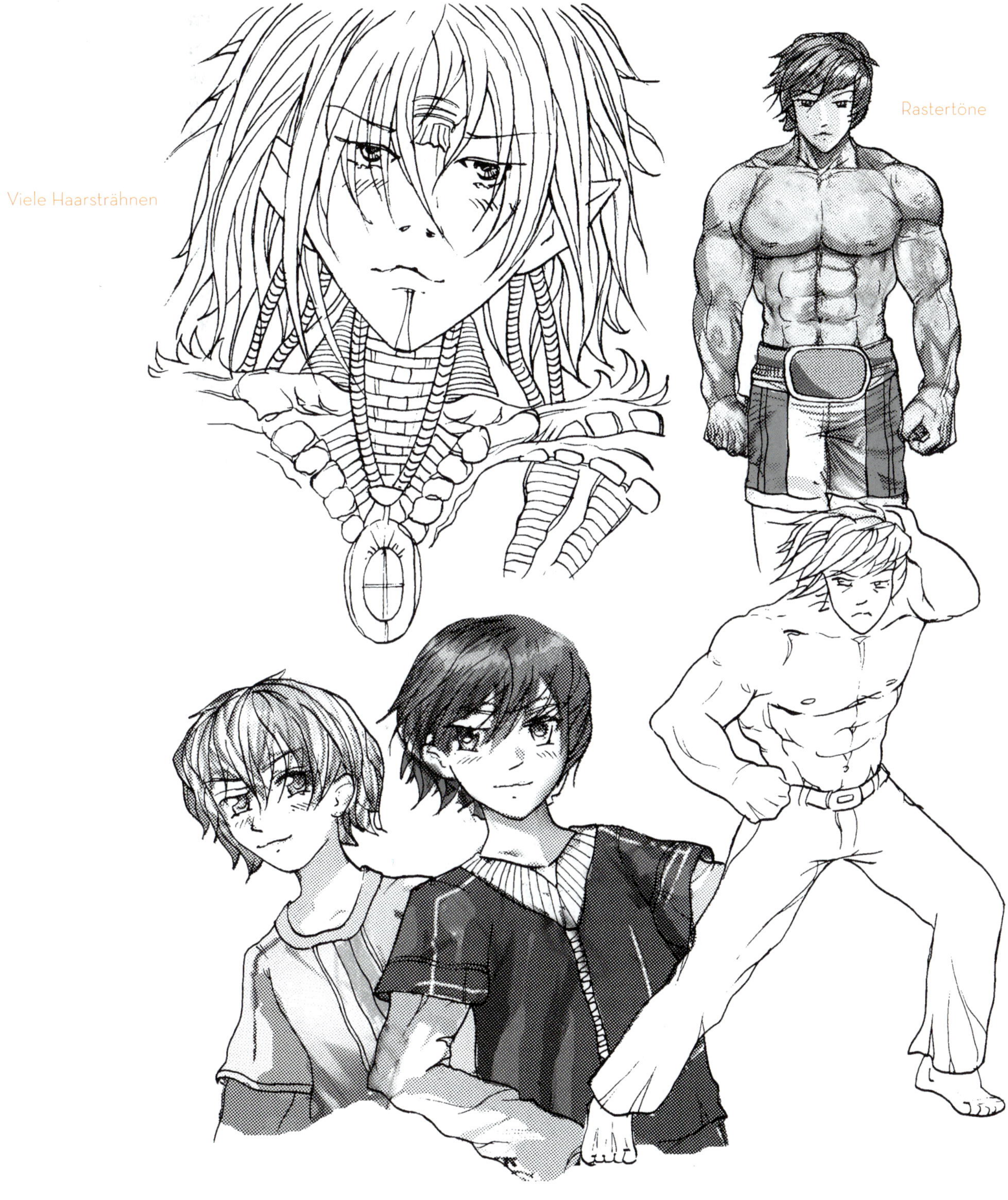
Viele Haarsträhnen
Rastertöne

Farbe und Hintergründe

Sicher kennst du einige Mangas, in denen die Geschichten mit Schwarz-Weißzeichnungen und Motiven in gerasterten Graustufen erzählt werden. Das ist aber keineswegs die Regel, die Manga-Welt kann nämlich auch sehr bunt sein!

Deshalb erfährst du auf den folgenden Seiten einiges zum Kolorieren deiner Zeichnungen am Computer oder von Hand sowie zu Hintergründen, die auch immer wieder eine Rolle spielen. Hier sind die Gestaltungsvarianten ähnlich vielfältig wie beim Kolorieren. Mit Filtern oder Verfremdungstechniken lassen sich überraschende Effekte erzielen.

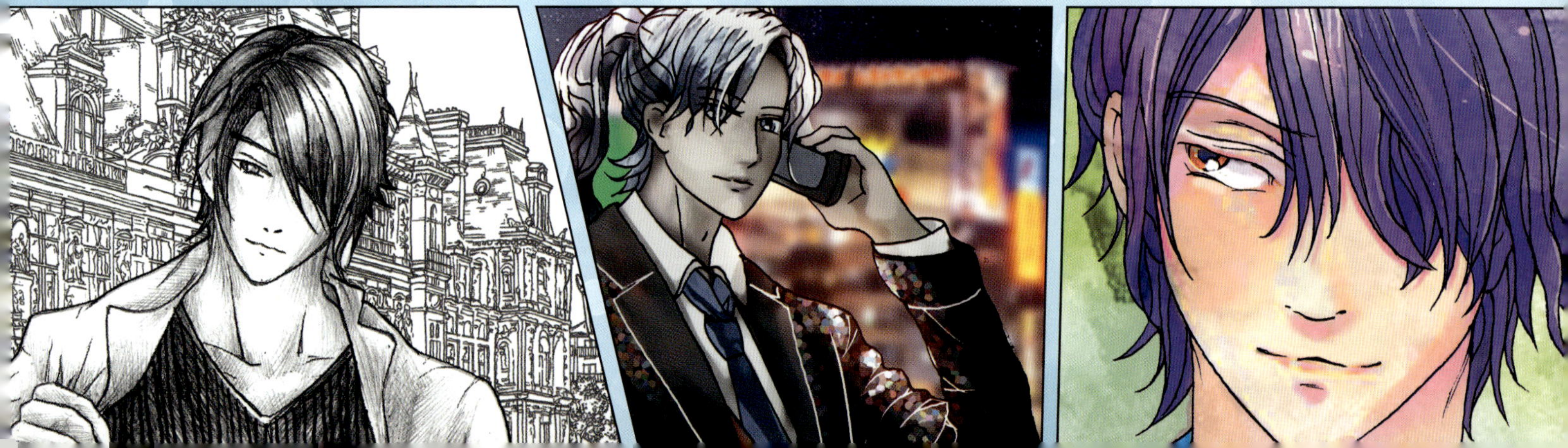

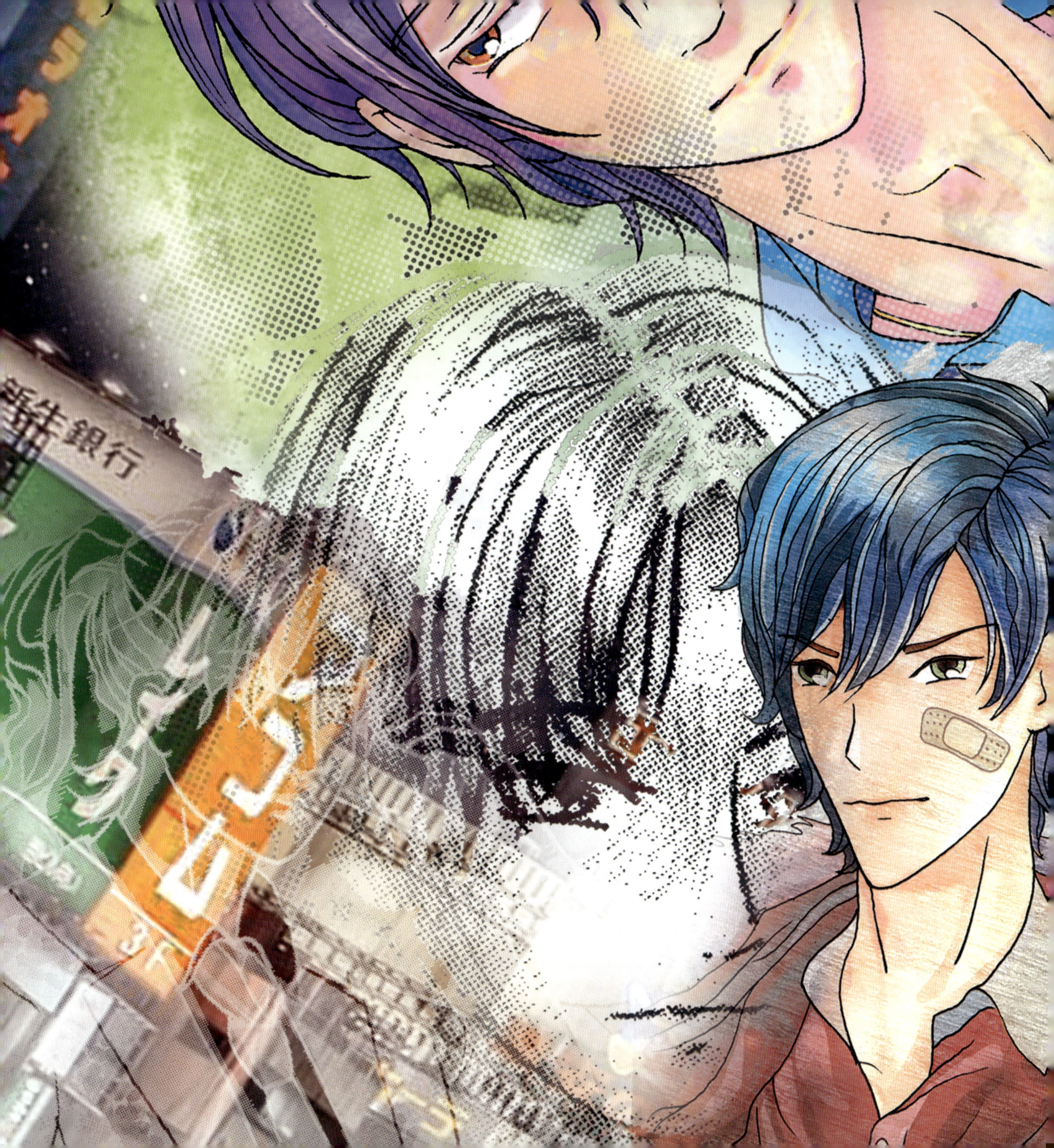

Kolorieren am Computer

Das Kolorieren am Computer ist nur eine von vielen Varianten der Farbgestaltung – wenn auch eine sehr beliebte. Die farbigen Illustrationen in diesem Buch sind auch am Computer entstanden. Sicher haben einige von euch ein Programm oder eine App auf dem Rechner oder dem Handy, mit denen das ebenfalls möglich ist. Bevor du dich allerdings in die farbige Ausgestaltung deiner Werke stürzt, brauchst du eine Reinzeichnung.

AUSGANGSPUNKT REINZEICHNUNG

Unter einer Reinzeichnung versteht man die saubere, druckreife Ausarbeitung eines Entwurfs. Da der Entwurf meist mit Bleistift gezeichnet ist, sollte er für das Drucken oder Einscannen zu einer Strichzeichnung mit dem Fineliner ausgearbeitet werden.

FARBE UND MUSTER

Wer über entsprechende Computerprogramme verfügt, kann seine Reinzeichnung einscannen und anschließend farbig bearbeiten. Ein großer Vorteil des Kolorierens am Computer ist es, dass du Arbeitsschritte rückgängig machen kannst, wenn dir etwas nicht gefällt. Auch das Ausgestalten von Flächen mit Mustern und Strukturen, die in den Grafikprogrammen hinterlegt sind, macht Spaß.

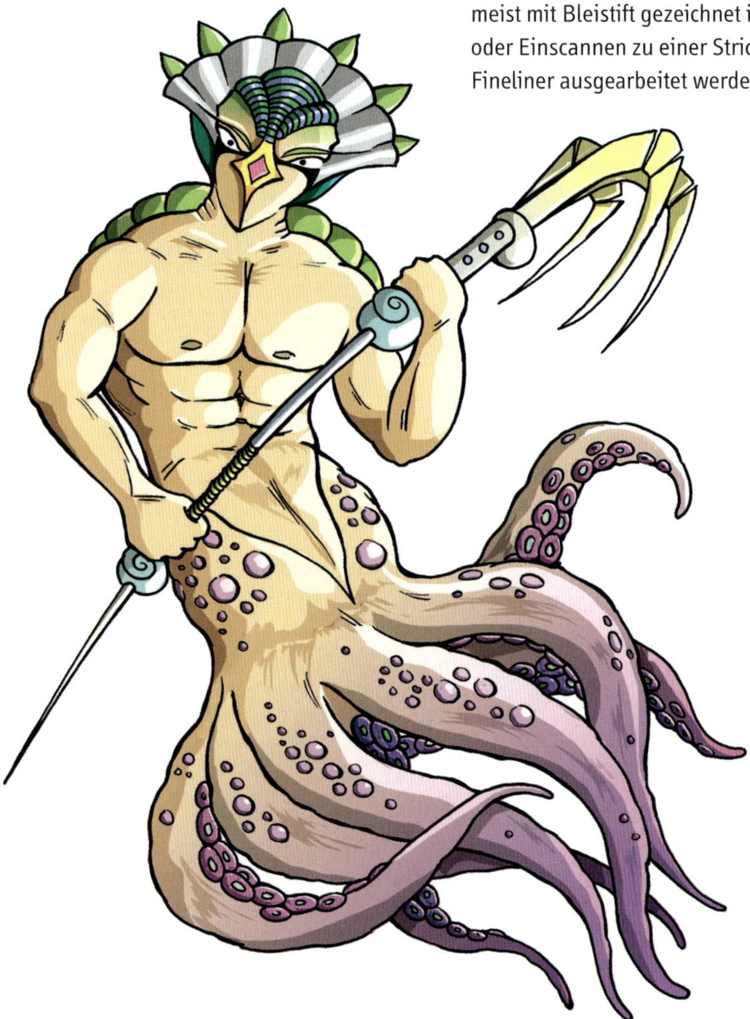

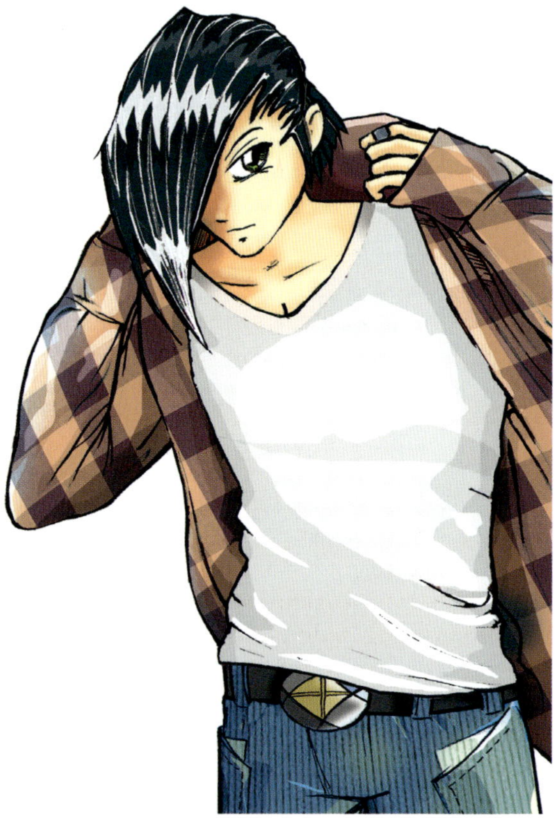

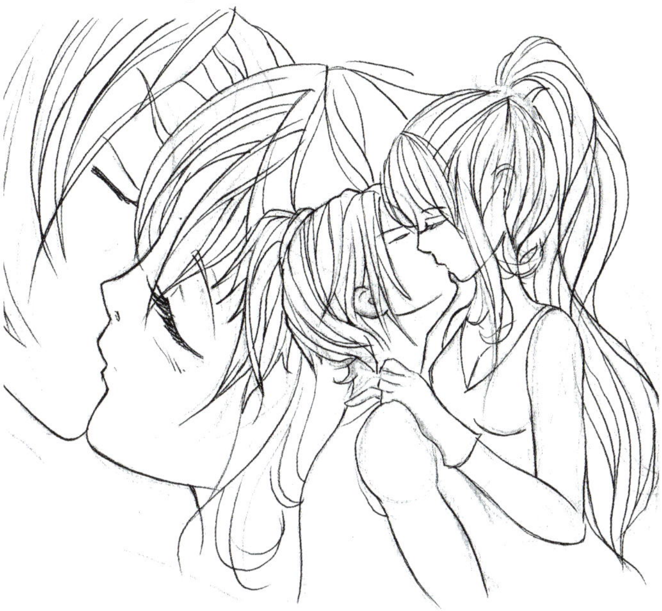

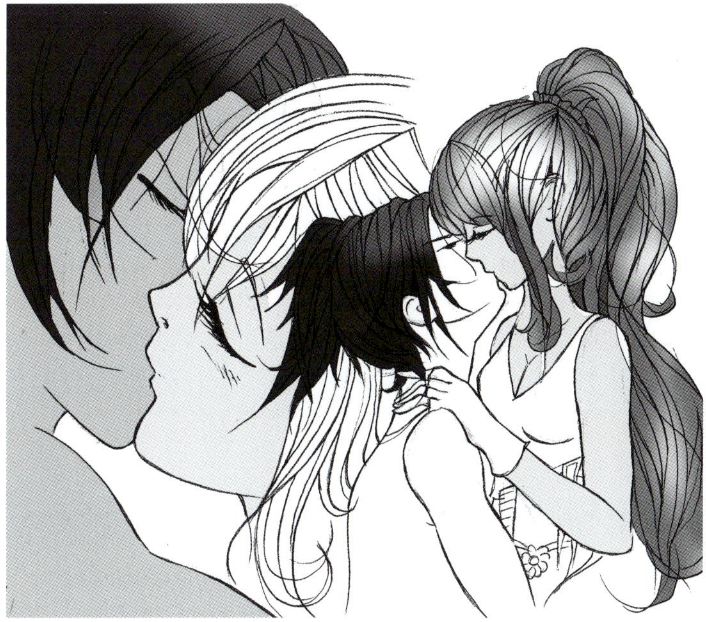

Wichtig

Für den typischen Manga-Stil wird die Zeichnung in nur wenigen Hell-Dunkel-Abstufungen koloriert. Das bedeutet, dass von der jeweiligen Grundfarbe einer Fläche nur ein bis zwei Abstufungen heller und ein bis zwei Abstufungen dunkler verwendet werden.

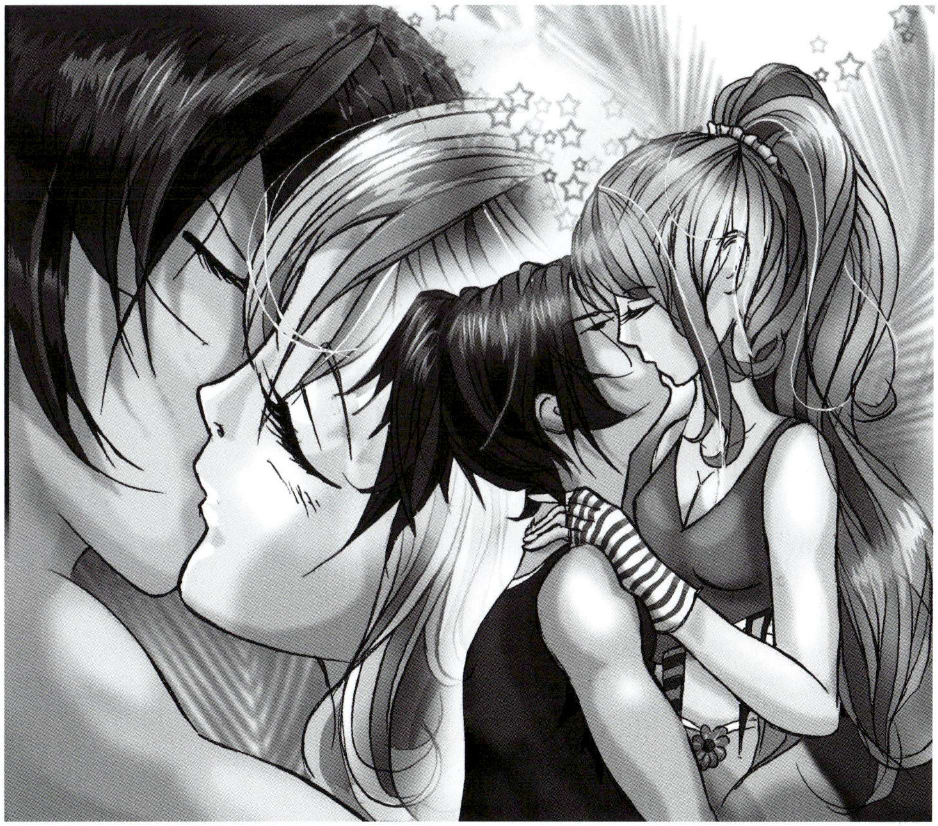

GRAUABSTUFUNGEN

Im Gegensatz zu Rastertönen, wie auf Seite 48, sind auch glatte Grauabstufungen möglich. Je nach Geschmack kannst du dabei unterschiedlich vorgehen. Manche Zeichner:innen arbeiten gerne kontrastreich mit großen schwarzen Flächen, andere wiederum eher mit helleren, feinen Grauflächen. Spezielle Manga-Software bietet dazu faszinierende Gestaltungsmöglichkeiten, welche die Arbeit immens erleichtern und die Ergebnisse stark verbessern.

Kolorieren von Hand

In diesem Buch geht es in erster Linie um das Manga-Shōnen-Zeichnen mit Bleistift oder Fineliner. Trotzdem ist dir bestimmt schon aufgefallen, dass es an einigen Stellen auch farbige Illustrationen zu sehen gibt. Wenn du auch Lust auf Farbe hast und dazu gern selbst Hand anlegen möchtest, findest du hier Tipps und Hinweise, wie du beim Kolorieren deiner Zeichnungen von Hand vorgehen kannst.

Info

MISCHTECHNIKEN

Natürlich gibt es noch viel mehr Varianten der Farbgestaltung. Interessant sind vor allem Mischtechniken: Zum Beispiel kannst du beim Kolorieren mit Markern oder Wasserfarben zusätzlich mit Buntstiften noch Linien ausarbeiten oder Akzente setzen.

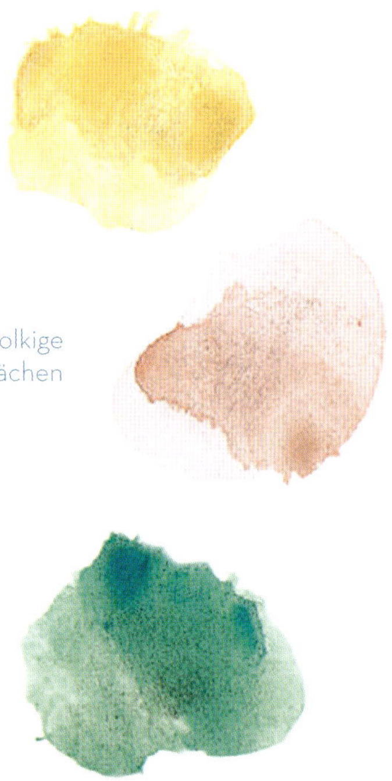

Wolkige Flächen

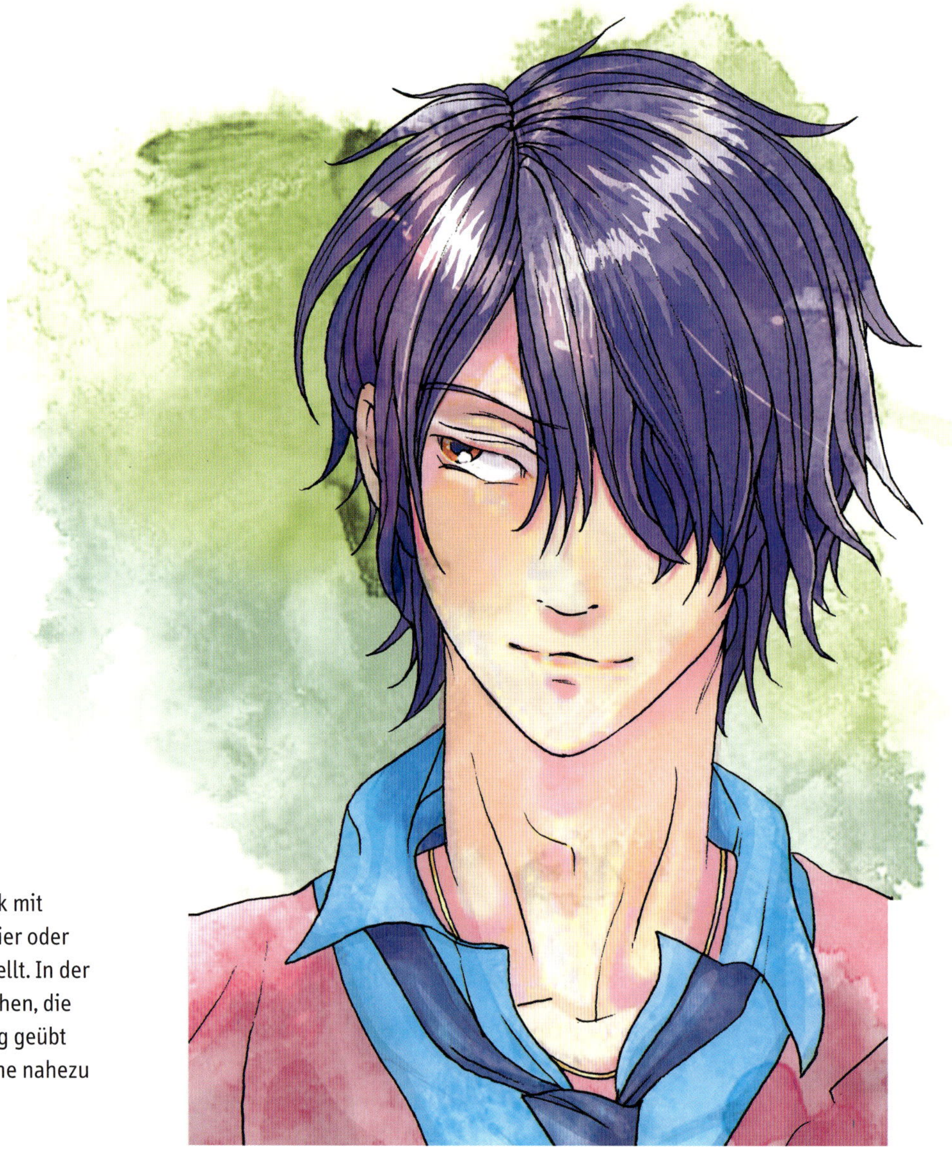

KOLORIEREN MIT AQUARELL- ODER WASSERFARBEN

Ganz wichtig: Für diese Variante sollte euer Werk mit einem wasserfesten Stift auf einem stabilen Papier oder Aquarellpapier gezeichnet sein, das sich nicht wellt. In der Abbildung siehst du die typischen wolkigen Flächen, die sich mit Wasserfarben ergeben. Wer lange genug geübt hat, bringt aber auch ganz glatte Flächen und eine nahezu fotorealistische Optik zustande.

KOLORIEREN MIT MARKERN

Marker sind die Klassiker beim Manga-Kolorieren, es gibt sie in einer großen Farbvielfalt. Die Stifte haben meist sowohl eine spitze als auch eine flächige Zeichenspitze. Mit Markern sollte man immer von Hell nach Dunkel arbeiten. Die Farben werden dunkler und intensiver, wenn man sie mehrfach übereinander malt. Auch das Kolorieren mit Markern erfordert einiges an Übung.

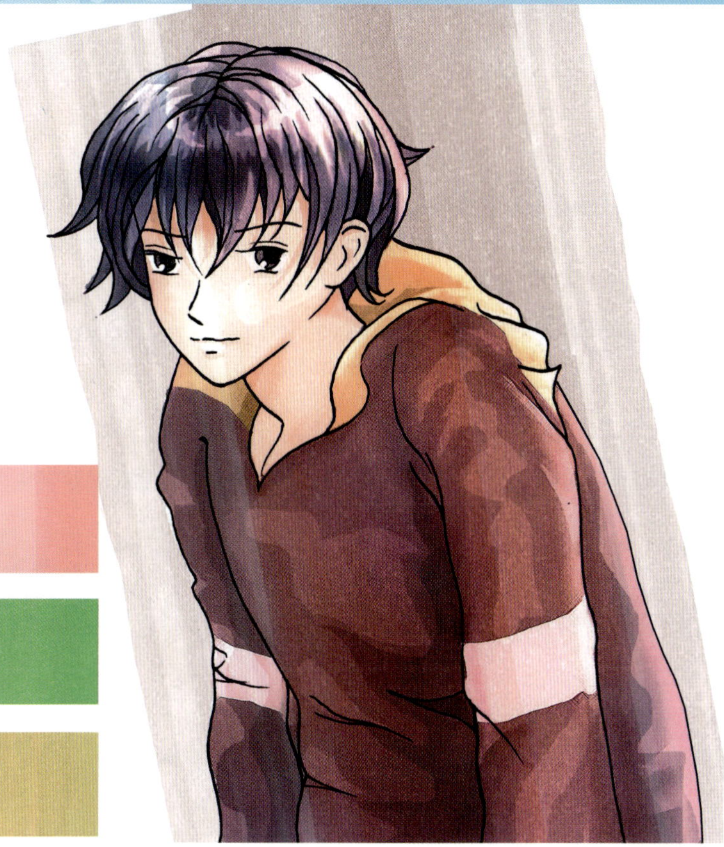

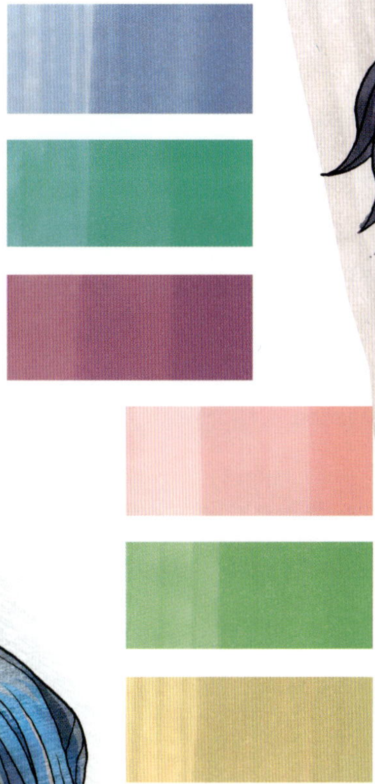

Farbverläufe von Hell nach Dunkel

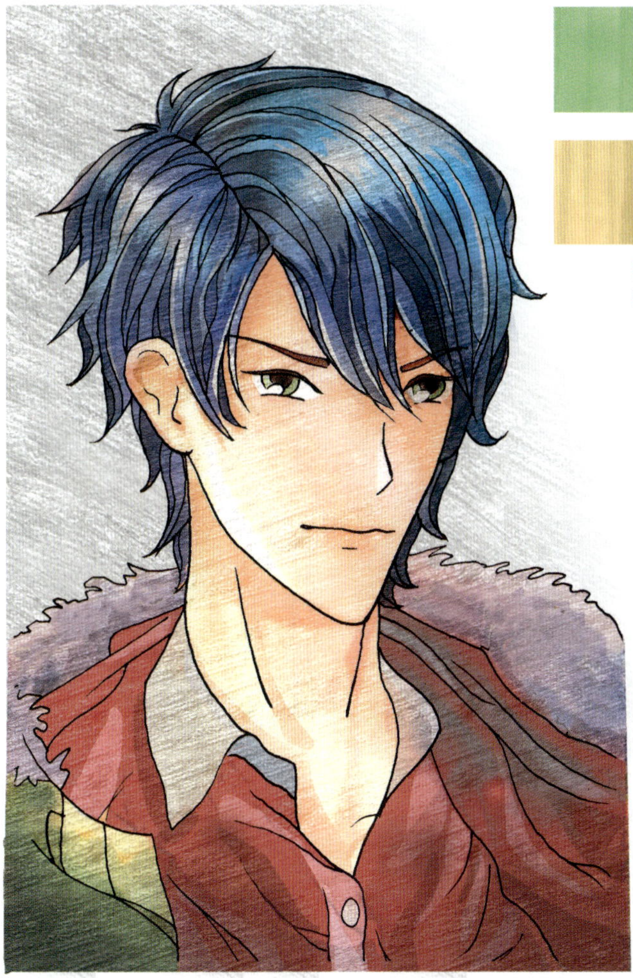

KOLORIEREN MIT BUNTSTIFTEN

Buntstifte sind eher etwas unüblich beim Kolorieren, dennoch lassen sich damit gute Ergebnisse erzielen. Die Abbildung zeigt die Struktur einer schraffierten Buntstiftfläche. Mit etwas Übung kannst du die Flächen auch so fein gestalten, dass man die einzelnen Schraffurlinien kaum noch sieht.

Buntstiftschraffuren

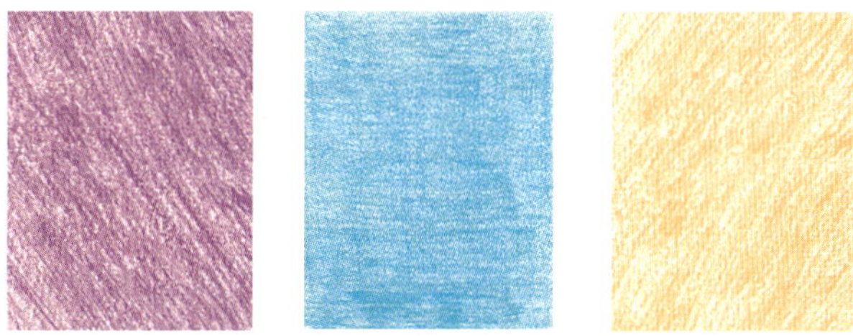

Hintergründe in Schwarz-Weiß

Hintergründe spielen beim Zeichnen von Mangas eine weniger wichtige Rolle, denn der Fokus liegt auf der Gestaltung der Charaktere und ihrer Gesichter. Dennoch benötigen manche Situationen auch einen Hintergrund – hier sind die Gestaltungsvarianten ähnlich vielfältig wie beim Kolorieren. Wir betrachten hier einige grundsätzliche Möglichkeiten.

Detail

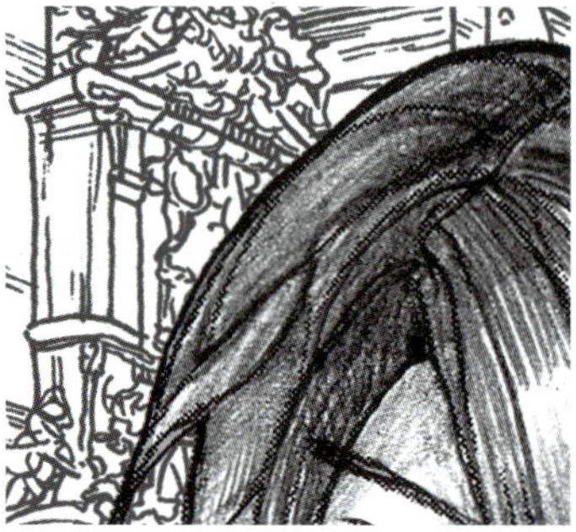

In der detaillierten Ansicht hebt sich die Bleistiftillustration deutlich von der Strichzeichnung ab.

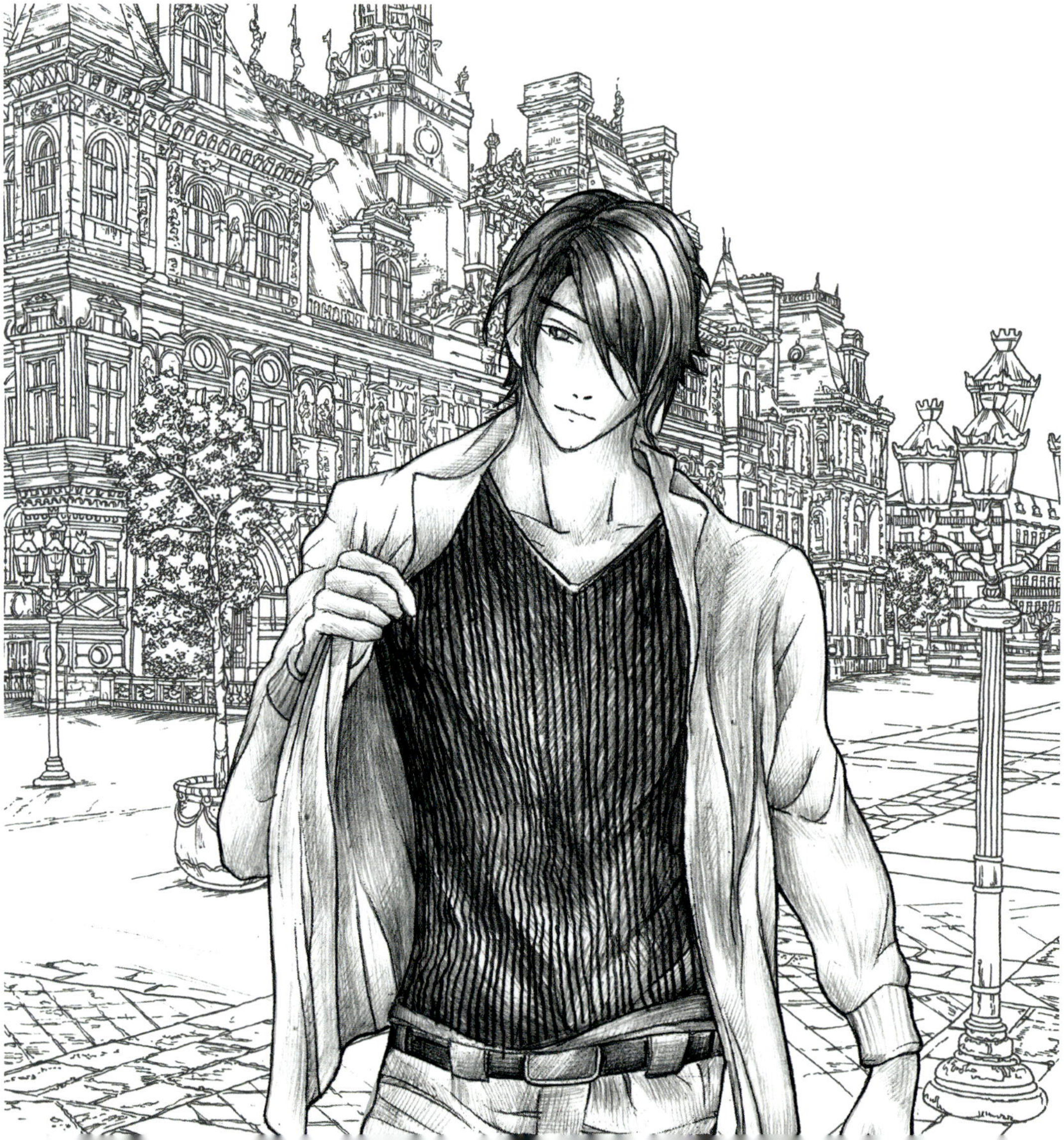

VON HAND GEZEICHNET
Diese Variante wurde nachträglich am Computer bearbeitet. Ausgangspunkt war die von Hand erstellte Bleistiftzeichnung eines lässig gekleideten jungen Mannes. Du findest das Motiv auf den Seiten 136/137. Der Hintergrund entstand ebenfalls von Hand, allerdings mit einem Fineliner. Anschließend wurde die Figur dann per Computerprogramm vor den mit 60 % Transparenz eingefügten Hintergrund platziert. Natürlich ließe sich der Hintergrund auch noch farbig oder in Graustufen illustrieren, hier wurde aber bewusst die Strichzeichnung stehen gelassen.

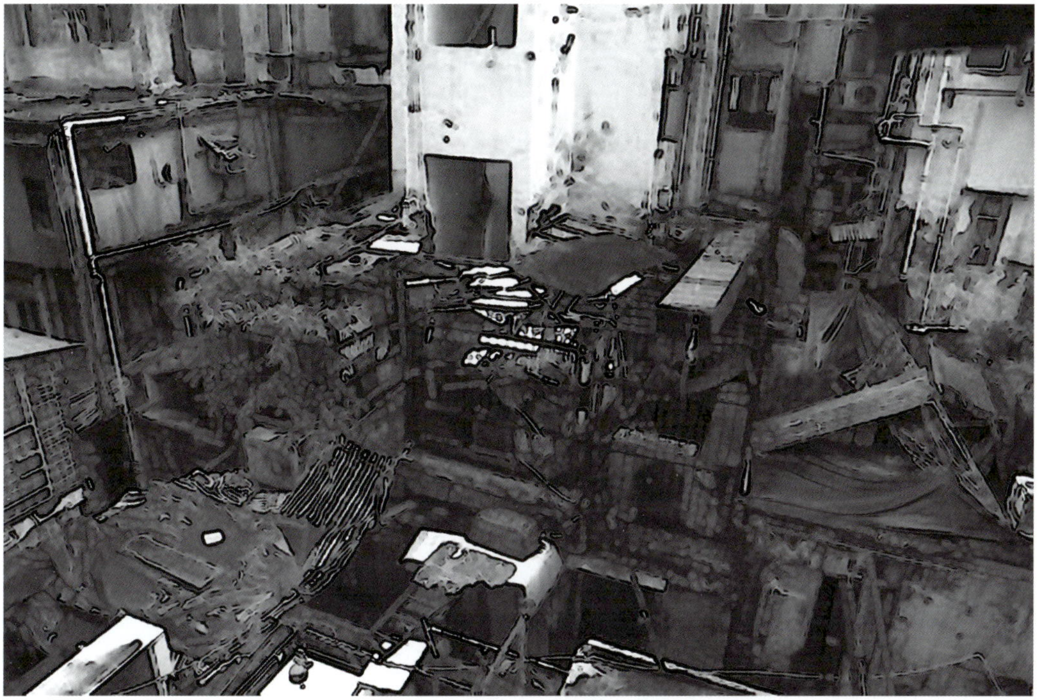

BEARBEITETE FOTOS

Bei diesem Beispiel ist der Hintergrund ein Foto, das am Computer mittels mehrerer Filter und Funktionen verfremdet wurde. Filter sind heutzutage bei der Bildbearbeitung fast jedem ein Begriff. Auch beim Anlegen von Hintergründen für Manga-Zeichnungen können sie sehr nützlich sein.

Mit einer Pixeländerung, der Interpolation, wurde das Bild etwas flächiger und abstrakter gestaltet. Für die Rastertöne kam die Bitmap-Einstellung zum Einsatz, für die Konturen eine Kontur-Findungsfunktion.

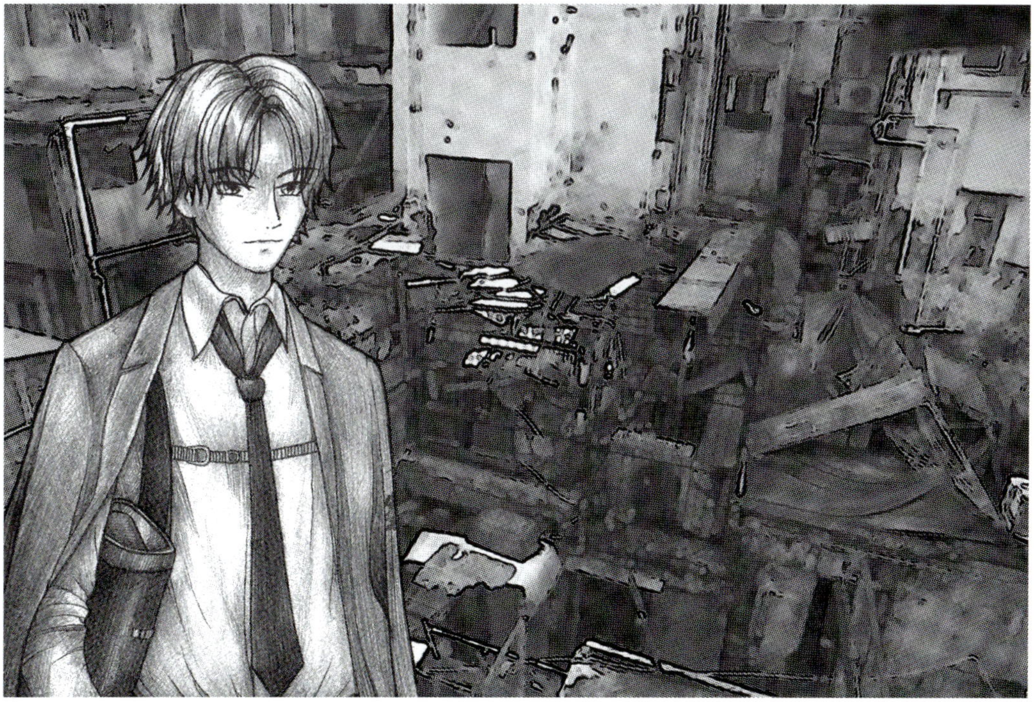

Detail

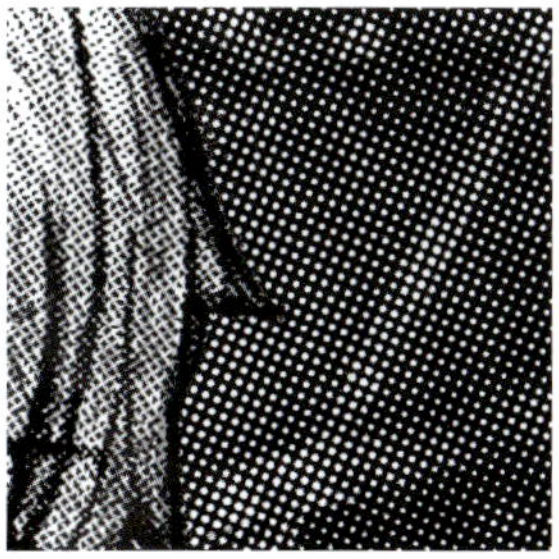

Im Detail gut zu erkennen: die feine Rasterung.

Hintergründe in Farbe

Wenn du lieber farbige Hintergründe für deine Mangazeichnungen verwenden möchtest, ist die Vorgehensweise dieselbe wie bei der Arbeit mit Hintergründen in Graustufen. Auf dieser Doppelseite siehst du am Beispiel einer Stadtansicht von Tokio, wie man dabei vorgehen kann.

Info

BILDER AUS DEM NETZ

Hast du keine eigenen Fotos für deine Hintergründe, kannst du entsprechende Bilder im Internet finden. Sei dir aber bitte bewusst, dass du das Bild so stark verfremden musst, dass es keine Urheber- oder Nutzungsrechte mehr verletzt.

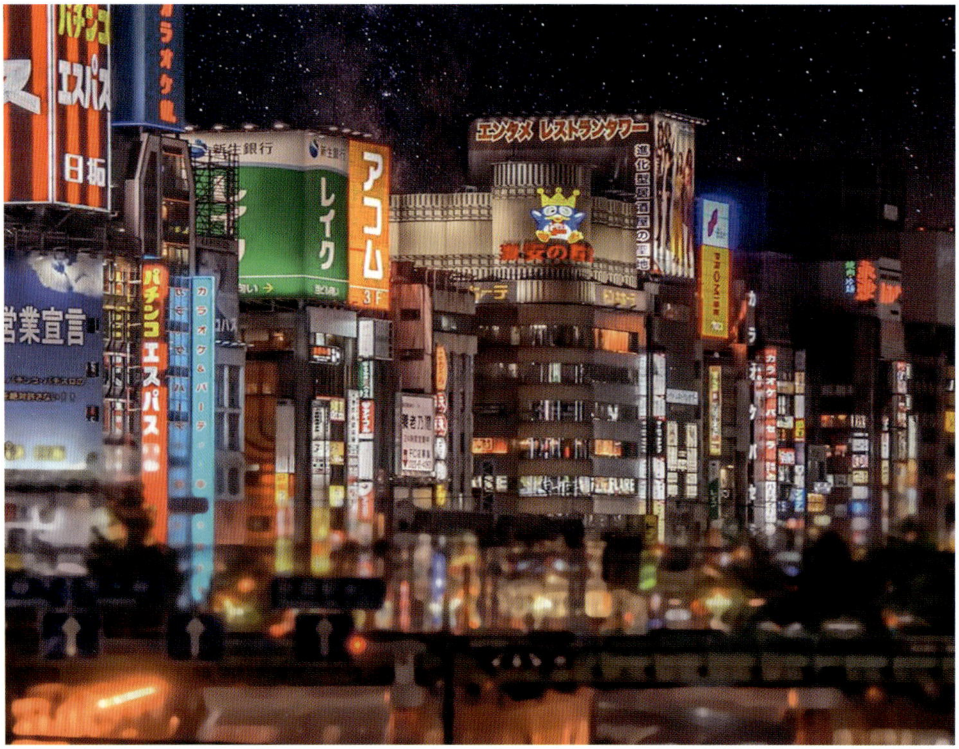

DIE FOTOVORLAGE

Dieses Foto zeigt eine Ansicht mit Hochhäusern in Tokio. Die Qualität und Auflösung des Bildes ist nebensächlich, da es ohnehin bearbeitet wird.

Detail

Hier siehst du im Detail, wie ein interessanter Kontrast zwischen dem unscharf-verschwommenen Hintergrund und der klar gezeichneten Figur entsteht.

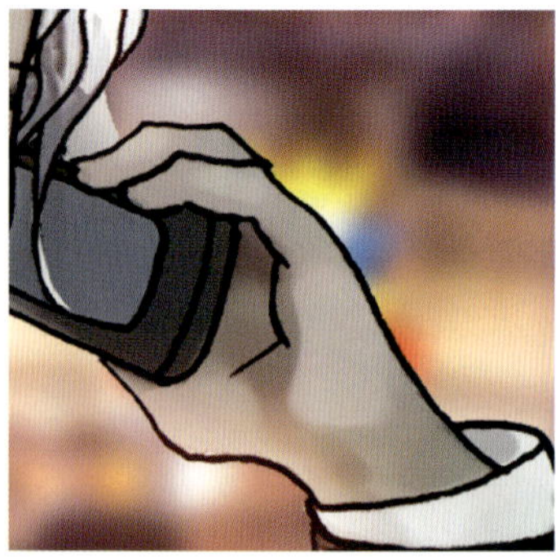

HILFESTELLUNG IM NETZ

Wer sich mit Filtern oder Effekten noch nicht so gut auskennt, findet jede Menge Tutorials im Internet. Es gibt fast keine Fragestellung zu dem Thema, die hier unbeantwortet bleibt und mit etwas Übung klappt es meistens recht schnell.

BEARBEITEN UND VERFREMDEN
Mit verschiedenen Filtern, beispielsweise einem Weichzeichnungsfilter oder der Funktion „Interpolieren“ kannst du das Bild verfremden und abstrakter gestalten. Auch die Farben und der Kontrast lassen sich noch verstärken oder du erzeugst noch ein paar Lichteffekte. Füge zum Schluss deine Figur am Computer vor den Hintergrund ein.

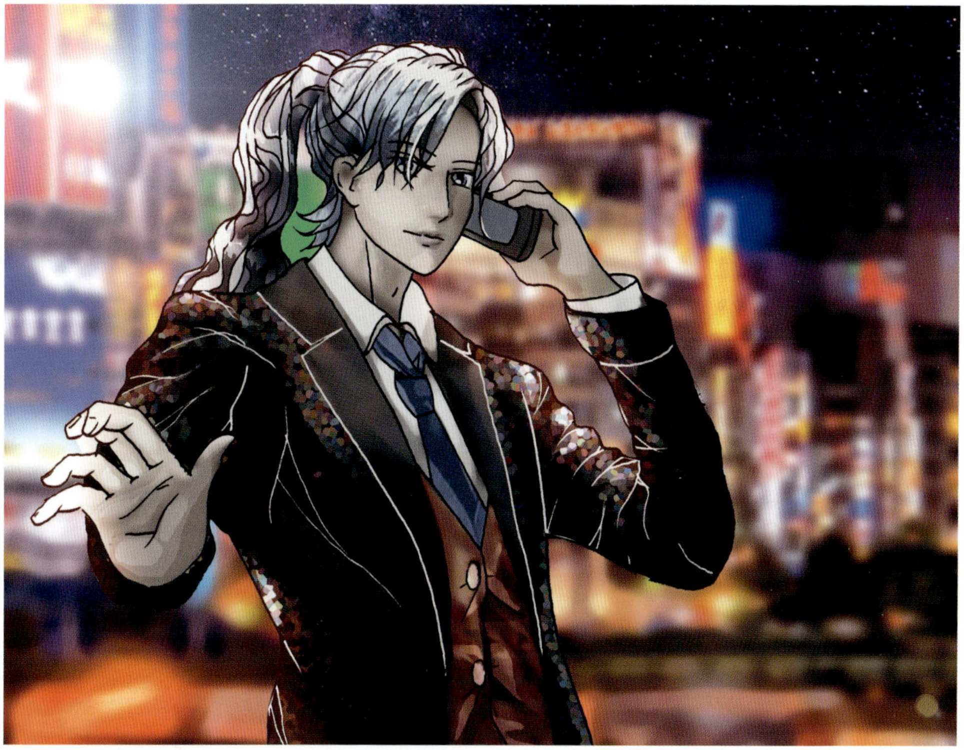

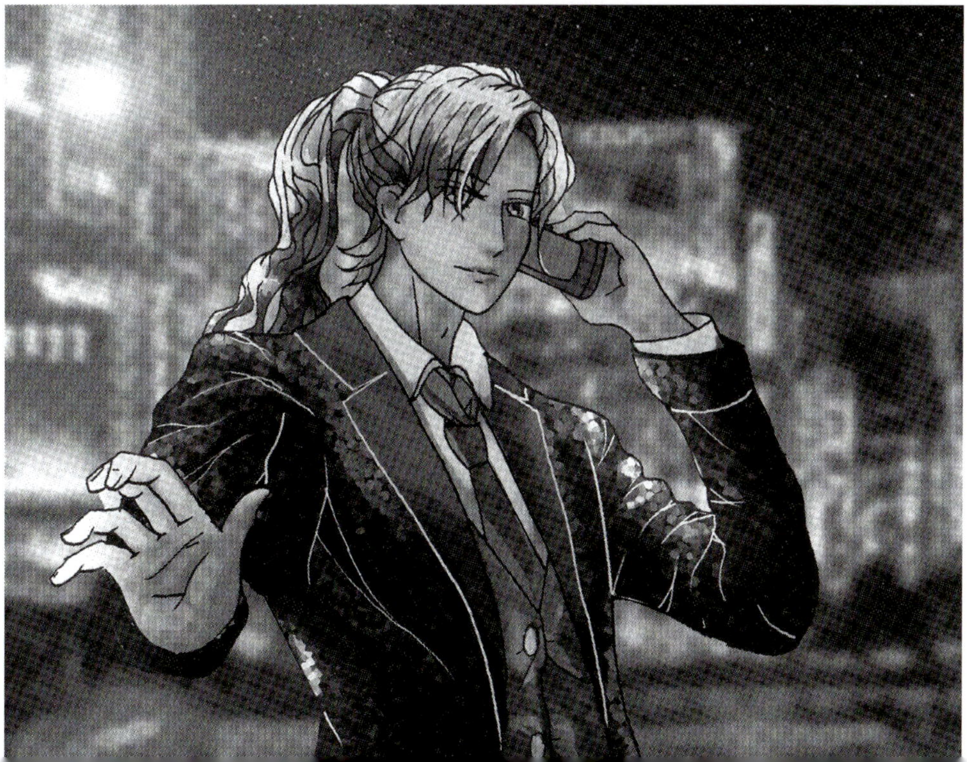

GRAUSTUFEN-VARIANTE
Auch in Graustufen wirkt das Bild ausdrucksstark.

Wichtig

Beim Freistellen einer Figur, welche du später in einen Hintergrund einsetzen möchtest, musst du sehr genau arbeiten. Ist die Kontur nicht sauber ausgeschnitten, sieht es später auf der fertigen Illustration sehr störend aus.

Charaktere und Stile

Die Manga-Welt ist voll von interessanten, wilden, freundlichen, gefährlichen und coolen Charakteren und Figuren. Du wirst sehen: Je sicherer du beim Zeichnen wirst, desto mehr Spaß macht es, eigene Shōnen-Motive zu erfinden und zeichnerisch festzuhalten. Um noch ein wenig zu üben, findest du auf den folgenden Seiten eine Vielzahl an unterschiedlichsten Motiven. Suche dir einfach diejenigen aus, die dir am besten gefallen und versuche, sie selbst zu zeichnen – das muss keineswegs immer 1:1 sein. Bringe deine eigenen Ideen ein und wandle die Motive nach deinem Geschmack ab, denn Mangazeichnen bedeutet in erster Linie, der Fantasie freien Lauf zu lassen.

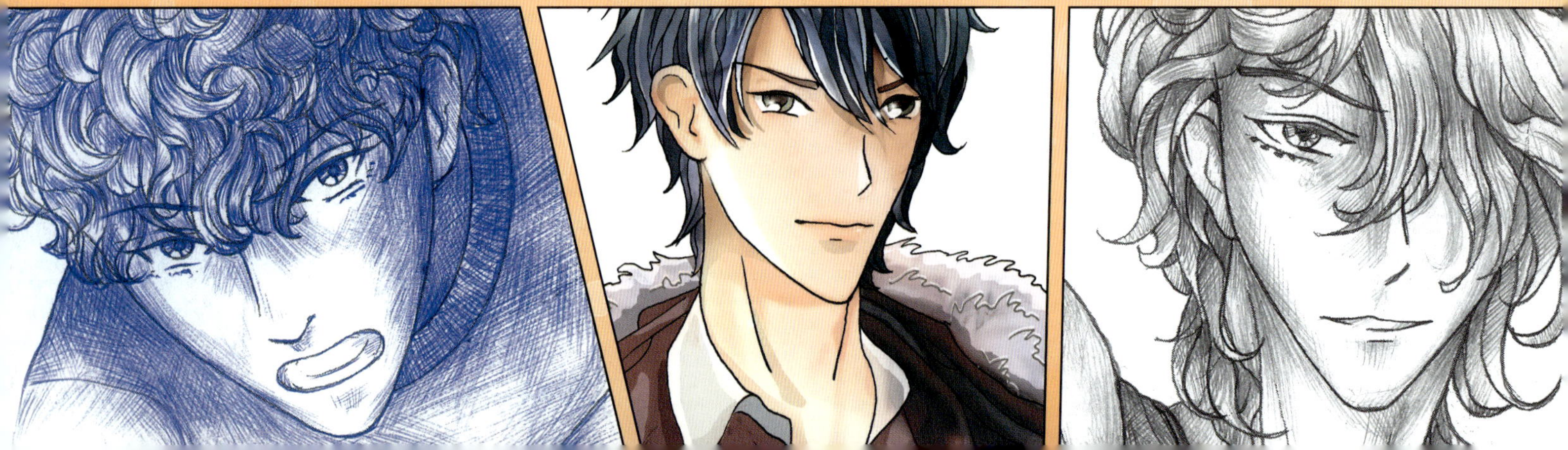

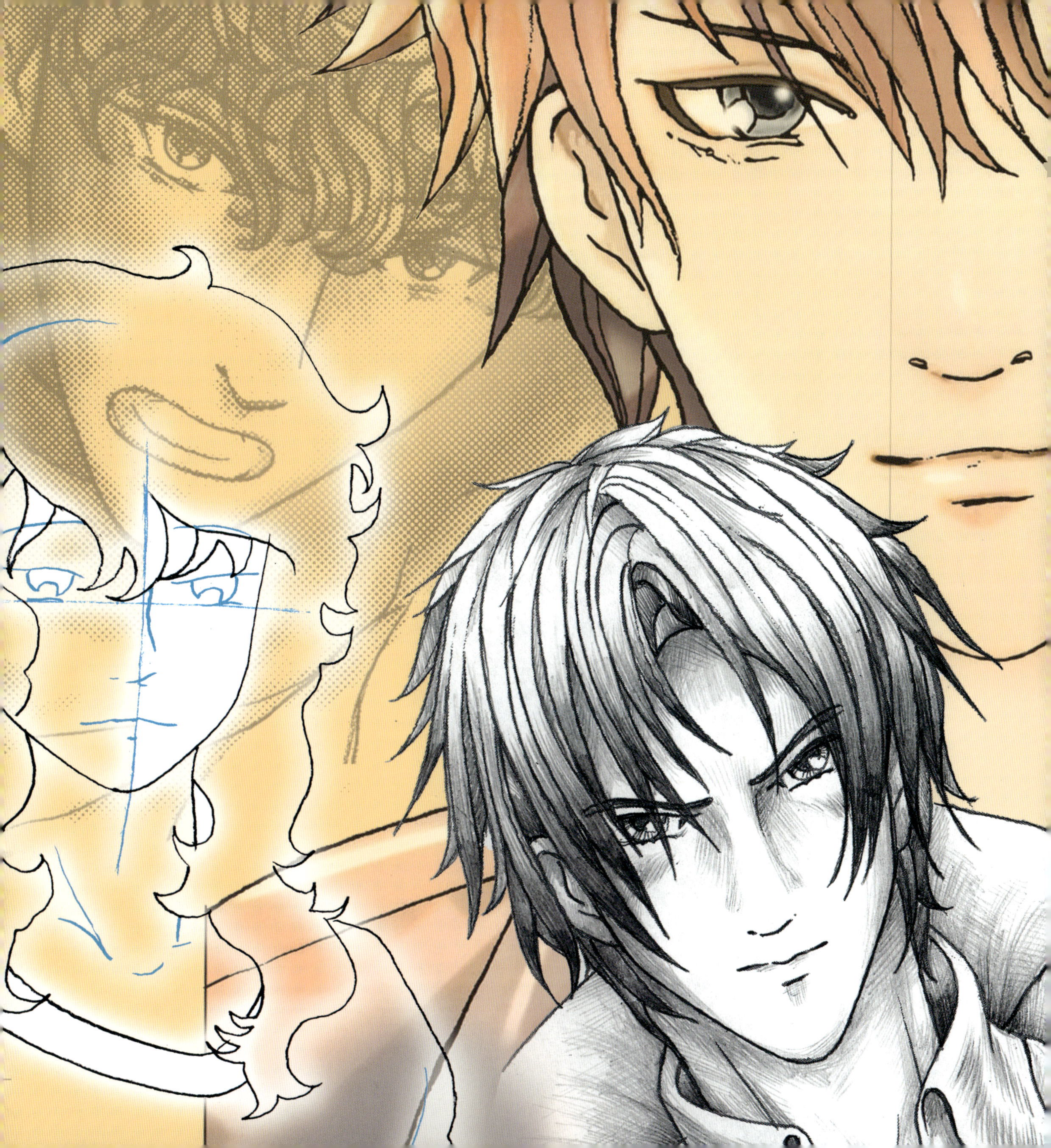

Kleiner Prinz

Dieses Motiv eignet sich sehr gut, um zu Anfang recht einfach in das Kapitel einzusteigen. Frei nach dem Autor Antoine de Saint-Exupéry und seiner berühmten Figur des „Kleinen Prinz" zeichnen wir die Shōnen-Version eines kleinen Prinzen, der perfekt in eine entsprechende Fantasy-Welt passen würde. Hier wirst du die einfachen Techniken anwenden, die du im Grundkurs geübt hast.

SCHRITT 1

Zeichne zunächst die Form des Kopfes und darüber die Kontur des Haarschopfs. Füge dann den markanten Stehkragen hinzu, hier blau dargestellt.

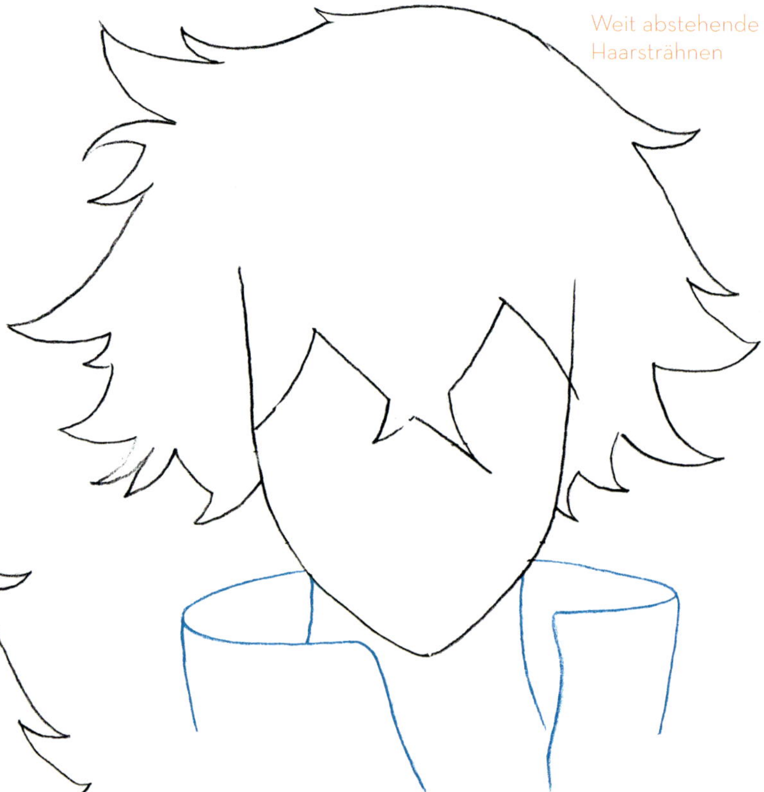

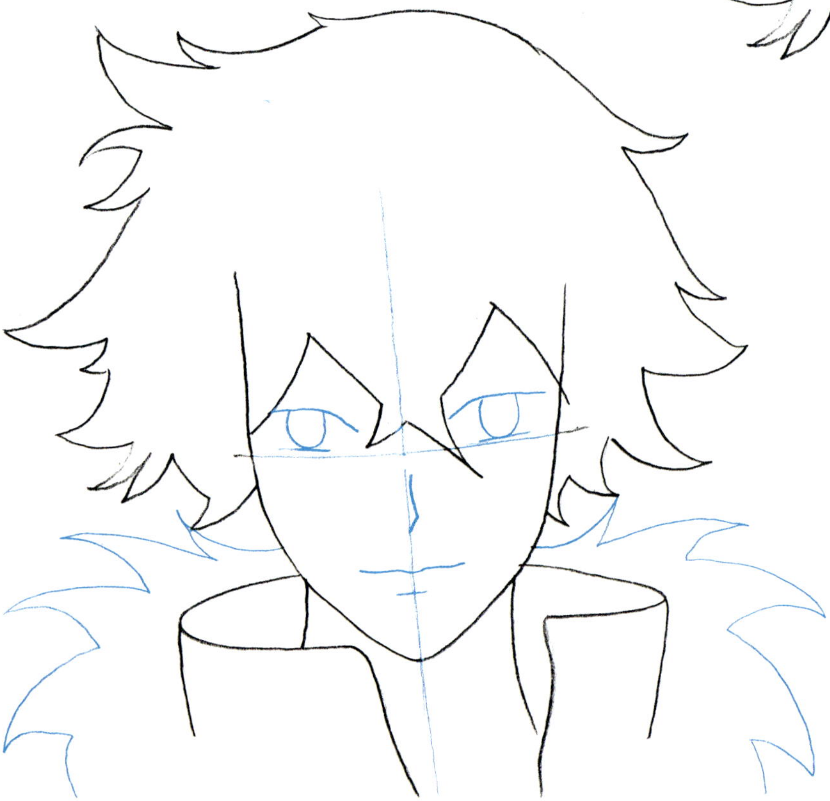

SCHRITT 2

Zeichne die Hilfslinie für das Gesicht ein. Orientiere dich an ihnen, dann weißt du, wo du Augen, Nase, Mund und Augenbrauen platzieren kannst. Zeichne anschließend noch den hinteren Kragen hinzu, der wie eine Flamme wirkt.

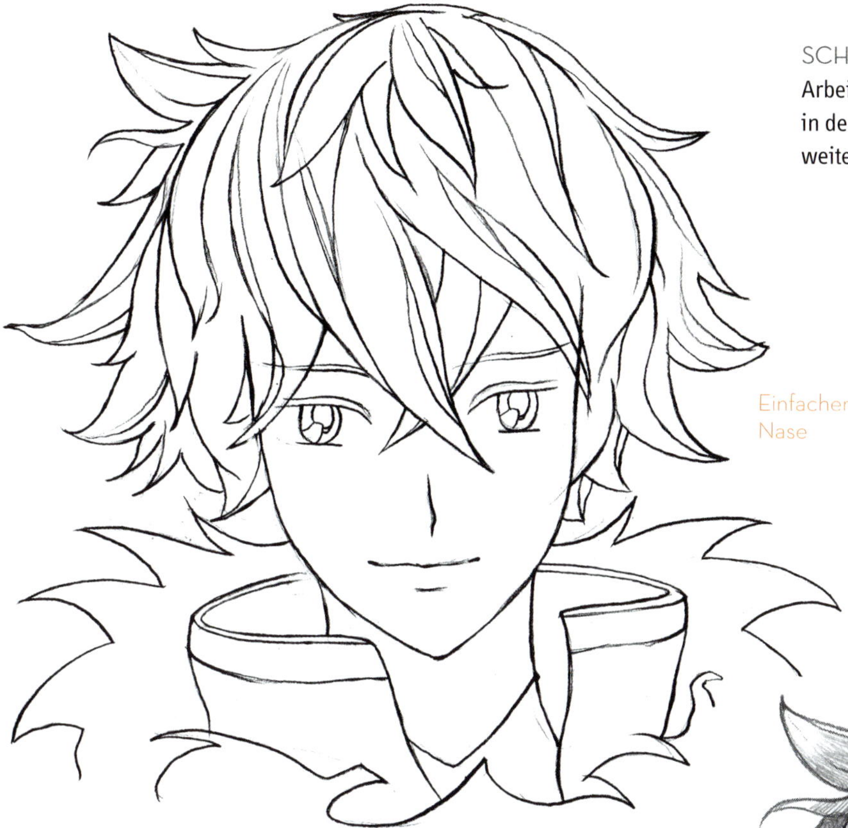

SCHRITT 3

Arbeite die Konturen fein aus. Ergänze in der auffallenden Haarmähne viele weitere Outlines für Haarsträhnen.

Einfacher Strich als Nase

SCHRITT 4

Mit vielen feinen Schraffuren werden Gesicht und Haare lebendig. Gestalte zum Schluss noch das Streifenmuster am Kragen.

Kürzere Haarsträhnen oben

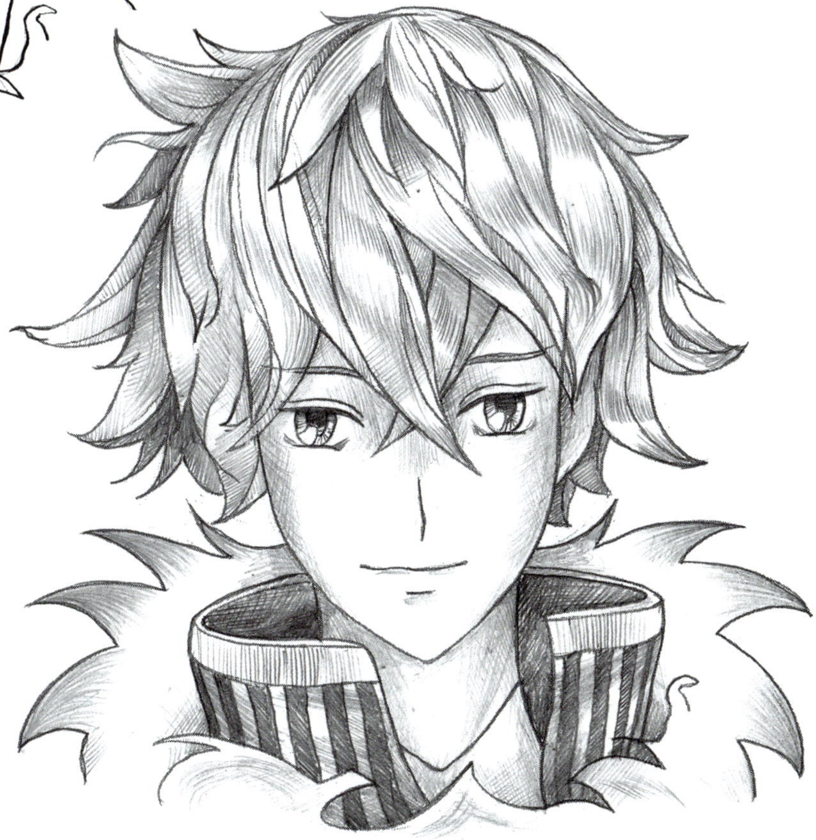

Detail

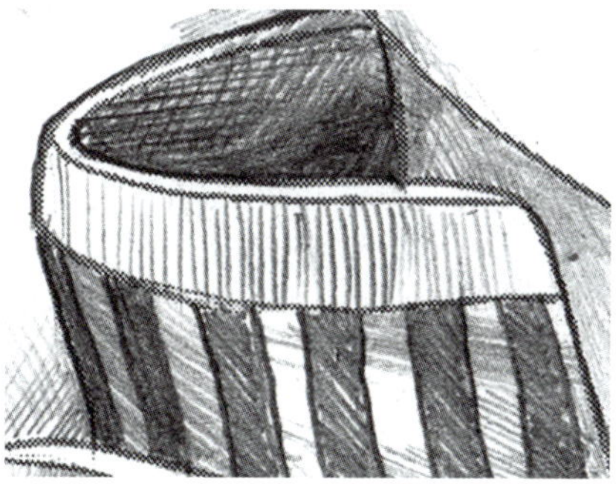

KONTRAST

In der Detailansicht erkennt man am Kragen außen, aber auch innen, sehr gut den starken Hell-Dunkel-Kontrast. Zeichne dunkle Flächen am besten mit einem 3B-Bleistift.

Eindringlicher Blick

Dieses Motiv unterscheidet sich deutlich vom vorhergehenden: Der Kopf des Jungen ist geneigt, der obere Rand der Haare abgeschnitten. Der Fokus liegt eindeutig auf dem Gesicht, speziell auf den Augen. Durch die Kopfhaltung und die Größe der Augen erscheint der Blick des Jungen sehr eindringlich, so, als würde er direkt in einen hineinblicken.

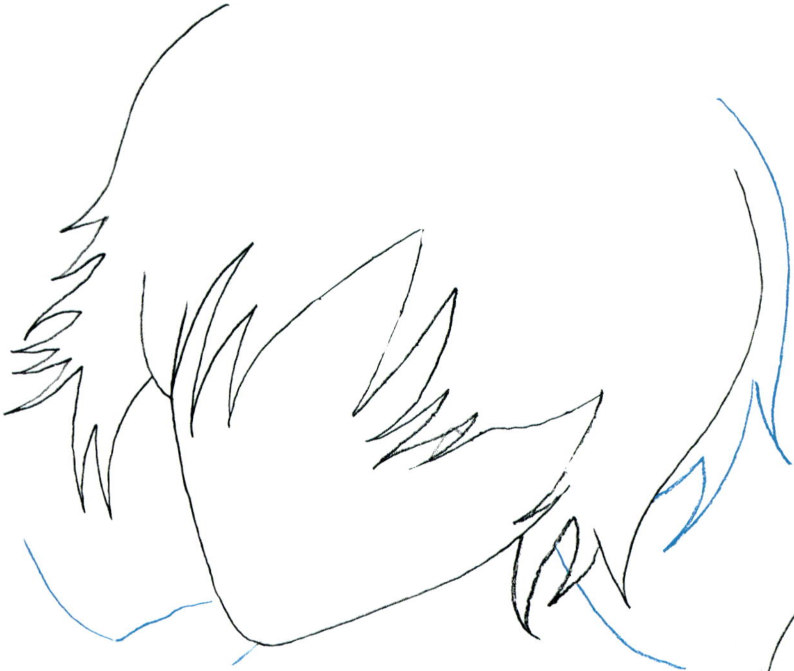

SCHRITT 1

Zeichne die Form der Wangen und des Kinns und darüber die Kontur der ins Gesicht fallenden Haarsträhnen. Ergänze dann den Ausschnitt des Shirts und die Kontur der weiter hinten liegenden Haarsträhnen.

SCHRITT 2

Die Hilfslinien für das Gesicht sind wegen der perspektivischen Ansicht leicht gebogen und helfen dir, die richtige Position für Augen, Nase und Mund zu finden.

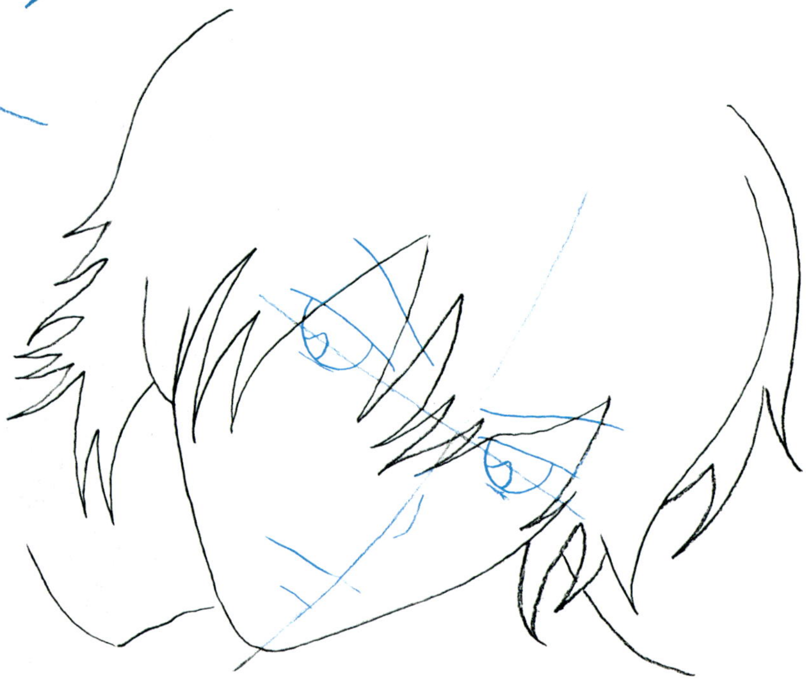

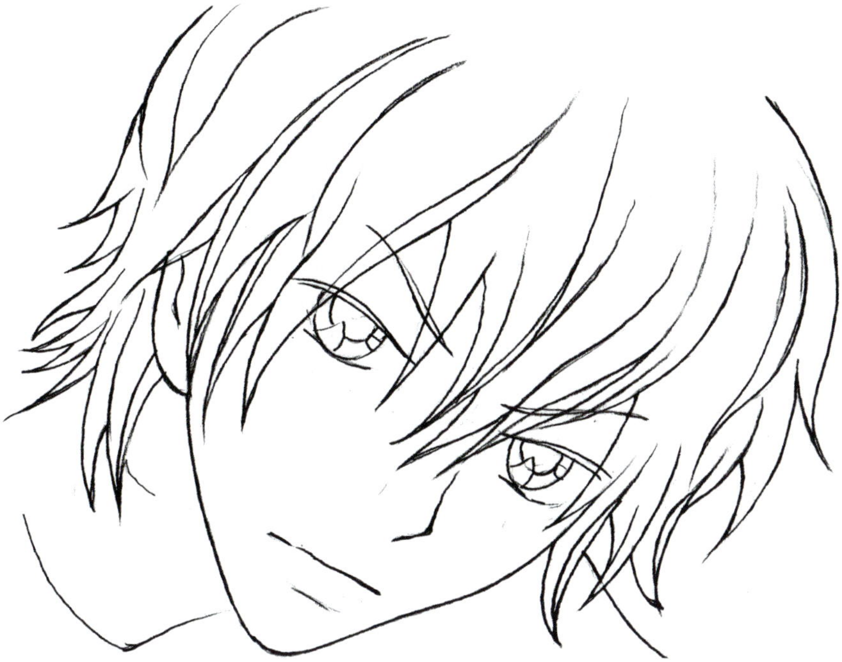

SCHRITT 3
Zeichne die Outlines weiterer Haarsträhnen ein und widme dich dann den Pupillen in den Augen.

SCHRITT 4
Die Ausgestaltung in Grautönen erfolgte bei diesem Motiv am Computer. Wichtig ist dabei besonders der Schatten im Gesicht und am Hals. Natürlich kannst du das Motiv auch mit Bleistiften fertig zeichnen.

Einzelne weiße Haarsträhnen

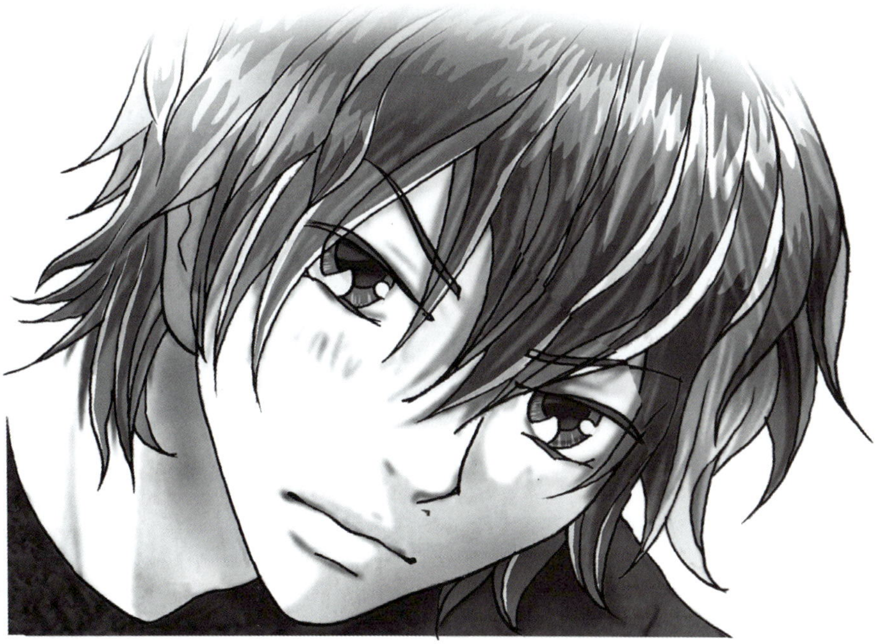

Info

BILDBEARBEITUNGSPROGRAMME
Wer sich zu einem richtig guten Mangaka entwickeln möchte, für den ist das Arbeiten mit Programmen oder Apps für das Mangazeichnen nahezu unumgänglich. Erst mit diesen Programmen, beispielsweise mit „Clip Studio", sind feinste Details, wie in dieser Detailansicht im und unter dem Auge, deutlich einfacher umzusetzen.

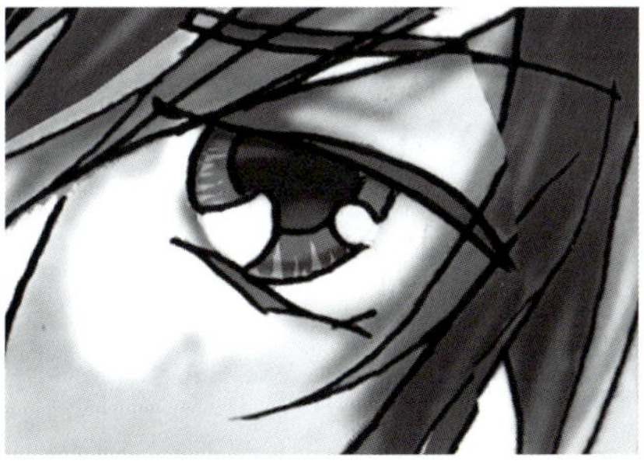

Shōjo oder Shōnen?

Ich möchte guten Gewissens behaupten: Wir Manga-Künstler sind schon immer unserer Zeit voraus. Ob das nun die Kunst oder die Mode, die Musik oder die Weltanschauung betrifft. Wird erst seit wenigen Jahren die Geschlechter-Frage ernsthaft diskutiert, ist das in der Manga- und Anime-Szene schon seit Jahrzehnten allgegenwärtig. Immer wieder treffen wir auf Mangas, in denen die Grenzen einer Definition von „männlich“ und „weiblich“ verschoben wurden. Auch unser Motiv lässt die Frage nach Shōjo oder (Bi)Shōnen offen.

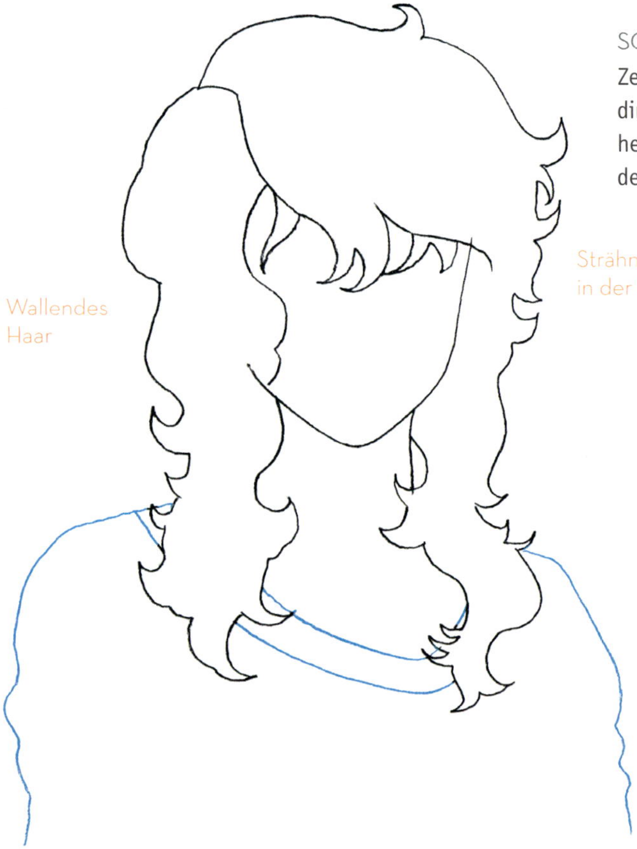

SCHRITT 1

Zeichne den Hals, das Kinn und die von dir aus gesehen rechte Wange, die etwas hervortritt. Gestalte dann das Volumen der wallenden Haare und das Shirt.

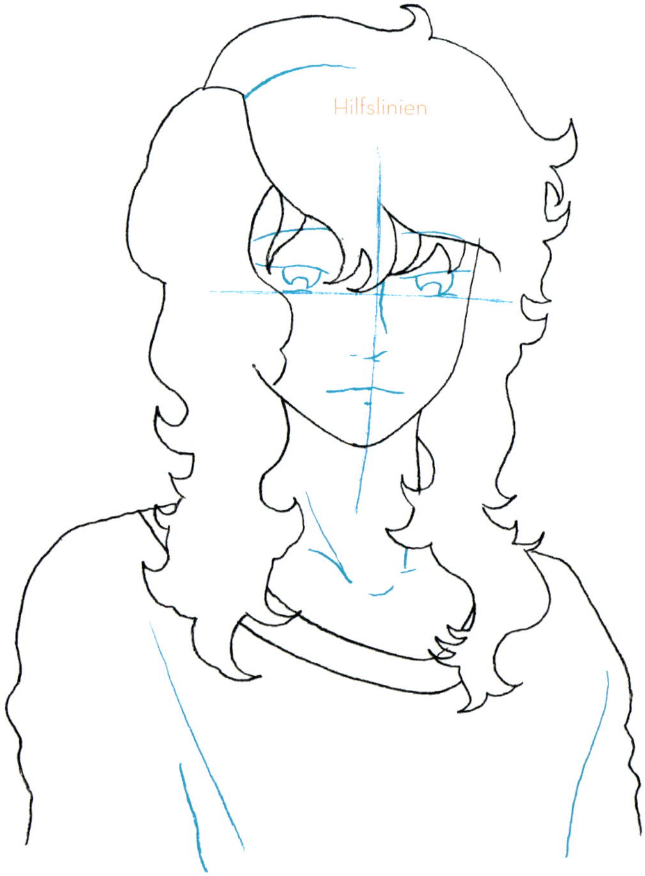

SCHRITT 2

Hilfslinien helfen dir, das Gesicht einzuzeichnen. Ergänze noch die Linien der beiden Ärmel.

SCHRITT 3

Gestalte den Faltenwurf des Shirts weiter aus. Zeichne viele weitere, lockige Strähnen ein – sie unterstützen den speziellen, femininen Look.

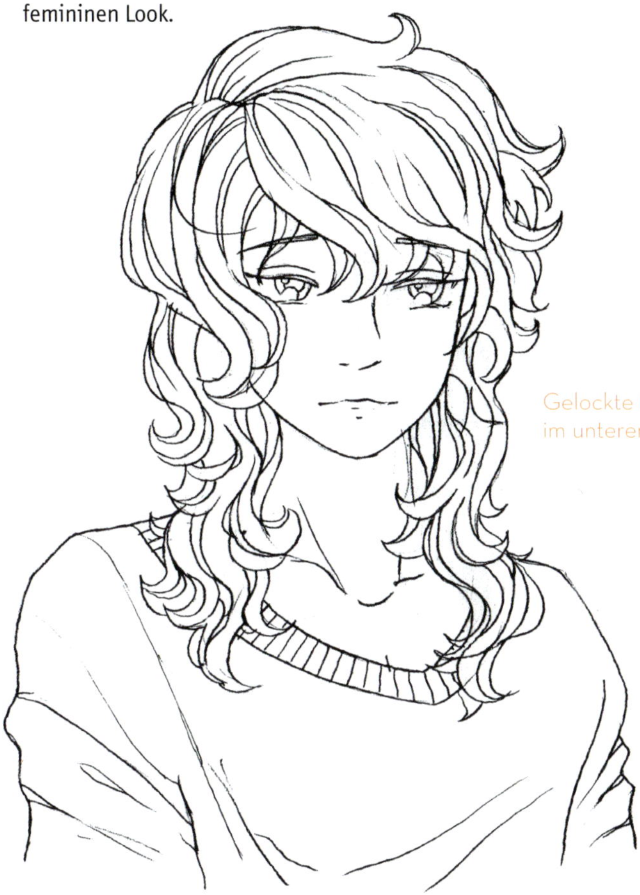

SCHRITT 4

Arbeite das Gesicht und die Haare mit feinen Strukturen aus. Widme dich dann noch dem Saum des Shirts und dem Hell-Dunkel-Kontrast an der Kleidung.

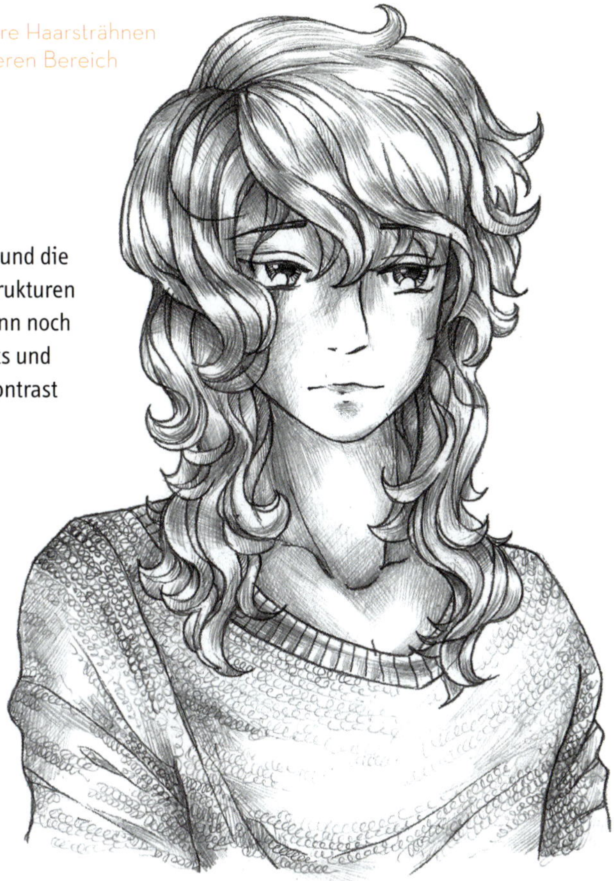

Detail

WOLLE? WOLLE!

Das Detail zeigt, wie du mit feinen, gekringelten Linien den textilen Charakter von Wolle nachstellen kannst. Variiere dabei die Helligkeit der Kringel, um das Material in der Darstellung noch lebendiger zu machen.

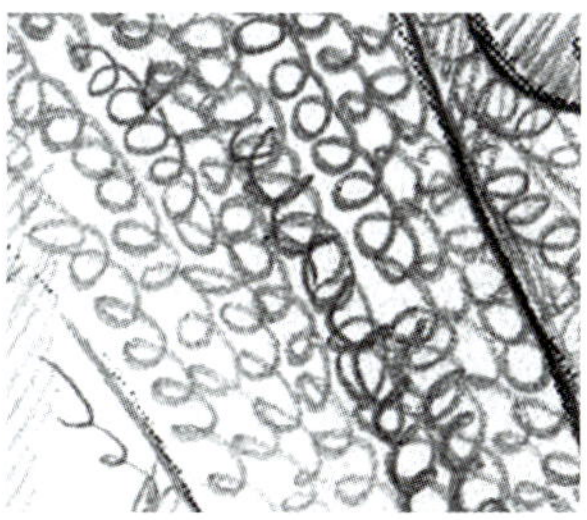

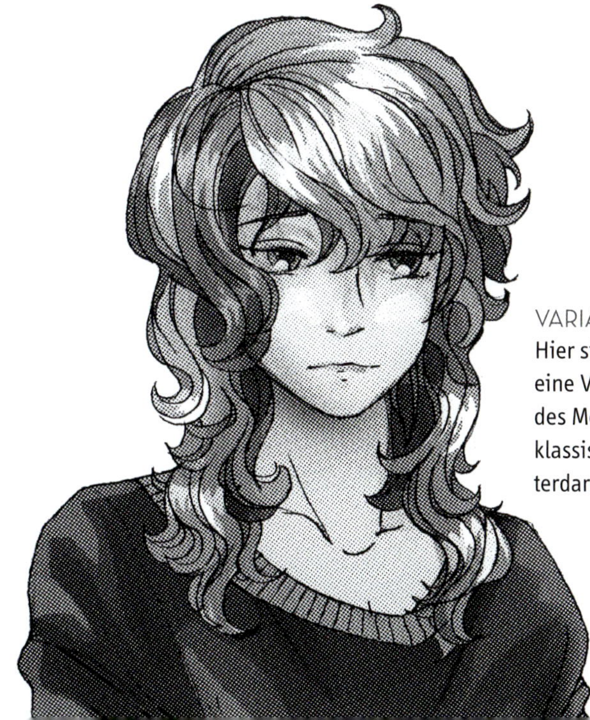

VARIANTE

Hier siehst du eine Variante des Motivs in der klassischen Rasterdarstellung.

Bad Boy

Bisher haben wir vorwiegend nett oder schüchtern wirkende Shōnen gezeichnet – jetzt wird es Zeit für etwas andere Typen. Denn Shōnen-Mangas bedeuten auch dunkle Welten mit undurchsichtigen Charakteren. Der auf dieser Doppelseite abgebildete junge Mann ist nicht unbedingt böse, aber sein Blick ist auffallend hart und durchdringend. Betont wird der etwas finstere Ausdruck noch durch die schwarzen Spitzen der Strähnen, die ihm ins Gesicht fallen.

Wichtig

Achte darauf, dass die langen Strähnen immer ganz spitz und leicht nach innen gebogen auslaufen. So entsteht der etwas gefährlich anmutende Ausdruck des Gesichts.

Die ins Gesicht fallenden, spitzen Haarsträhnen wirken wie Stacheln und lassen den Typen mutig und hart erscheinen.

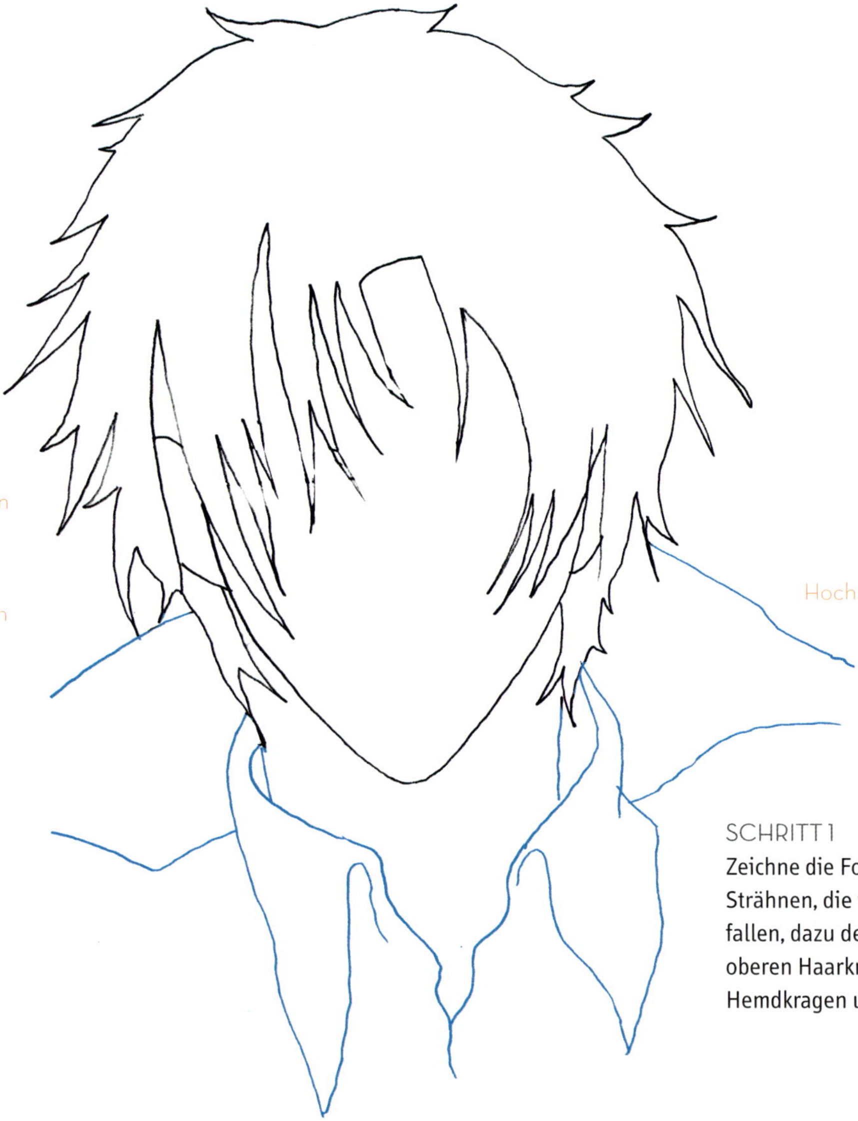

Hochstehender Kragen

SCHRITT 1

Zeichne die Form des Kinns und die spitzen Strähnen, die von allen Seiten ins Gesicht fallen, dazu den stachelig anmutenden, oberen Haarkranz. Es folgen der Hals, der Hemdkragen und der hintere Stehkragen.

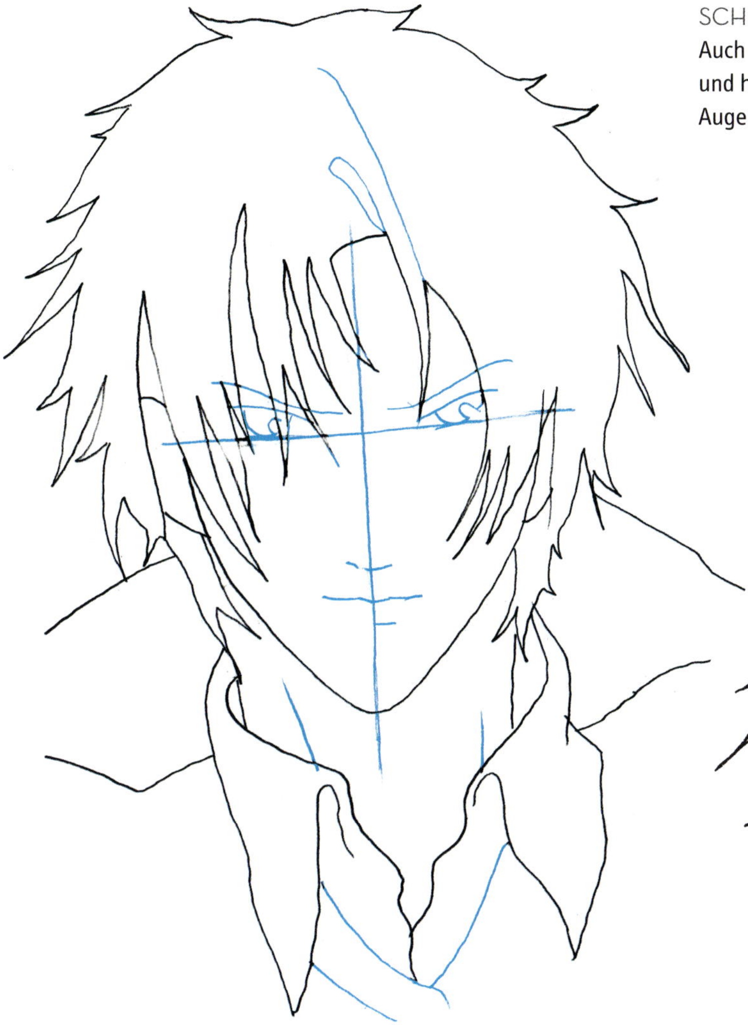

SCHRITT 2

Auch bei diesem Motiv helfen dir die vertikale und horizontale Hilfslinie, die richtige Position für Augen, Nase und Mund zu finden.

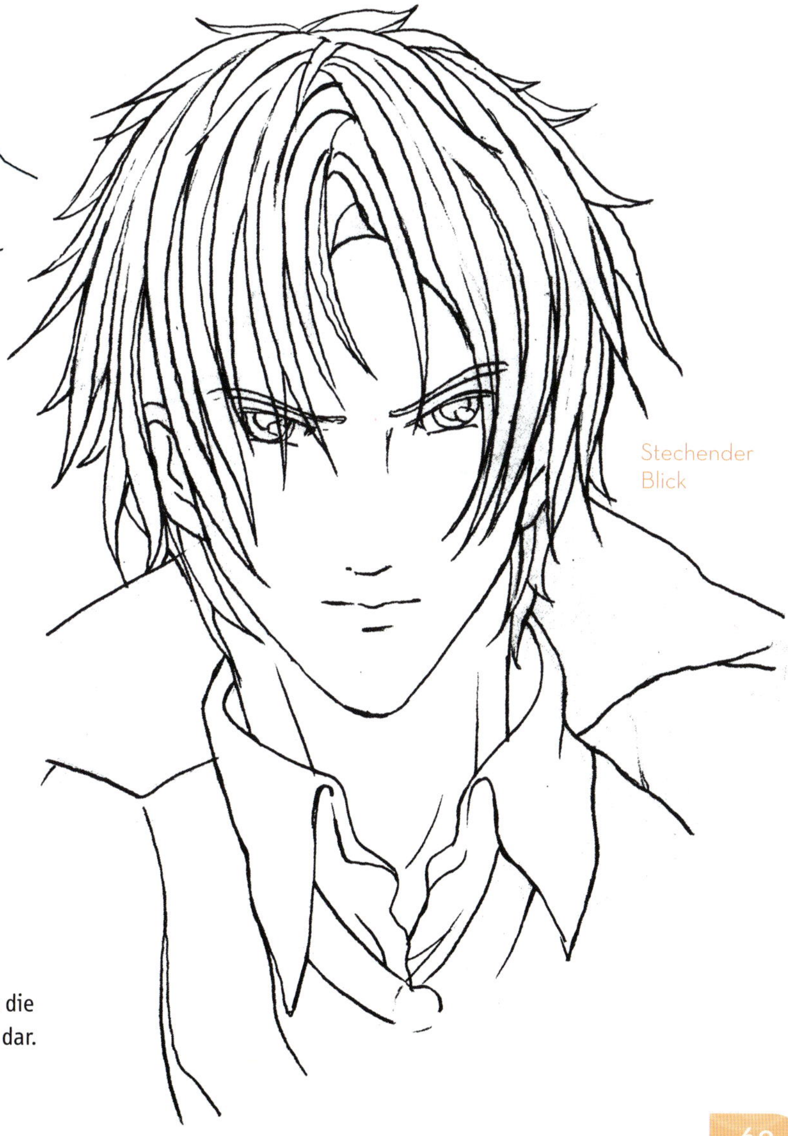

SCHRITT 3

Arbeite die Konturen und die Outlines der Haarsträhnen fein aus. Stelle die Ränder um die Augen und Augenbrauen kräftig und dunkel dar.

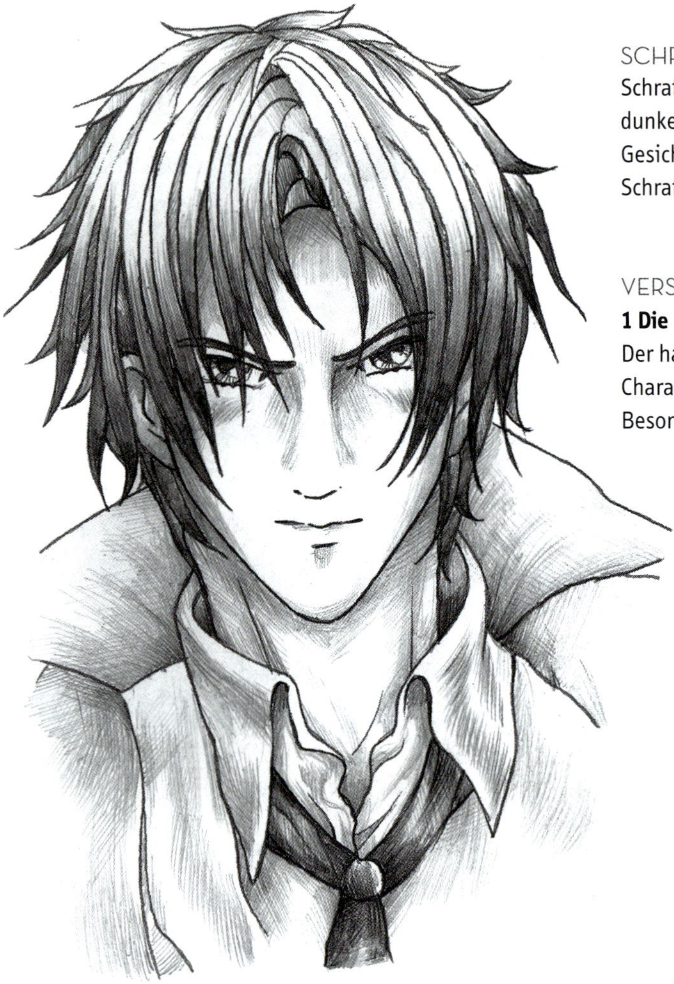

SCHRITT 4

Schraffiere die Spitzen der Strähnen dunkel, ebenso die Krawatte. Arbeite das Gesicht und die Kleidung mit helleren Schraffuren aus.

VERSCHIEDENE ARTEN DER GESTALTUNG

1 Die Bleistiftzeichnung

Der harte Hell-Dunkel-Kontrast passt gut zu der Figur und ihrem Charakter. Die schwarzen, stacheligen Haarspitzen sind das Besondere dabei.

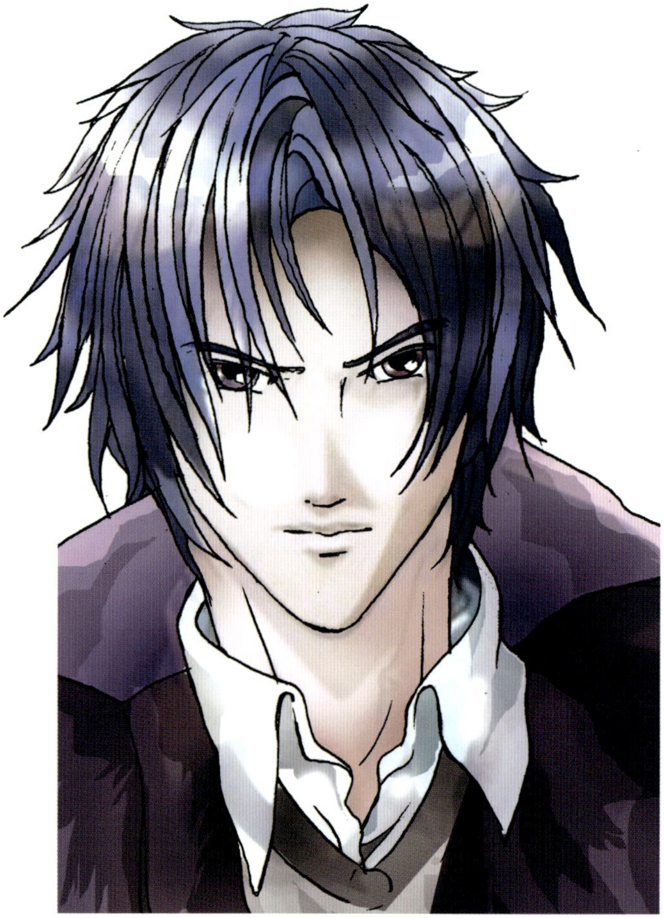

2 Schwarze Konturen

Die farbige Version mit den schwarzen Konturen ist sehr plakativ. Da hier die ganzen Haare und nicht nur die Haarspitzen dunkel sind, wirkt die Darstellung etwas weicher.

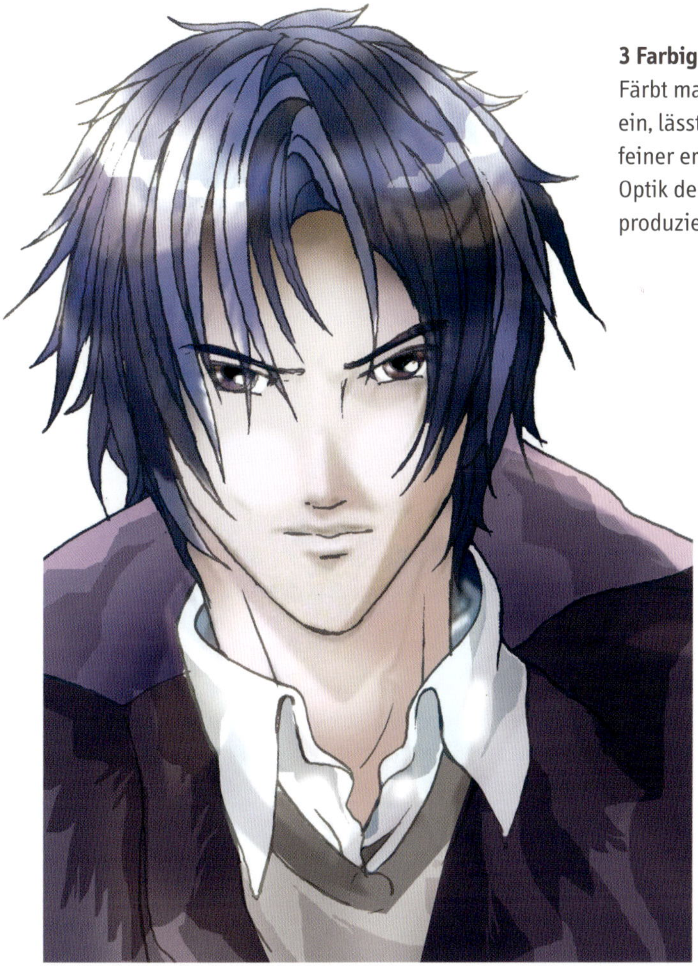

3 Farbige Konturen
Färbt man die Konturen zusätzlich farbig ein, lässt das die Darstellung noch etwas feiner erscheinen und erinnert an die Optik der Charaktere in einem aufwändig produzierten Anime.

4 Ohne Konturen
Ohne Konturen wirkt die Figur etwas unwirklich, fast so, als würde sie sich in ihrer Umgebung auflösen. Darstellungen dieser Art lassen sich am besten mit einem 3D-Animations-Programm bewerkstelligen.

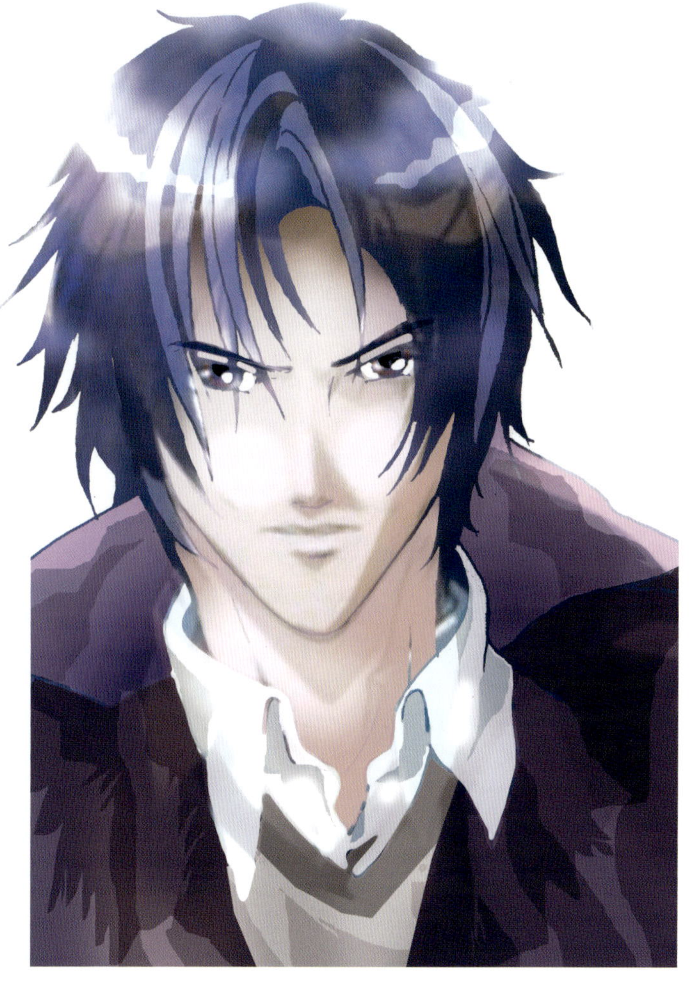

Detail

DUNKLER TYP

Die harten, schwarzen Konturen und Flächen an den Augen und an den Spitzen der Haarsträhnen geben dem Gesicht seinen etwas finsteren Ausdruck. Im Detail lässt sich der Kontrast zur weißen Fläche des Gesichts gut erkennen.

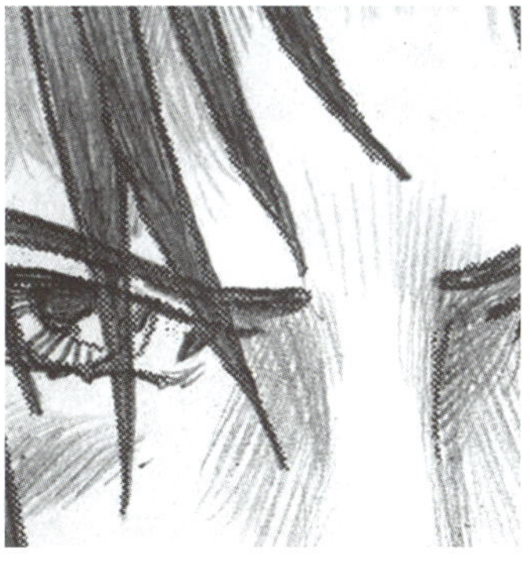

Wutentbrannt

Mangas leben von den Emotionen ihrer Figuren, die oft noch viel intensiver gelebt werden, als es in Wirklichkeit vielleicht der Fall wäre. Auf den Seiten 36 und 37 hast du bereits einige grundlegende Aspekte zum Thema Gefühle erfahren. Dieses Motiv passt sehr gut in die Reihe der starken Gefühle – der Junge scheint wirklich wütend zu sein. Zeichnerisch geht es bei dieser Figur nicht nur um die Gefühlswelt, sondern auch um das Darstellen einer Lockenfrisur. Ich habe als Zeichenwerkzeug den Kuli gewählt.

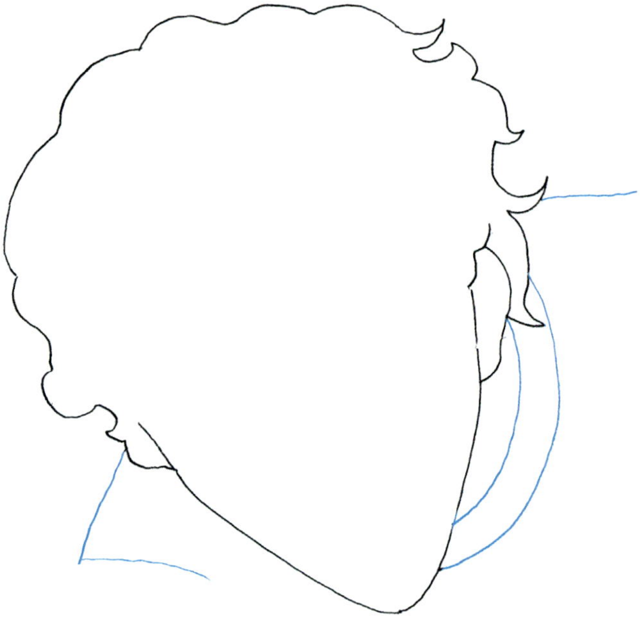

SCHRITT 1
Zeichne die untere Kontur des Gesichts mit dem spitzen Kinn und darüber anschließend die Outline des lockigen Haarschopfs. Ergänze dann den Halsausschnitt des Shirts.

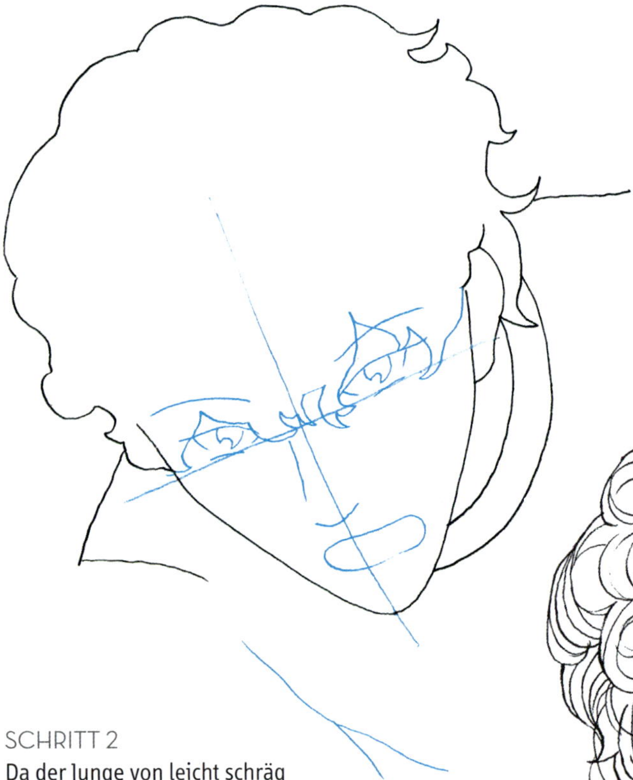

SCHRITT 2
Da der Junge von leicht schräg oben dargestellt ist, musst du die senkrechte Hilfslinie leicht gebogen einzeichnen. Das hilft dir, die übrigen Elemente des Gesichts in der perspektivischen Verkürzung korrekt wiederzugeben.

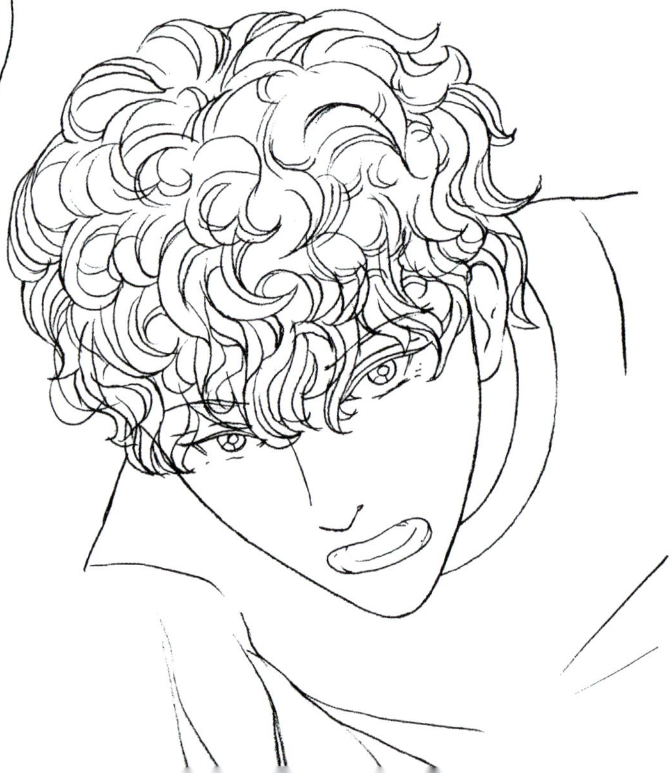

SCHRITT 3
Widme dich nun den vielen gelockten Haarsträhnen, die tief ins Gesicht fallen. Ergänze anschließend noch ein paar Falten am T-Shirt.

Detail

HIER IST GEDULD GEFRAGT

Lockige Haare zu zeichnen erfordert etwas Geduld, denn es ist nicht so einfach, die vielen Hell-Dunkel-Bereiche jeder einzelnen Locke herauszuarbeiten. Die Detailansicht lässt sehr gut die vielen feinen, gebogenen Schraffuren erkennen.

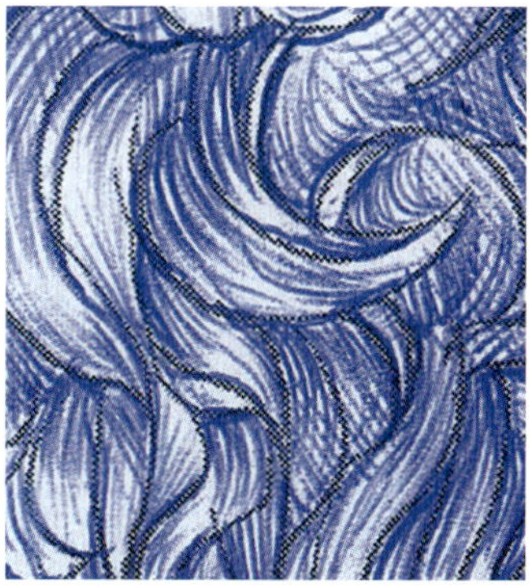

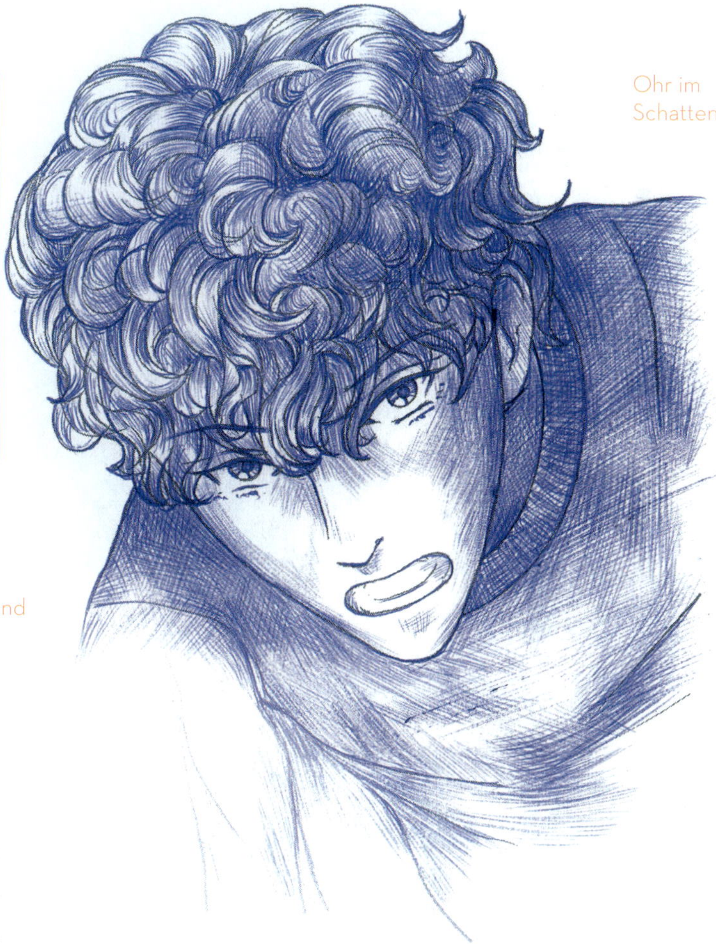

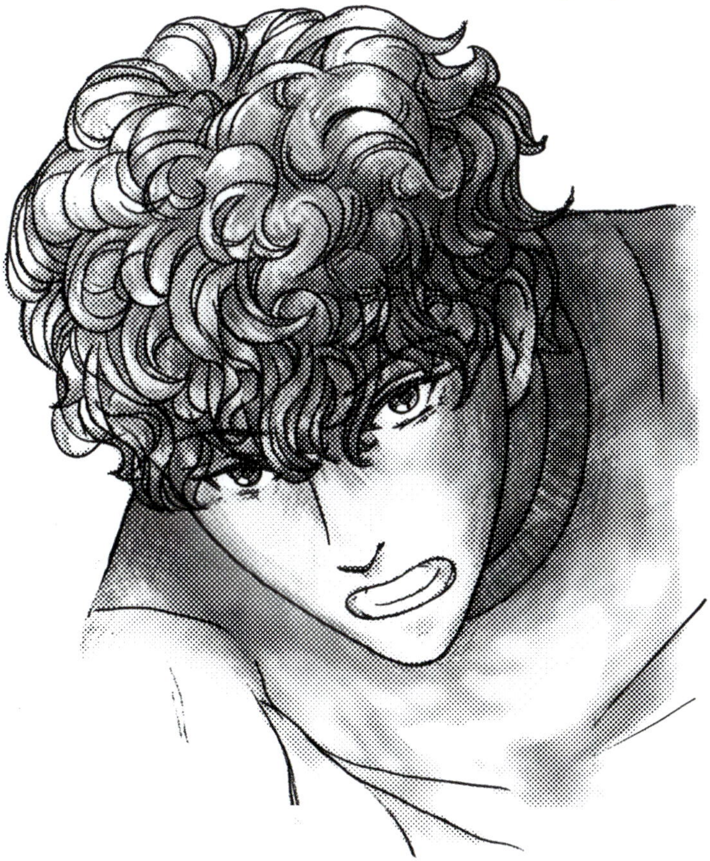

SCHRITT 4

Arbeite nun jede einzelne Haarlocke sorgfältig mit Kuli-Schraffuren heraus. Achte darauf, die Schraffuren in den Schattenbereichen zu verstärken. Lasse die Striche im T-Shirt nach unten hin auslaufen, denn der Fokus liegt hier auf dem Gesicht und den Haaren. Vergiss am Schluss nicht die kleinen Lichtpunkte in den Augen.

HELL-DUNKEL-KONTRAST

In der klassischen Rasterdarstellung wirkt das Motiv sehr dunkel, deshalb wurden die Haare etwas aufgehellt.

Voll verlegen

Natürlich gibt es bei den Jungs nicht nur die coolen, selbstbewussten Typen oder die Draufgänger, sondern auch verträumte oder schüchterne Zeitgenossen. Bei diesem etwas verlegen wirkenden Shōnen solltet ihr vor allem auf die Handhaltung achten, denn es sind vor allem die abgewinkelten, am Kinn anliegenden Finger, die seine Verlegenheit zum Ausdruck bringen.

SCHRITT 1

Zeichne zuerst die Hand, den Ärmelsaum, das Kinn und die Kontur der Haare. Füge dann die Outline des Jäckchens, das Ohr und den Ärmel hinzu.

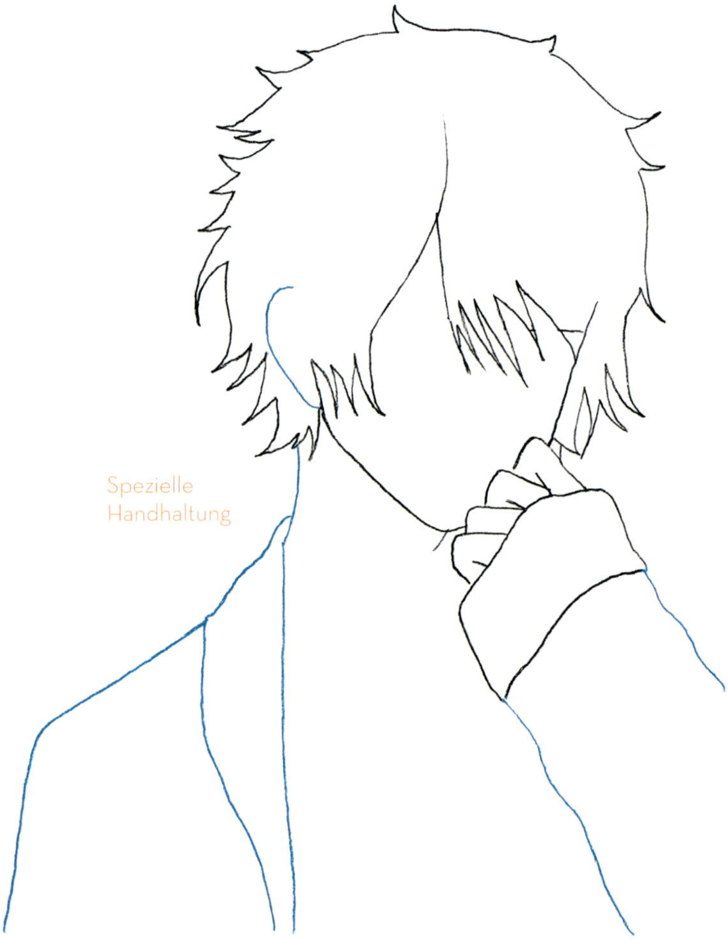

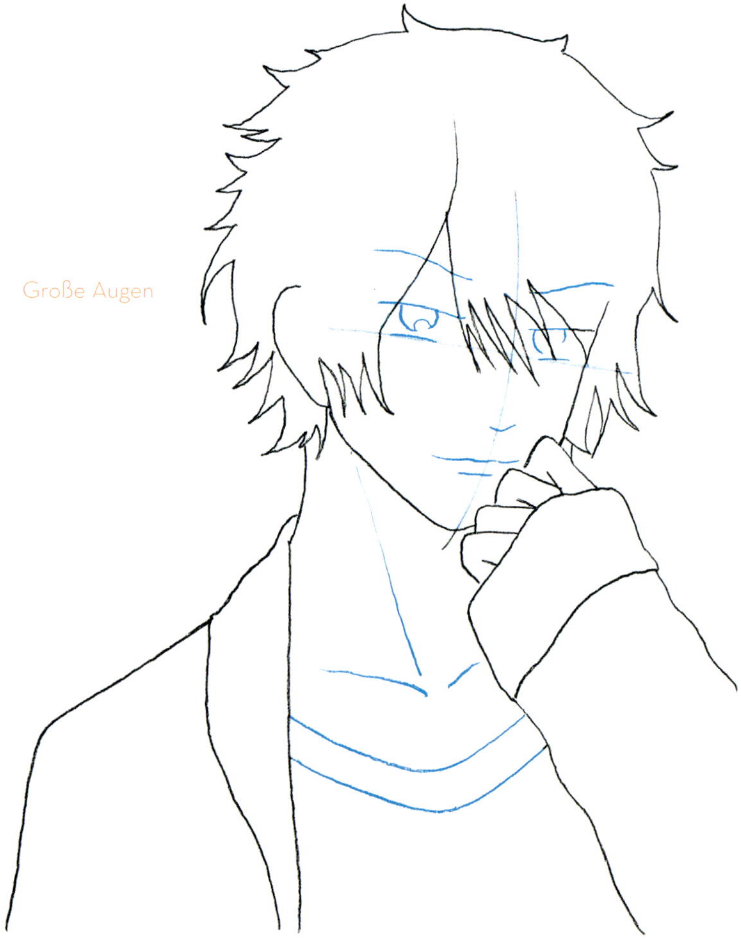

SCHRITT 2

Orientiere dich bei der Platzierung der Augen, Augenbrauen und von Nase und Mund an deinen zuvor eingezeichneten Hilfslinien. Für anschließend noch die Konturen am Hals und den Kragen des Shirts hinzu.

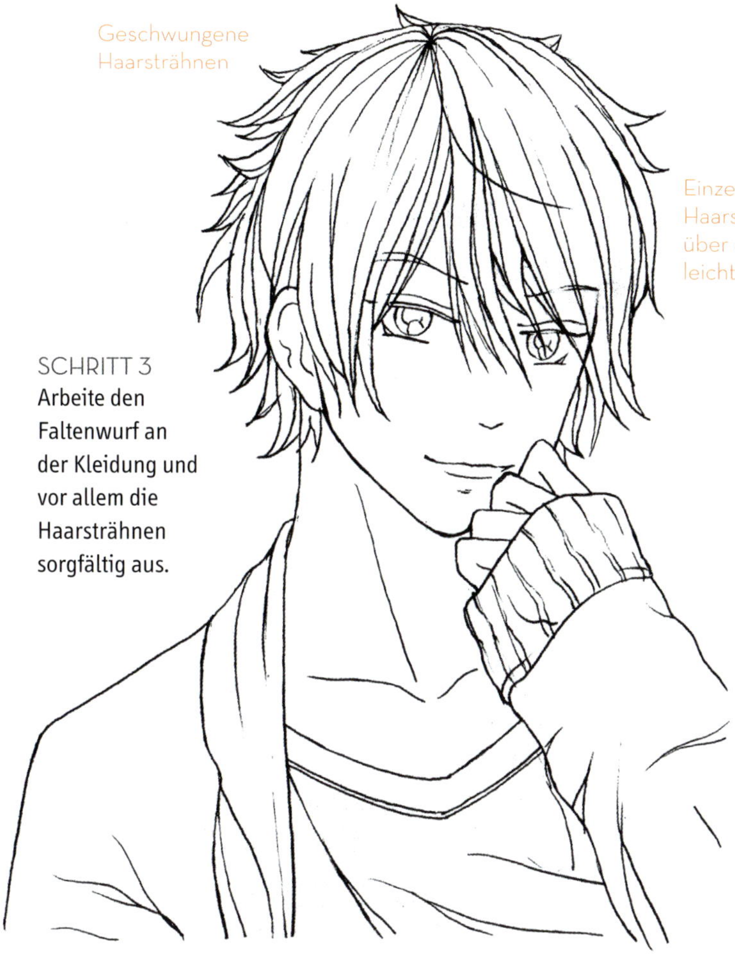

SCHRITT 3
Arbeite den Faltenwurf an der Kleidung und vor allem die Haarsträhnen sorgfältig aus.

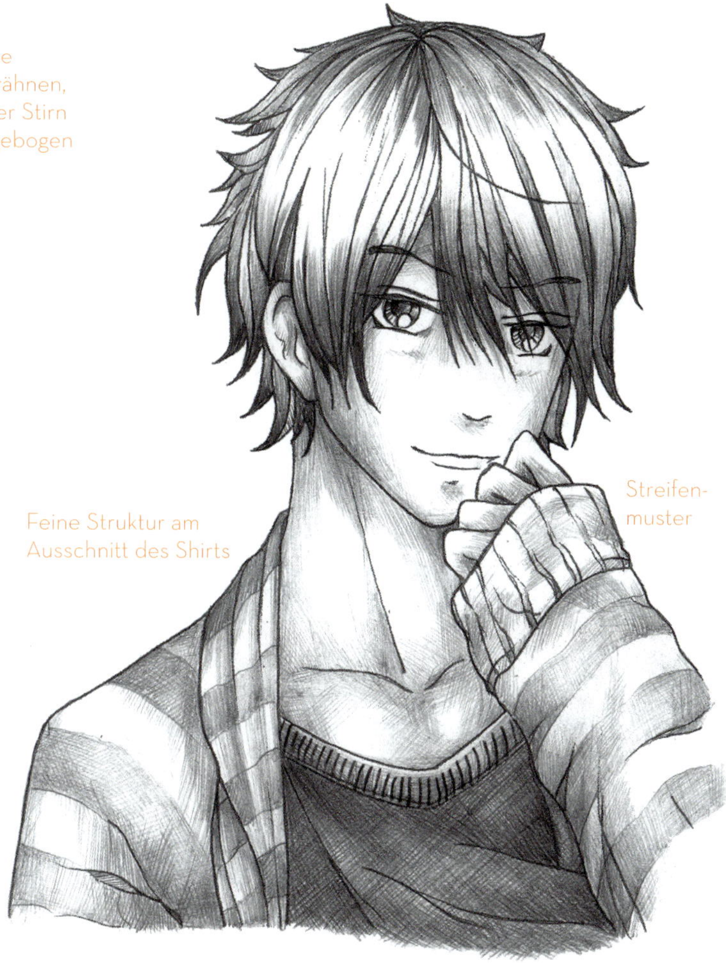

Detail

MUSTER
Das Detail zeigt das Streifenmuster am Ärmel des Jäckchens. Achte darauf, auch innerhalb des Streifenmusters noch Hell-Dunkel-Abstufungen hinzubekommen, damit die Kleidung insgesamt stimmig wirkt.

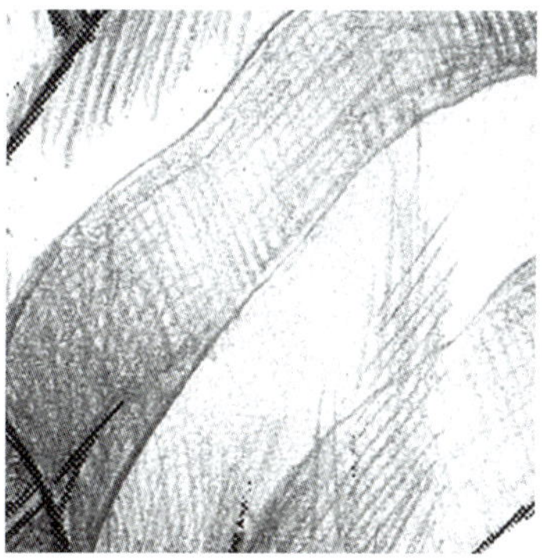

SCHRITT 4
Gestalte das Jäckchen mit einem Streifenmuster aus hellen Schraffuren und das Shirt mit dunklen Schraffuren. Schraffiere auch die Haare und das Gesicht. Es erhöht den Kontrast und wirkt besonders gut, wenn du dabei die Haarspitzen zum Gesicht hin dunkler werden lässt.

Coverboy

Was macht einen Manga Boy zu einem Coverboy? Natürlich perfekt gestylte Haare, schöne Augen, ein cooler Blick und trendige Klamotten. Bei diesem Motiv versuchen wir, all diese Aspekte zu einem perfekten Shōnen-Porträt zusammenzufügen. Vielleicht bekommt ihr es ja sogar noch besser hin oder ihr wandelt es so ab, dass es euren Vorstellungen eines Coverboys entspricht.

SCHRITT 1

Zeichne zuerst die Form des Kinns und darüber die Konturlinie der Haare. Ergänze dann mit einfachen Linien die ersten Konturen der Kleidung.

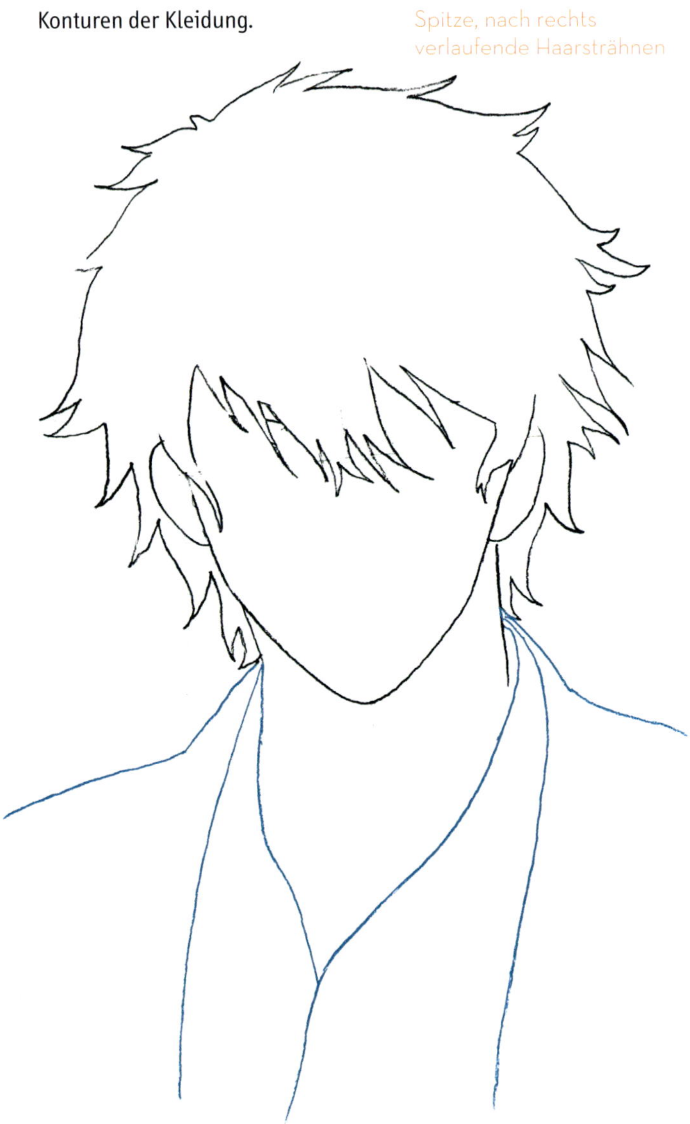

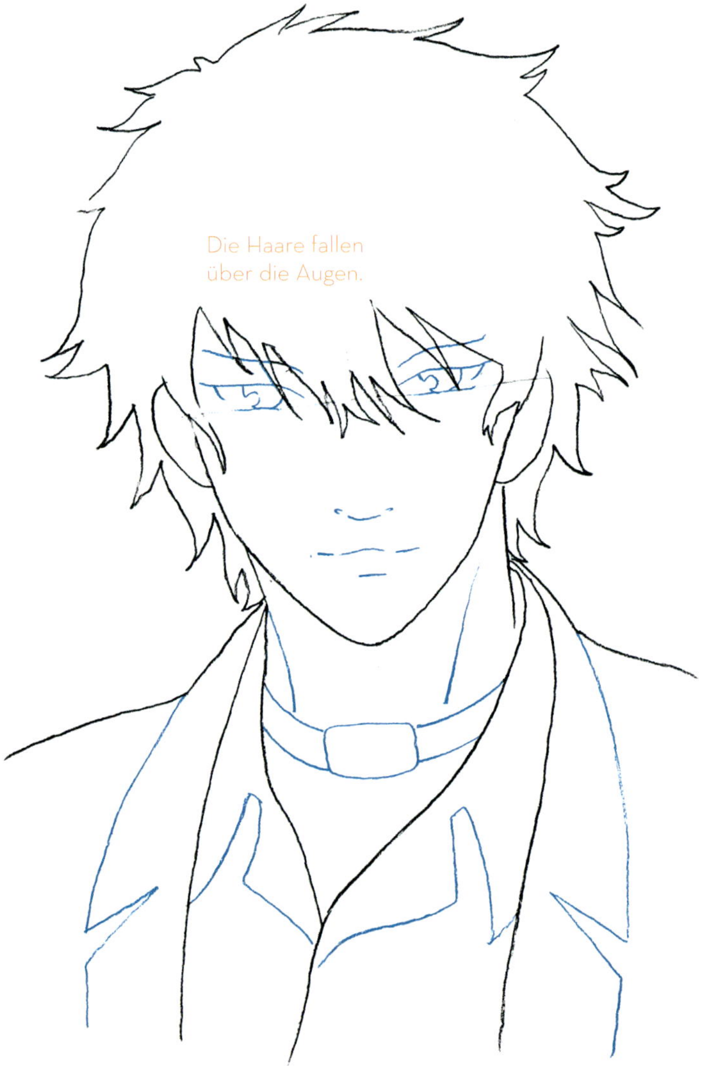

SCHRITT 2

Ergänze Augen, Nase und Mund. Zeichne dann weitere Details der Kleidung ein, besonders das auffallende Halsband des Jungen.

SCHRITT 4

Hier siehst du das endgültige Porträt des Coverboys in einer am Computer kolorierten Version. Es wurde dabei besonders auf Hell-Dunkel- und Farbkontraste geachtet. Wer lieber von Hand koloriert, kann natürlich auch mit Buntstiften oder Markern arbeiten. Achte dabei besonders auf die Glanzlichter, die als hell hervorgehobene Flächen auf den glatten Haaren liegen.

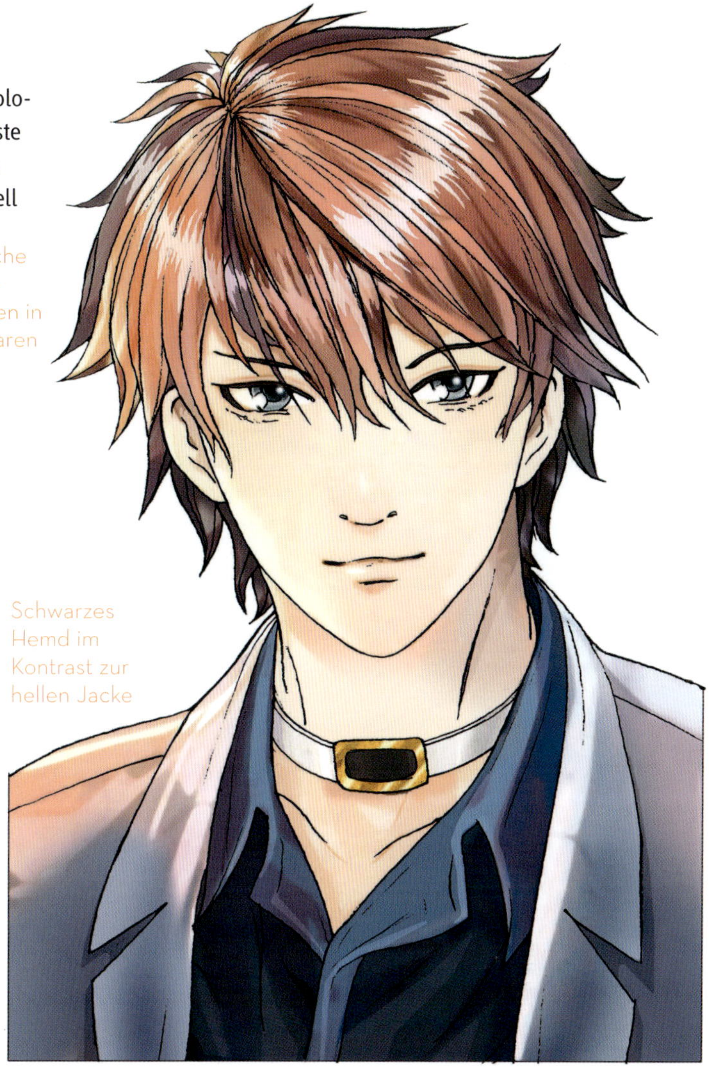

Zahlreiche Farbabstufungen in den Haaren

Schwarzes Hemd im Kontrast zur hellen Jacke

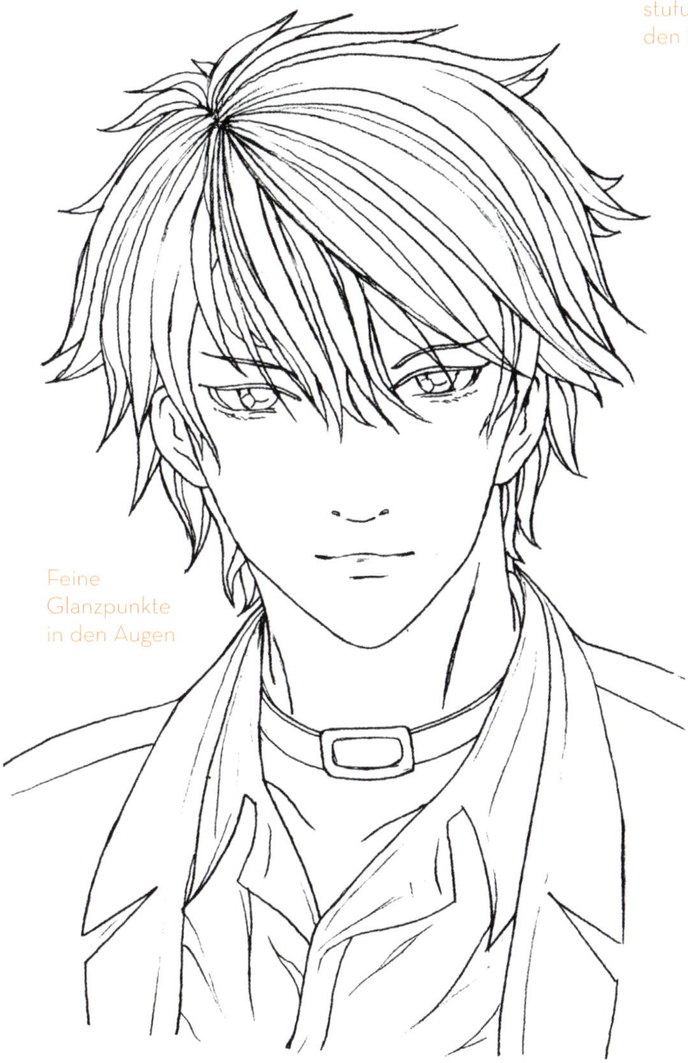

Feine Glanzpunkte in den Augen

SCHRITT 3

Verfeinere die lässige Frisur, indem du weitere Haarsträhnen hinzufügst und sie sorgfältig ausarbeitest. Widme dich auch noch der Ausgestaltung von Hemd und Sakko.

Detail

GLANZ – NICHT NUR IM HAAR

Bei dieser Darstellung kommt es auf jedes Detail an. Die Ansicht zeigt, wie in den Schmuckstein des Halsbandes Glanzlichter in Form von Farbabstufungen in Ocker, Gelb und Weiß eingearbeitet wurden.

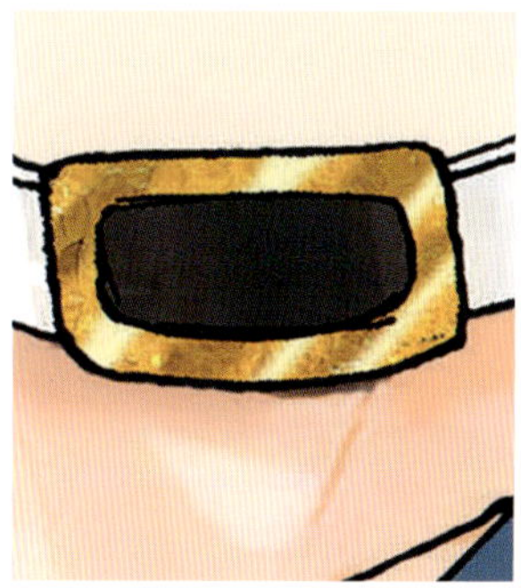

Der Rebell

Dieses Motiv hat den Charakter einer Studie, denn es zeigt den Jungen mit dem Rebell-Shirt nicht nur von vorne, sondern auch in einer Ansicht des Kopfes von schräg hinten. Nicht nur der Aufdruck auf dem Shirt charakterisiert die Figur, auch die langen, zu einem wilden Zopf zusammengebundenen Haare und der leicht provozierende Blick lassen auf einen Typen schließen, der sich nicht so leicht anpasst und seinen eigenen Weg geht.

SCHRITT 1

Zeichne für beide Ansichten zuerst die Form des Kinns und die Kontur des Halses. Ergänze dann die Kontur der Haare am Oberkopf und in der Ansicht von vorn den langen Zopf und das Shirt.

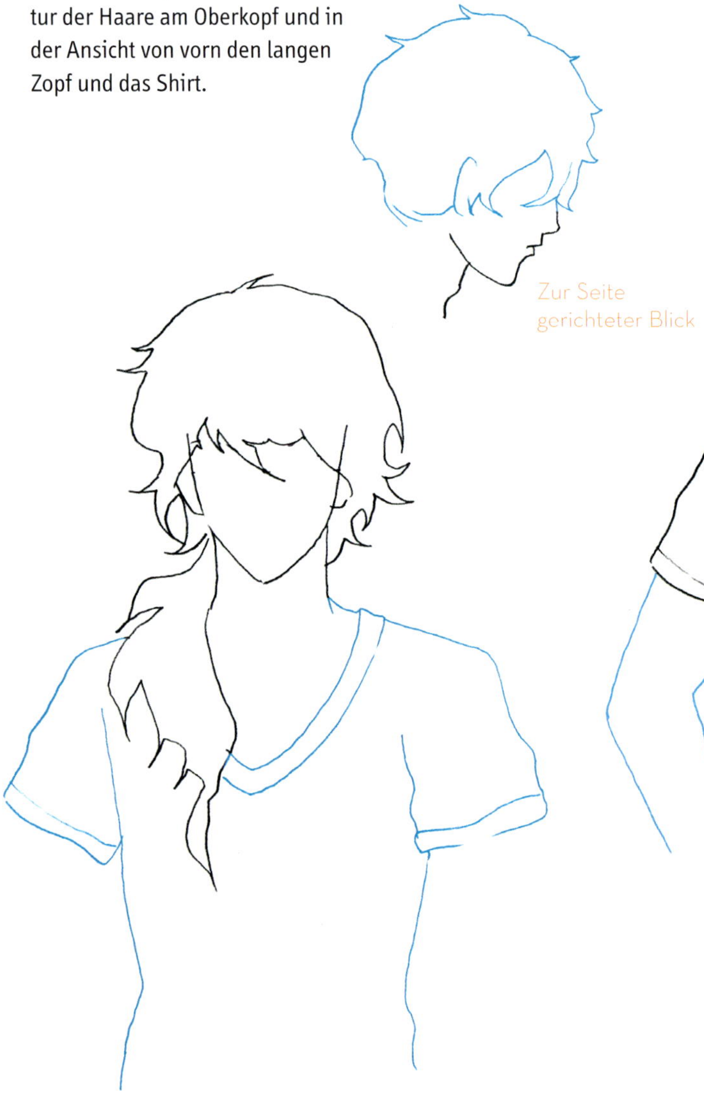

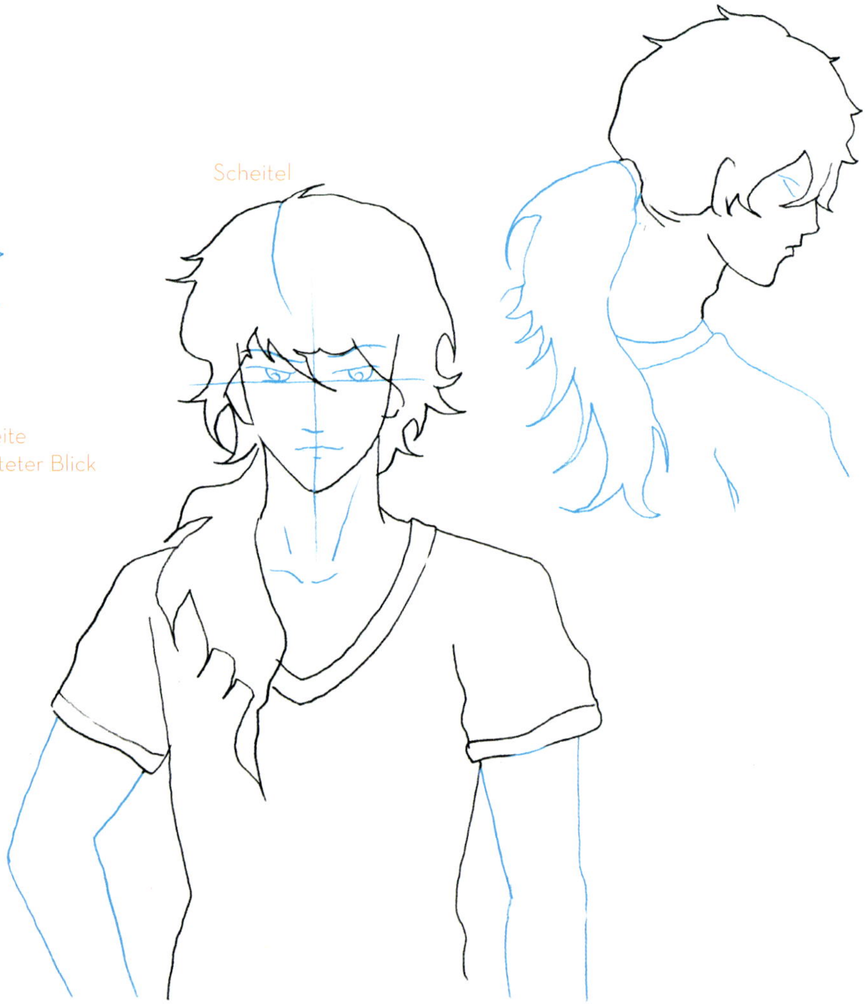

SCHRITT 2

Zeichne in der Ansicht von vorn zuerst das Gesicht ein und orientiere dich dabei an den beiden Hilfslinien. Füge dann die beiden Arme hinzu. Lege in der Profilansicht mit zwei einfachen Strichen die Position des Auges fest und ergänze anschließend die Konturlinien des langen Zopfs sowie diejenigen des Shirts.

SCHRITT 3

Arbeite nun in beiden Ansichten die Haarsträhnen und den Faltenwurf des Shirts aus. Zeichne die Details an den Augen in der Ansicht von vorn besonders sorgfältig, um den rebellischen Ausdruck einzufangen.

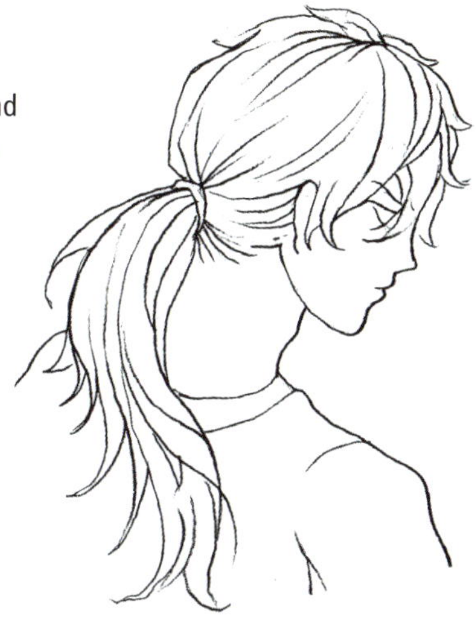

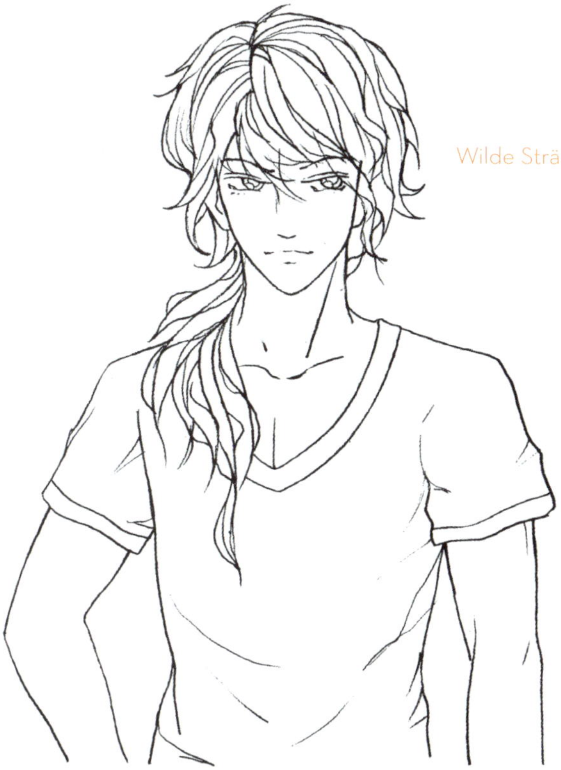

Wilde Strähnen

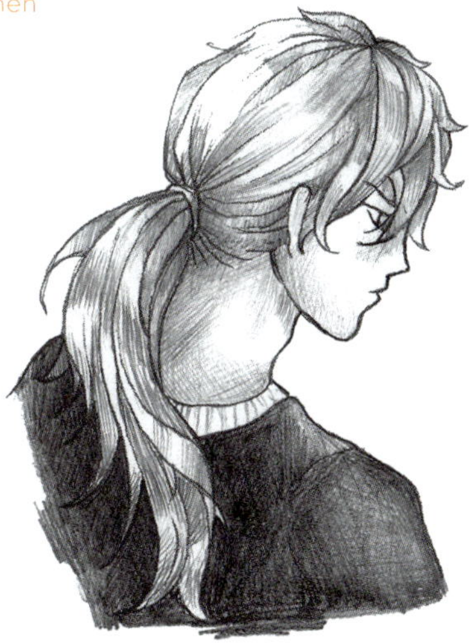

Dunkle Schraffuren

Glanz im Haar

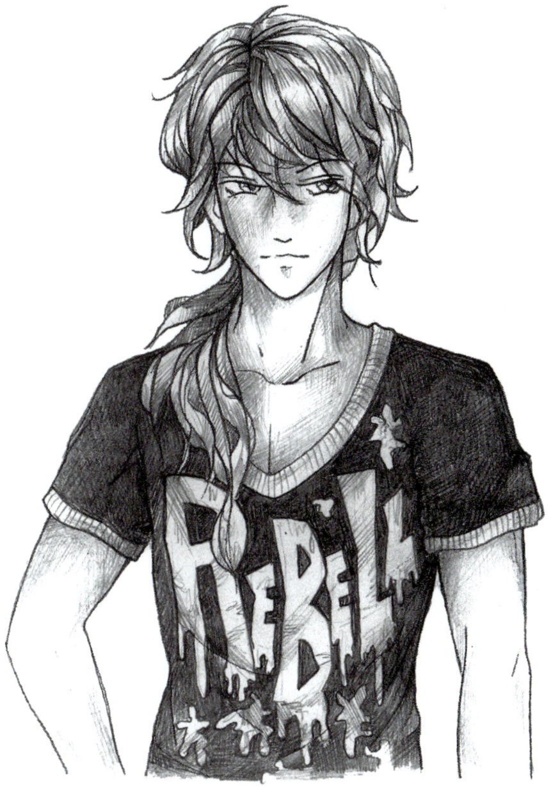

SCHRITT 4

Jetzt wartet noch eine besondere Herausforderung auf dich: die Gestaltung des Shirts. Skizziere den Schriftzug und die amorphen Elemente mit Outlines und gestalte die Flächen darum herum mit engen, sehr dunklen Schraffuren. Hast du das geschafft, kannst du dem Gesicht des Jungen und den Haaren in beiden Ansichten durch fein abgestimmte Schraffuren noch zusätzlich Ausdruck verleihen.

Info

BOTSCHAFTEN

Es gibt viele Möglichkeiten, eine Figur treffend darzustellen, zum Beispiel über den Gesichtsausdruck, die Körperhaltung oder modische Accessoires. Auch Textelemente wie der Aufdruck auf einem Shirt, der zu einem Charakter passt, unterstreichen dessen typische Eigenart.

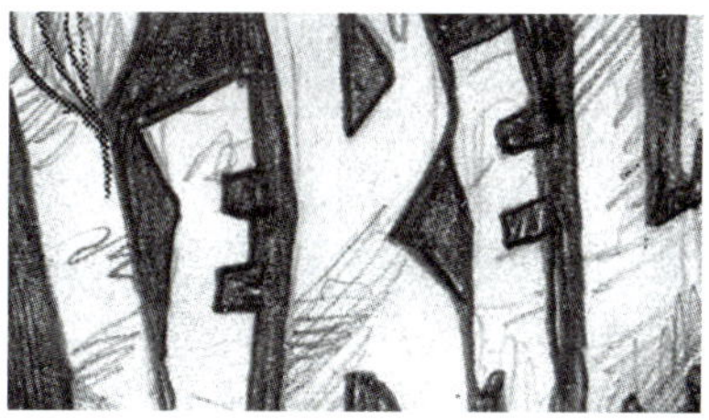

Der Verführer

Diesem Jungen mangelt es nicht an Selbstbewusstsein. Seine lässige Haltung mit dem Griff in die Haare lässt vermuten, dass er sich seiner Attraktivität bewusst ist. Eines seiner Augen wird von den Haaren verdeckt. Sein Blick wirkt freundlich und durchdringend zugleich. Ganz offensichtlich weiß er, dass er die Shōjo-Herzen höherschlagen lässt.

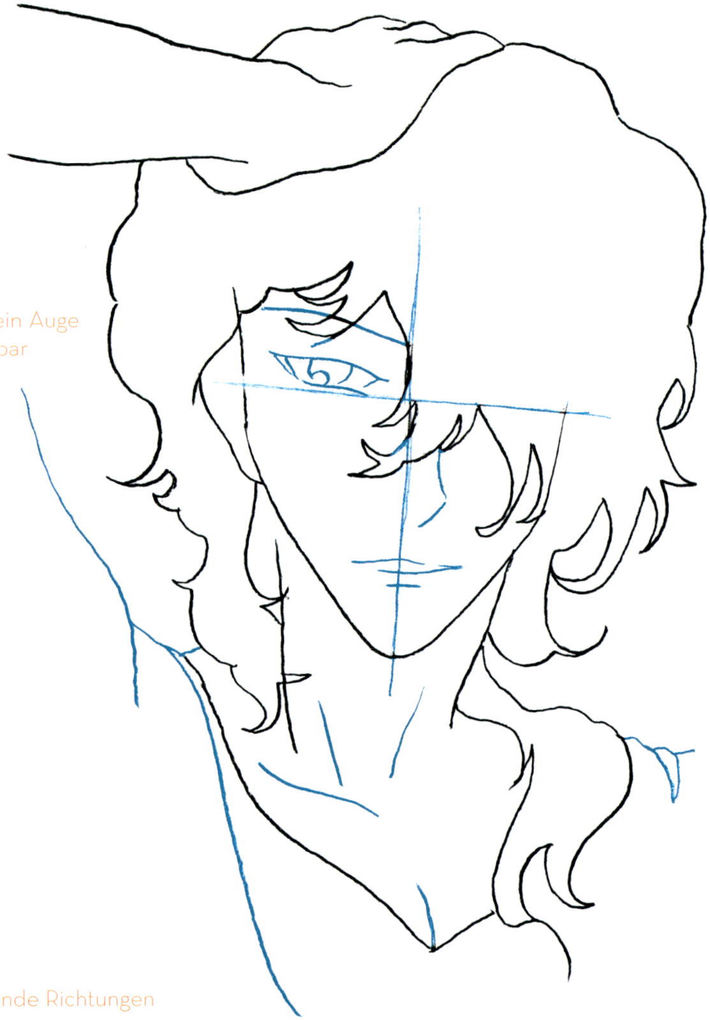

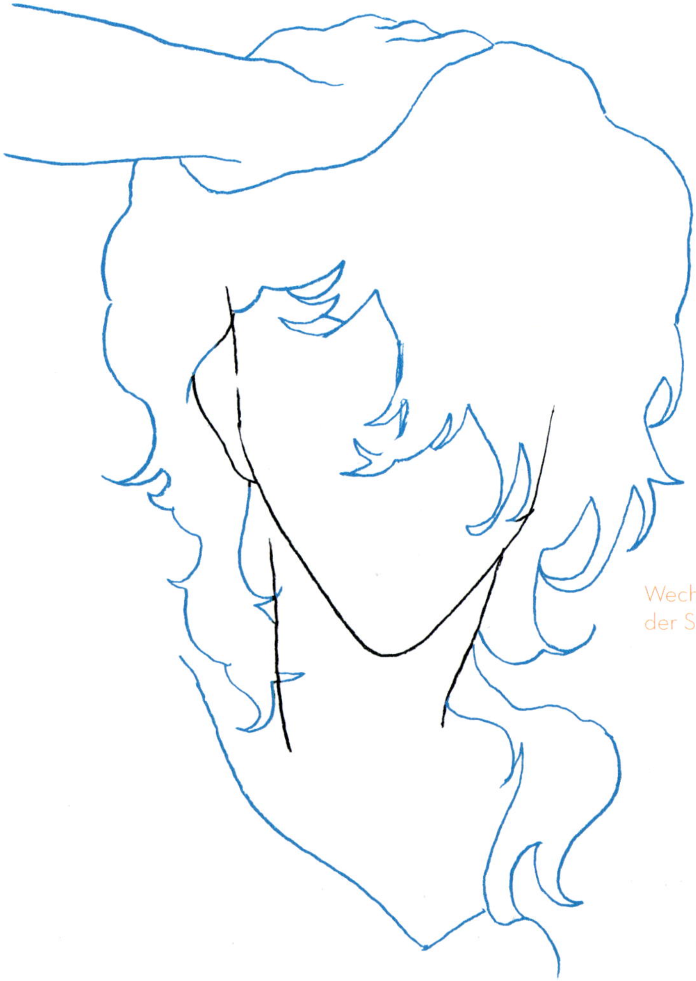

SCHRITT 2

Mit Hilfe der Hilfslinien kannst du das Auge, die Nase und den Mund positionieren. Zeichne auch noch den Ansatz des Armes und Details am Hals.

SCHRITT 1

Wenn du Hals und Kinn gezeichnet hast, gestalte die üppigen Haare und die eine Hand, welche in die Haare greift.

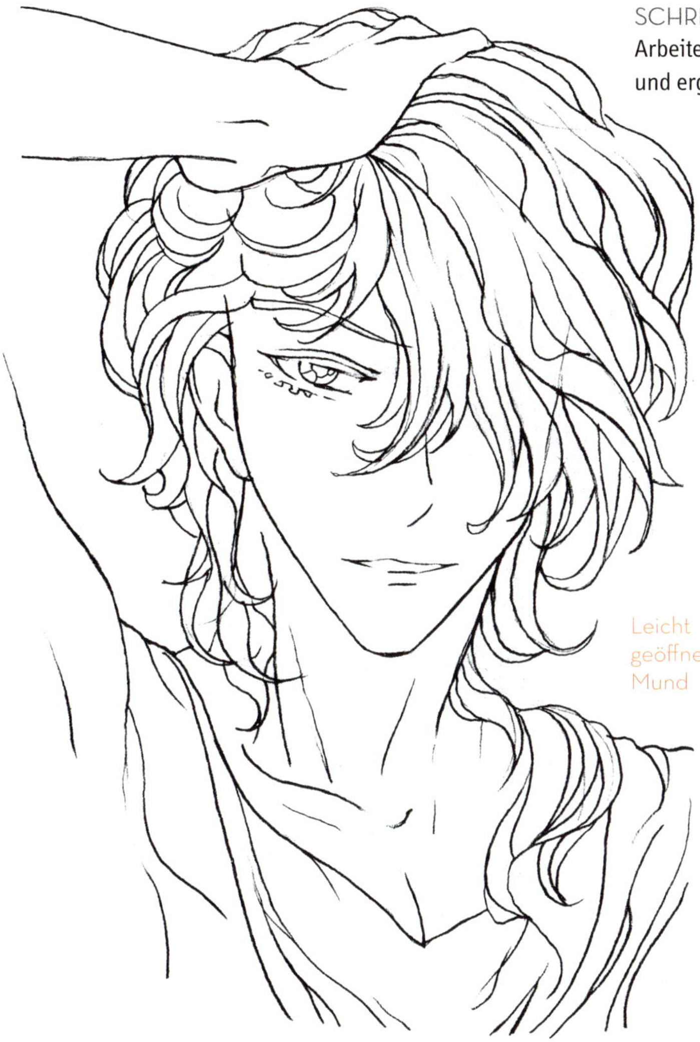

SCHRITT 3

Arbeite die Strähnen und die Konturen sorgfältig aus und ergänze letzte Details an der Kleidung.

Leicht geöffneter Mund

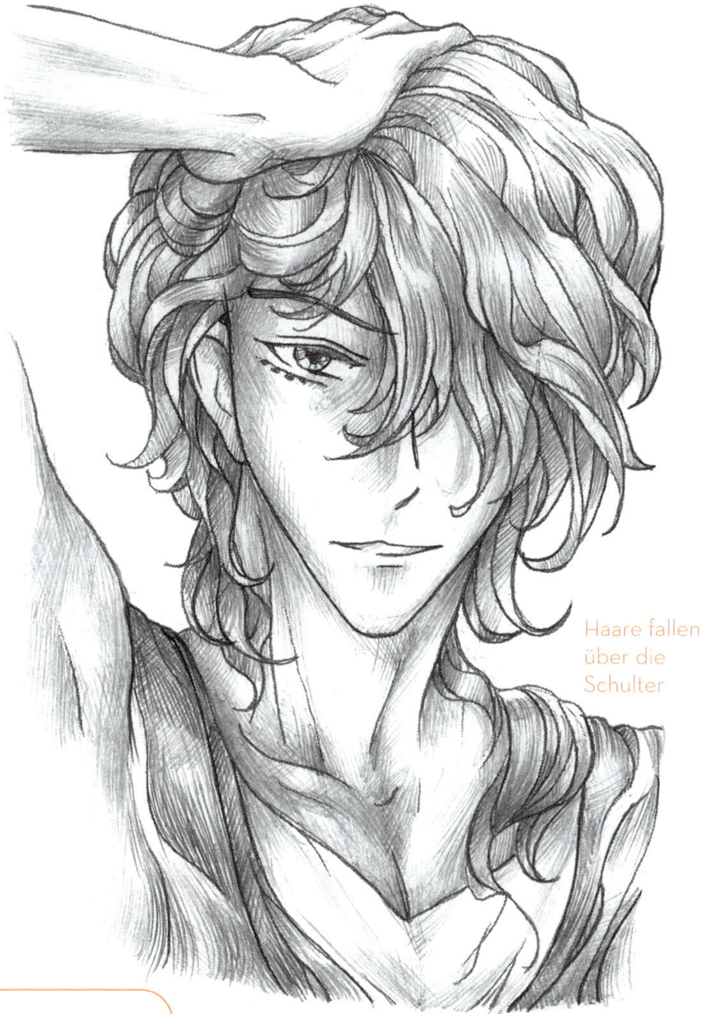

Haare fallen über die Schulter

Detail

DER BLICK

Abbildungen von Shōnen, bei denen nur ein Auge sichtbar ist, gibt es häufig, denn Haarsträhnen, die lässig ins Gesicht fallen, erzeugen einen coolen Look. Das Detail zeigt, dass du gerade bei solchen Ansichten besonders sorgfältig auf die Gestaltung des einzelnen Auges achten solltest, denn darauf beruht der ganze Ausdruck.

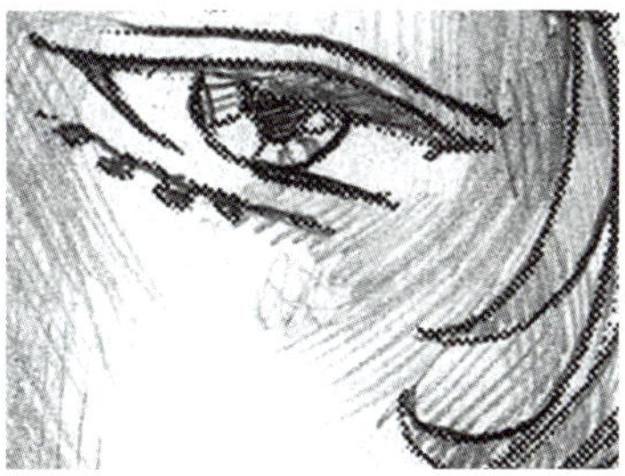

SCHRITT 4

Arbeite jede einzelne Haarsträhne sorgfältig aus. Gestalte auch die Schatten am Arm und am Hals und die feinen Linien rund um das Auge.

Der Einzelgänger

Dieser hagere Junge mit dem geheimnisvollen Blick ist verschwiegen und lieber für sich allein. Da ihn niemand wirklich kennt, kursieren viele Gerüchte über ihn. Aus jedem noch so kleinen Detail wird eine Geschichte gesponnen. Schau dir das Bild an und überlege auch einmal, was seine Geschichte sein könnte.

SCHRITT 1

Zeichne die Form der unteren Gesichtshälfte mit dem sichtbaren Ohr und der spitzen Kinnlinie. Ergänze dann die Kontur der Haare. Füge die ersten Outlines der Kleidung sowie den Scheitel im Haar hinzu.

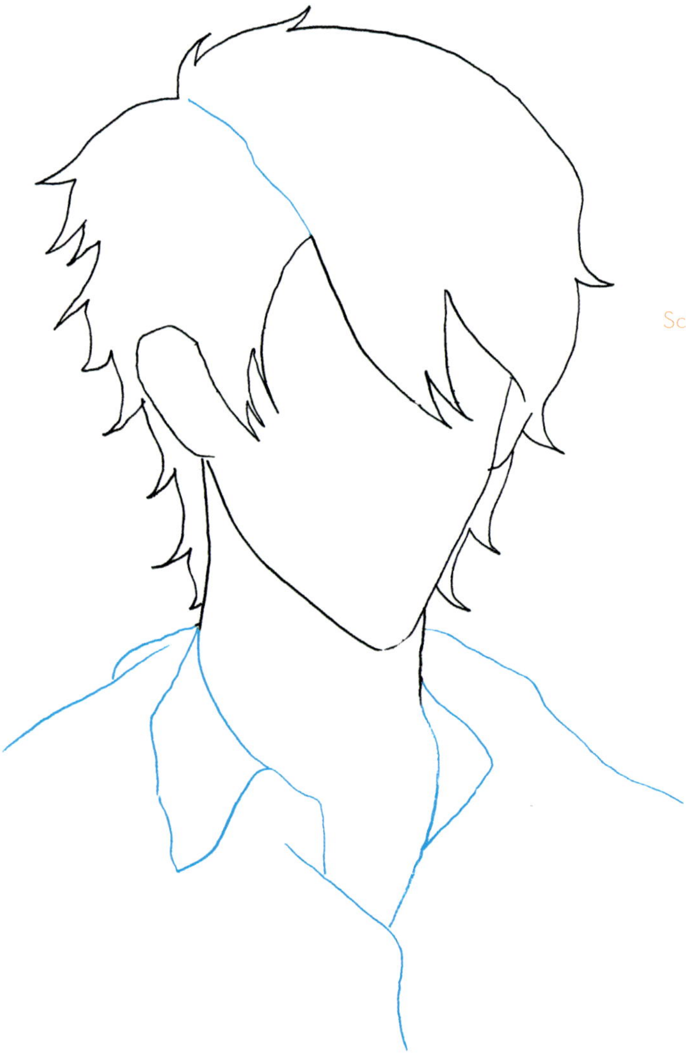

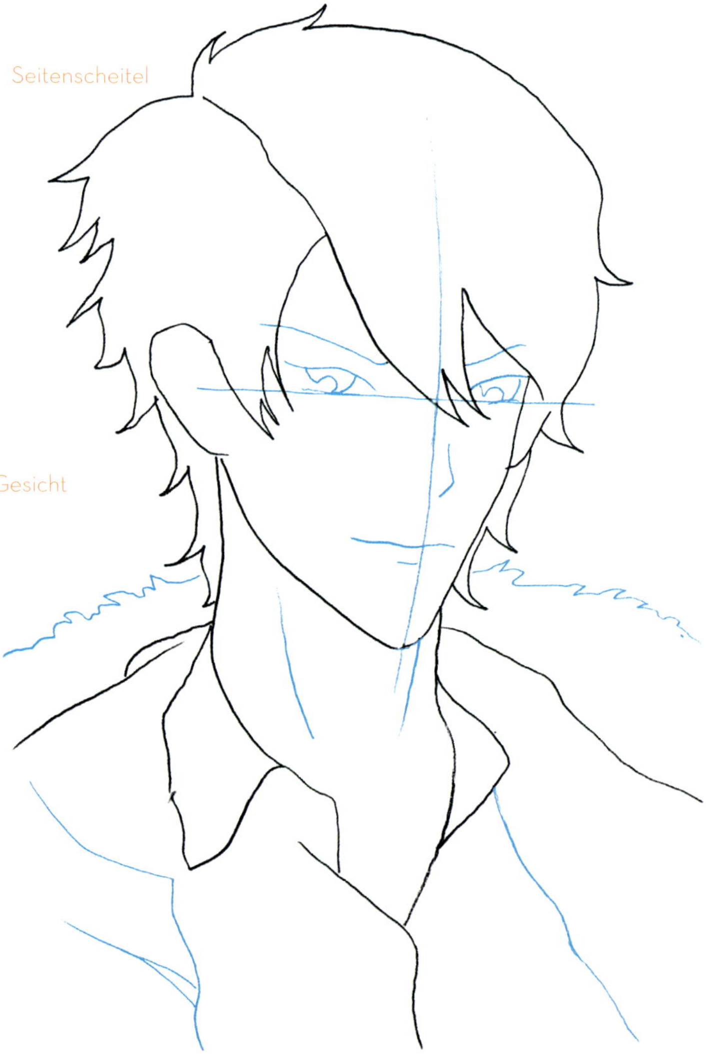

SCHRITT 2

Orientiere dich bei der Platzierung der Augen, Augenbrauen und von Nase und Mund an deinen zuvor eingezeichneten Hilfslinien. Zeichne außerdem die Details an der Kleidung.

SCHRITT 4

Die farbige Endfassung des Manga-Shōnen entstand am Computer.

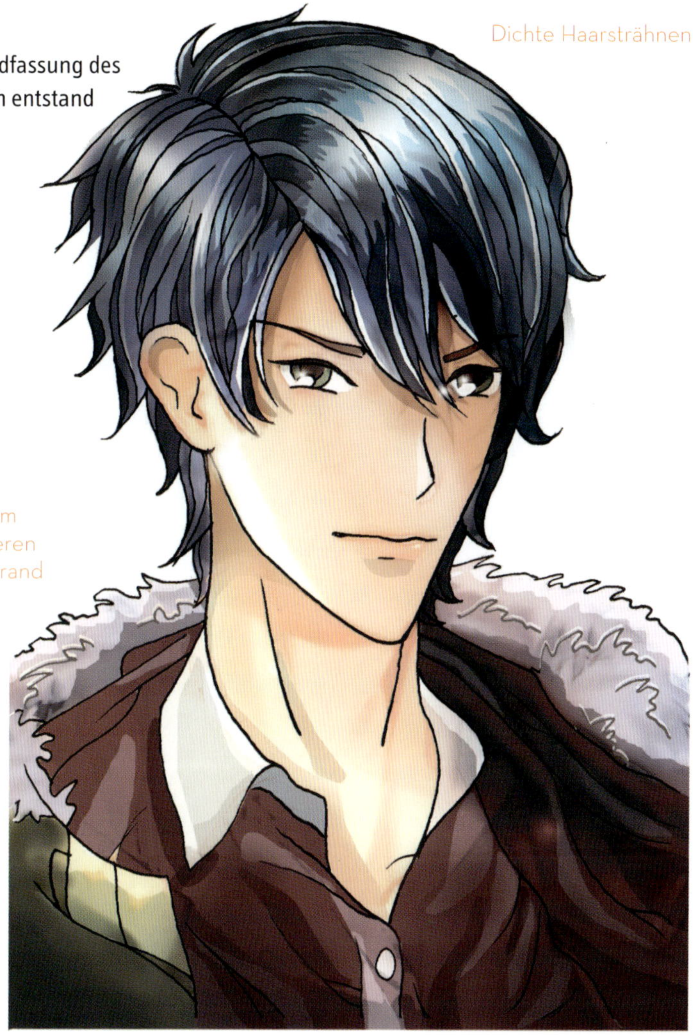

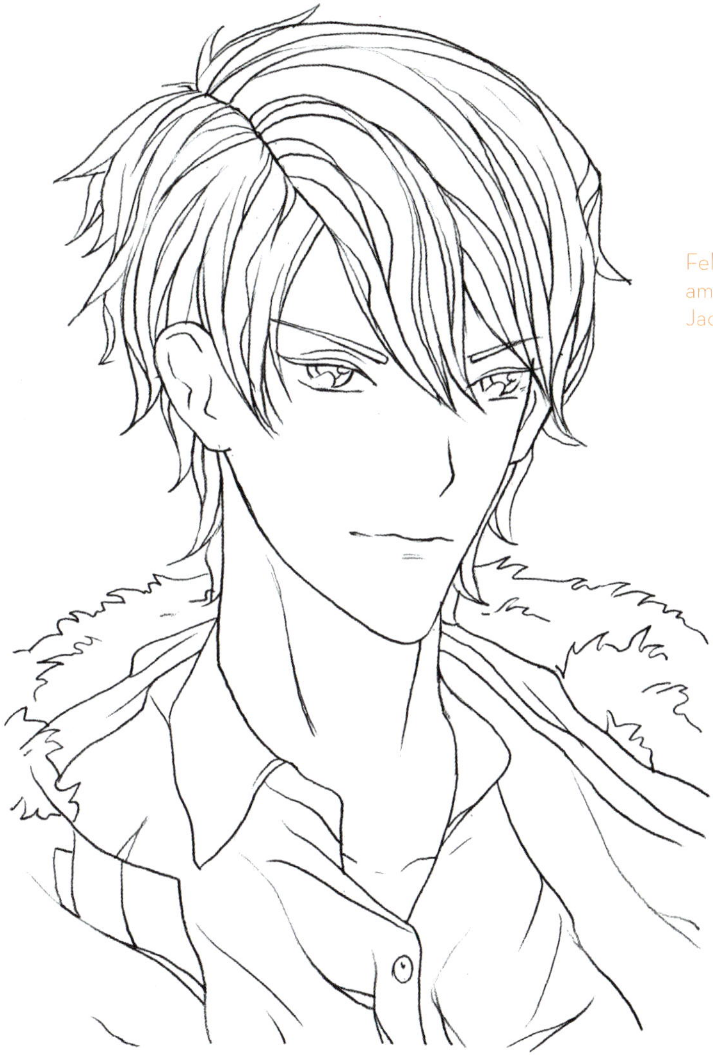

SCHRITT 3

Arbeite den Faltenwurf an der Kleidung und vor allem die vielen Haarsträhnen sorgfältig aus.

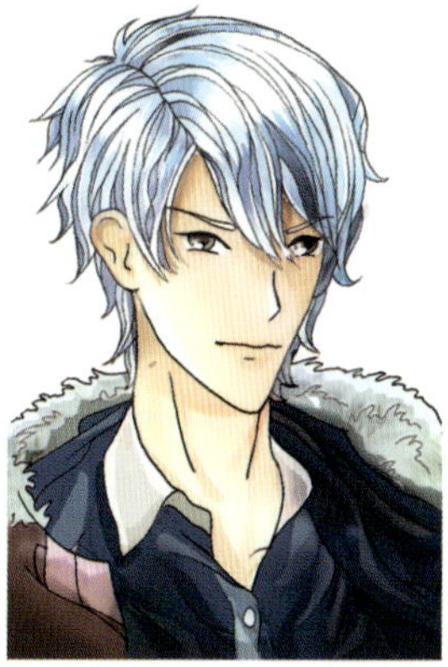

FARBVARIANTE

Hier siehst du eine farblich komplett umgestaltete Version des Motivs. Löst man sich von der natürlichen Farbgebung, zum Beispiel durch die Darstellung ganz heller Haare, wirkt die Figur noch etwas mysteriöser.

Liebe und Freundschaft

Es mag zwar wie ein Klischee klingen – trotzdem bestätigen Marktforschungen, dass Jungs häufiger Shōnen-Mangas lesen, bei denen es um Action, Abenteuer oder Sport geht, während Mädchen eher Geschichten bevorzugen, in denen Freundschaft, Beziehung oder Liebe eine Rolle spielen. Aber auch Jungs haben Gefühle, verlieben sich, werden enttäuscht oder haben beste Freunde. Deshalb geht es in diesem Kapitel um genau diese Themen, um Liebe, den ersten Kuss, um Freundschaft und Familie. Also spitz die Bleistifte und stürze dich in die Welt der zwischenmenschlichen Beziehungen.

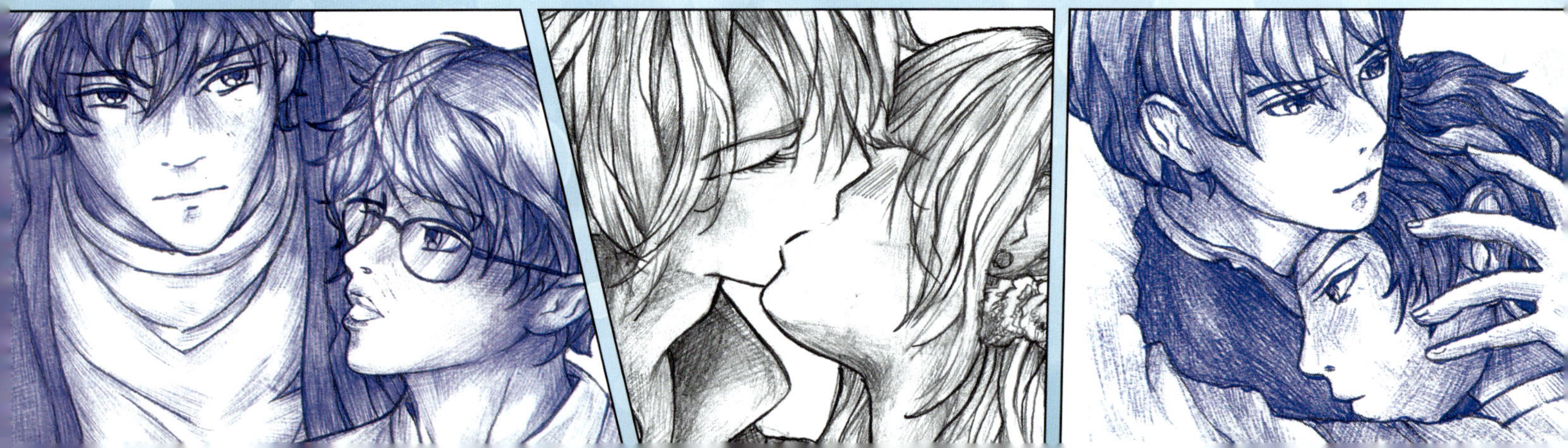

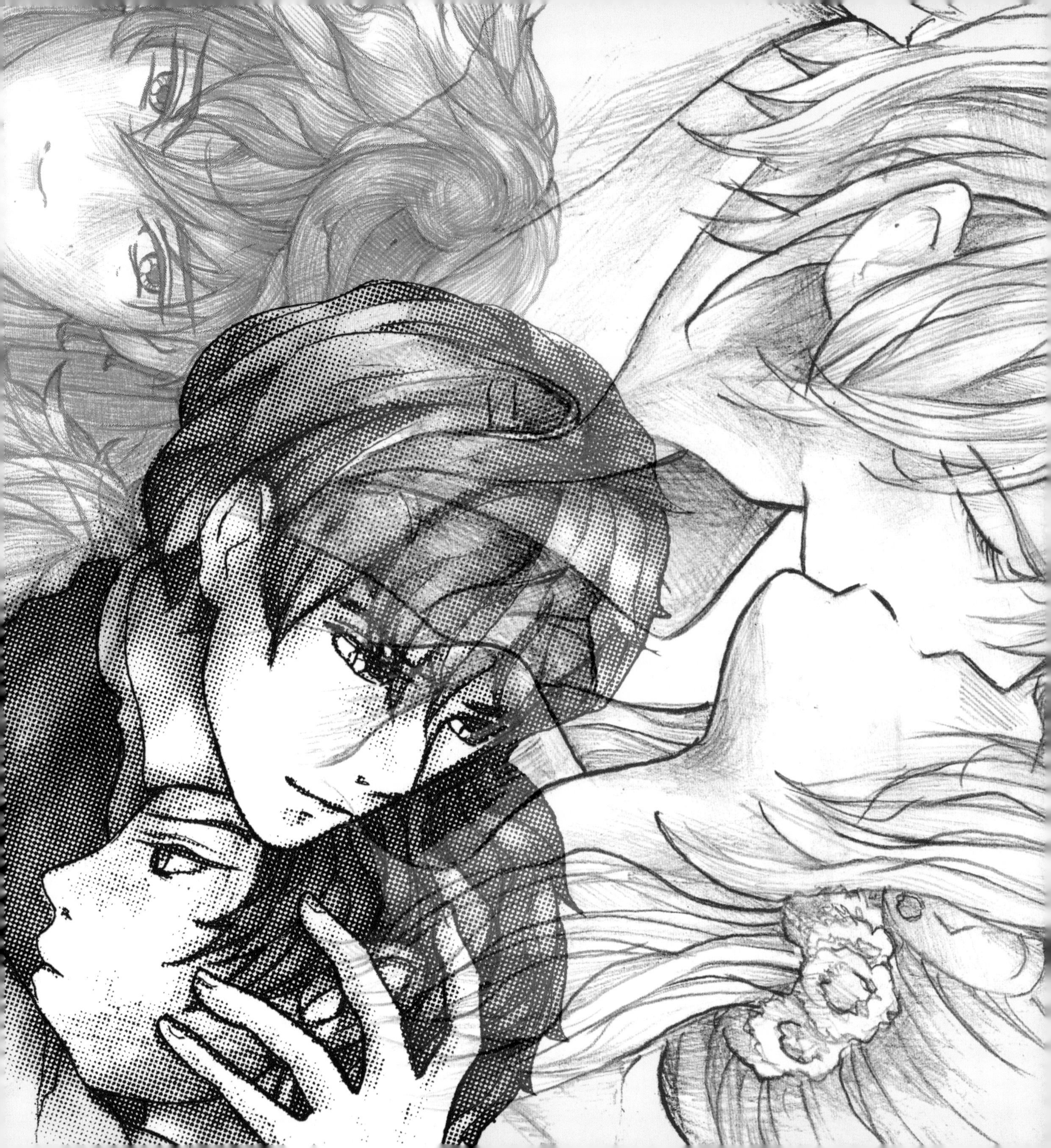

Brüder

Vielleicht kennst du diese Situation aus der eigenen Familie? Zwei Jungs, von denen der eine möglicherweise der ältere Bruder sein könnte, wenden sich einander zu. Die Szene zeigt das vertrauensvolle Verhältnis zwischen den beiden, bei dem Erwachsene eigentlich nur stören würden. Zeichnerisch ist es eine etwas größere Herausforderung, da du nicht nur einen Jungen, sondern zwei zeichnen wirst, die auch noch miteinander kommunizieren.

SCHRITT 1

Auch wenn du zwei Figuren zeichnest, ist der Ablauf immer derselbe: Du beginnst mit der Kopfkontur und den Haaren – in diesem Fall sind es zwei Köpfe. Ergänze anschließend bei beiden Figuren noch die Outlines der Kleidung.

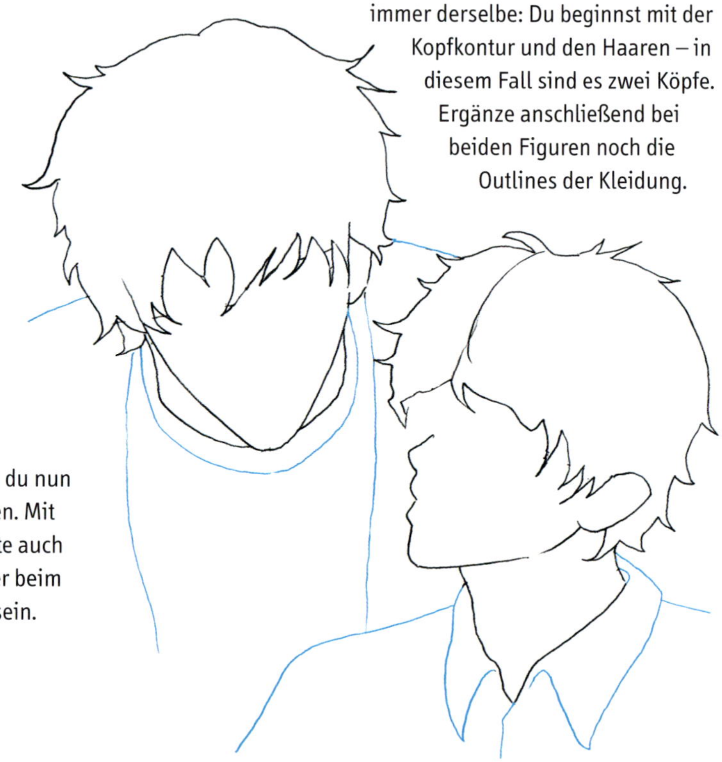

SCHRITT 2

Mittels feiner Hilfslinien kannst du nun die beiden Gesichter einzeichnen. Mit der waagrechten Hilfslinie dürfte auch die Platzierung der Brillengläser beim jüngeren Bruder kein Problem sein.

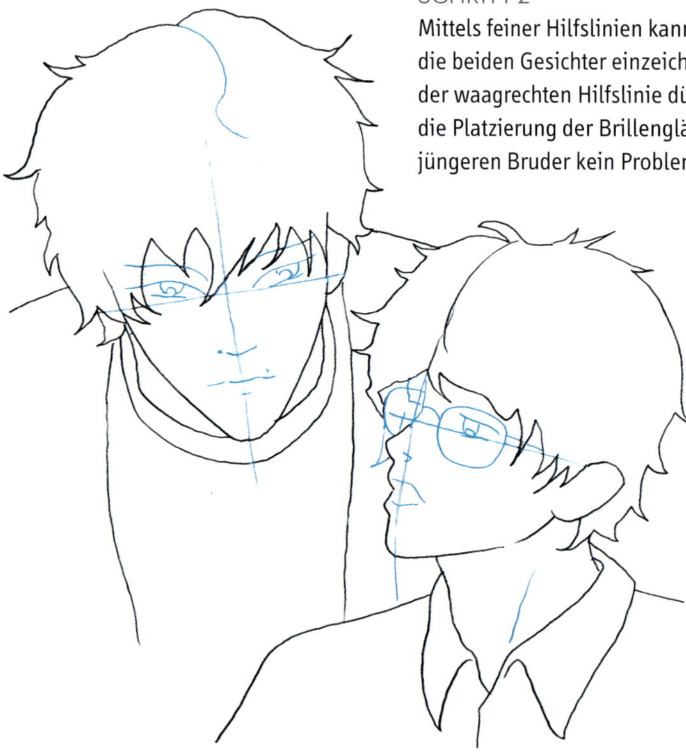

SCHRITT 3

Gestalte nun die beiden Frisuren mit feinen Haarsträhnen. Widme dich anschließend dem Faltenwurf an der Kleidung.

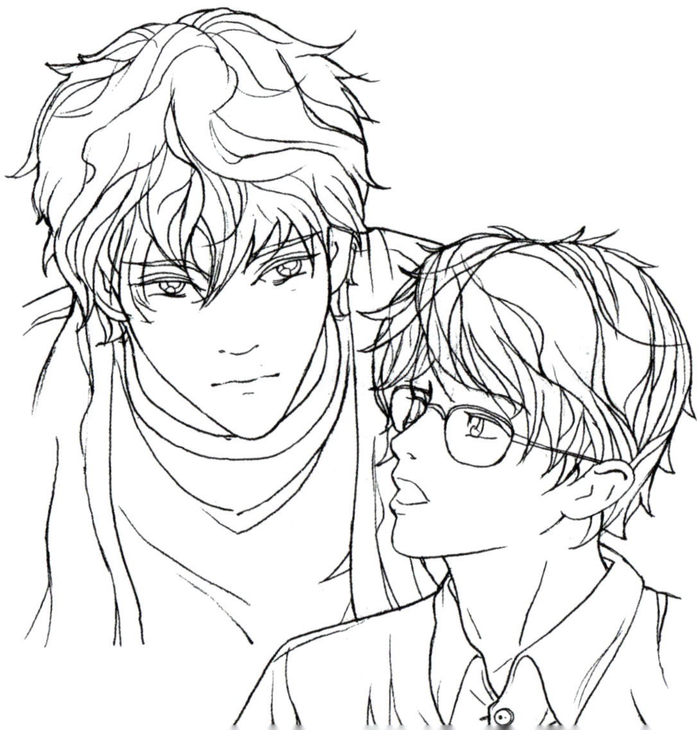

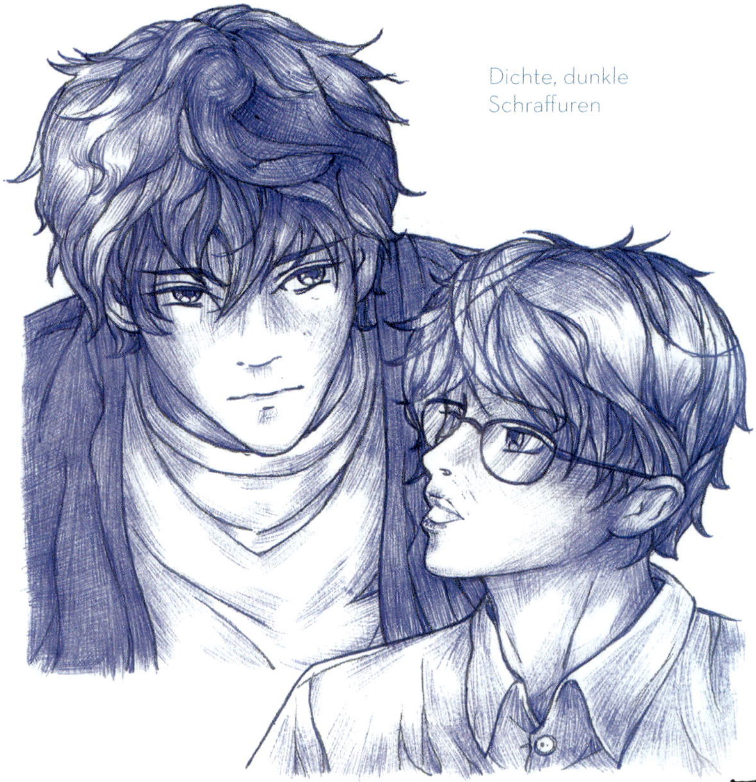

Dichte, dunkle Schraffuren

SCHRITT 4

Fertiggestellt wurde die Zeichnung der beiden Brüder in diesem Fall mit blauem Kugelschreiber. Legt man Frisur und Kleidung der hinteren Figur dabei etwas dunkler an, entsteht ein besserer Kontrast.

AUFMERKSAMER BLICK

Die gerasterte Darstellung in Graustufen wurde bewusst weichgezeichnet – das betont die Augenpartie mit dem fokussierten Blick der beiden Brüder.

Detail

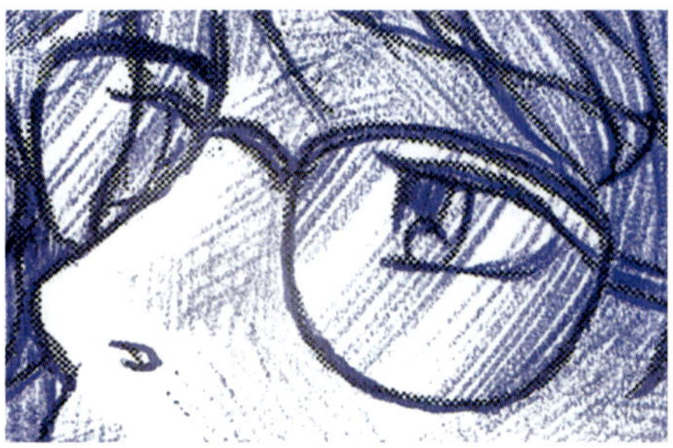

BRILLENGLÄSER

Glas, ein eigentlich transparentes Material, ist zeichnerisch gar nicht so schwierig darzustellen. Bei der Brille des Jüngeren vermitteln feine, parallele Schraffuren den Eindruck einer glatten Fläche – einfach dadurch, dass durch die Schraffuren hindurch die Augen gut sichtbar bleiben.

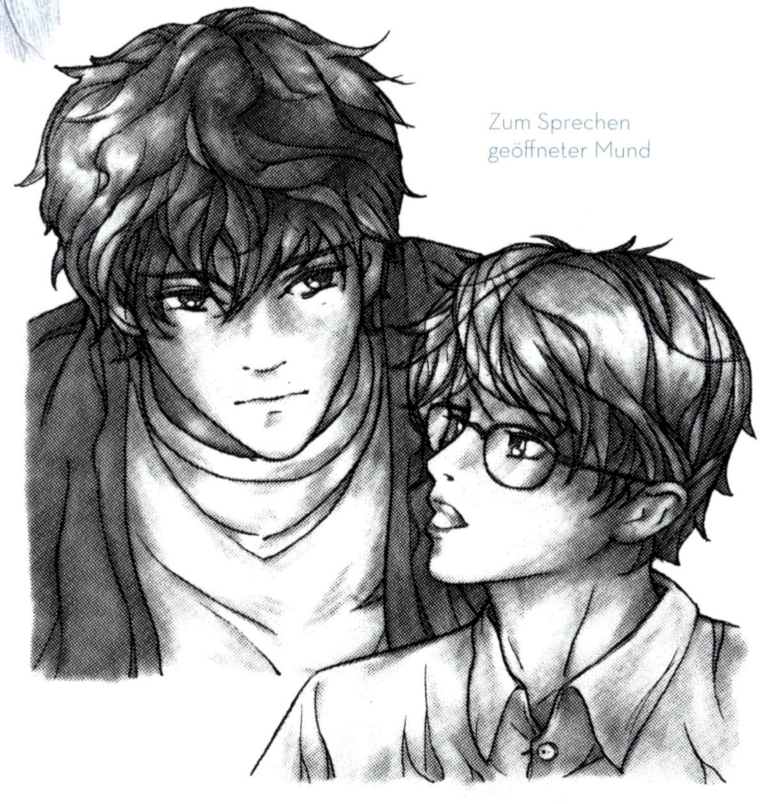

Zum Sprechen geöffneter Mund

Ewige Liebe

Wo Shōnen sind, sind Shōjos nicht weit – denn was gibt es Schöneres, als sich zu verlieben, vielleicht zum ersten Mal? Auf den nächsten beiden Doppelseiten siehst du insgesamt vier Motive zu diesem Thema, die sich aber im Detail und thematisch etwas unterscheiden. Immer geht es dabei ums Küssen, aber nicht jeder Kuss ist gleich, also lass dich überraschen! Denn längst sind die Zeiten vorbei, in denen sich nur Jungs und Mädchen ineinander verlieben duften …

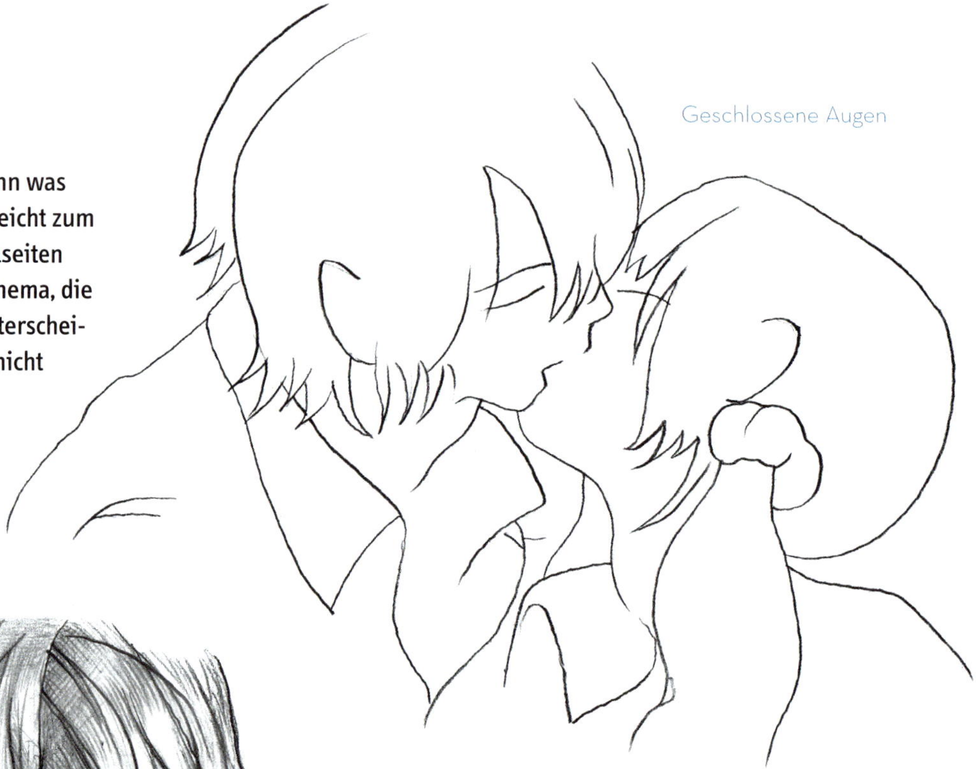

Geschlossene Augen

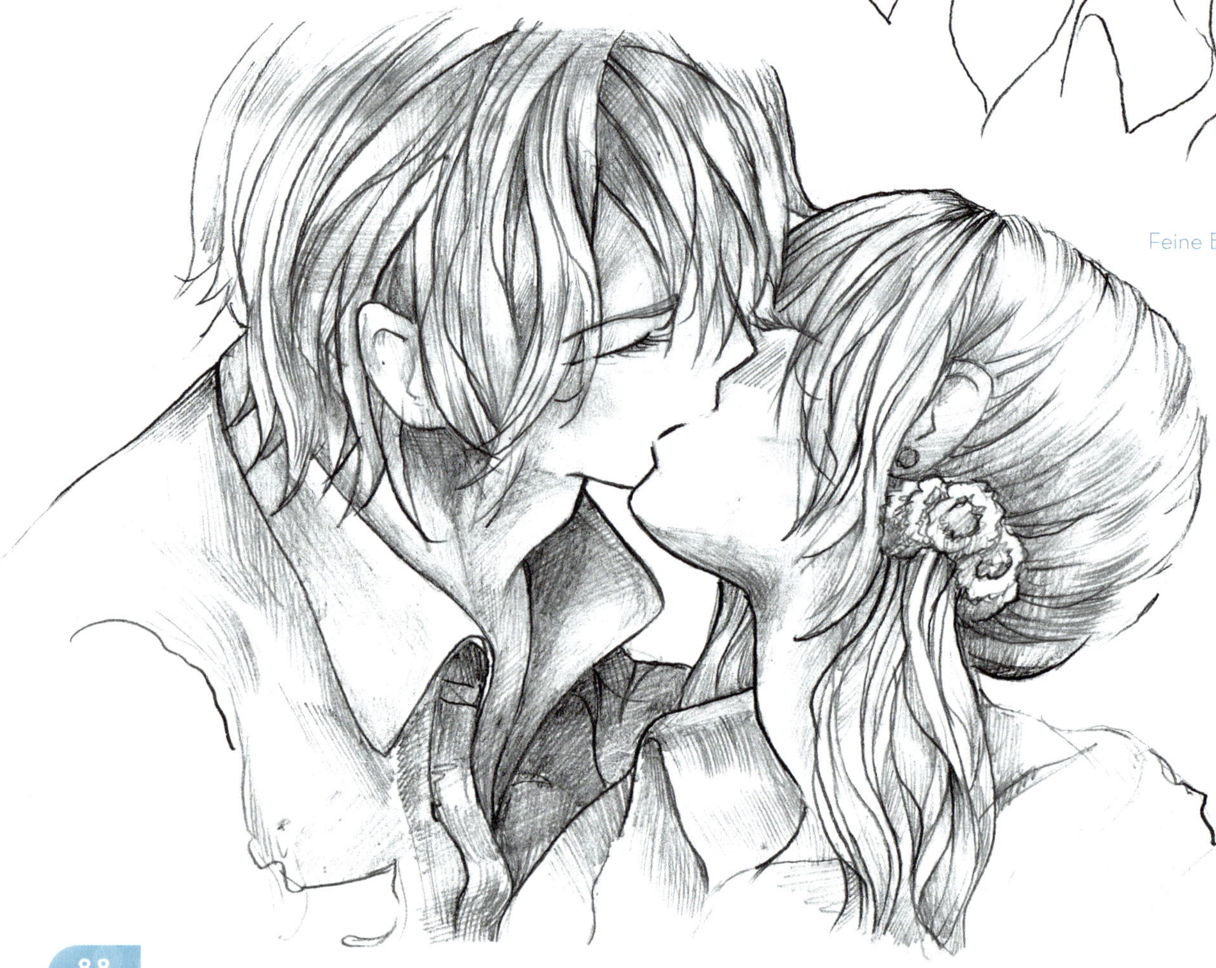

Feine Bleistiftschraffuren

INNIG VERLIEBT

Diese Szenen zeigt in zwei Arbeitsschritten den intensiven Kuss zwischen einem jungen Mann und einer jungen Frau. Er drückt eine große Verliebtheit und gleichzeitig innige Vertrautheit aus. Es scheint sich nicht um einen ersten Kuss zu handeln – dafür ist das Verhältnis der beiden zu vertraut und eng verbunden.

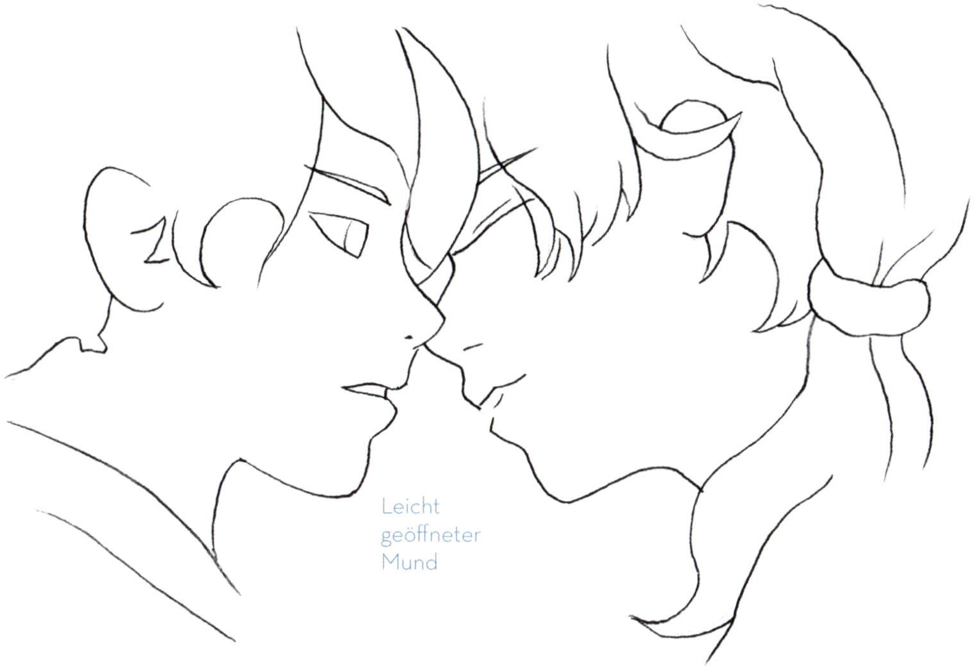

Info

MUT ZUR LÜCKE

Wie zeichnet man am besten sich küssende Münder? Im Detail siehst du, dass die Konturen unterbrochen sind, also Lücken aufweisen. Mit Absicht, denn diese Lücken simulieren eine zusammenhängende Fläche der beiden Gesichter, sozusagen das Verschmelzen der Konturen.

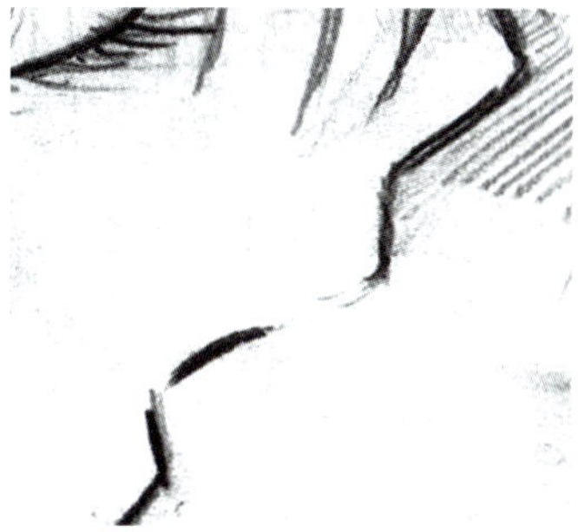

KURZ DAVOR

Dieses Motiv ist dichter dran und wirkt dadurch intimer. Allerdings zeigt es noch nicht den Kuss selbst, sondern den Moment davor – wenn die Spannung am höchsten ist und die Verliebten hoffen, dass der andere die Zuneigung erwidert. Der Junge links hat die Augen noch geöffnet, während sie bei seinem Gegenüber bereits geschlossen sind. Nicht ganz eindeutig ist zu erkennen, ob es sich dabei um ein Mädchen handelt. Es könnte auch ein feminin wirkender Junge sein.

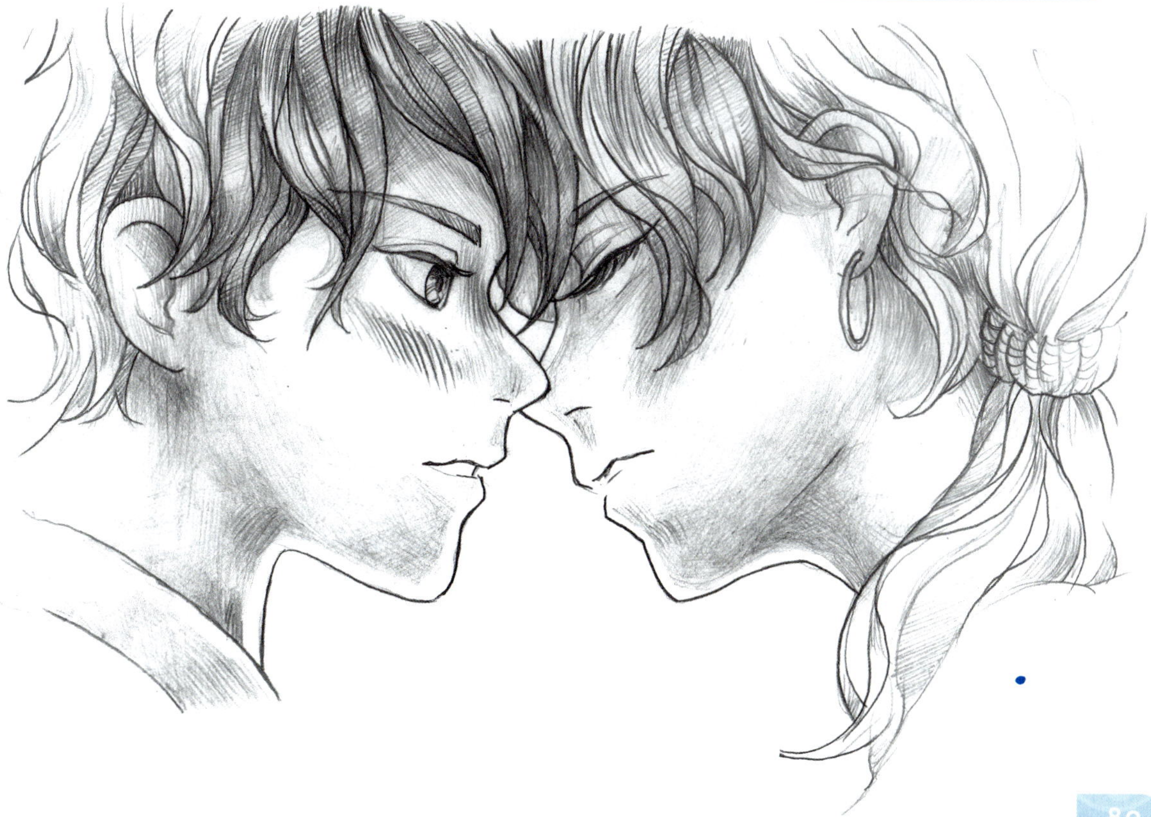

DER ERSTE KUSS

Ob es sich bei diesem Motiv um einen ersten Kuss handelt? Die Verliebten scheinen noch etwas jünger zu sein, beide sind noch eher zurückhaltend und schüchtern. Wahrscheinlich haben sie ihren ganzen Mut zusammengenommen, um sich ein erstes Mal zu küssen.

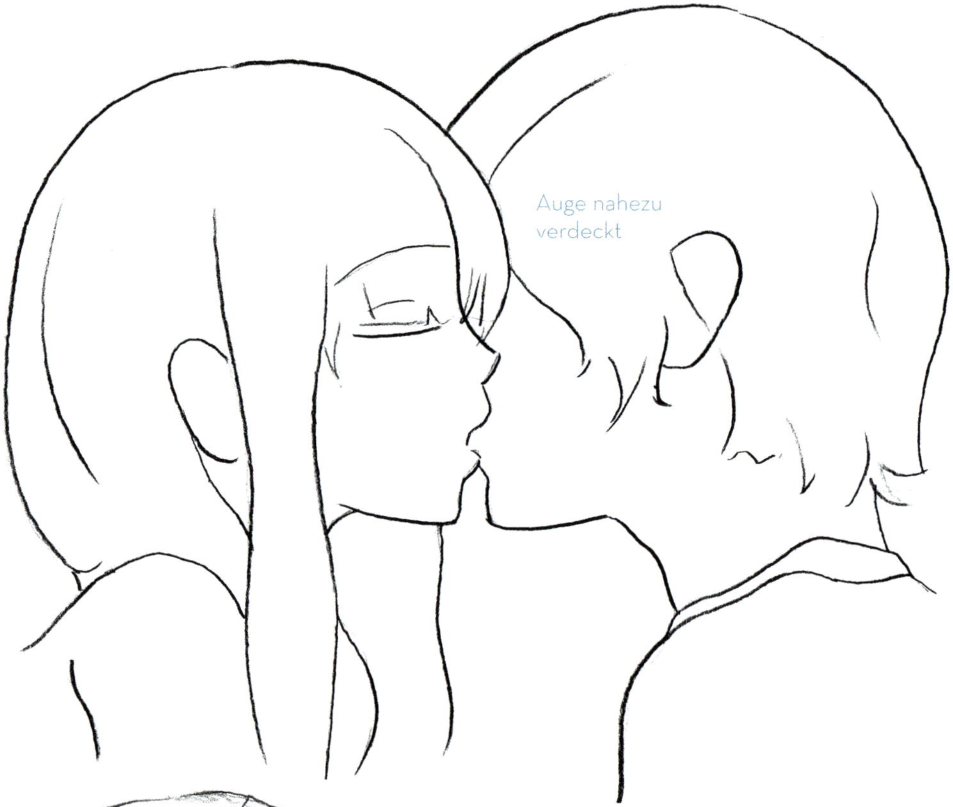

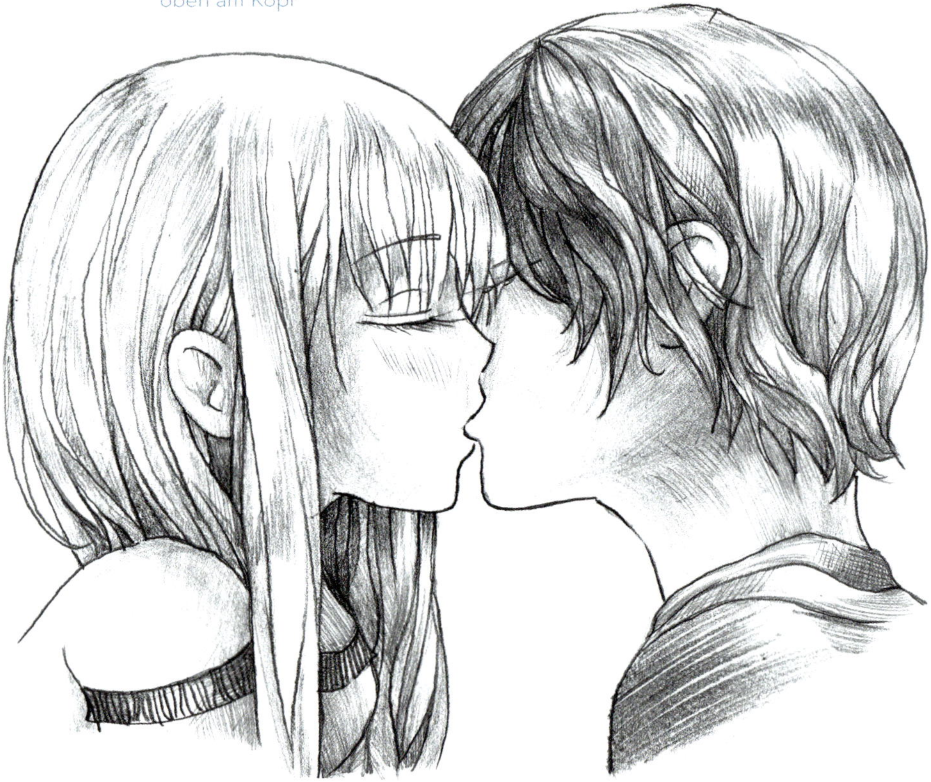

Wichtig

Kontraste machen eine Szene spannender und lebendiger. In diesem Fall kontrastieren die Haarfarben – ein blondes Mädchen ist in einen dunkelhaarigen Jungen verliebt.

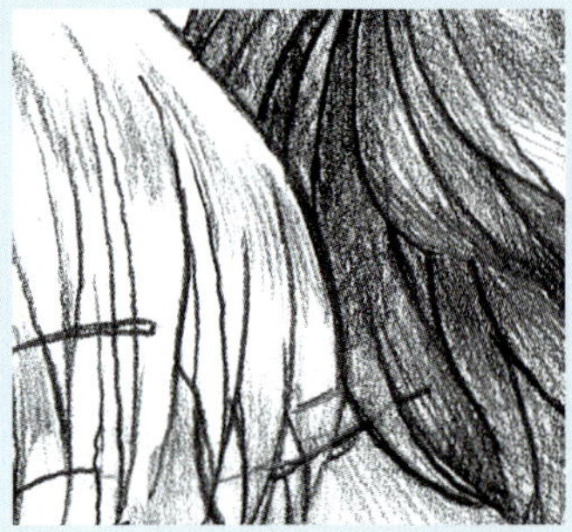

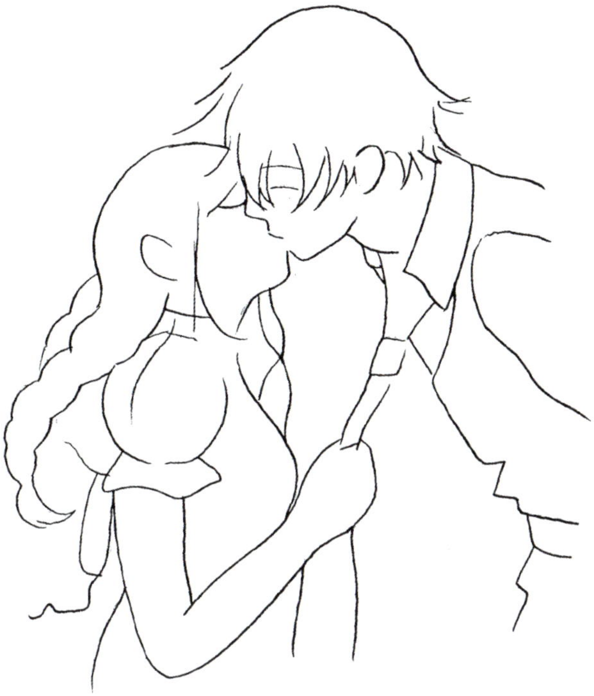

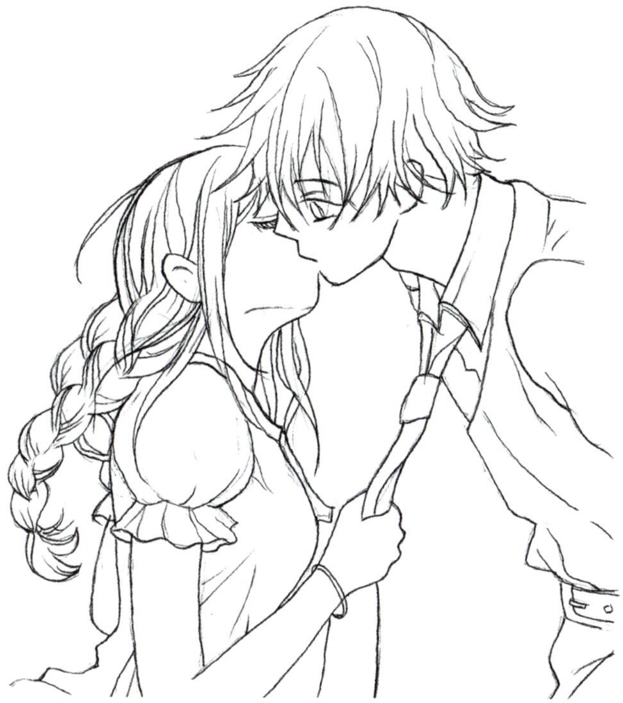

ICH WEISS, WAS ICH WILL

Dieses Motiv ist etwas komplexer, deshalb habe ich es in drei Arbeitsschritte aufgeteilt. Zudem hat die Szene eine Besonderheit: Oft sieht man in Mangas Jungs, die die Initiative ergreifen. Die Mädchen sind dagegen eher schüchtern und warten darauf, dass sie erobert werden. Dieses heute veraltete Rollenverständnis wird hier umgekehrt: Das Mädchen ergreift die Initiative, schnappt den etwas erschrocken blickenden Jungen bei der Krawatte und küsst ihn.

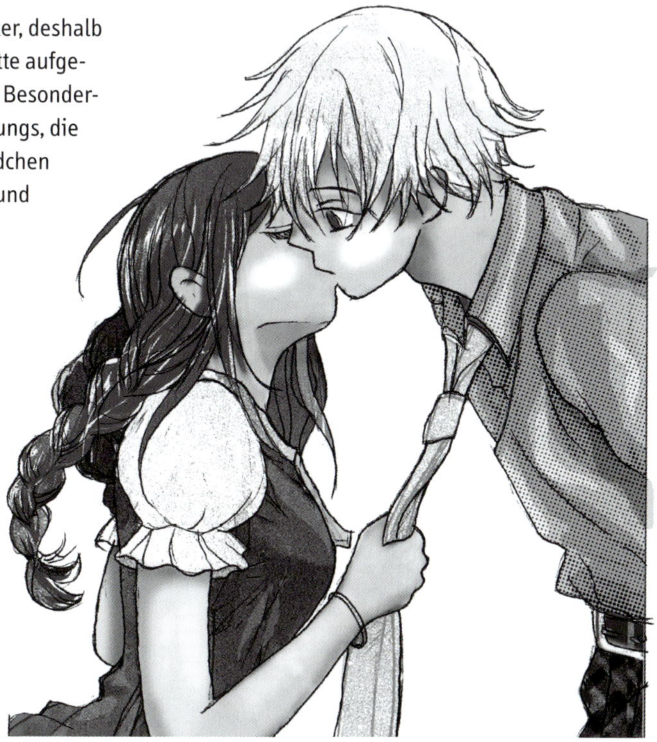

Detail

BEARBEITETE STRUKTUREN

Das Motiv entstand in der finalen Version in Graustufen am Computer. Das Detail zeigt einen Ausschnitt aus dem Hemd des Jungen, das mit einer gepunkteten Struktur unterlegt wurde. In entsprechenden Programmen wie Photoshop, Painter oder Gimp lassen sich Strukturen aller Art finden, was ein großes Plus bei der Gestaltung sein kann.

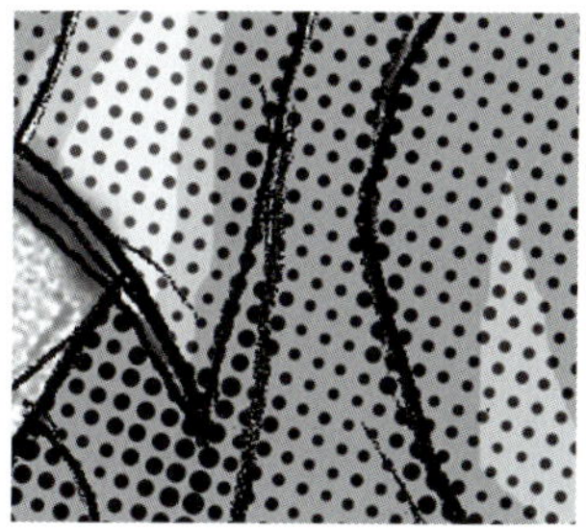

Innige Freundschaft

Ähnlich wie bei der Darstellung der beiden Brüder geht es auch in diesem Motiv um das Verhältnis zwischen zwei jungen Männern. Es lässt sich nicht eindeutig bestimmen, ob die beiden ein Paar sind. Genauso gut könnten sie beste Freunde oder auch Brüder sein, wobei der eine den anderen festhält und eventuell tröstet oder versucht, ihm Mut zu machen. Das Bild erzählt eine Geschichte, über deren Inhalt sich jeder seine eigenen Gedanken machen kann.

SCHRITT 1

Zeichne zunächst die Konturen der Gesichter und der Hand am Hinterkopf des rechten Jungen. Füge dann, wie hier blau eingezeichnet, die Umrisse der Haare hinzu.

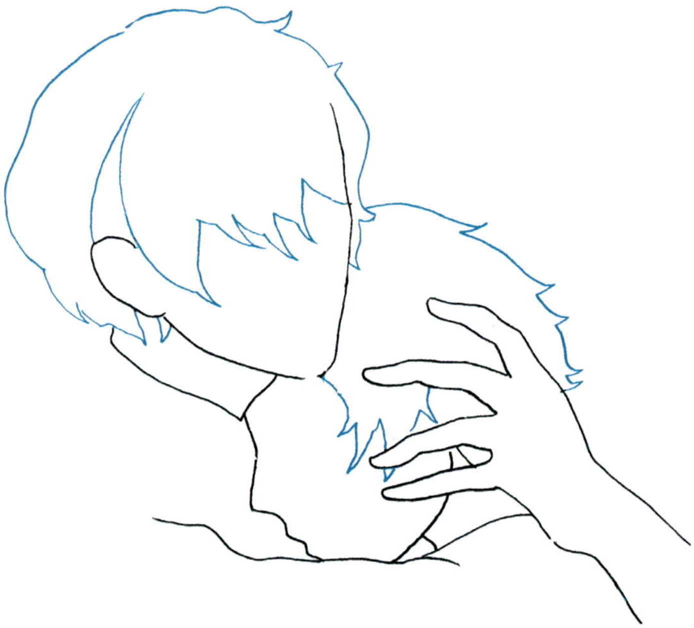

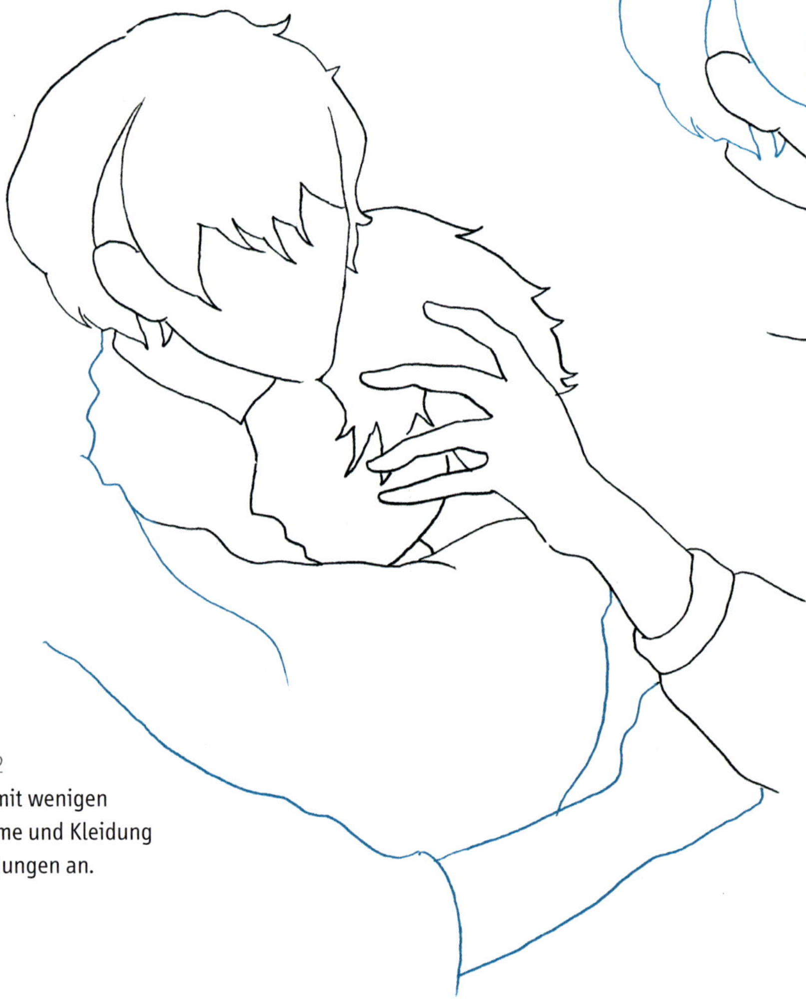

SCHRITT 2

Deute nun mit wenigen Strichen Arme und Kleidung der beiden Jungen an.

SCHRITT 3

Gestalte die Gesichter der beiden, indem du dich bei der Platzierung der Augen, der Augenbrauen und von Nase und Mund an den zuvor eingezeichneten Hilfslinien orientierst. Ergänze noch Details an den Haaren und der Kleidung.

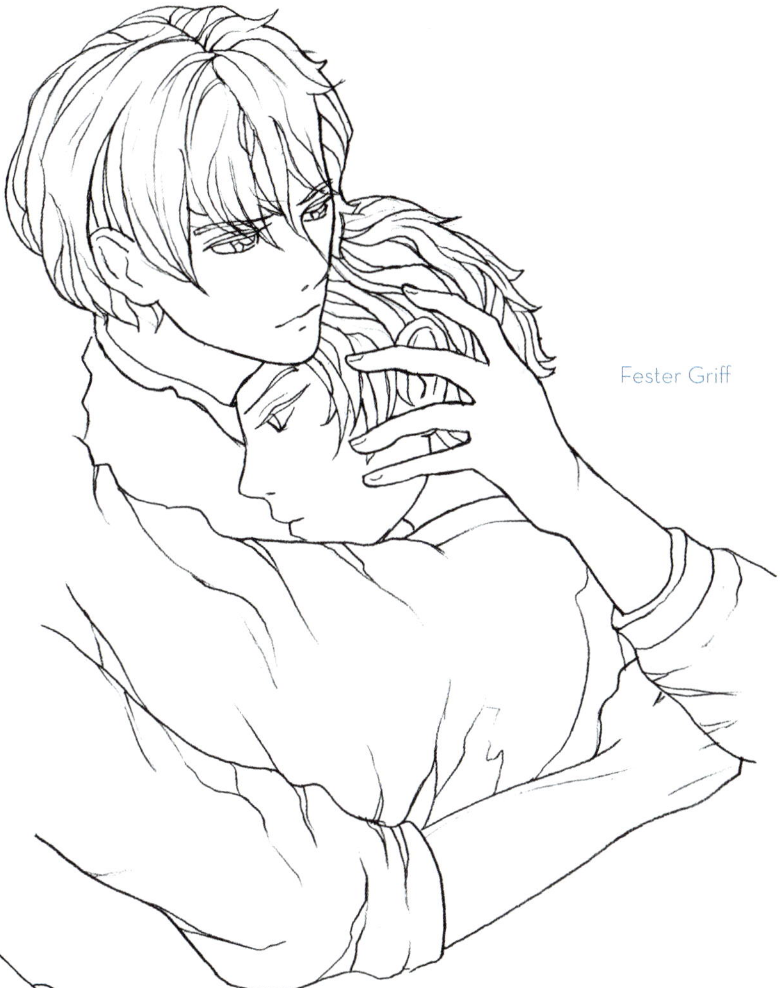

Fester Griff

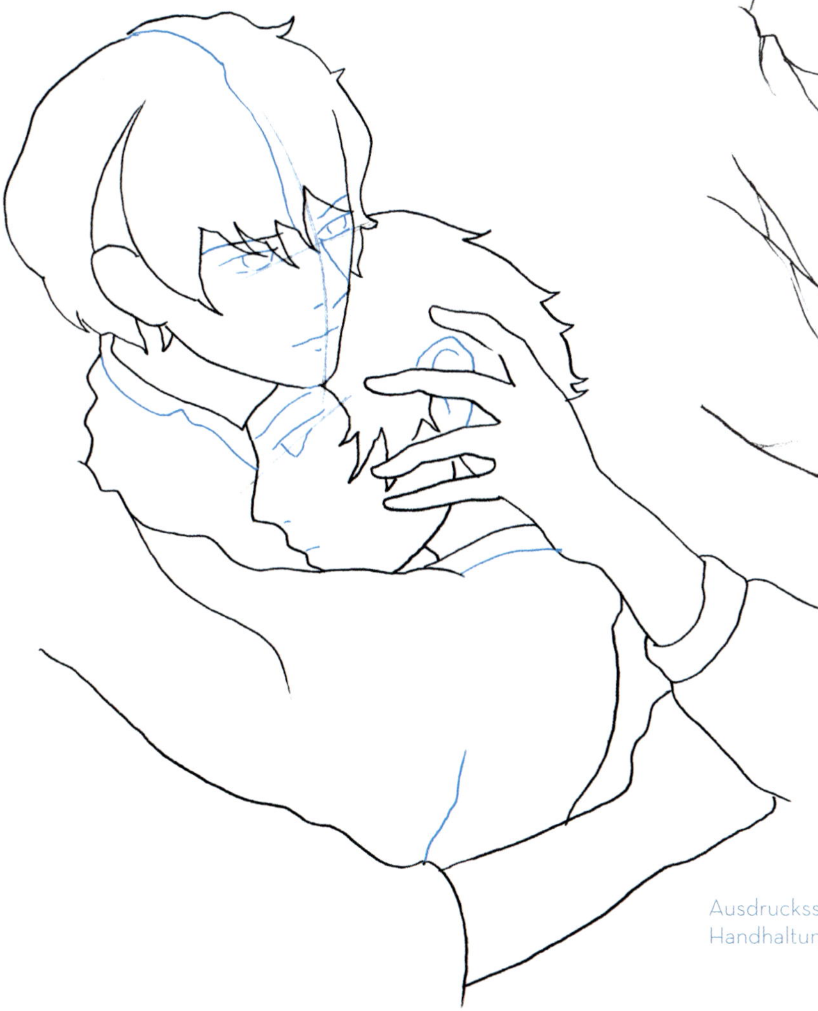

Ausdrucksstarke Handhaltung

SCHRITT 4

Gestalte nun die beiden Frisuren mit feinen Haarsträhnen aus. Widme dich anschließend dem Faltenwurf der Kleidung.

SCHRITT 5

Nutze zum Ausarbeiten der Zeichnung einen Kugelschreiber. Schraffiere die ersten Flächen in den Gesichtern und an den Armen mit feinen Linien. Gestalte die Flächen so nach und nach ganz dicht.

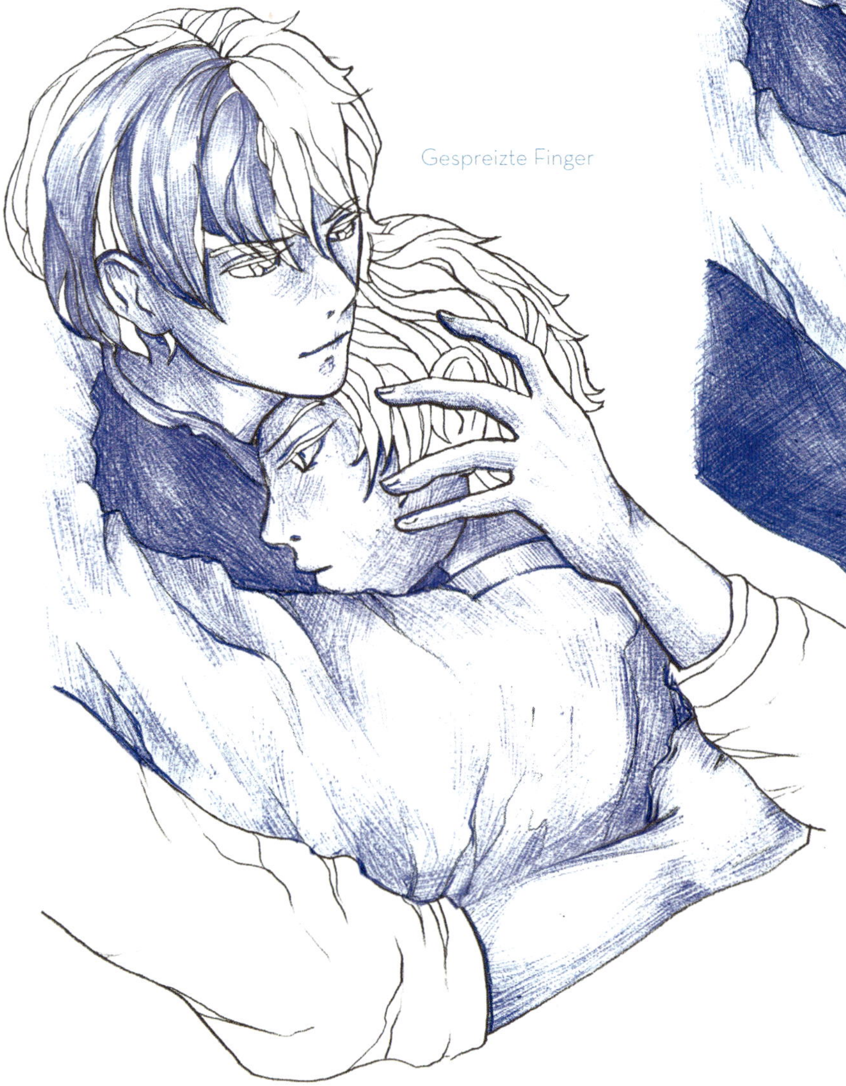

SCHRITT 6

Arbeite den Kontrast von der dunklen zur hellen Kleidung gut mit dem Kugelschreiber heraus und schraffiere fein die weiteren Details.

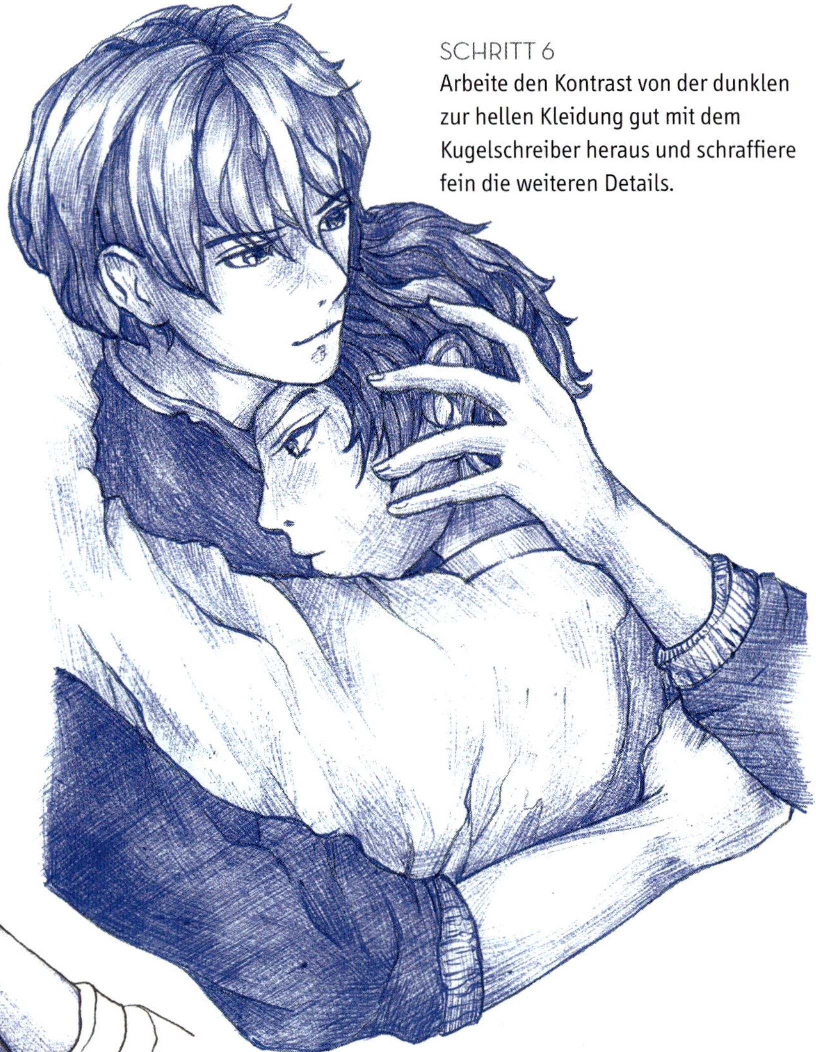

Wichtig

Mit dem Kugelschreiber lassen sich Verläufe erstaunlich gut zeichnen. Achte dabei darauf, den Kuli sehr steil zu halten und schnell zu zeichnen, besonders bei hellen Schraffuren.

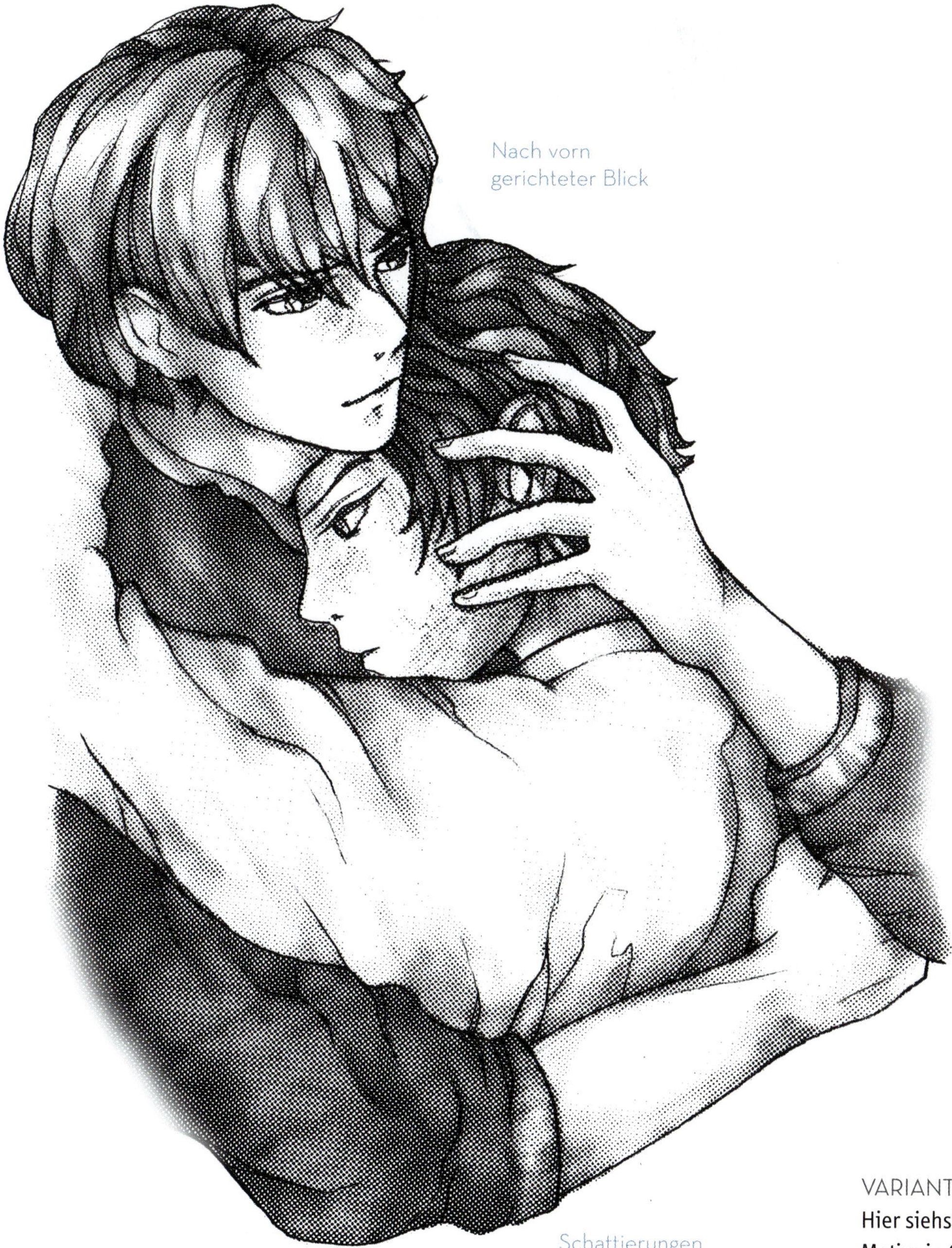

Detail

ÜBERSCHNEIDUNGEN

Diese Detailansicht zeigt, wie eng sich der Kopf des einen Jungen unter das Kinn des anderen schmiegt. Diese Pose bringt das besonders enge Verhältnis der beiden zueinander zum Ausdruck und zieht den Blick auch wegen des Hell-Dunkel-Kontrastes auf sich.

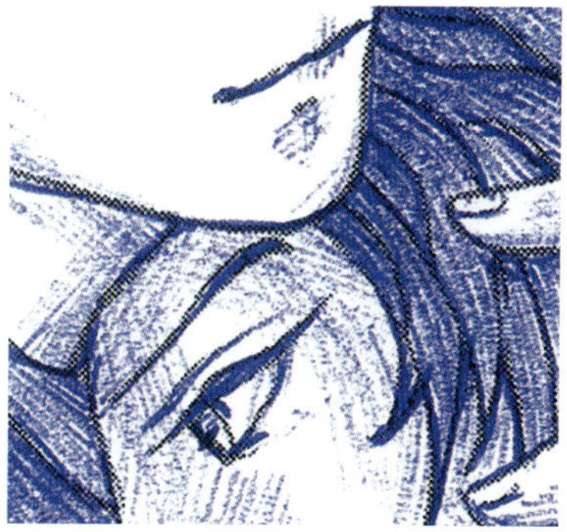

VARIANTE

Hier siehst du eine gerasterte Variante des Motivs in Graustufen. Auch hier sorgt der starke Kontrast zwischen dem hellen und dem dunklen Shirt für Lebendigkeit im Bild.

Schräge Typen – echte Helden

Ein Buch zum Thema Shōnen-Mangas wäre ohne diese große, letzte Motivsammlung nicht komplett. Denn nun stehen besondere Charaktere und Figuren aus Abenteuer-Welten im Mittelpunkt. Fantasy-Figuren, Science-Fiction-Motive, aber auch schräge Typen aus Alltagswelten wechseln sich auf den Doppelseiten ab. Blättere die Motive durch und suche dir diejenigen heraus, die du selbst am liebsten zeichnen würdest. Und wer Lust hat, ergänzt auf seinen Zeichnungen gleich weitere Figuren oder sogar die Welt, in der die Shōnen leben. Vielleicht fragst du auch deine Freundinnen und Freunde, ob sie mit dir zusammen eine Manga-Shōnen-Welt gestalten wollen?

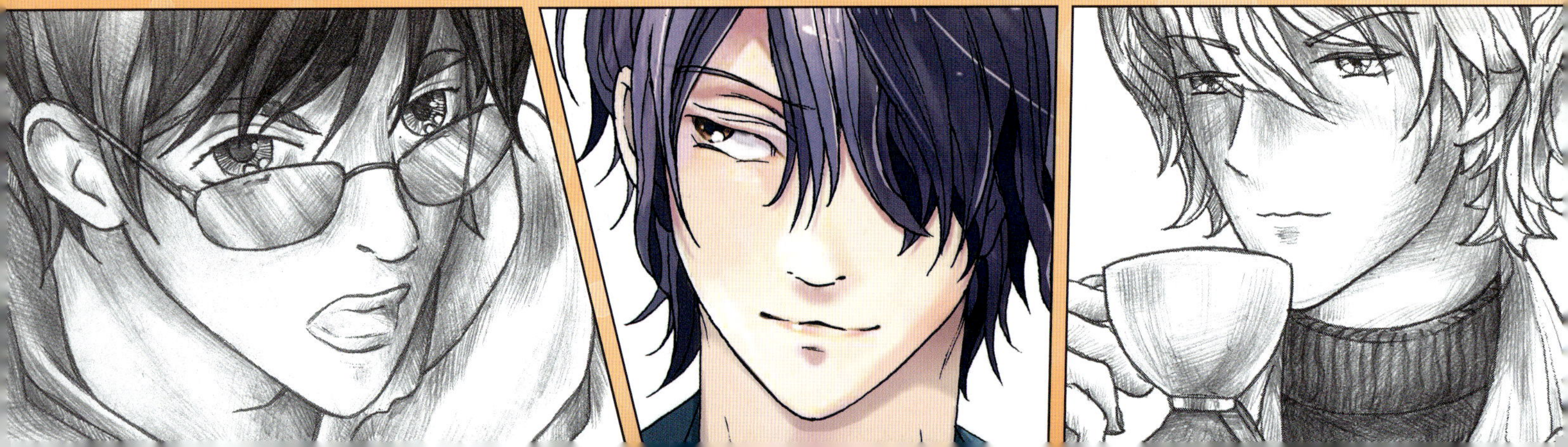

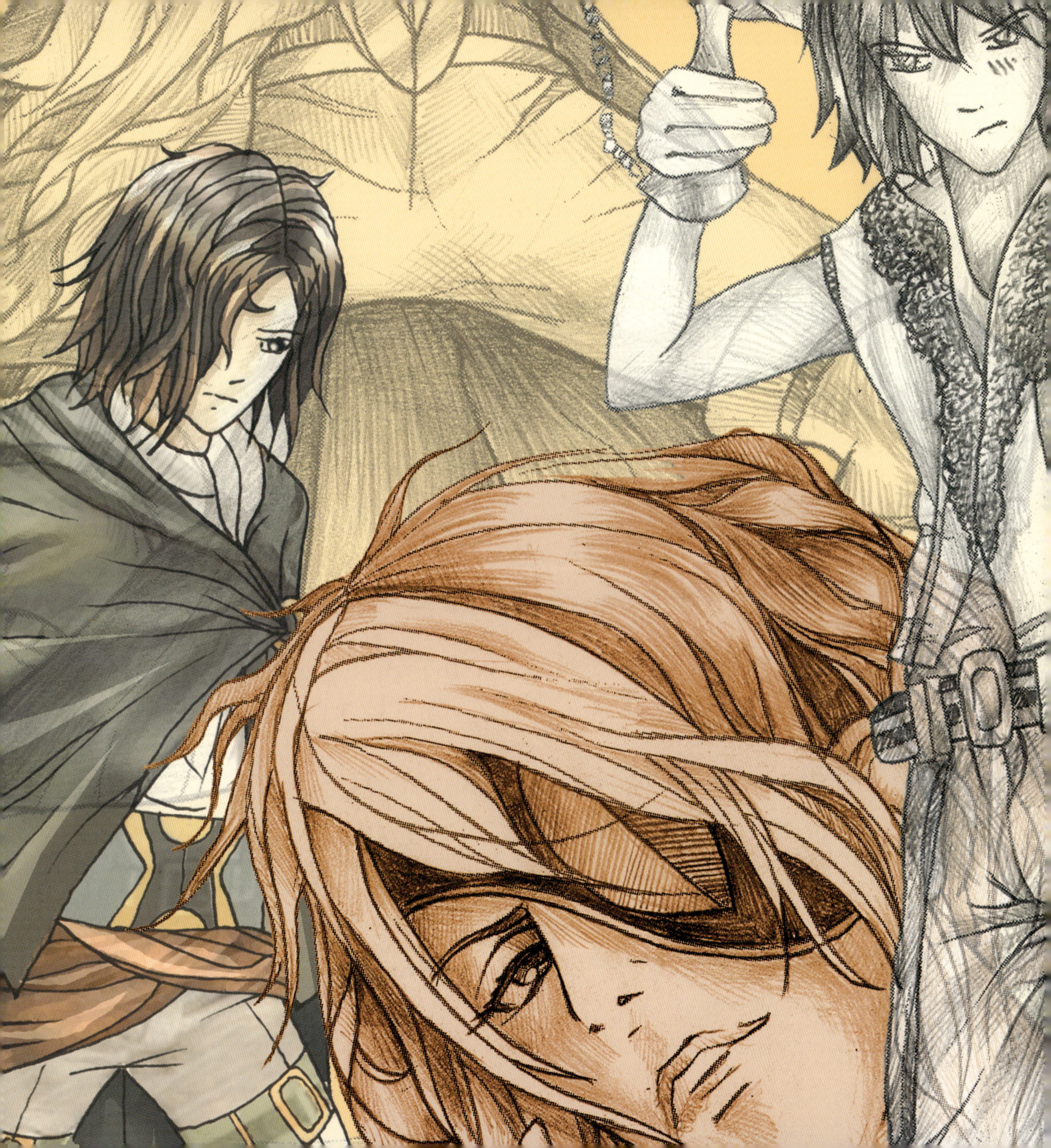

Blick in die Zukunft

Wie sehen wir Menschen wohl in der Zukunft aus? Was für Klamotten tragen wir und womit werden wir unsere Zeit verbringen? Das Motiv zeigt einen Shōnen mit einem futuristisch anmutenden Outfit. Das Gesicht ist von einer schwarzen Maske bedeckt und auf dem Kopf befindet sich eine Konstruktion aus Metall, die eventuell auch die Schädeldecke sein könnte. Vielleicht leben wir eines Tages in einer Welt, in der sich organische Körperteile und technische Elemente harmonisch miteinander verbinden und der Übergang zwischen Mensch und Roboter fließend ist.

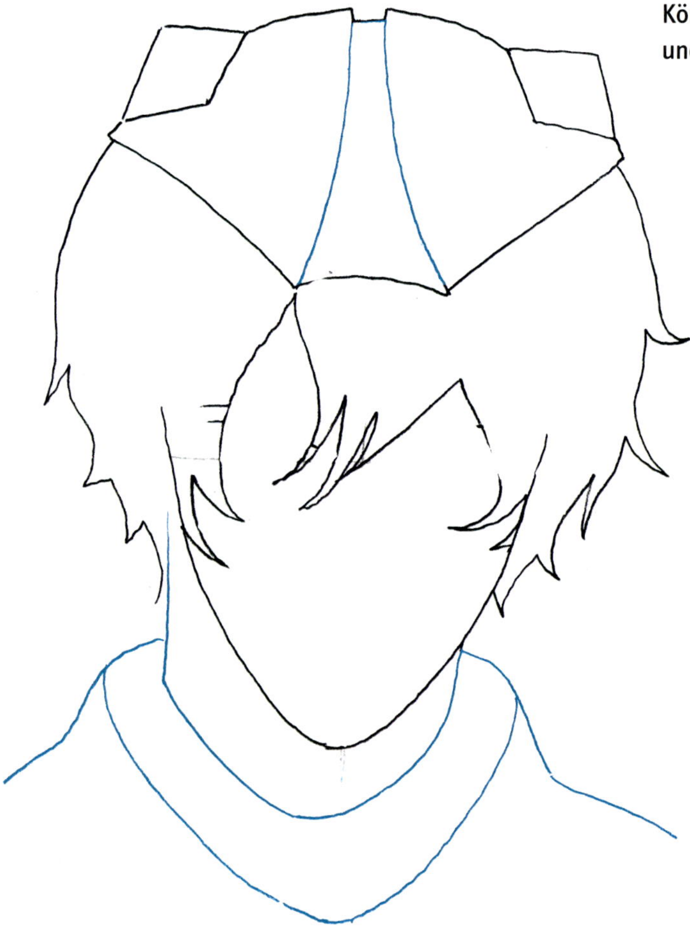

SCHRITT 1

Zeichne zuerst die Form des Kinns, die Kontur der Haare und die Umrisse der Metallplatte auf dem Kopf. Füge die Outlines von Hals und Kleidung hinzu, ebenso die beiden Verstrebungen innerhalb der Kopfplatte.

SCHRITT 2

Gestalte das Gesicht mit der Maske. Der Reißverschluss verläuft mittig auf der Kleidung.

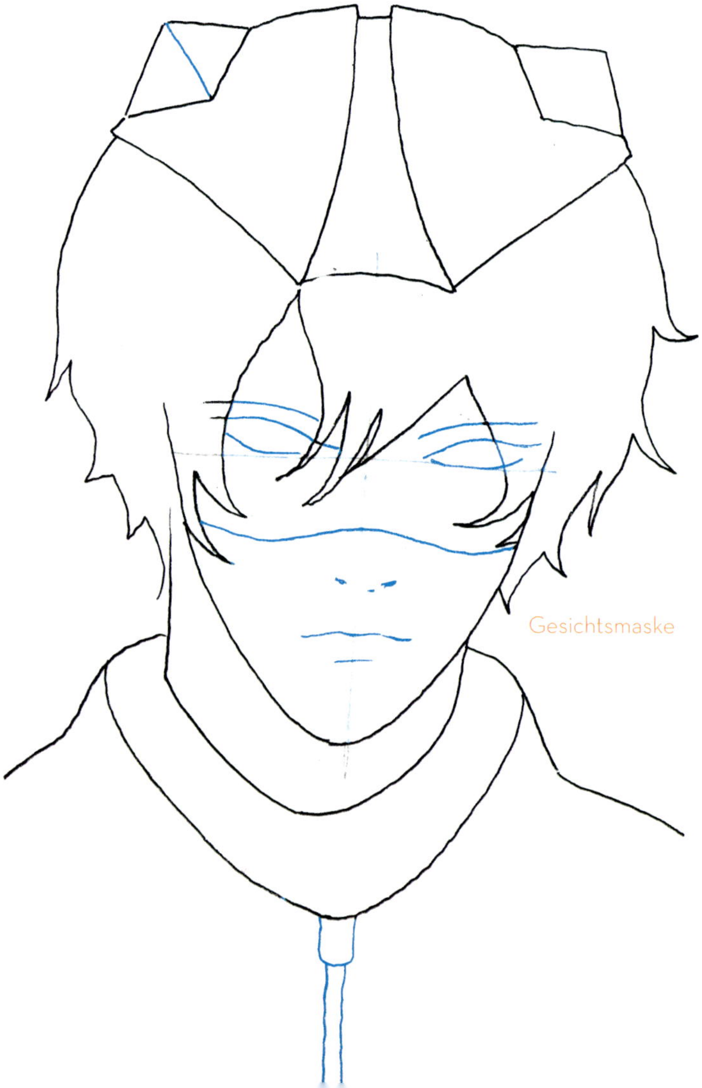

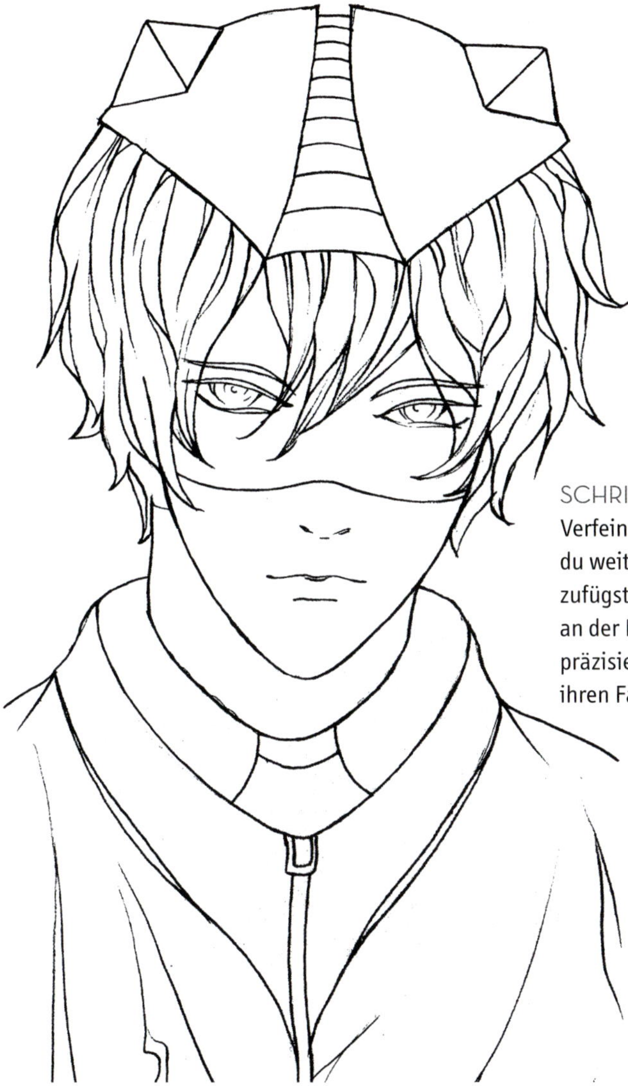

Lockere Anordnung der Strähnen

SCHRITT 3

Verfeinere die Frisur, indem du weitere Haarsträhnen hinzufügst. Arbeite die Details an der Kopfplatte aus und präzisiere die Kleidung und ihren Faltenwurf.

SCHRITT 4

Schraffiere die Maske dunkel, aber lasse einen Bereich um die Augen hell stehen, um sie zu betonen. Gestalte dann mit feineren Schraffuren die Kleidung, die Haare und die Details an der Kopfplatte.

Streifenmuster mittig

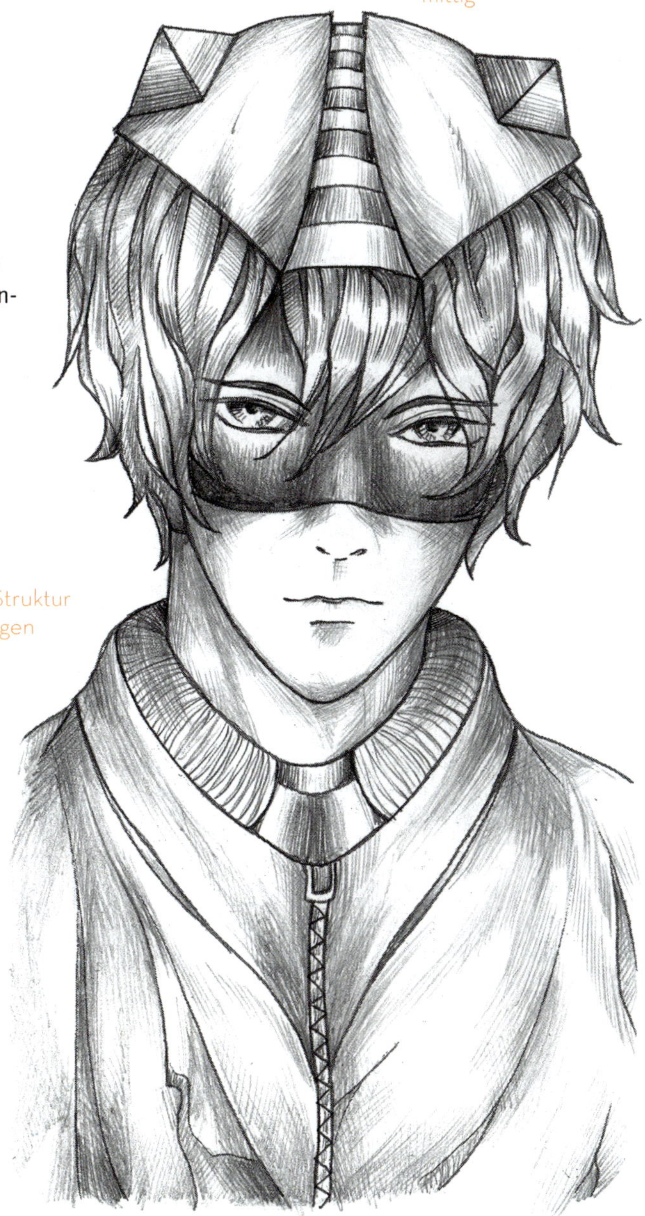

Feine Struktur am Kragen

Detail

RANDLOSE ÜBERGÄNGE

Damit die Maske den Eindruck erzeugt, harmonisch und organisch mit dem Gesicht verbunden zu sein, wurde um die Augen auf eine Kontur verzichtet. Dadurch geht die Maske optisch direkt in die Haut um die Augen über.

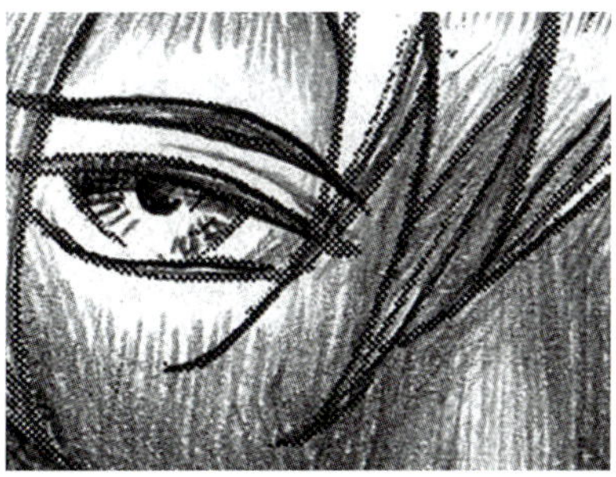

Las Vegas Calling

Dieser junge Mann bewegt sich, sowohl vom Outfit als auch von seiner Pose her, in einem glamourösen Umfeld. Er scheint Geschäfte zu machen und Macht zu besitzen. Man könnte sich vorstellen, dass er in Las Vegas ein Casino oder verschiedene Clubs und Lokale betreibt. Sein großer Schatten an der Wand verstärkt diesen Eindruck noch zusätzlich.

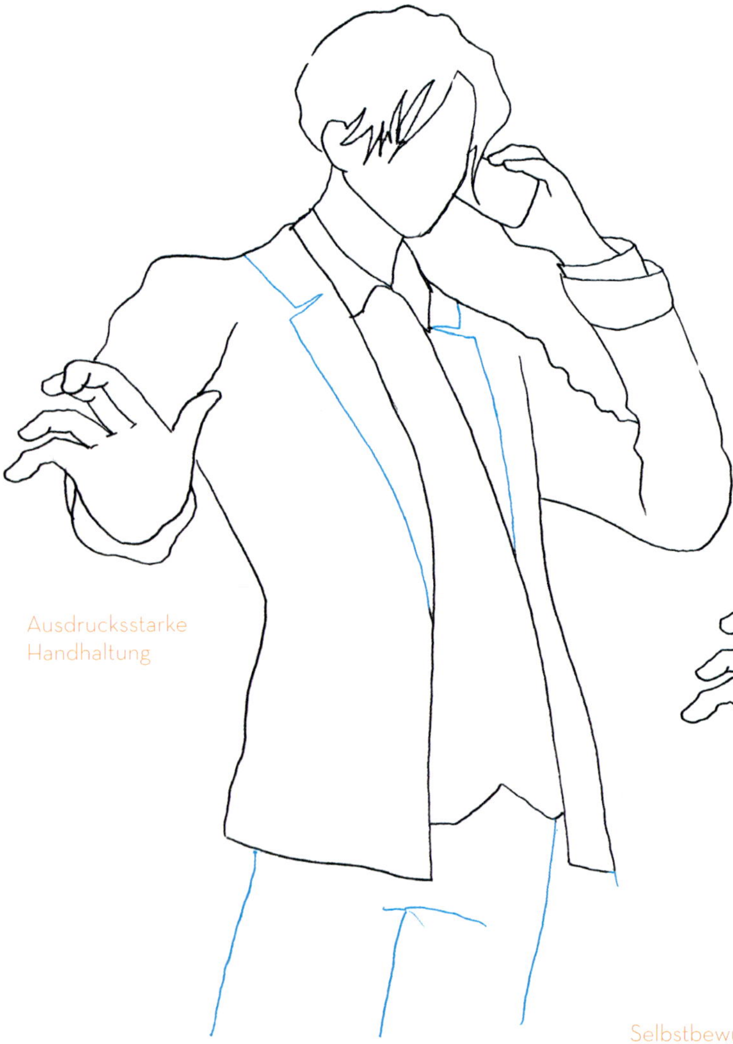

Ausdrucksstarke Handhaltung

SCHRITT 1

Beginne wie immer mit den Konturen des Kopfes und der Haare. Zeichne dann das Hemd, das Jackett, die Hände und das Handy am Ohr. Zum Schluss folgen die Hose und die Details am Jackett.

SCHRITT 2

Füge mit Hilfe zweier Linien die Augen, die Augenbrauen sowie Nase und Mund hinzu. Ergänze dann den langen Zopf, die Krawatte und die Weste mit den Knöpfen.

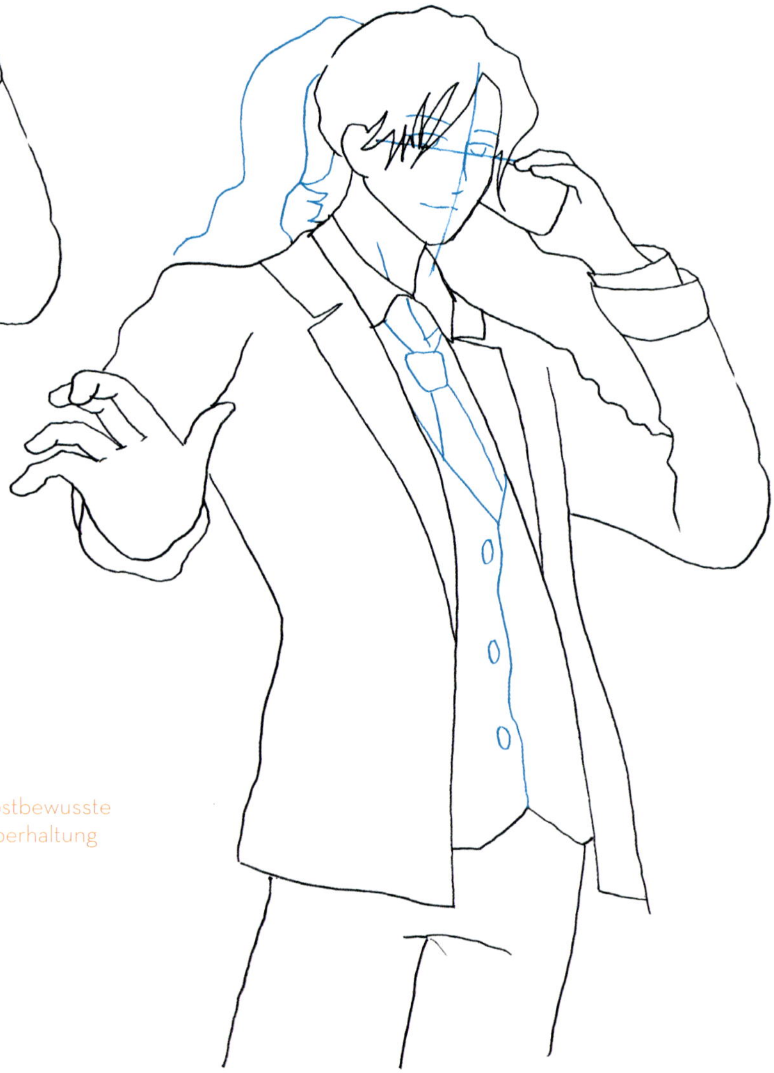

Selbstbewusste Körperhaltung

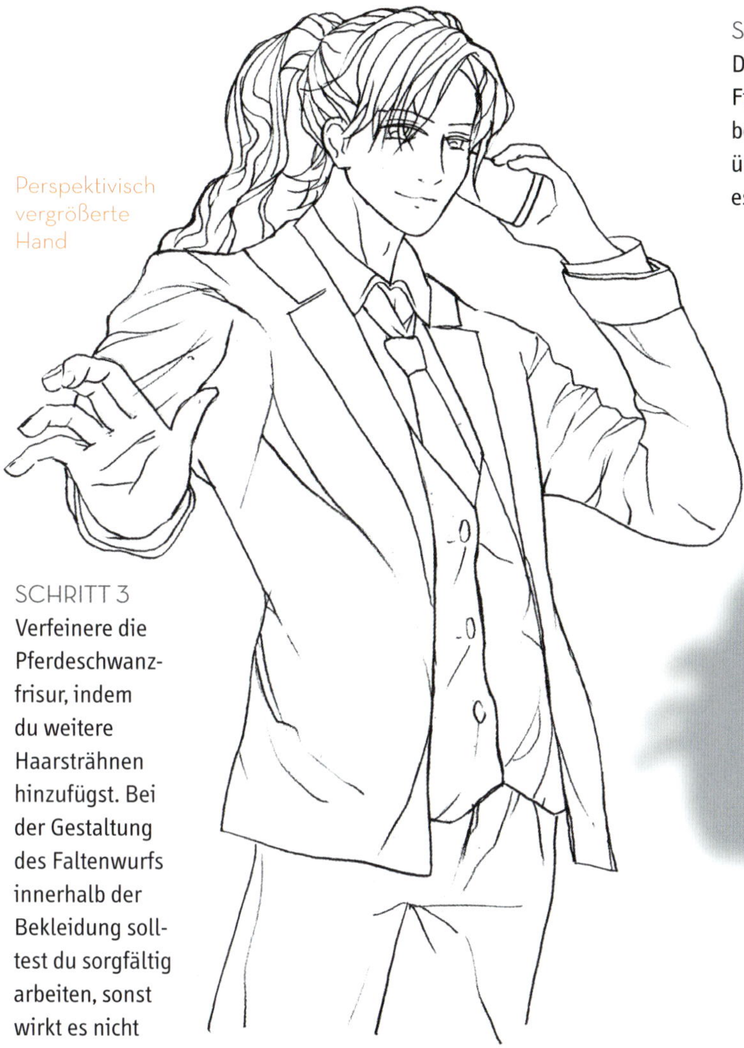

SCHRITT 4

Du siehst hier im letzten Schritt eine am Computer gestaltete Version der Figur. Besonders Effekte, wie hier der Schatten, sind mit dem Bildbearbeitungsprogramm schnell angelegt. Allerdings lässt sich die Figur auch überzeugend von Hand mit Buntstiften oder Markern kolorieren. Probiere es einfach einmal aus!

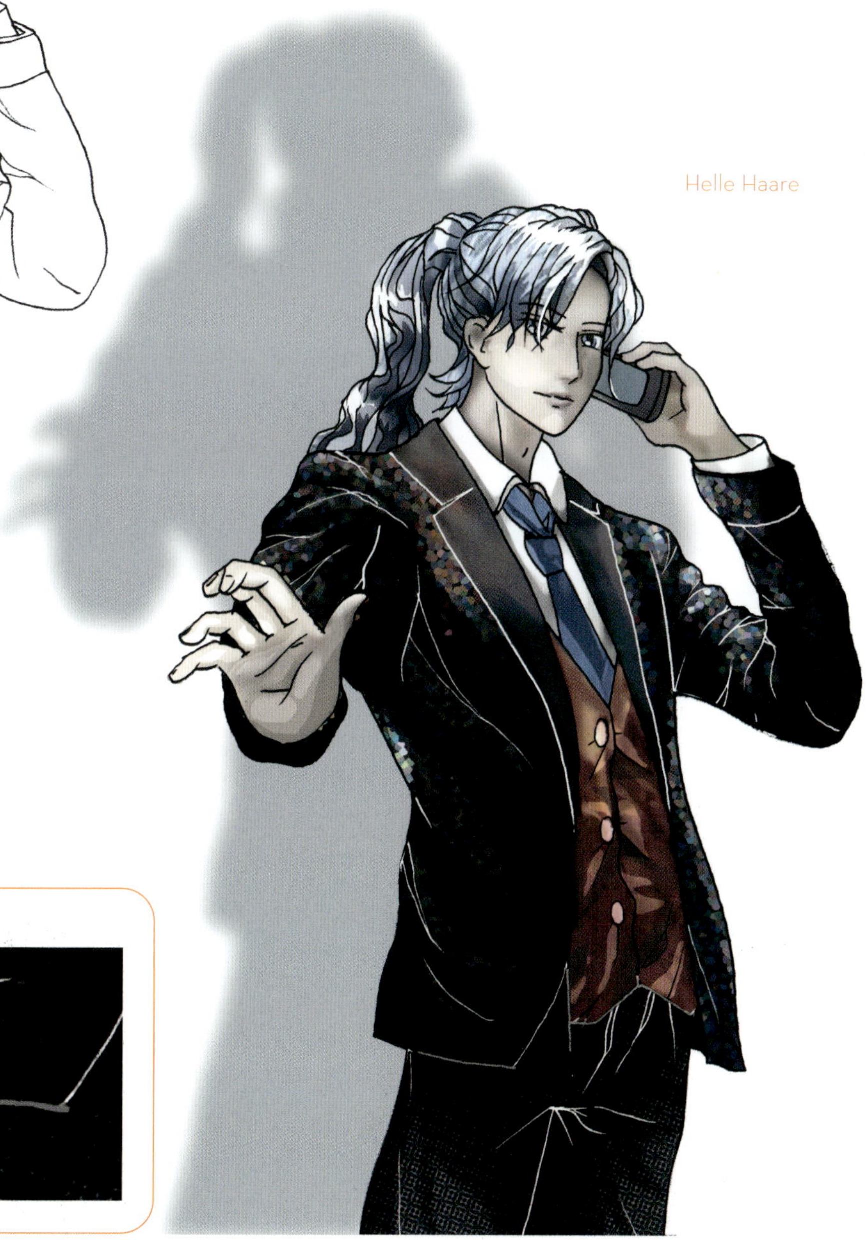

SCHRITT 3

Verfeinere die Pferdeschwanzfrisur, indem du weitere Haarsträhnen hinzufügst. Bei der Gestaltung des Faltenwurfs innerhalb der Bekleidung solltest du sorgfältig arbeiten, sonst wirkt es nicht echt.

Info

EFFEKTE

In der Detailansicht ist hier ein Ausschnitt vom Übergang zwischen Jackett und Hose zu sehen. Für beide Stoffe wurde jeweils eine Struktur am Computer erzeugt, in diesem Fall über das Programm Adobe Photoshop. Die meisten Programme und Apps verfügen über eine Vielzahl an einfach hochzuladenden Effekten.

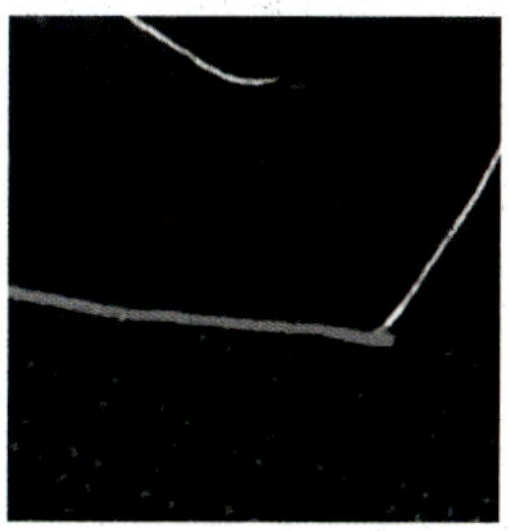

Fantasy-Kämpfer

Fantasy-Welten sind innerhalb des Shōnen Genres sehr beliebt. Kein Wunder, denn in Fantasy-Umgebungen lassen sich magische Welten und Action perfekt miteinander verbinden. Das Motiv auf dieser Seite zeigt einen Kämpfer mit einem geheimnisvollen Flammenschwert, mit dem er seine Gegner sicher auf Distanz halten kann.

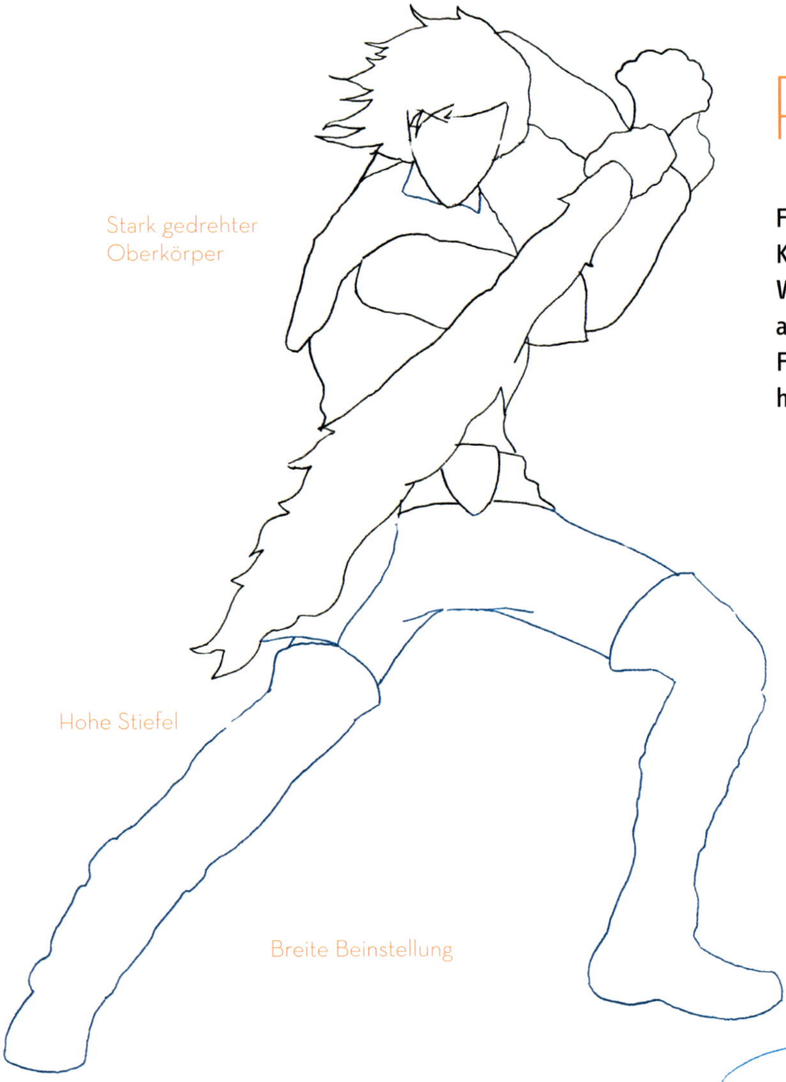

SCHRITT 1

Beginne mit den Konturen des Kopfs und der Haare. Zeichne dann die Outlines des Oberkörpers mit den Armen und dem Griff zum Flammenschwert. Ergänze die Beine in der entsprechenden Haltung.

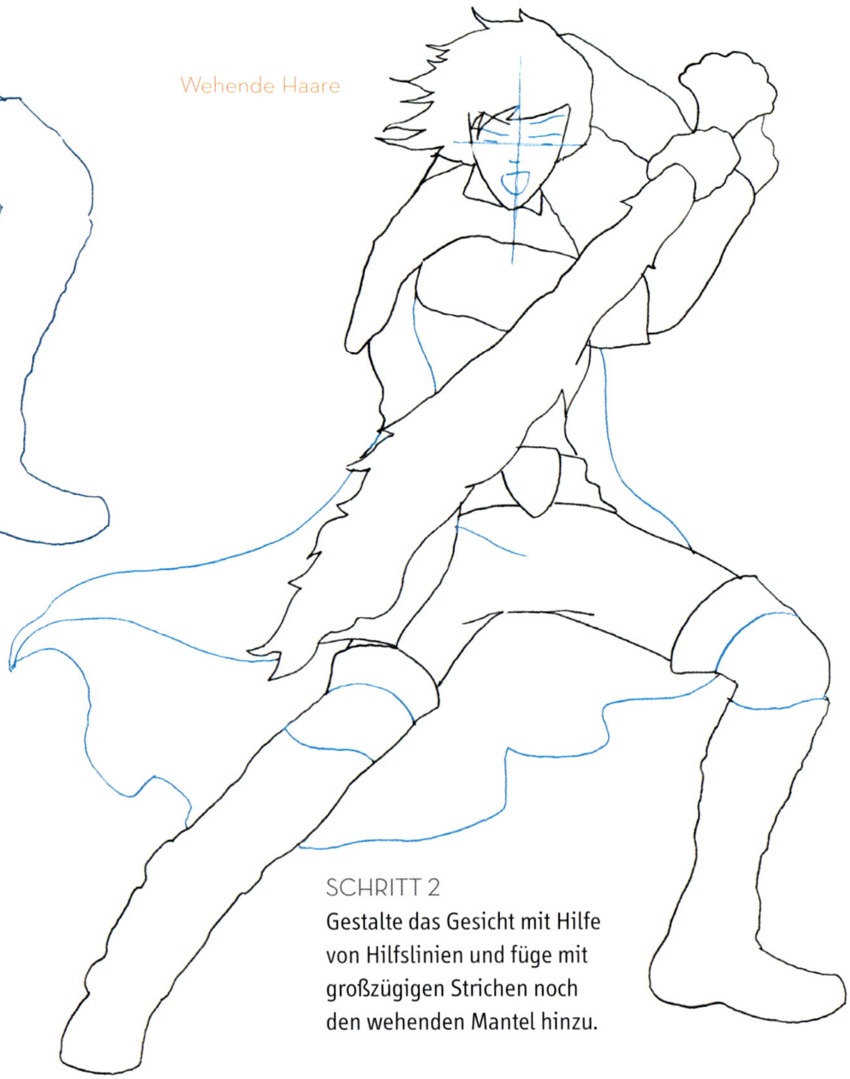

SCHRITT 2

Gestalte das Gesicht mit Hilfe von Hilfslinien und füge mit großzügigen Strichen noch den wehenden Mantel hinzu.

SCHRITT 3

Der nächste Schritt ist etwas aufwändiger, denn nun geht es an die Ausgestaltung der Feinheiten: Arbeite die Flammen am Schwert, die feinen Schnallen und Elemente an den Schuhen und auch die Haarsträhnen aus. Vergiss nicht die Details der Kleidung mit ihrem Faltenwurf.

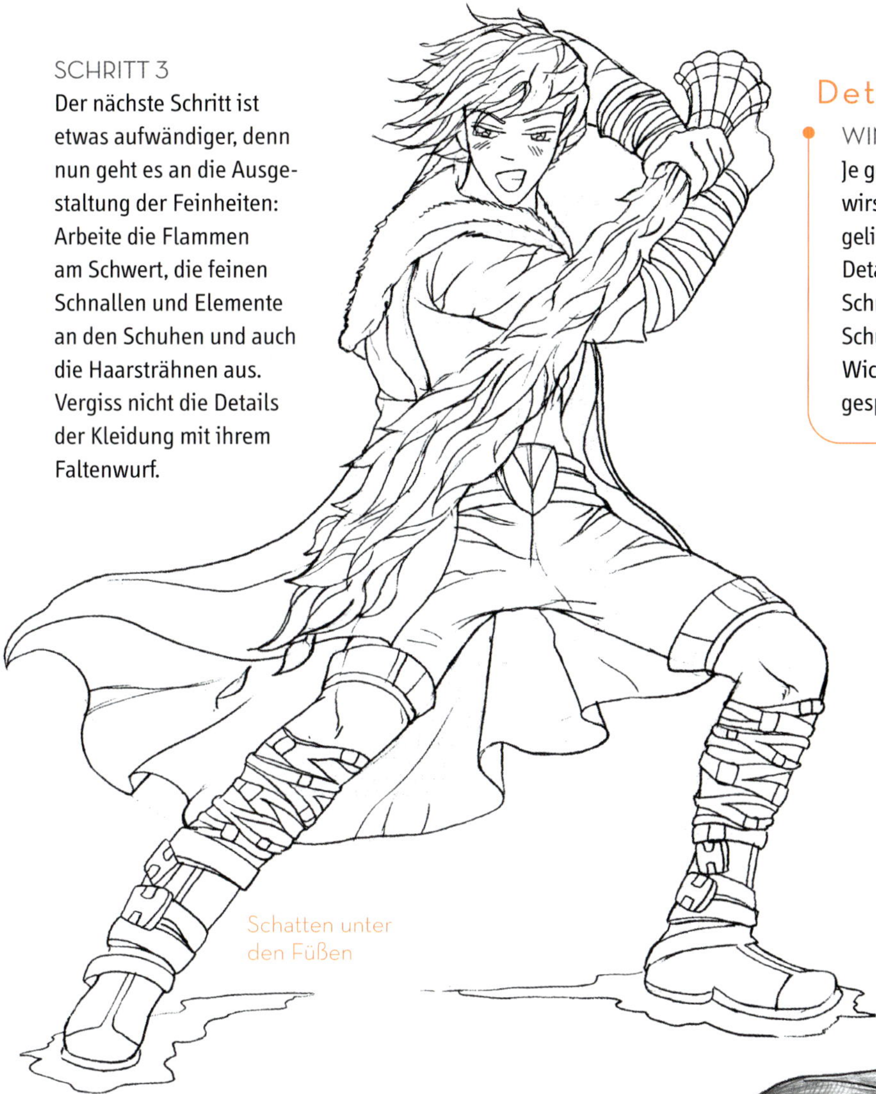

Detail

WINZIGE ELEMENTE

Je geübter du beim Zeichnen wirst, umso besser wird es dir gelingen, auch die kleinsten Details, wie hier die feinen Schnallen und Bänder an den Schuhen, perfekt darzustellen. Wichtig ist dabei immer ein gut gespitzter Bleistift.

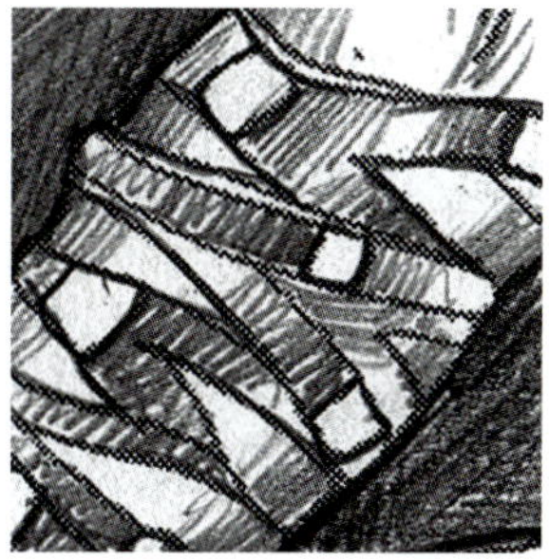

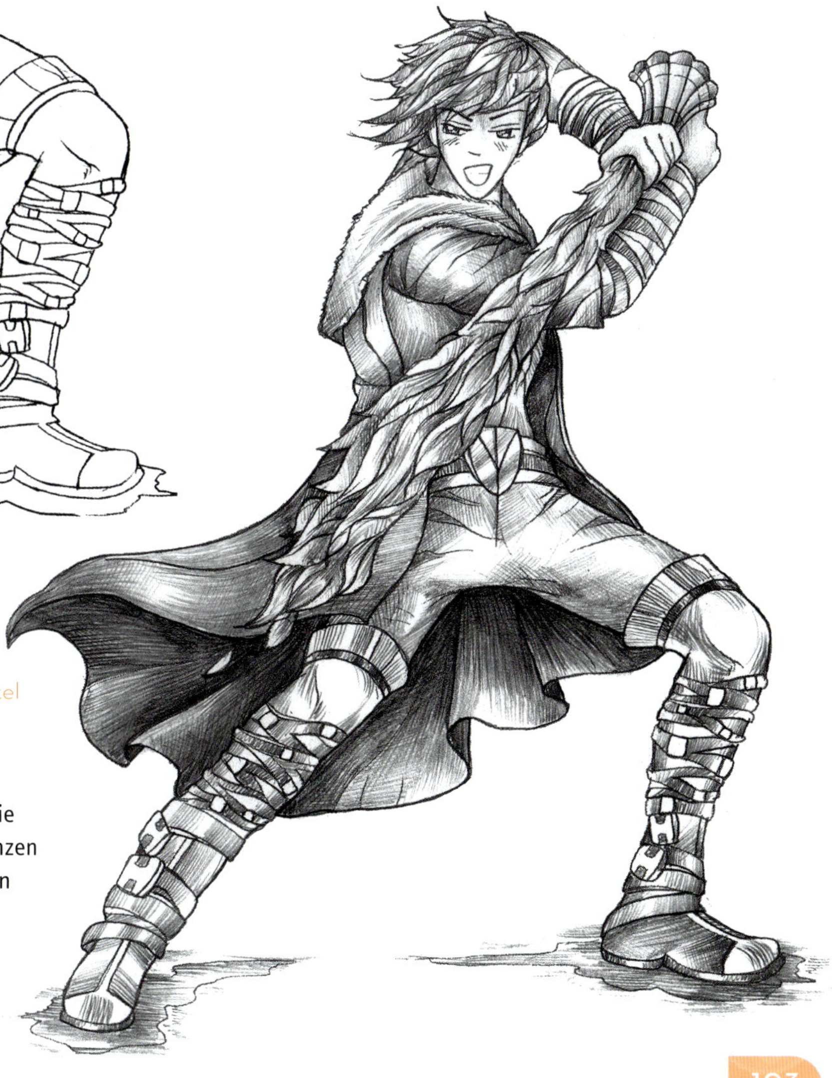

SCHRITT 4

Um deine Zeichnung fertigzustellen, schraffierst du die Schattenbereiche am Mantel dunkel, während die ganzen Details an Kleidung und Gesicht mit einer Vielzahl von feinen, hellen Schraffuren gestaltet werden.

Outlaw Boy

Ein auf den ersten Blick schüchtern anmutender Shōnen enthüllt ein Tattoo auf seiner Brust, das ihn als „Outlaw Boy", als „gesetzlosen" Jungen bezeichnet. Es scheint, als ob sich hinter dem unscheinbaren Jungen doch ein größeres, vielleicht dunkles Geheimnis verbirgt.

SCHRITT 1

Die Umrisse des Kinns und der Wange sowie die Kontur der Haare bekommst du bestimmt ohne Probleme hin. Zeichne dazu das Shirt und den Finger, der den Saum nach unten zieht.

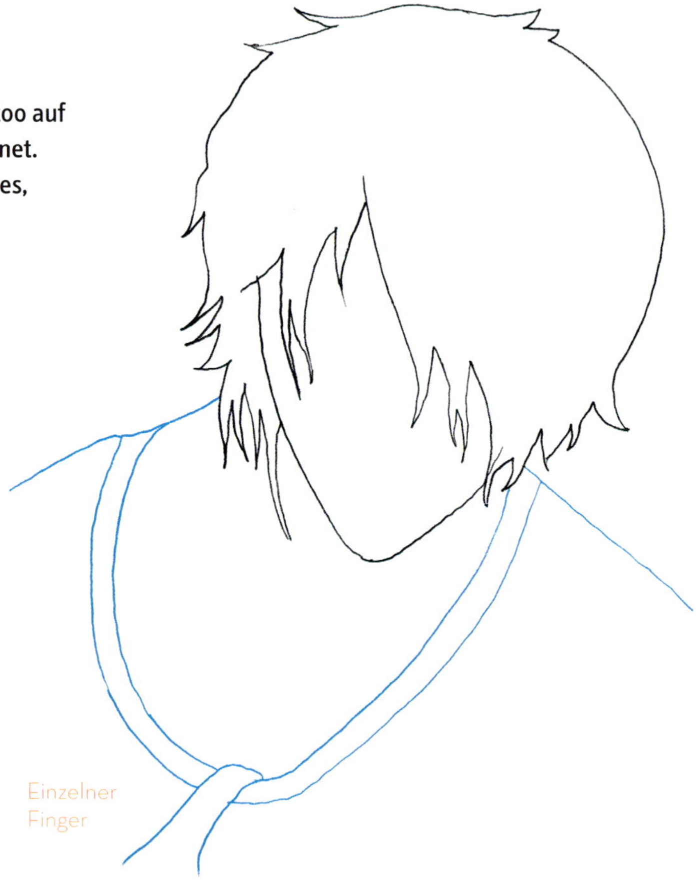

SCHRITT 2

Orientiere dich bei der Platzierung von Augen, Nase und Mund an deinen zuvor eingezeichneten Hilfslinien. Ergänze auch den Scheitel.

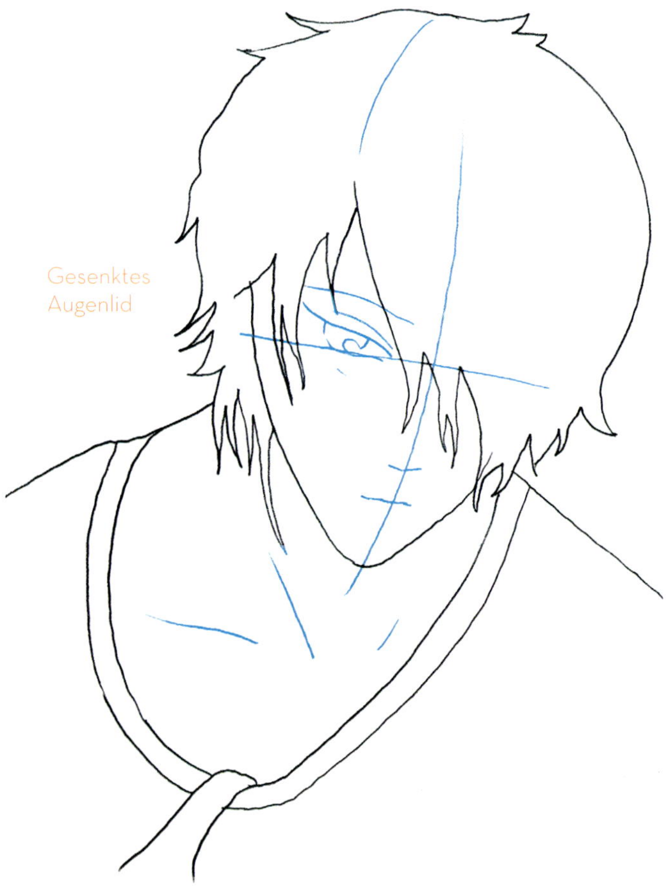

Detail

SCHRIFTEN

Schriften von Hand sauber zu zeichnen ist in Zeiten von Smartphones und Notebooks keine Selbstverständlichkeit mehr. Das Detail zeigt, dass eine solche Schrift sorgfältig skizziert werden muss, damit sie später auch gut wirkt. Dazu siehst du noch den Finger und die Struktur des Shirt-Saums.

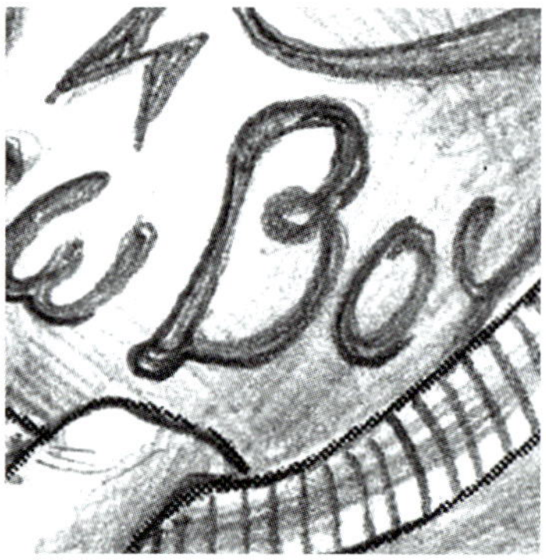

SCHRITT 4

Gestalte das Shirt und die Haare mit feinen Schraffuren. Betone die Augen mit dunklen Strichen und zeichne sorgfältig das Tattoo auf der Brust.

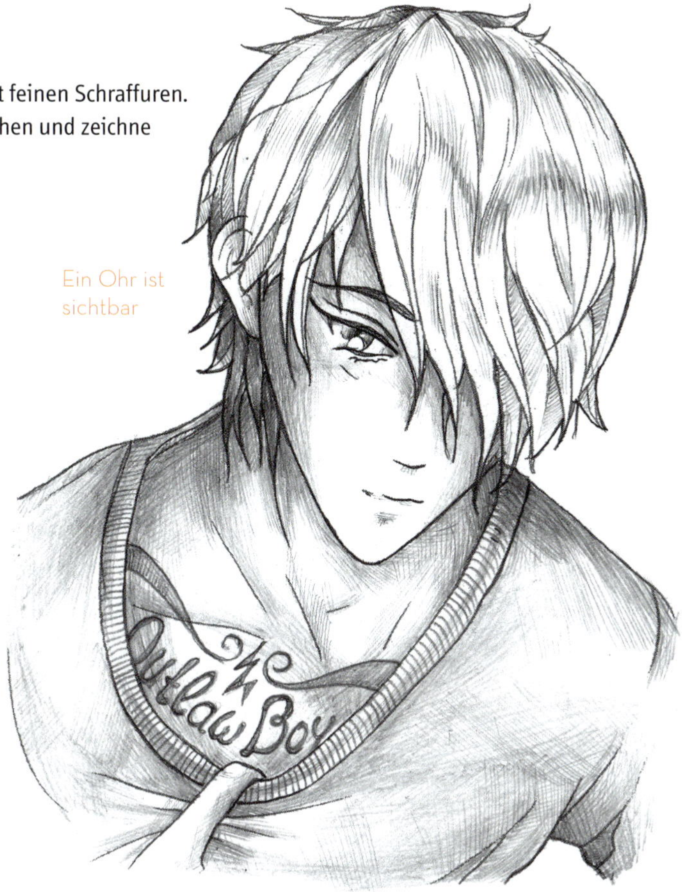

Ein Ohr ist sichtbar

Haarsträhnen fallen tief ins Gesicht

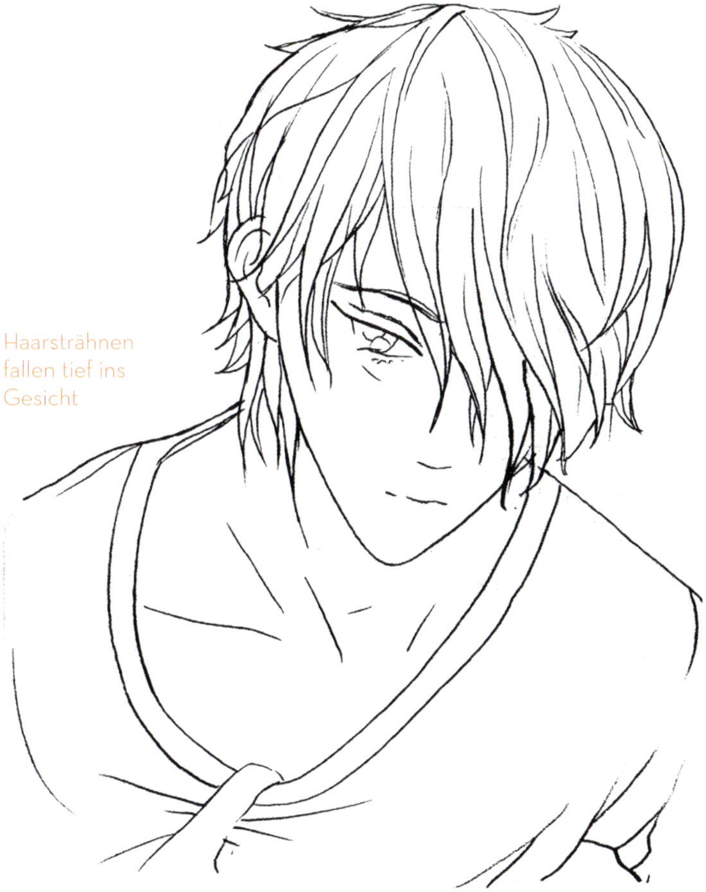

SCHRITT 3

Verfeinere die Frisur, indem du viele weitere, feine Haarsträhnen hinzufügst. Arbeite die Details im Auge und am Hals aus und ergänze die Falten, die das geraffte Shirt wirft.

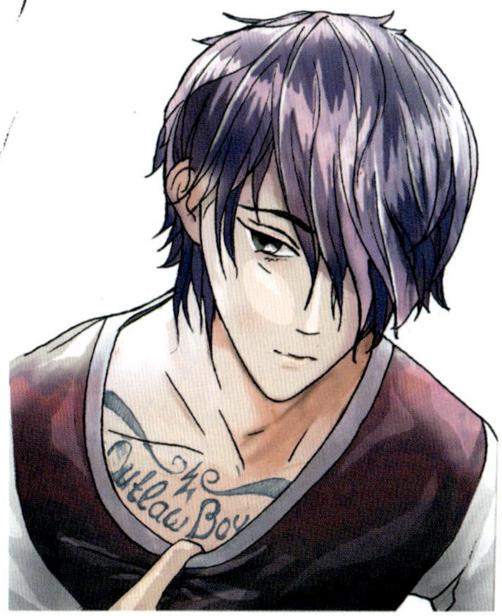

Blaues Tattoo

VARIANTE

Im Gegensatz zur Bleistift-Zeichnung wurden bei der kolorierten Version die Haare und auch das Shirt dunkel angelegt. Du erkennst schnell, dass auf diese Weise ein ganz anderer Typ entsteht.

Retro-Look

Das Outfit dieses Jungen mutet an, als sei er der Hippie-Generation Anfang der 1970er-Jahre entsprungen. Doch es ist ein Kennzeichen von Mode, dass sie immer wieder auf bereits bekannte Stilelemente zurückgreift – insofern könnte es auch das Outfit einer neuen Generation sein. Als Sänger einer Rock- oder Pop-Band könnte man sich den Shōnen vorstellen oder auch einfach als trendigen Szenegänger.

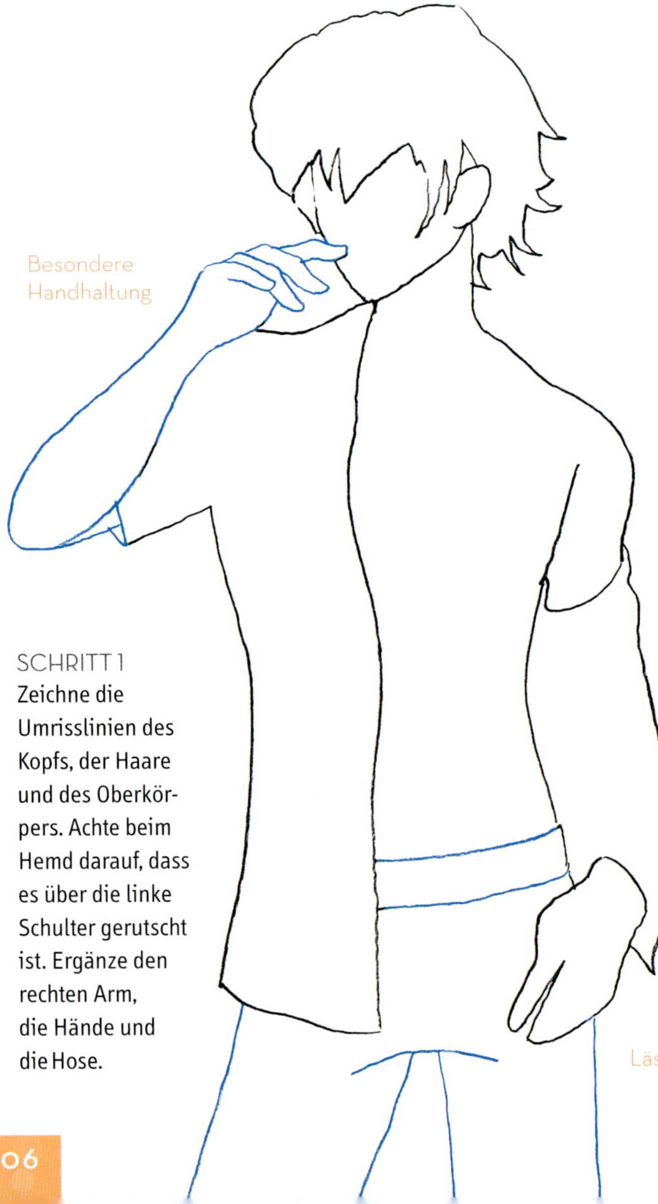

SCHRITT 1
Zeichne die Umrisslinien des Kopfs, der Haare und des Oberkörpers. Achte beim Hemd darauf, dass es über die linke Schulter gerutscht ist. Ergänze den rechten Arm, die Hände und die Hose.

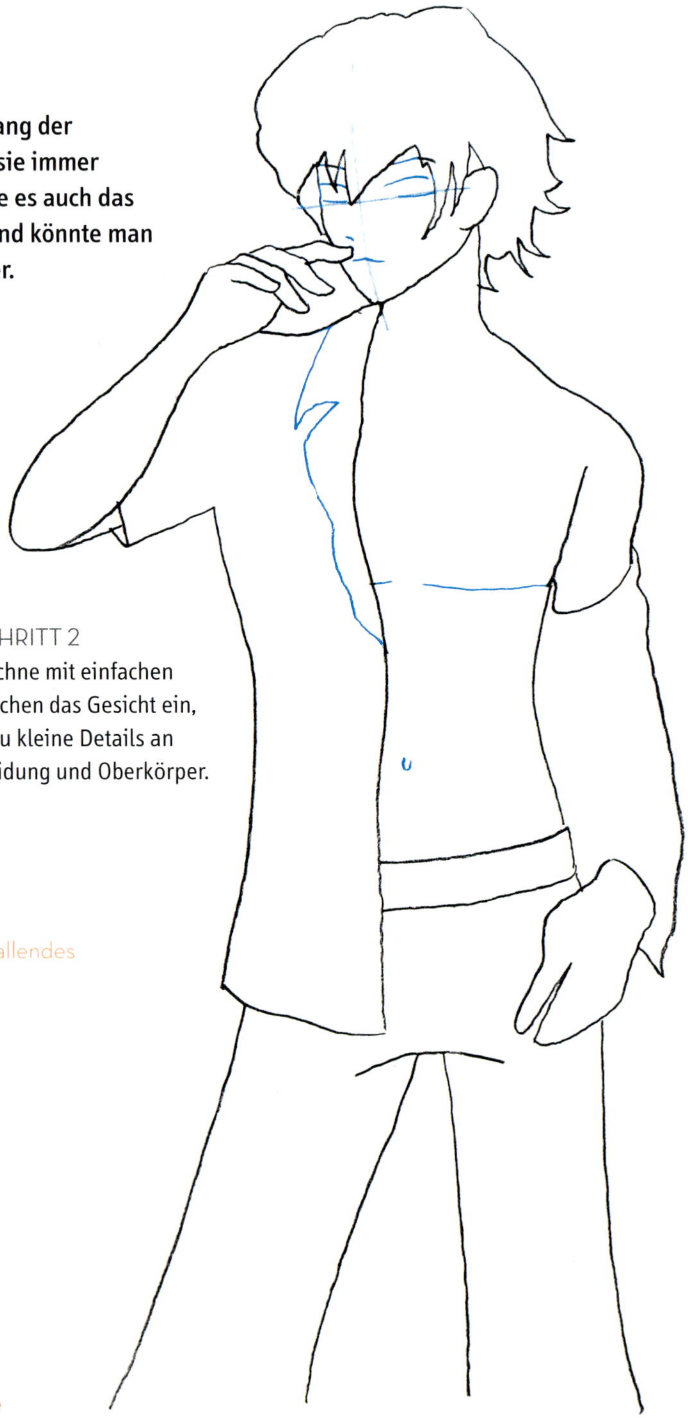

SCHRITT 2
Zeichne mit einfachen Strichen das Gesicht ein, dazu kleine Details an Kleidung und Oberkörper.

SCHRITT 3

Widme dich nun den Haarsträhnen, der Halskette, der Muskulatur am Bauch und dem Gürtel. Arbeite besonders sorgfältig den Faltenwurf des herabhängenden Hemdärmels aus.

Detail

SCHMUCK

Manga-Mädchen lieben Schmuck – deshalb finden sich in Shōjo-Zeichnungen viele Schmuckelemente. Aber auch bei Manga-Jungen können Schmuck und Accessoires eine Rolle spielen und den Charakter unterstreichen, wie hier die besondere Halskette.

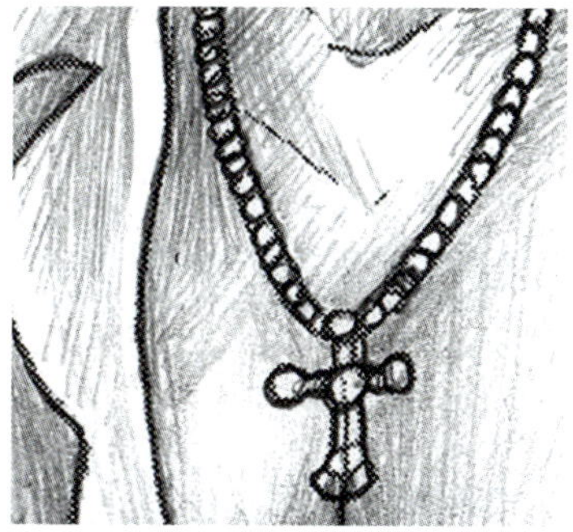

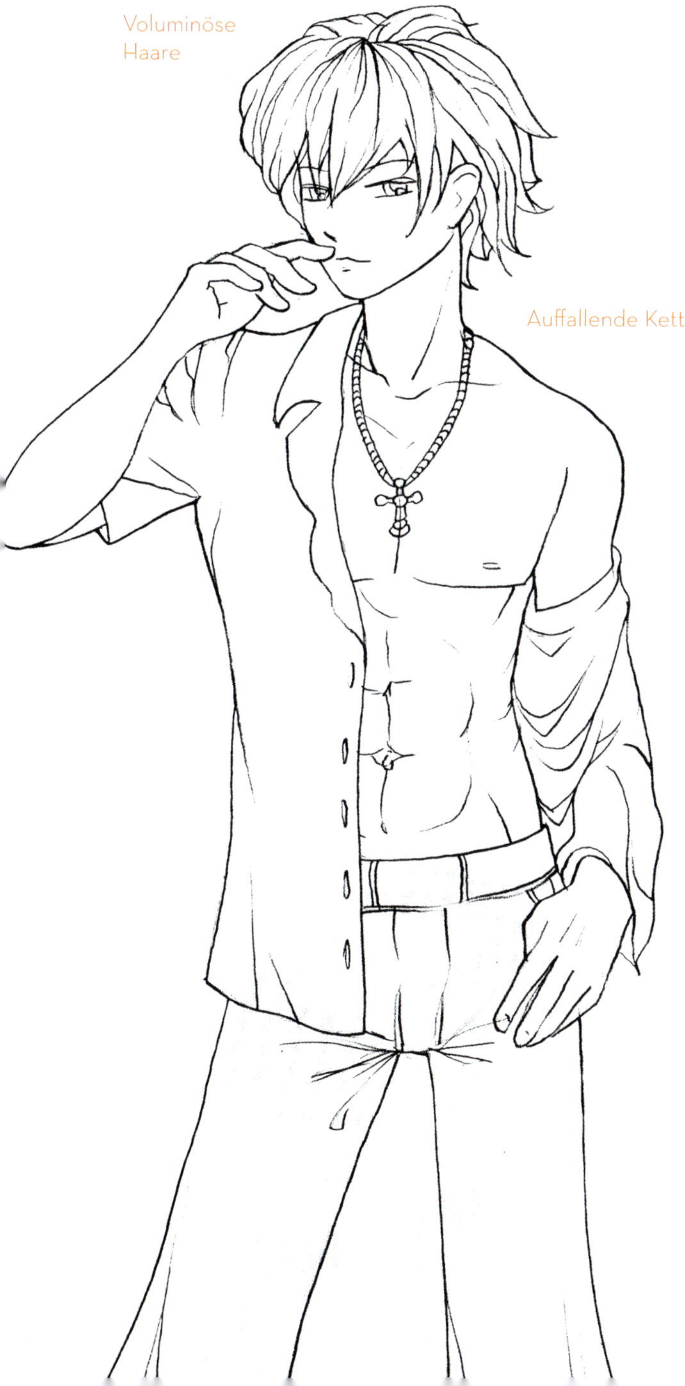

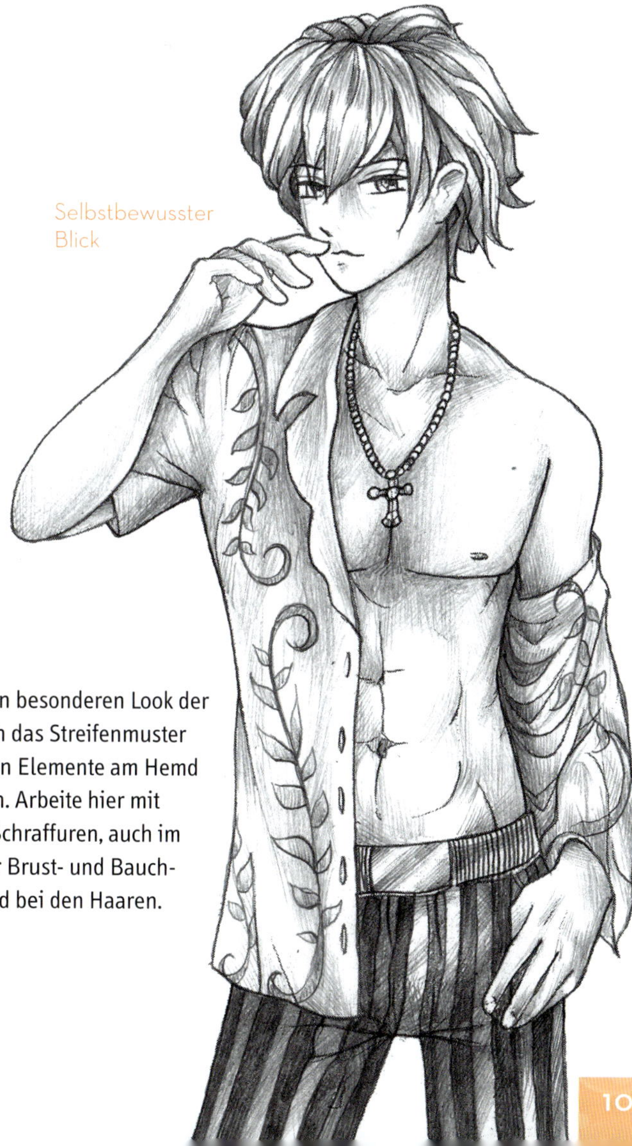

SCHRITT 4

Nun gilt es, den besonderen Look der Kleidung durch das Streifenmuster und die floralen Elemente am Hemd hervorzuheben. Arbeite hier mit vielen feinen Schraffuren, auch im Gesicht, an der Brust- und Bauchmuskulatur und bei den Haaren.

Endzeitheld

Weiter vorn bist du schon einmal einem kämpferischen Shōnen begegnet, dessen Accessoire ein Flammenschwert war. Dieser Kämpfer hier passt weniger in eine Fantasy-Welt, eher könnte er mit seiner unbekannten Waffe und seiner Kleidung einem Science-Fiction-Endzeitepos entsprungen sein. Sein Blick ist zornig und trotzig zugleich, als ob er sich bewusst wäre, dass nur noch er die Welt vor dem Untergang retten kann.

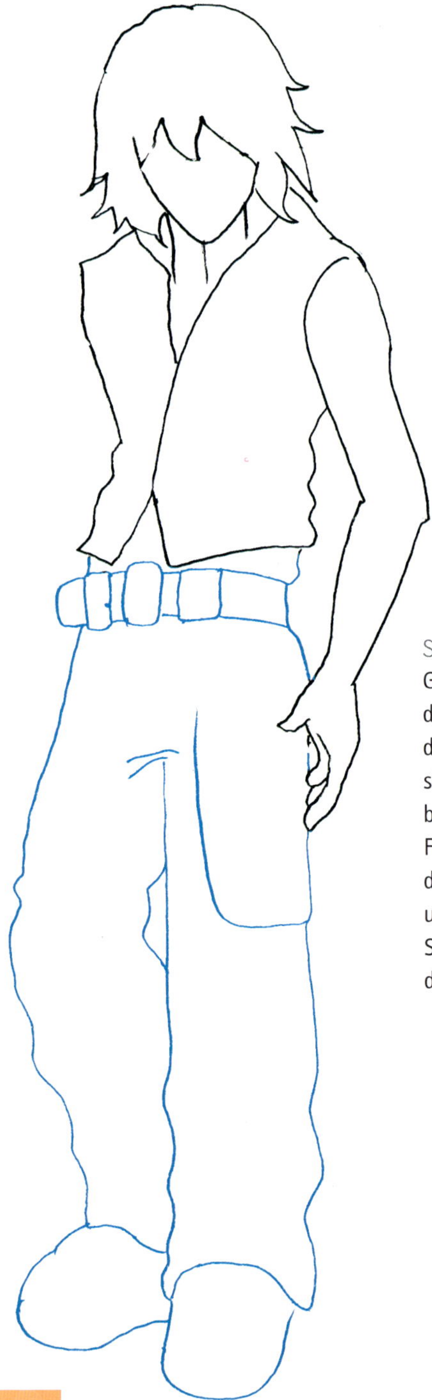

SCHRITT 1
Gestalte den Umriss des Kopfs, der Haare, der Weste und des sich im Vordergrund befindlichen Armes. Füge dann die Kontur der Hose, der Schuhe und des Gürtels hinzu. Skizziere grob die Form der Schuhe.

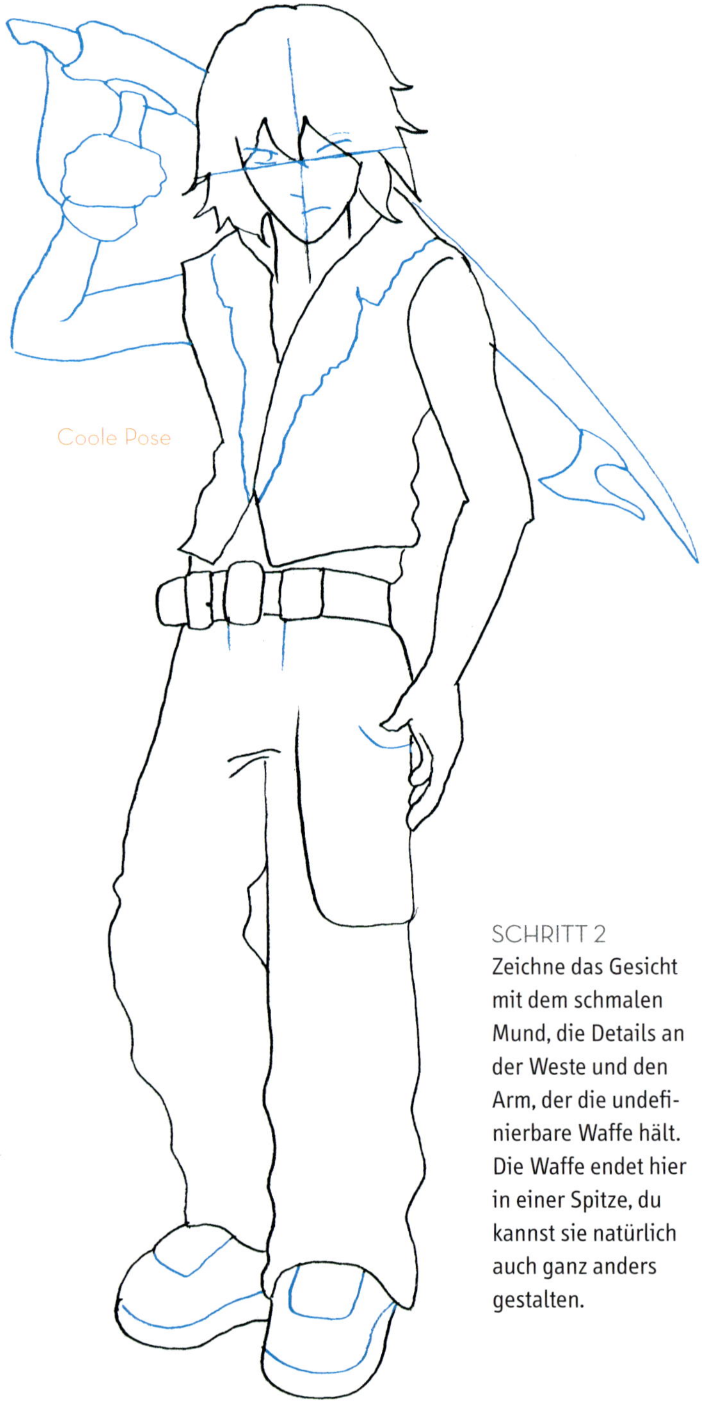

SCHRITT 2
Zeichne das Gesicht mit dem schmalen Mund, die Details an der Weste und den Arm, der die undefinierbare Waffe hält. Die Waffe endet hier in einer Spitze, du kannst sie natürlich auch ganz anders gestalten.

SCHRITT 3

Die weite Hose bekommt nun eine Vielzahl an nach unten gerundeten Falten, was ihr einen schlabbrigen Look verleiht. Zeichne auch die Details an den Schuhen, am Gürtel, an der Waffe und an den Haaren ein.

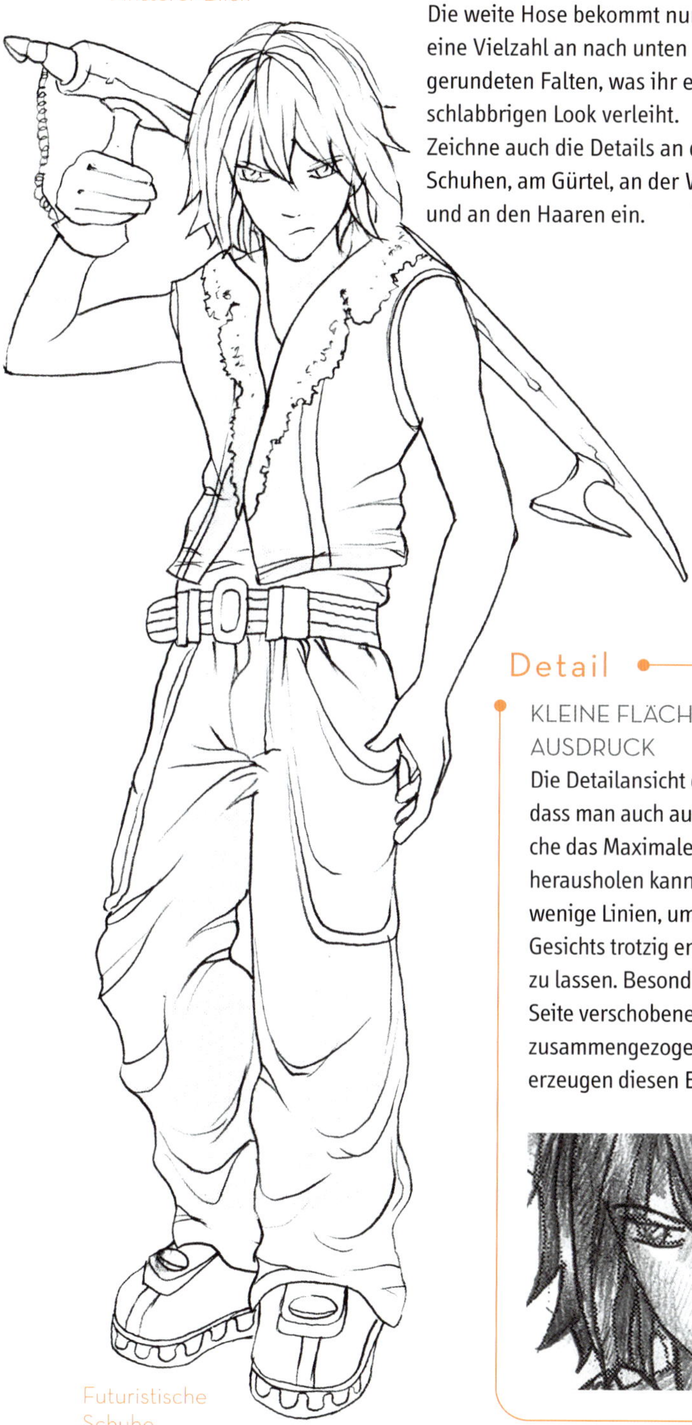

Detail

KLEINE FLÄCHE, MAXIMALER AUSDRUCK

Die Detailansicht des Kopfes zeigt, dass man auch auf kleiner Fläche das Maximale an Emotionen herausholen kann. Es genügen nur wenige Linien, um den Ausdruck des Gesichts trotzig entschlossen wirken zu lassen. Besonders der leicht zur Seite verschobene Mund und die zusammengezogenen Augenbrauen erzeugen diesen Eindruck.

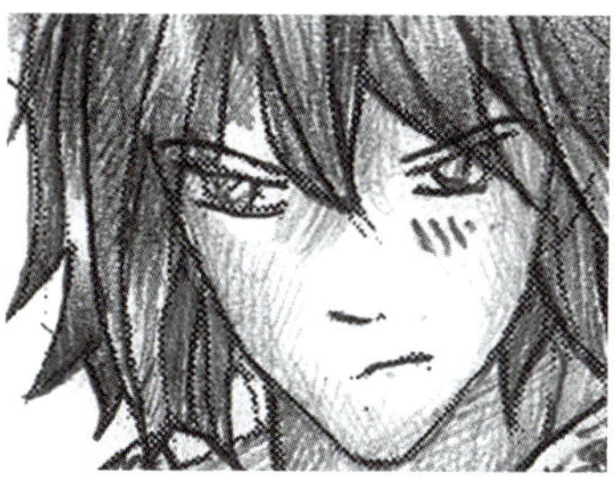

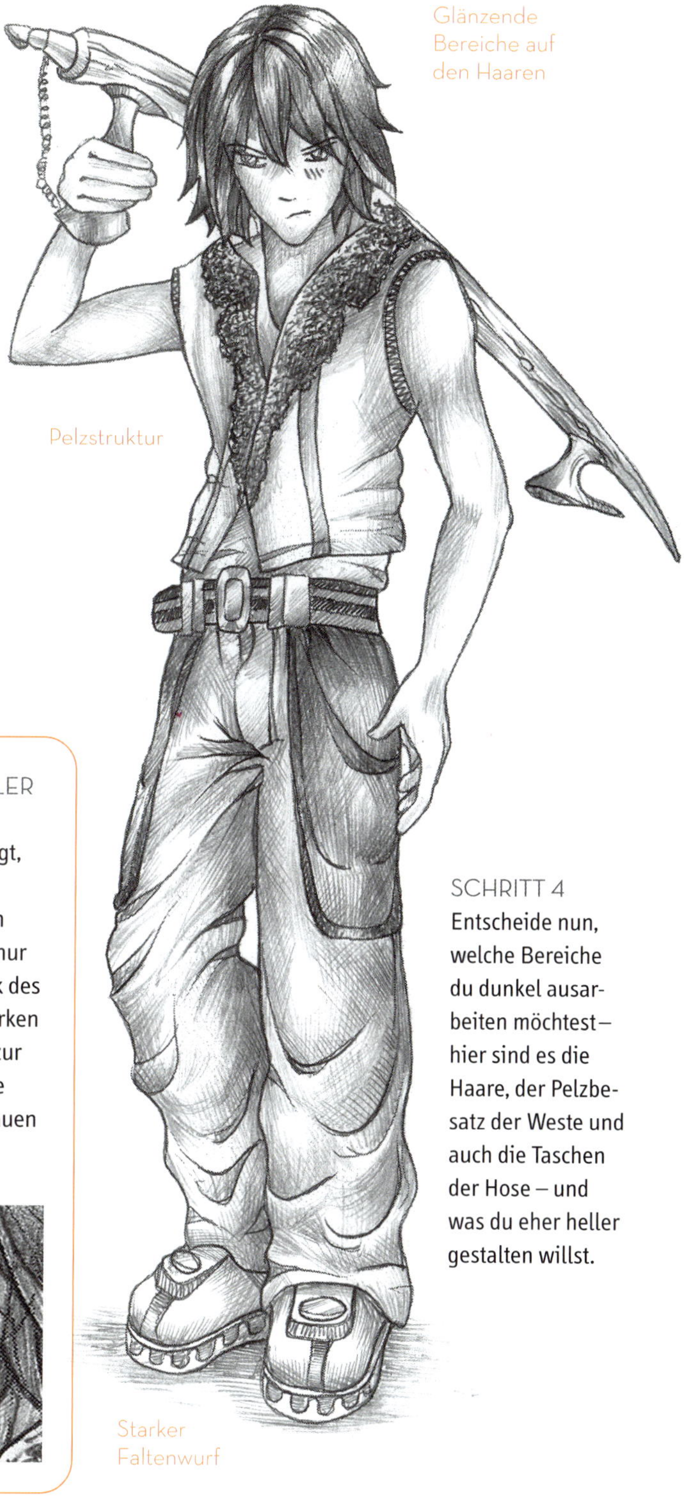

SCHRITT 4

Entscheide nun, welche Bereiche du dunkel ausarbeiten möchtest – hier sind es die Haare, der Pelzbesatz der Weste und auch die Taschen der Hose – und was du eher heller gestalten willst.

Außenseiter

Mangas handeln nicht immer nur von Abenteuer, Freundschaft oder Liebe. Oftmals geht es auch um Randgruppen der Gesellschaft, um Ausgestoßene oder Außenseiter. Dieser Junge könnte in diese Themenwelt passen. Etwas zusammengesunken sitzt er da, der Blick wirkt leicht desillusioniert. Seine Haare sind auf einer Seite kurz geschnitten, auf der anderen Seite jedoch sehr lang – sein Mittel, sein Anderssein zum Ausdruck zu bringen.

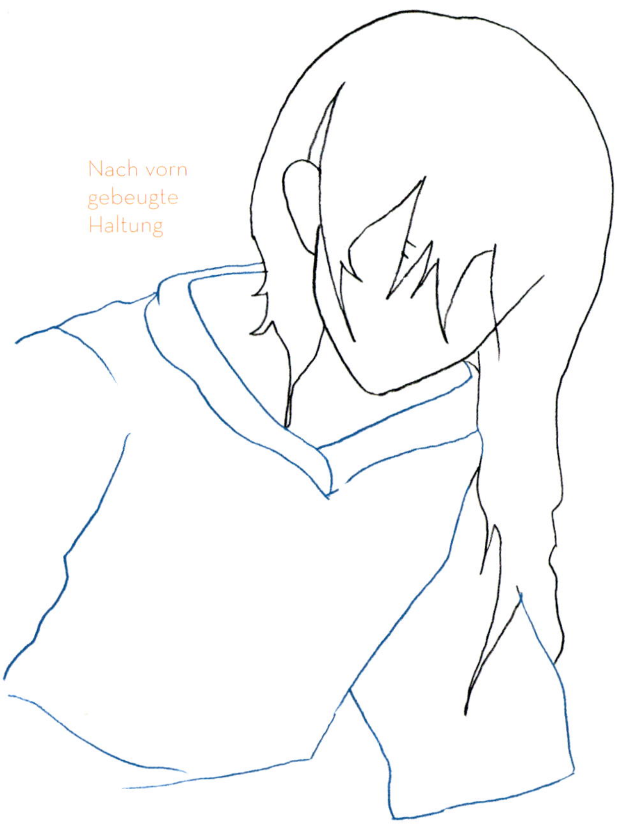

SCHRITT 1

Zeichne zuerst die Umrisse des Kinns und die Kontur der kurzen und langen Haarseite. Füge dann das Shirt mit dem weiten Kragen hinzu.

SCHRITT 2

Feine Hilfslinien zeigen dir die genau Position von Augen, Nase und Mund an. Gestalte anschließend die Kontur des Armes mit der Hand und die der Hose. Vergiss das Band am Kragen des Shirts nicht.

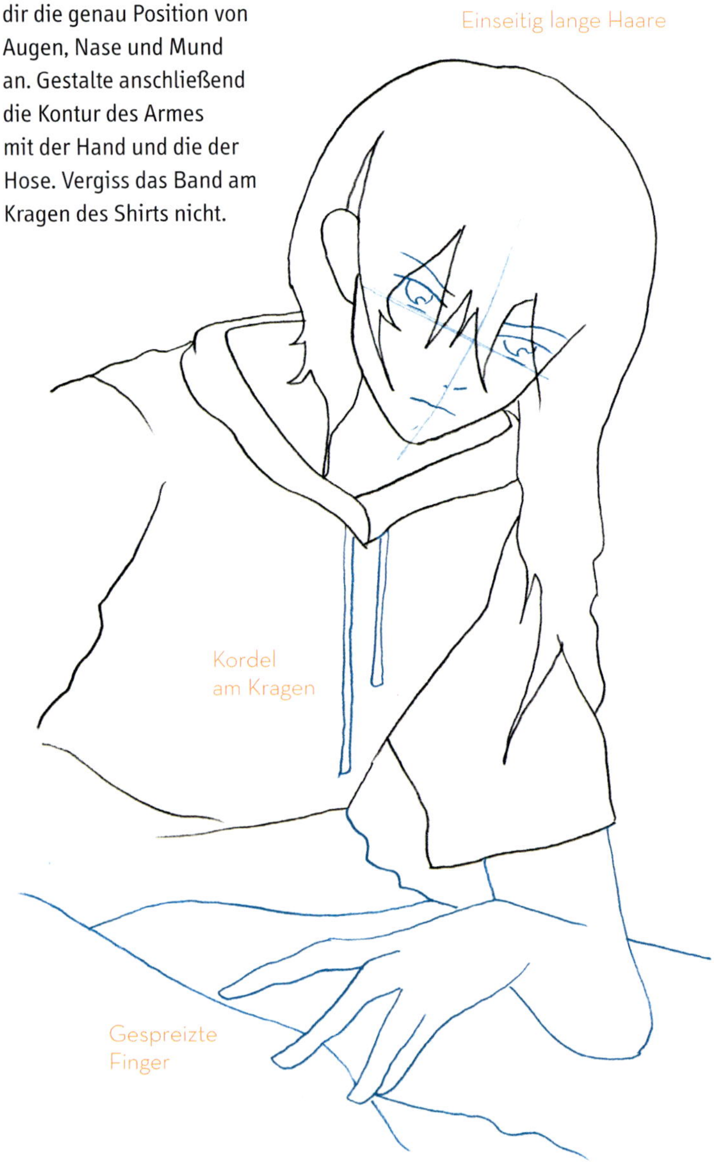

Starker Faltenwurf am Bauch

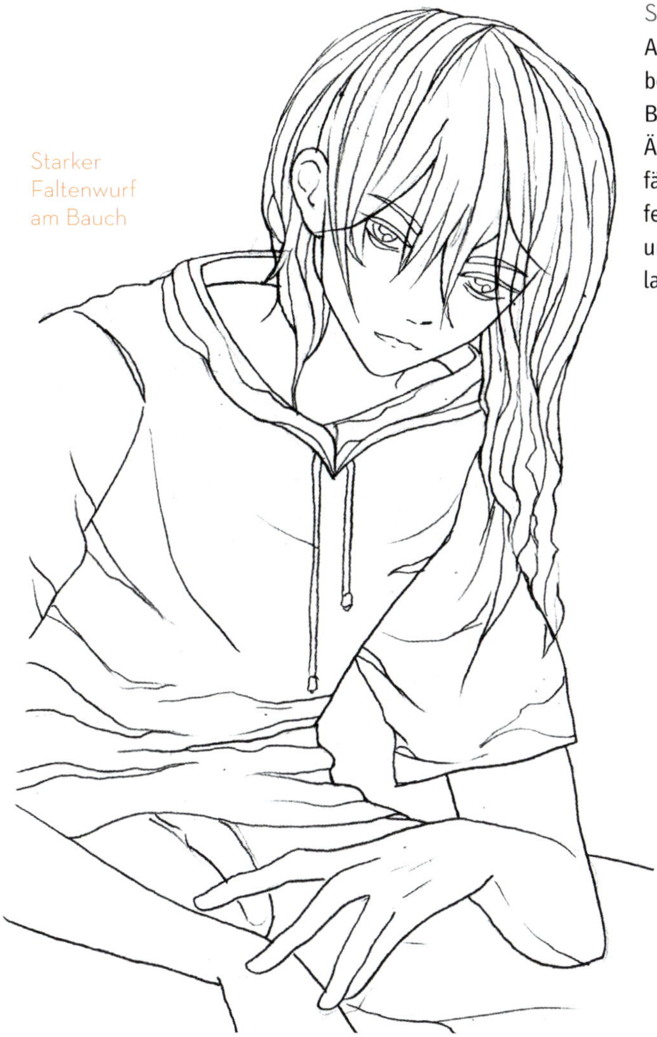

SCHRITT 3

Arbeite den Faltenwurf besonders im Bereich des Bauches, aber auch an den Ärmeln und am Kragen sorgfältig ein. Gestalte auch die feinen Details an den Augen und die unterschiedlich langen Haarsträhnen.

Kräftige, dunkle Konturen an den Augen

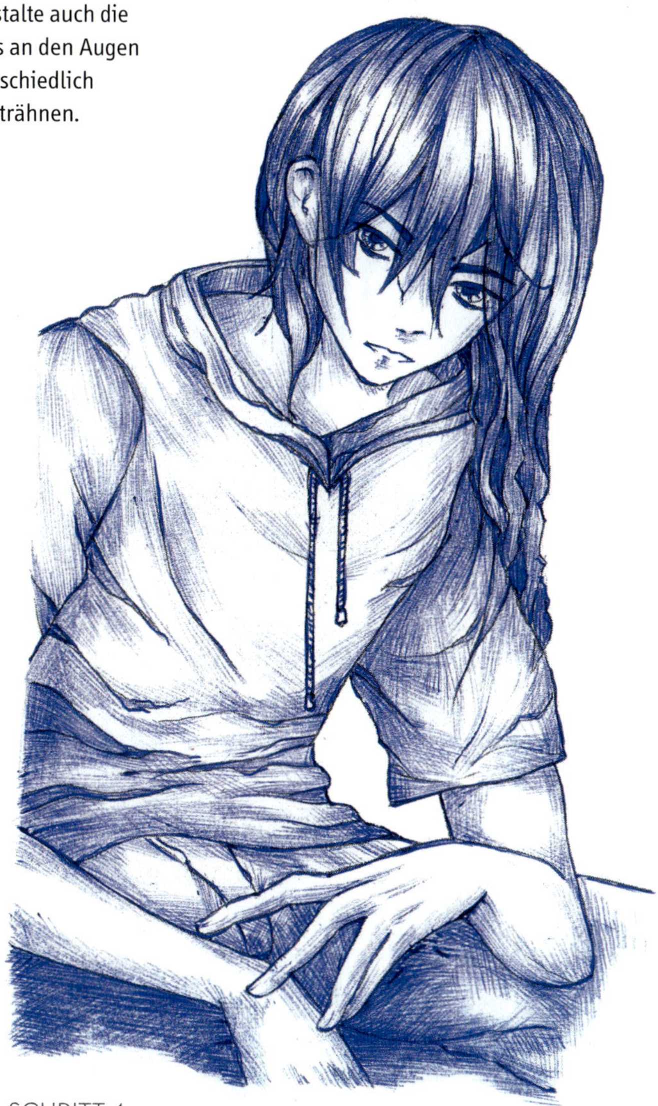

Detail

KLEINSTE STRUKTUREN

Das Detail zeigt einen Ausschnitt des Shirts, in welchem die beiden Bänder am Kragen sichtbar sind. Du kannst erkennen, dass selbst die kleinsten Elemente noch eine Struktur bekommen können. Diese winzigen Struktur-Details machen am Ende einen Großteil der Qualität einer Zeichnung aus.

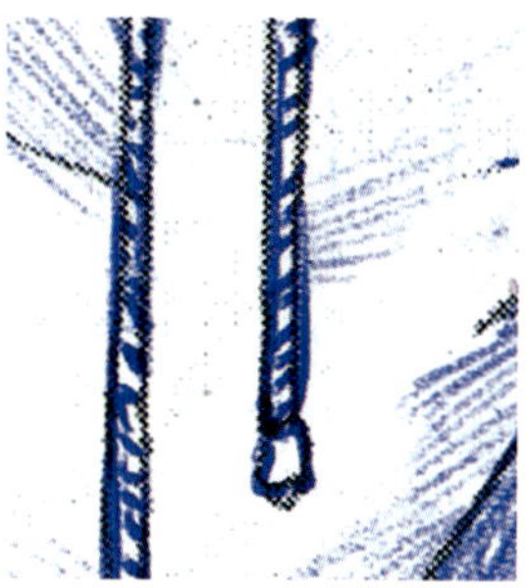

SCHRITT 4

Die finale Version der Zeichnung wurde mit Kugelschreiber gezeichnet. Dabei sind die einzelnen Falten der Kleidung ebenso fein schraffiert wie die Arme oder das Gesicht. Die insgesamt hellen Tonwerte stehen in Kontrast zu den dunklen Haaren und betonen diese. Ein zusätzlicher Hingucker sind die beiden strukturierten Bänder am Kragen des Shirts.

Schwertkämpfer

Schwertkampf hat in Japan eine große Tradition, deshalb ist es nicht verwunderlich, dass in vielen japanischen Mangas Schwertkämpfe eine Rolle spielen, besonders, wenn es um historische Themen geht. Das Porträtbild zeigt einen jungen Schwertkämpfer, der sich seine Waffe mit herausforderndem Blick nah ans Gesicht hält. Zeichnerisch ist das Motiv durch die ungewöhnliche Handhaltung und die Perspektive auf das Gesicht eine Herausforderung, die du aber sicher meistern wirst.

SCHRITT 1

Skizziere die Form des Kinns und dazu die Konturen der Haare. Zeichne dann im Vordergrund den Arm mit der Hand, welche den Griff des Schwertes hält.

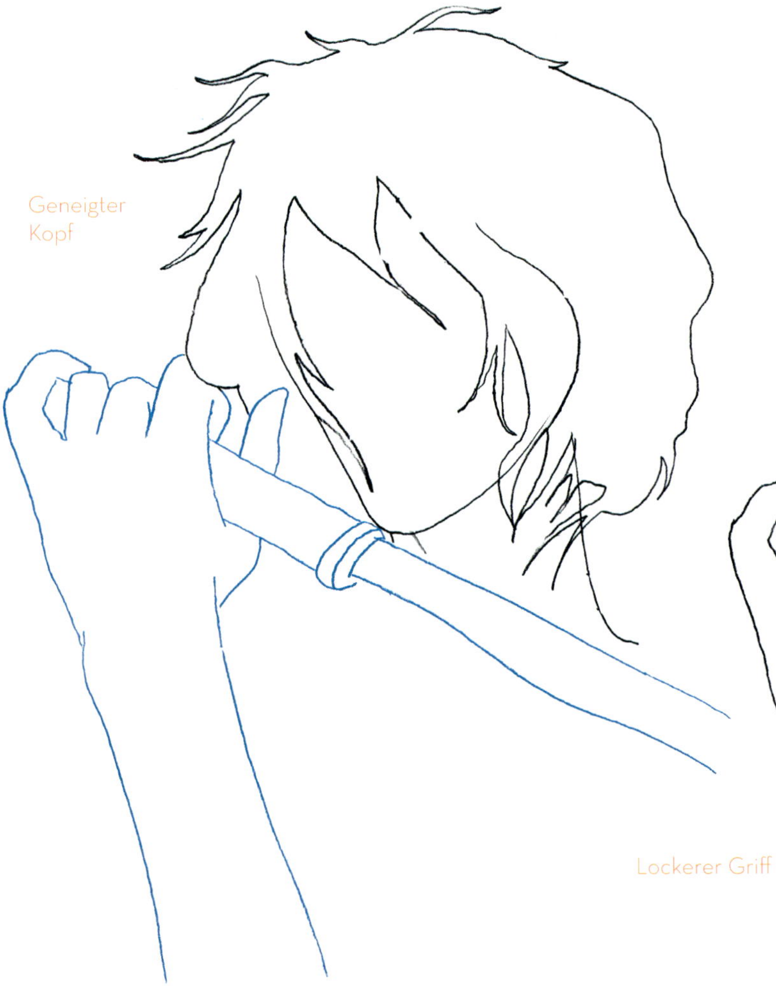

SCHRITT 2

Füge im zweiten Schritt das Gesicht hinzu. Orientiere dich bei der Platzierung der Augen, Augenbrauen und von Nase und Mund an zwei wegen der Perspektive leicht gebogenen Hilfslinien und denke daran, dass ein Auge durch eine Maske verdeckt wird. Zeichne auch das Shirt mit dem Halsausschnitt und das Ohr.

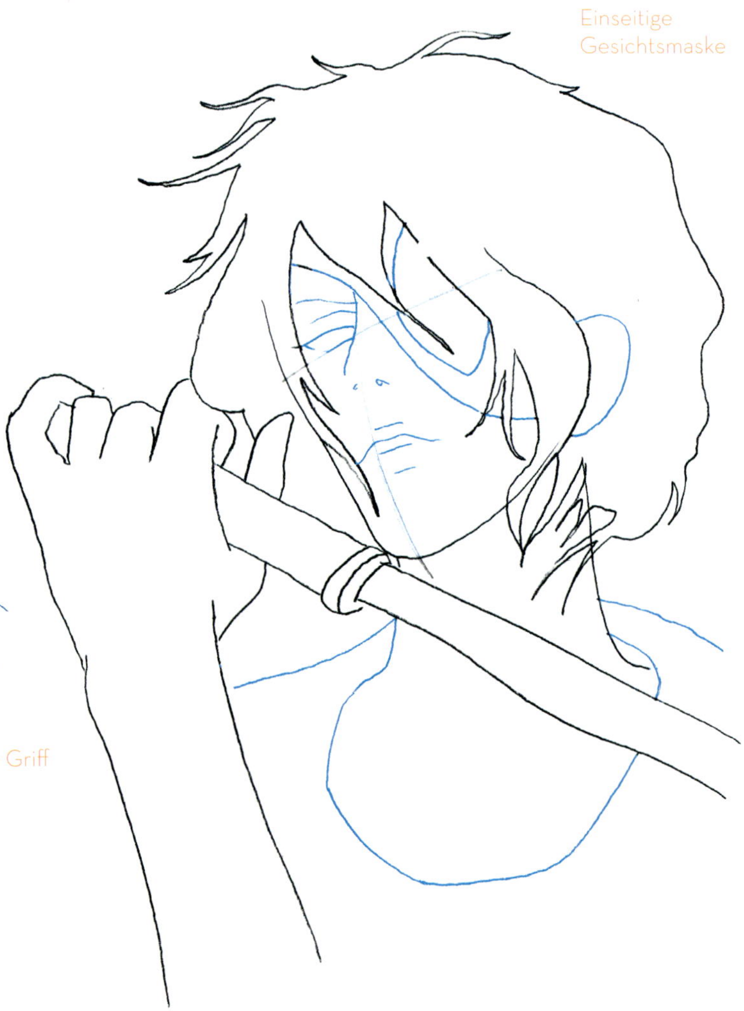

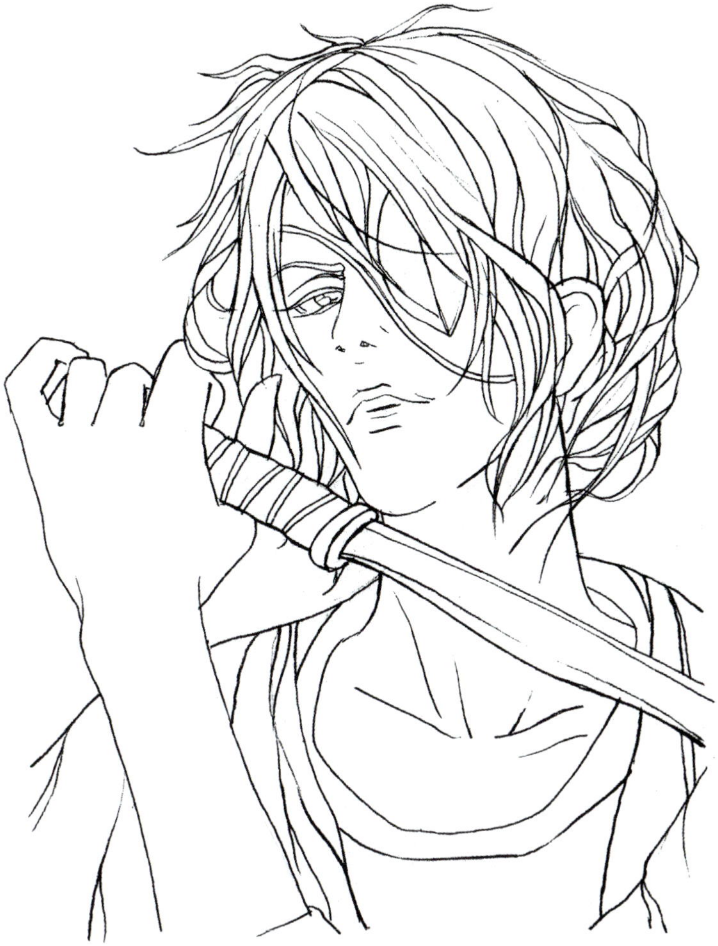

SCHRITT 4

Damit sich die Maske über dem Auge vom Gesicht abhebt, solltest du sie sehr dunkel schraffieren. Modelliere die Haare, das Shirt und auch das Schwert deiner Figur hingegen mit helleren Schraffuren.

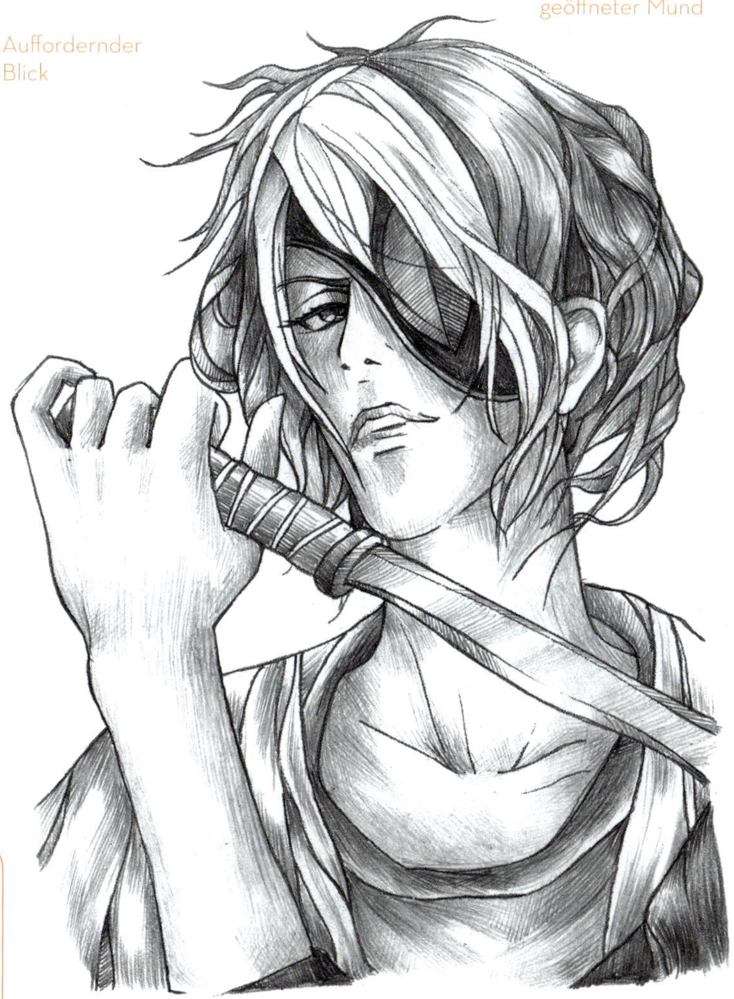

SCHRITT 3

Dem Schwertkämpfer fallen viele Haarsträhnen aus unterschiedlichen Richtungen ins Gesicht. Arbeite sie fein aus und zeichne anschließend den Faltenwurf am Shirt und die Struktur des Schwertgriffs.

Detail

SCHWARZ-WEISS

Kontraste sind ein wichtiges Stilmittel, um eine Zeichnung interessant zu machen. Hier kannst du gut erkennen, wie sich die schwarze Maske des Schwertkämpfers von den hellen Haaren abhebt.

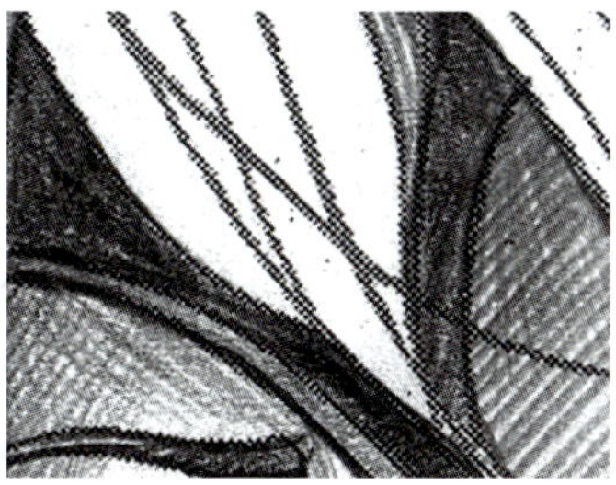

Sixpack Battle

Die meisten Helden in Shōnen-Mangas sind jung. Und wer jung ist, möchte sich natürlich so gut wie möglich präsentieren – auch über das Aussehen. Wie lässt sich der durchtrainierte Körper besser darstellen als über die perfekte Bauchmuskulatur in Form der berühmten Sixpacks? Machen wir einen kleinen Vergleich, bei dem du selbst entscheiden kannst, wer in deinen Augen gewinnt.
Auf dieser Doppelseite siehst du den eher lässigen, etwas zurückhaltenden Typ. Seine Muskeln sind nicht ganz so ausgeprägt, vielleicht ist er sich seines guten Aussehens nicht einmal bewusst. Gezeichnet wurde er mit Kugelschreiber.

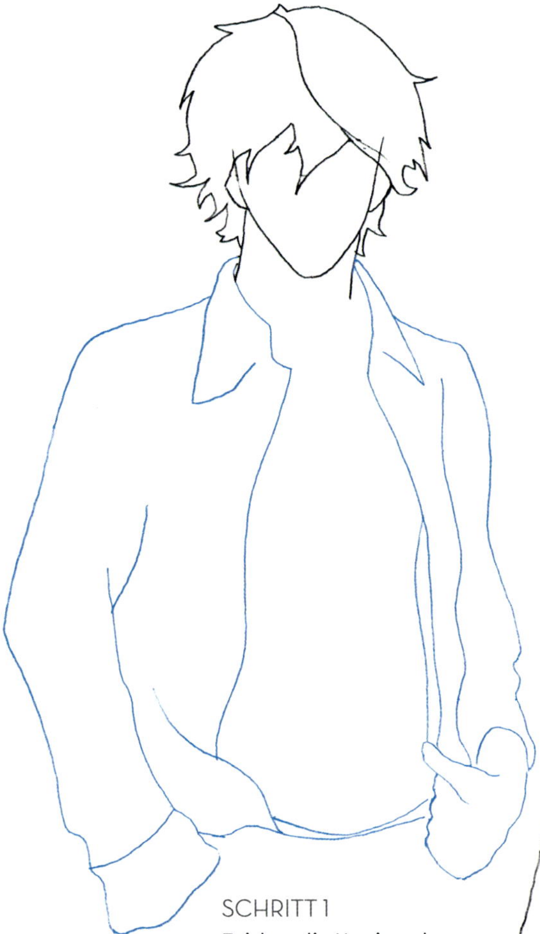

SCHRITT 1

Zeichne die Umrisse des Kopfs mit den Haaren, dann die Kontur des Hemds und der Hände.

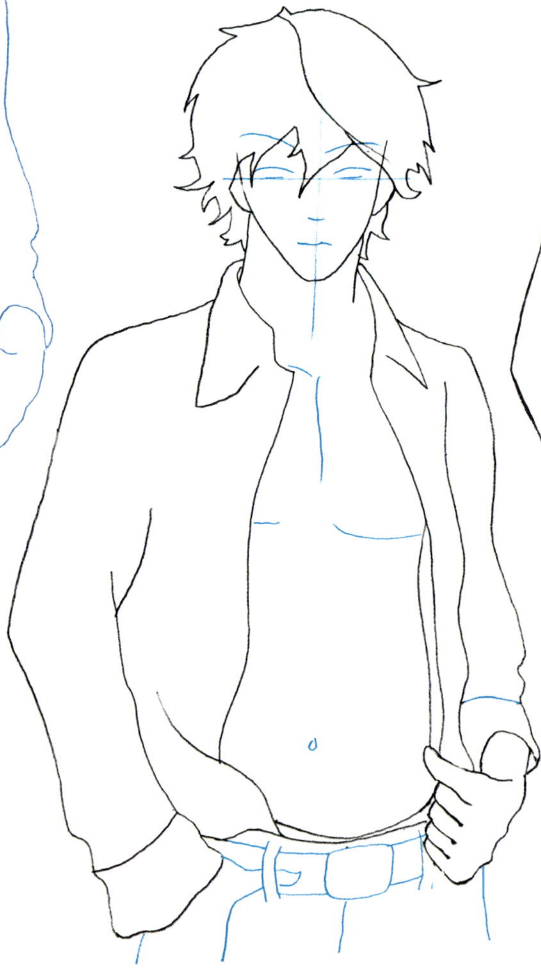

SCHRITT 2

Gestalte dann mit wenigen Strichen das Gesicht und die feinen Linien für die Brust. Schau beim Gürtel genau hin: Der Junge hat den Daumen seiner rechten Hand lässig im Gürtel eingehakt.

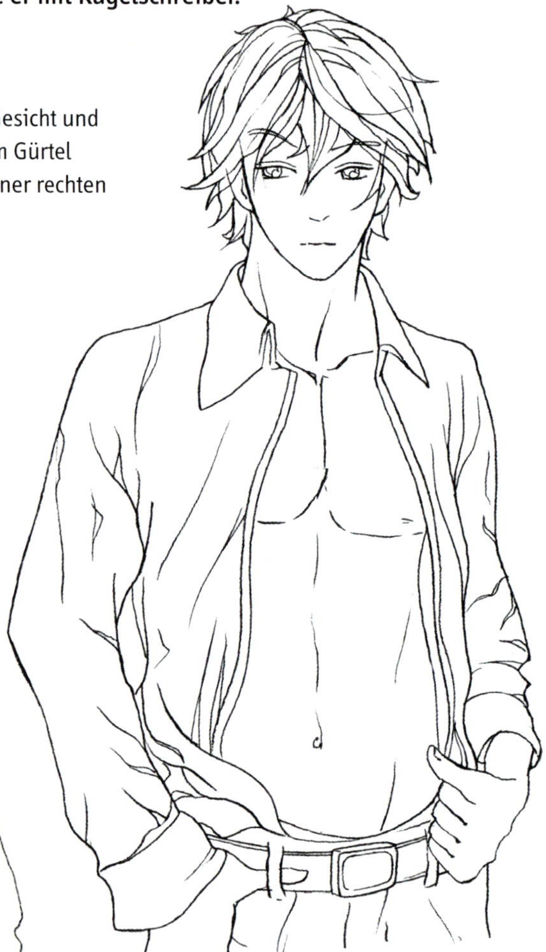

SCHRITT 3

Arbeite den Faltenwurf des geöffneten Hemds ein, ebenso weitere Haarsträhnen. Zeige auch mit wenigen Linien den Verlauf der Muskeln auf dem Bauch.

Detail

DICHTE FORMLINIEN

Hier kannst du im Detail gut die Art der Schraffuren mit Formlinien erkennen, die hier zum Einsatz kam. Viele eng stehende, parallele Linien folgen dem Verlauf des Hemdes und lassen es auf diese Weise plastisch erscheinen.

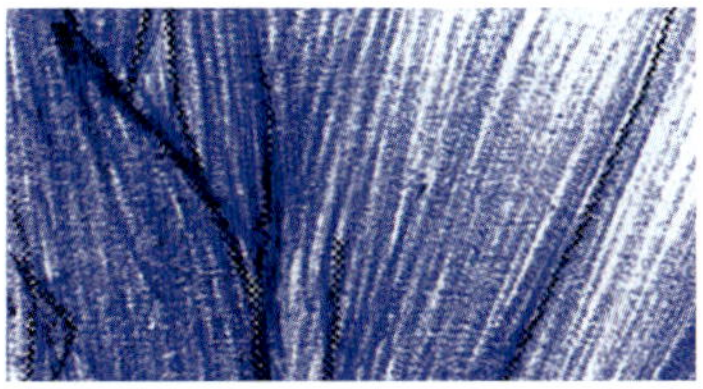

GRAU-VARIANTE

Diese Abbildung zeigt eine Variante des Motivs in der klassischen Rasterdarstellung. Erzeugt wurde diese durch die Bitmap Einstellung im Photoshop.

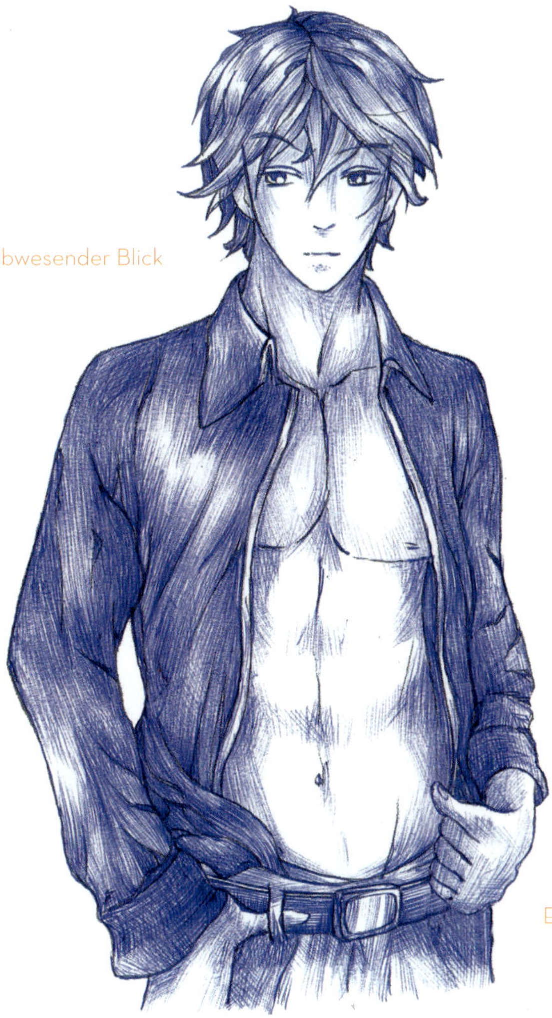

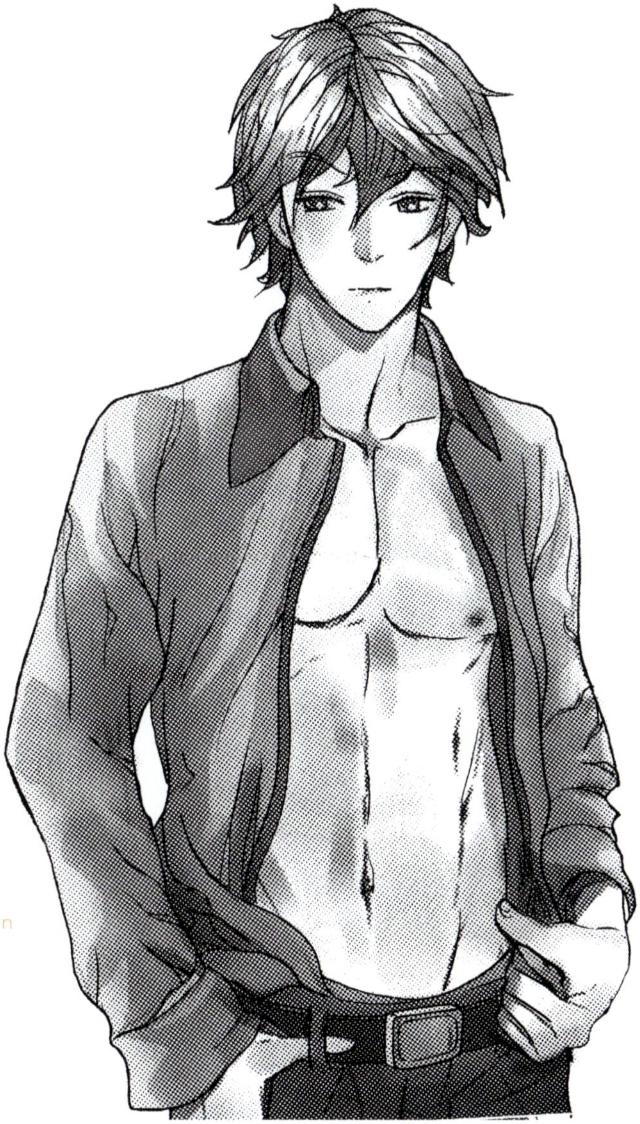

SCHRITT 4

Hemd und Haare werden dunkel mit Kuli schraffiert. Lasse im Kontrast dazu den Oberkörper und das Gesicht hell, schraffiere dort also feiner.

Auf dieser Doppelseite siehst du nun den zweiten Teilnehmer des Sixpack Battles. Dieser Junge hat den Kopf leicht geneigt und schaut einen direkt und auffordernd an. Sein Oberkörper ist deutlich stärker trainiert und die Muskeln haben deshalb definiertere Konturen. Er ist selbstbewusst und sich seiner Wirkung auf andere immer bewusst. Entscheide also, wer von den beiden dein Sieger ist!

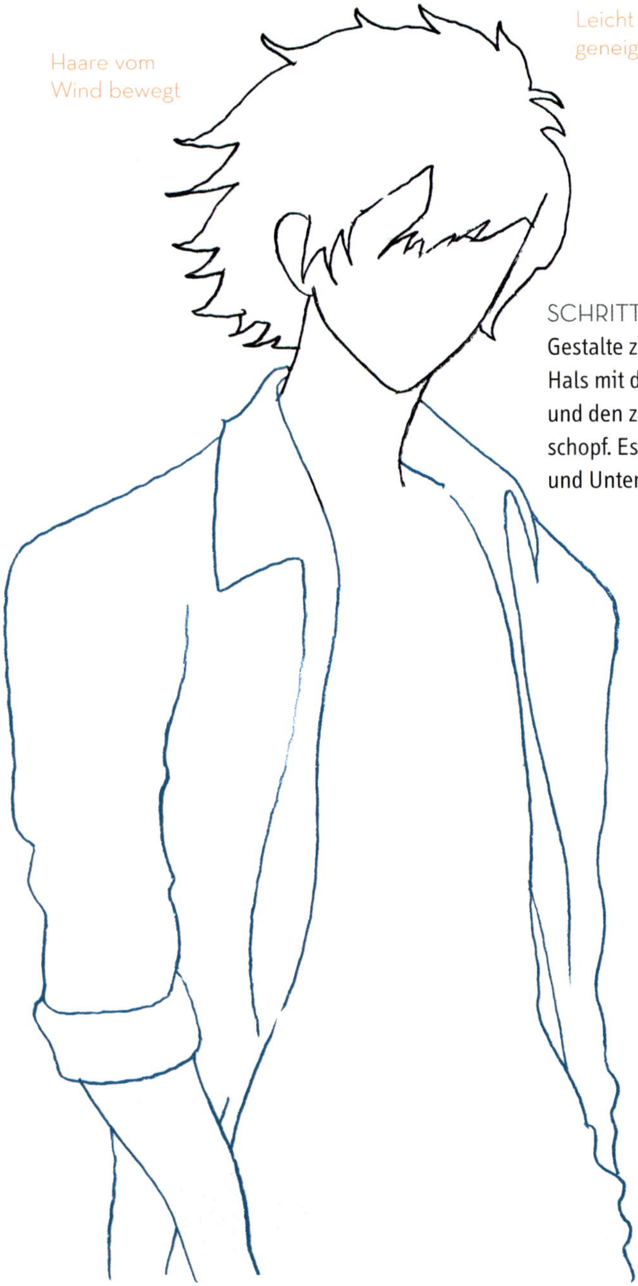

SCHRITT 1
Gestalte zunächst den Hals mit der Kinnpartie und den zerzausten Haarschopf. Es folgen Hemd und Unterarme.

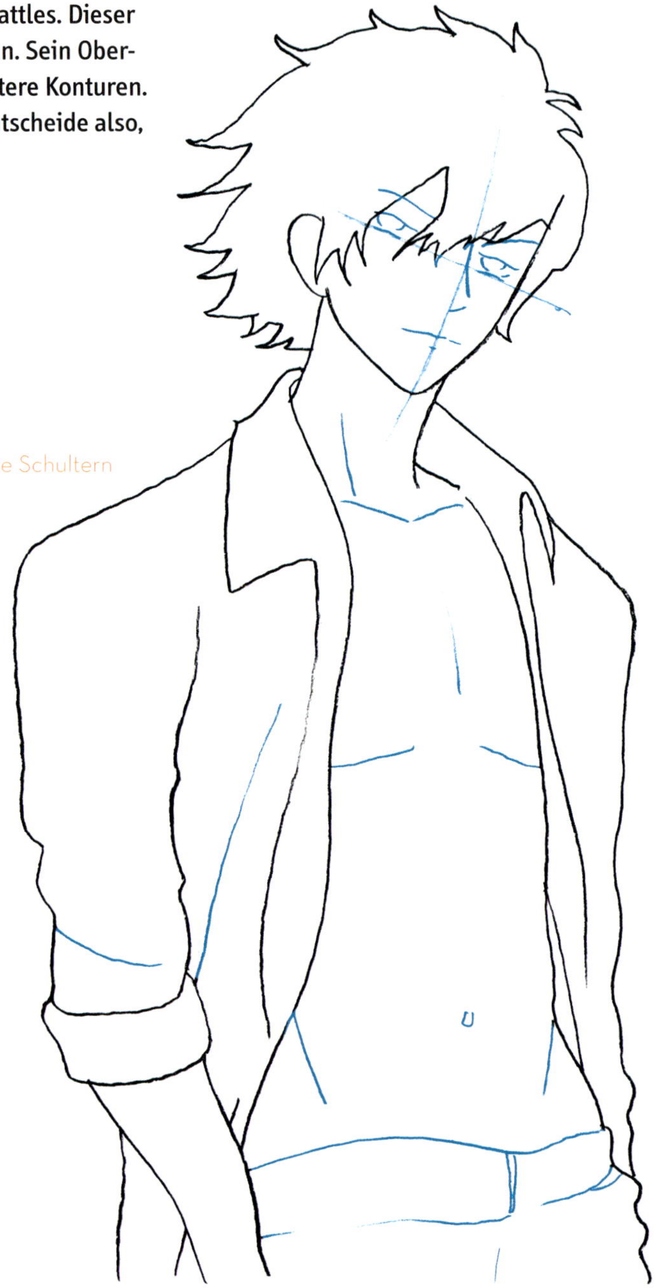

SCHRITT 2
Ergänze anhand leichter Hilfslinien das Gesicht. Zeichne die feinen Linien am Oberkörper ein und deute den Hosenbund an.

SCHRITT 3

Arbeite die Haarsträhnen und die Falten an Hemd und Hose aus. Verstärke die Details der Bauchmuskulatur.

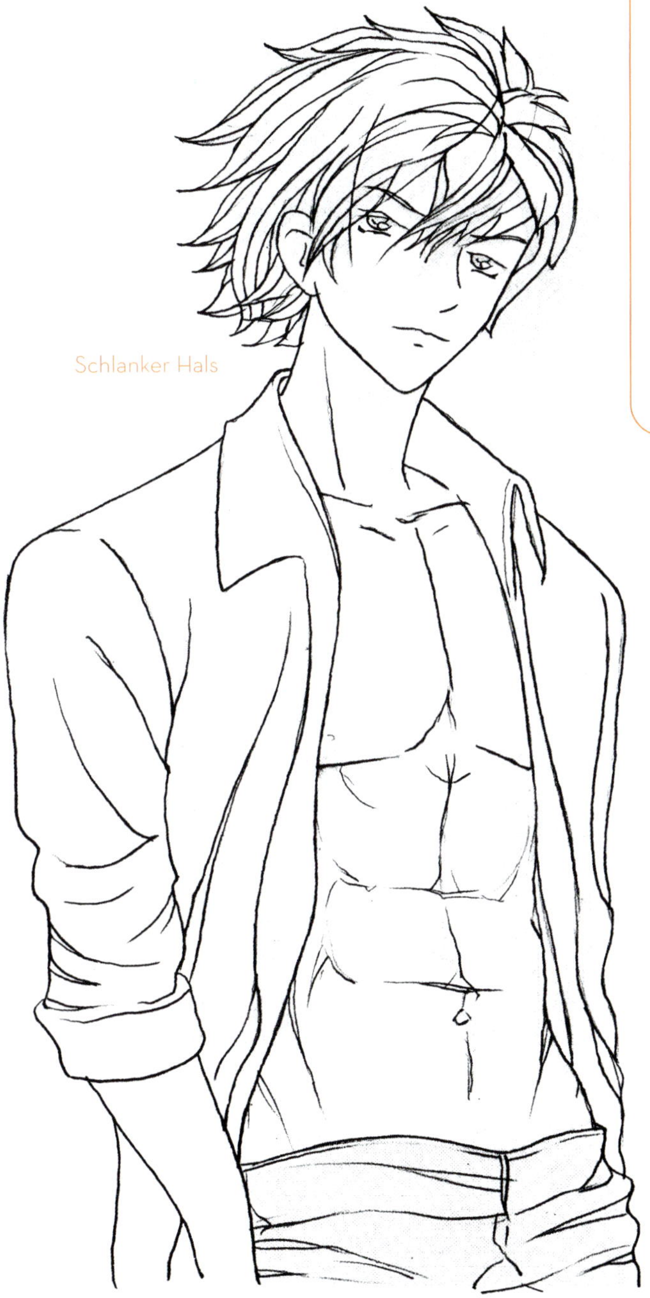

Info

VOLUMEN ERZEUGEN

So gelingt die Darstellung von Bauchmuskeln: Auf dieser Detailansicht kannst du sehen, wie durch feine Schraffuren die Wölbungen der einzelnen Muskelpartien noch besser zur Geltung kommen.

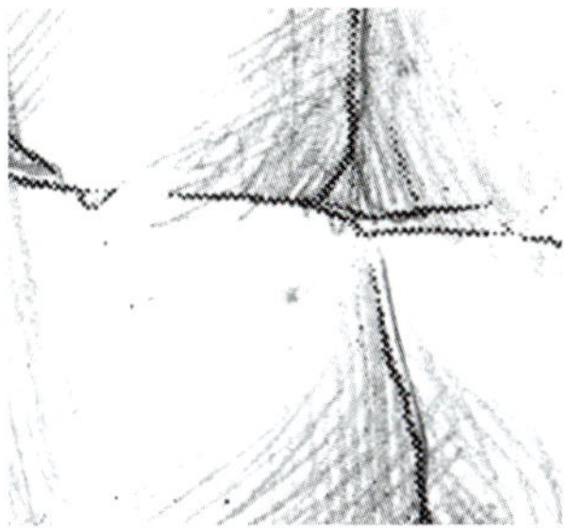

SCHRITT 4

Gestalte speziell die Muskeln mit feinen Schraffuren. Schraffiere Haare und Hemd etwas dunkler und die Hose noch etwas dunkler.

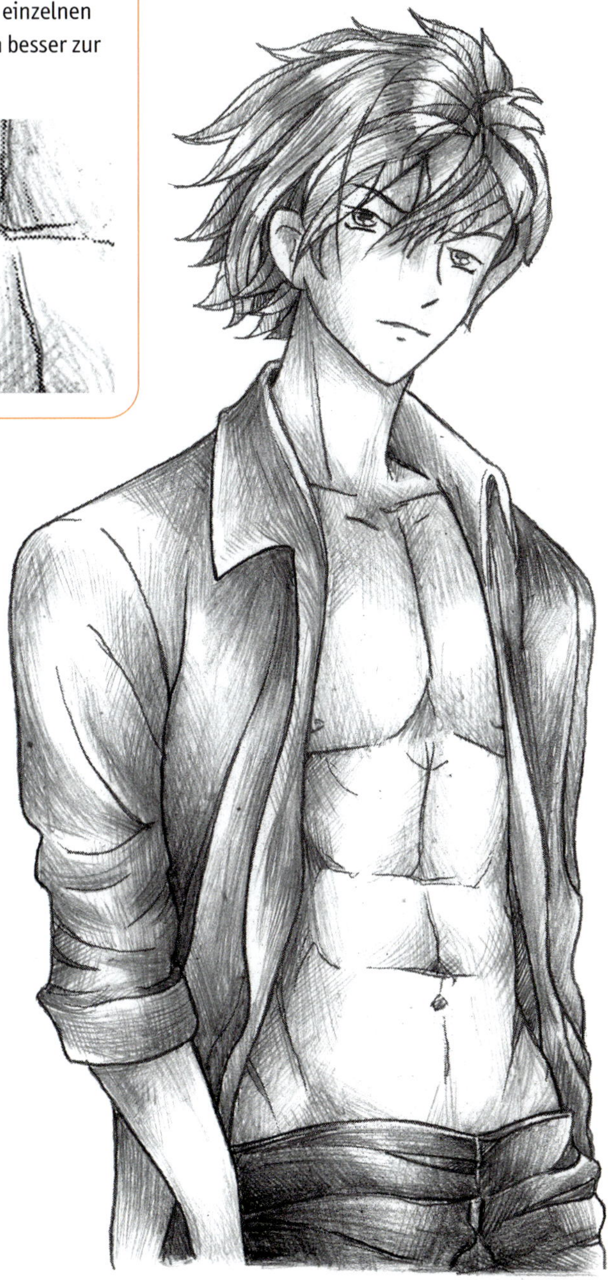

Der Träumer

Nach den letzten, zeichnerisch etwas anspruchsvolleren Motiven bringt der „Träumer“ wieder etwas Erholung in die Zeichenarbeit. Das Präsentieren von Muskeln liegt ihm fern, auch versucht er sich nicht durch auffallende Styles in Szene zu setzten. Sein Blick ist in die Ferne gerichtet und er scheint in Gedanken versunken zu sein.

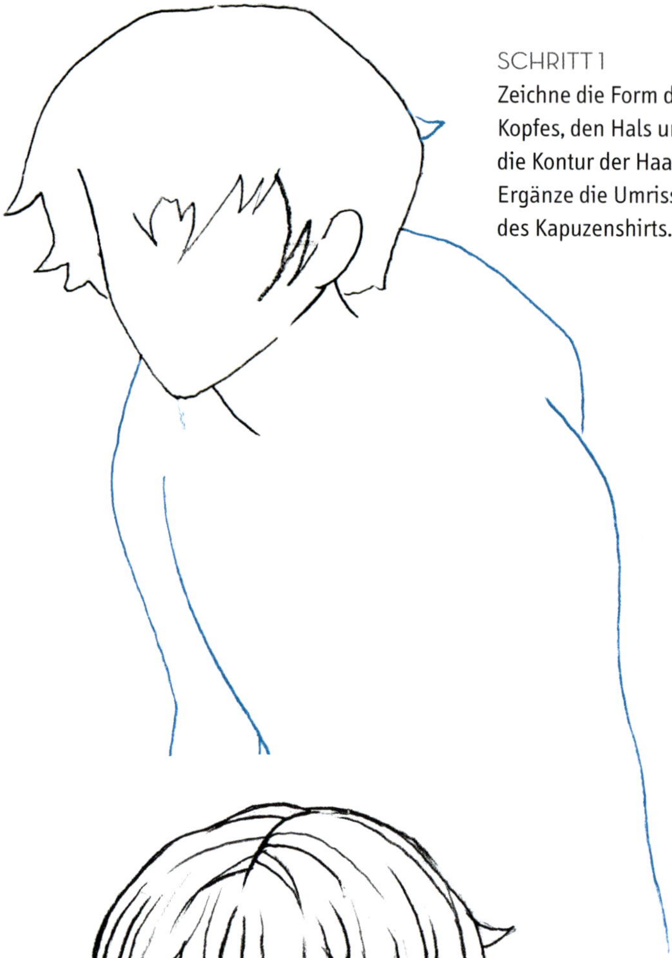

SCHRITT 1

Zeichne die Form des Kopfes, den Hals und die Kontur der Haare. Ergänze die Umrisse des Kapuzenshirts.

SCHRITT 2

Auch bei diesem Motiv helfen dir die vertikale und horizontale Hilfslinie, die richtige Position für Augen und Mund zu finden. Die Nase ist wegen der leicht seitlichen Position etwas zur Seite gerückt. Zeichne auch den Scheitel, den Ausschnitt des Kapuzenshirts und seinen linken Arm.

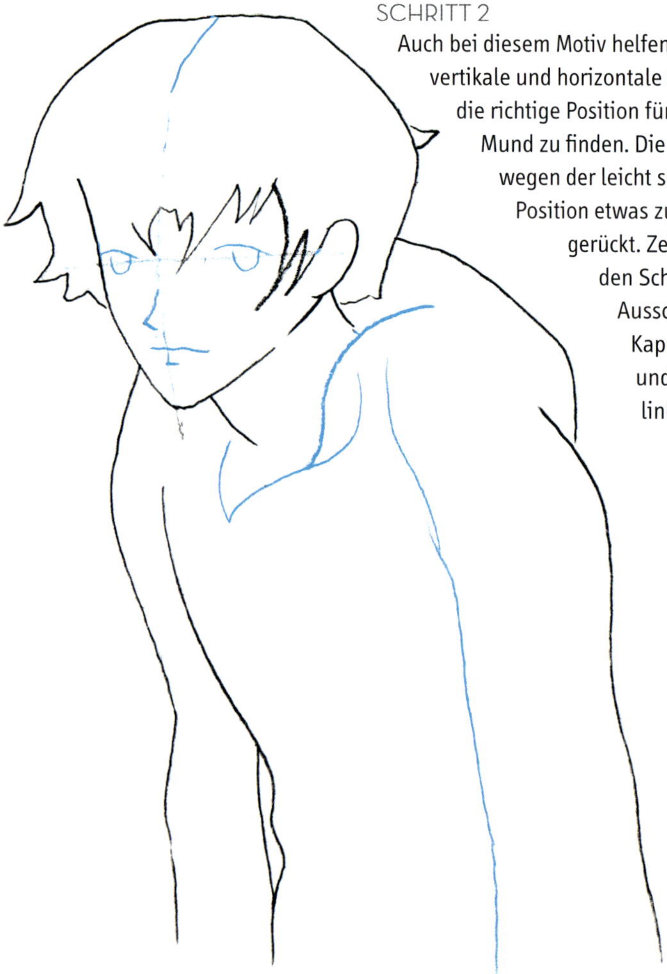

Gebeugte Körperhaltung

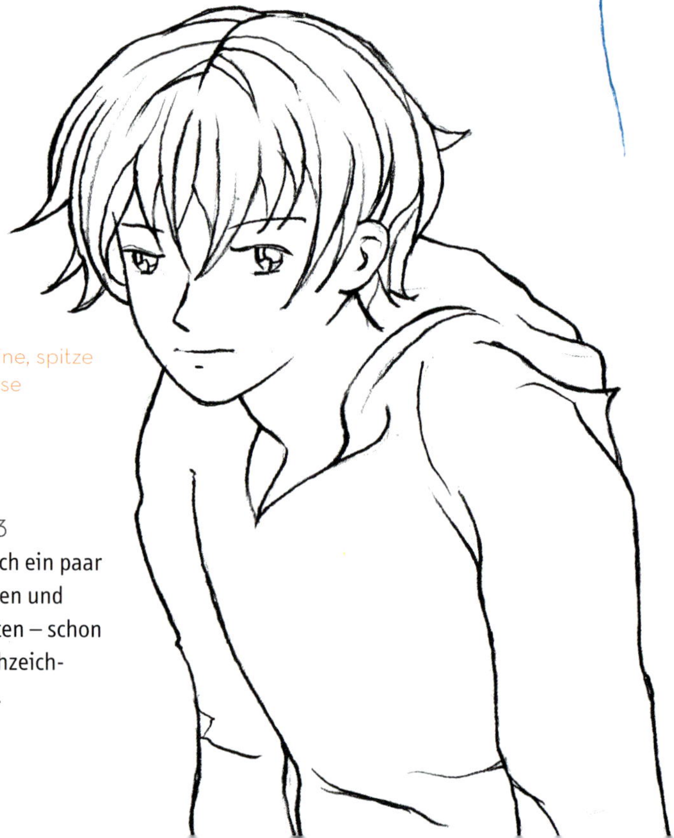

Feine, spitze Nase

SCHRITT 3

Ergänze noch ein paar Haarsträhnen und wenige Falten – schon ist die Strichzeichnung fertig.

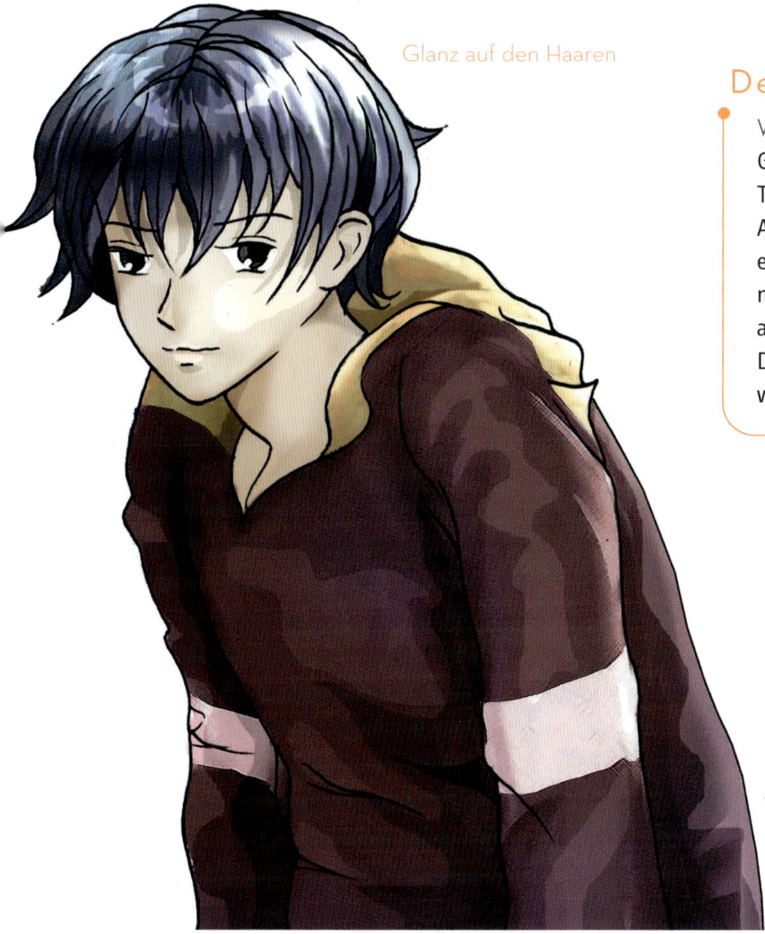

Glanz auf den Haaren

Detail

WENIGER GLANZ

Glanz ist ein sehr wichtiges Thema, was die Gestaltung der Augen angeht. Ist der Blick aber eher gedankenversunken und nach innen gekehrt, solltest du auf zu viel Glanz verzichten. Dann wirken die Augen eher wie „Vorhänge vor der Seele".

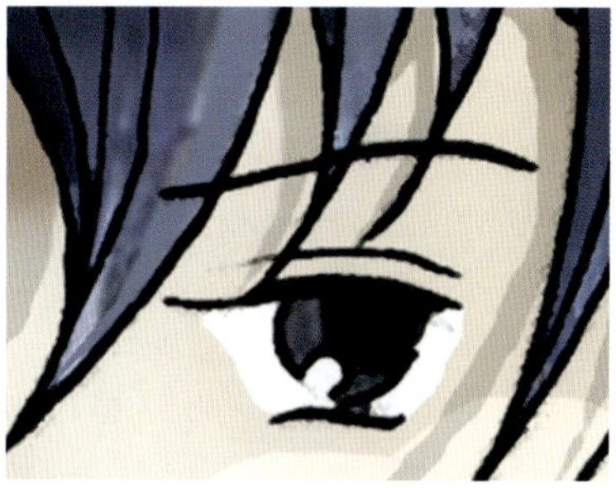

SCHRITT 4

Die Farbgestaltung erfolgte in diesem Fall am Computer. Die Farbpalette ist sehr reduziert und beschränkt sich auf die leicht blasse Hautfarbe, die dunkle Haarfarbe, das Gelb der Kapuze und das Dunkelrot des Shirts.

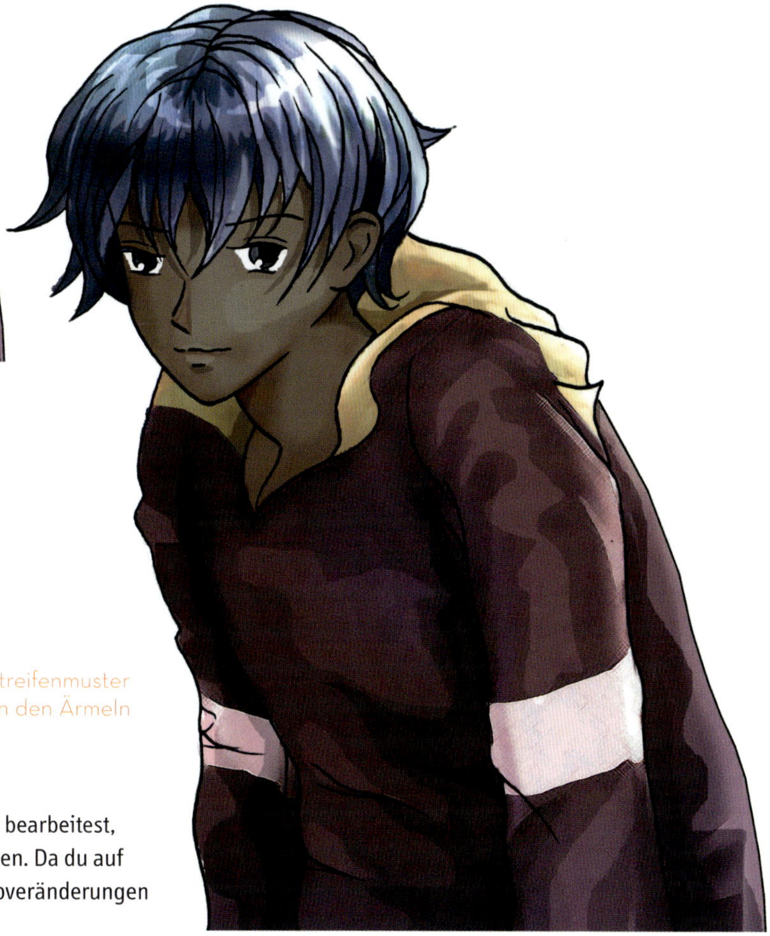

Streifenmuster an den Ärmeln

FARBVARIANTEN ERSTELLEN

Wenn du deine Zeichnungen am Computer bearbeitest, ist es sehr einfach, Farbvarianten zu erstellen. Da du auf mehreren Ebenen arbeitest, kannst du Farbveränderungen auch jederzeit rückgängig machen.

Motion Extreme

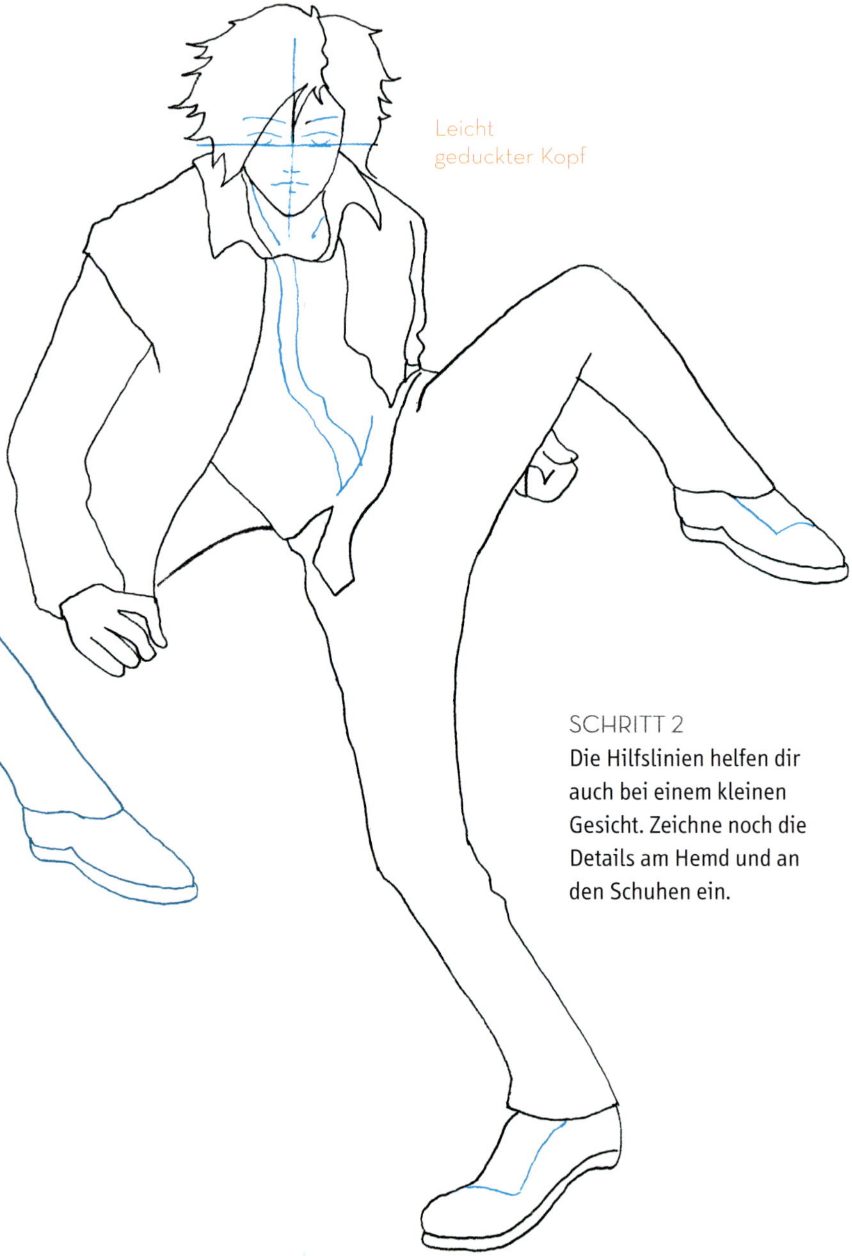

SCHRITT 2

Die Hilfslinien helfen dir auch bei einem kleinen Gesicht. Zeichne noch die Details am Hemd und an den Schuhen ein.

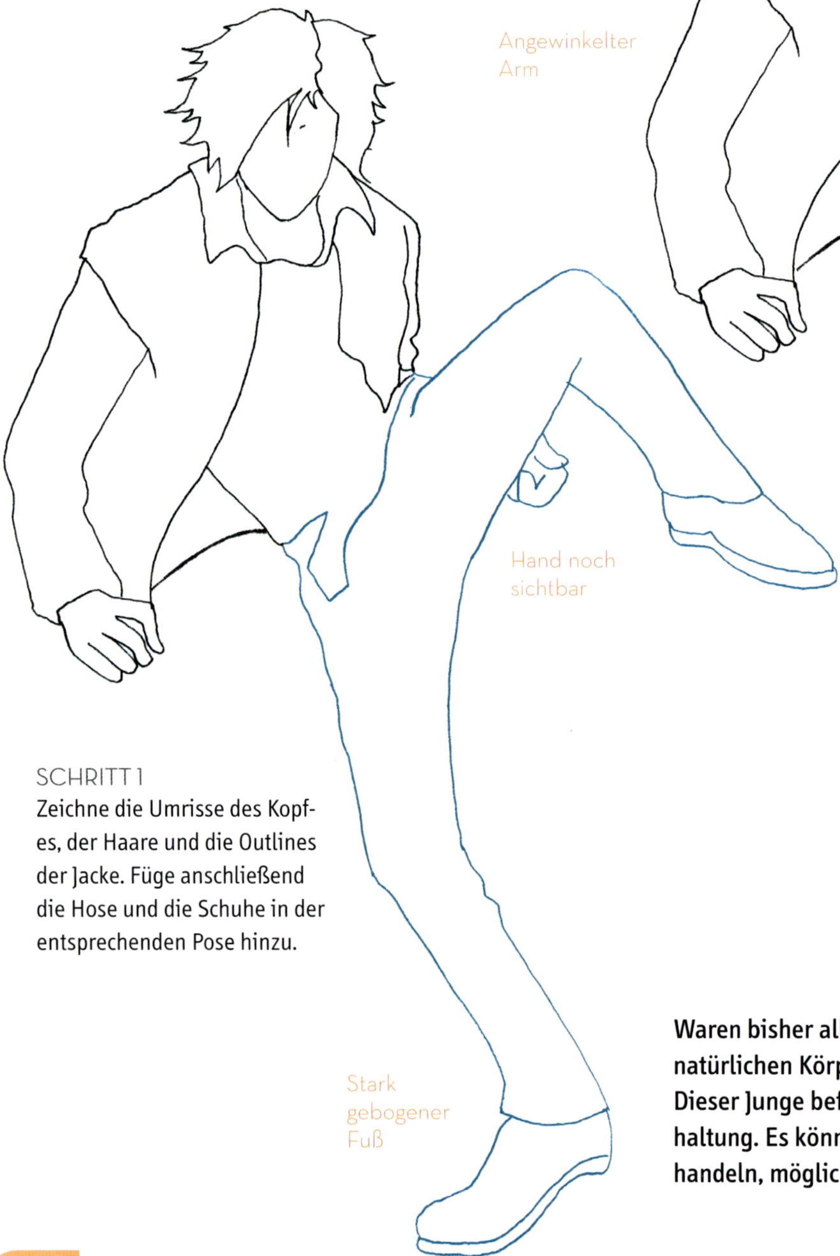

SCHRITT 1

Zeichne die Umrisse des Kopfes, der Haare und die Outlines der Jacke. Füge anschließend die Hose und die Schuhe in der entsprechenden Pose hinzu.

Waren bisher alle Shōnen, auch wenn sie sich in Aktion befanden, in natürlichen Körperhaltungen zu sehen, ist das bei diesem Motiv anders. Dieser Junge befindet sich in einer extremen und instabilen Bewegungshaltung. Es könnte sich dabei um einen sehr extrovertierten Dance-Move handeln, möglicherweise verliert er aber auch einfach das Gleichgewicht.

SCHRITT 4

Nun wartet noch echte Fleißarbeit auf dich. Statte die Jacke mit einem Tüpfelmuster aus und hebe das Hemd mit dunklen Schraffuren von der Jacke ab. Arbeite auch die Falten der Kleidung sehr sorgfältig aus, damit sie realitätsnah wirken.

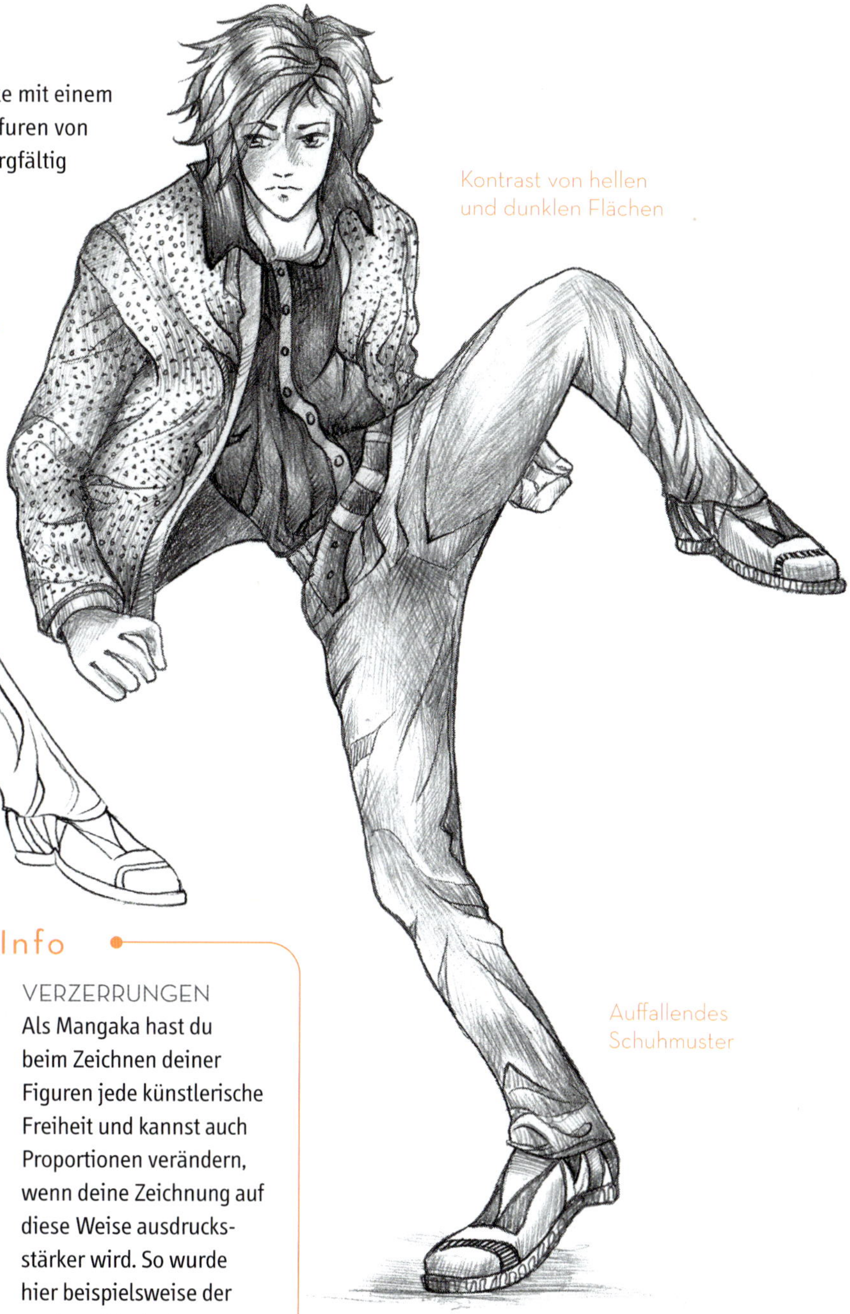

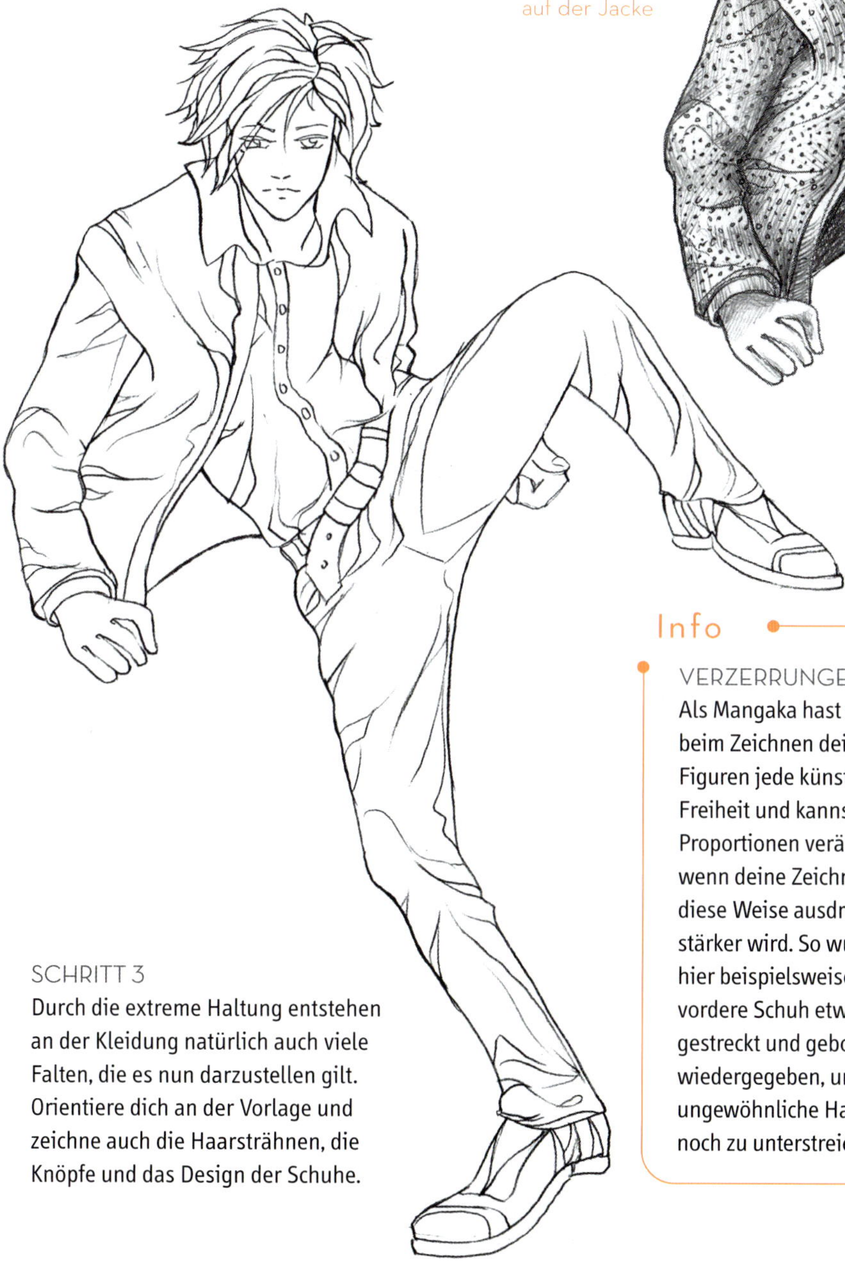

Info

VERZERRUNGEN

Als Mangaka hast du beim Zeichnen deiner Figuren jede künstlerische Freiheit und kannst auch Proportionen verändern, wenn deine Zeichnung auf diese Weise ausdrucksstärker wird. So wurde hier beispielsweise der vordere Schuh etwas gestreckt und gebogen wiedergegeben, um die ungewöhnliche Haltung noch zu unterstreichen.

SCHRITT 3

Durch die extreme Haltung entstehen an der Kleidung natürlich auch viele Falten, die es nun darzustellen gilt. Orientiere dich an der Vorlage und zeichne auch die Haarsträhnen, die Knöpfe und das Design der Schuhe.

Der Brillenträger

Vielleicht erinnerst du dich noch an das Motiv der zwei Brüder, von denen der jüngere eine Brille trug? Da Brillen heutzutage längst nicht mehr nur dazu dienen, einen Sehfehler zu korrigieren, sondern ein beliebtes modisches Accessoire sind, widmen wir uns noch einmal einem Shōnen-Brillenträger-Porträt, dieses Mal in einer größeren Ansicht.

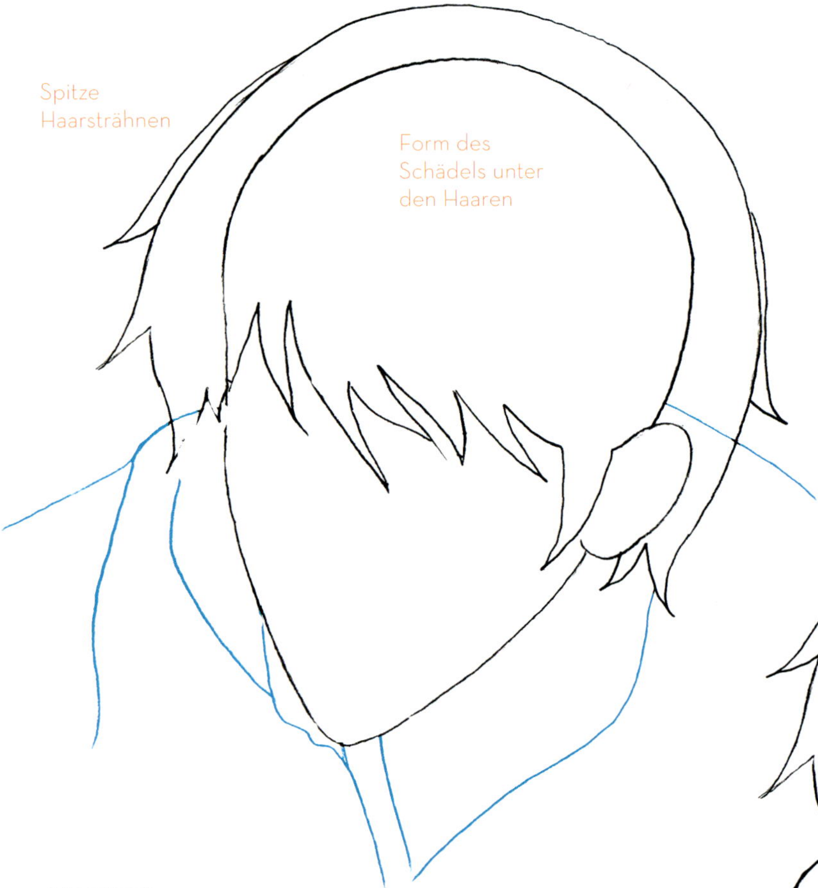

SCHRITT 1
Zeichne die Form des Kopfs und dazu die Umrisse der Haare. Füge dann den Ausschnitt des Shirts hinzu.

SCHRITT 2
Der Junge ist schräg von vorn zu sehen, deshalb zeichne die hellen Hilfslinien für die Positionierung von Augen, Nase, Mund und Brille leicht gebogen ein.

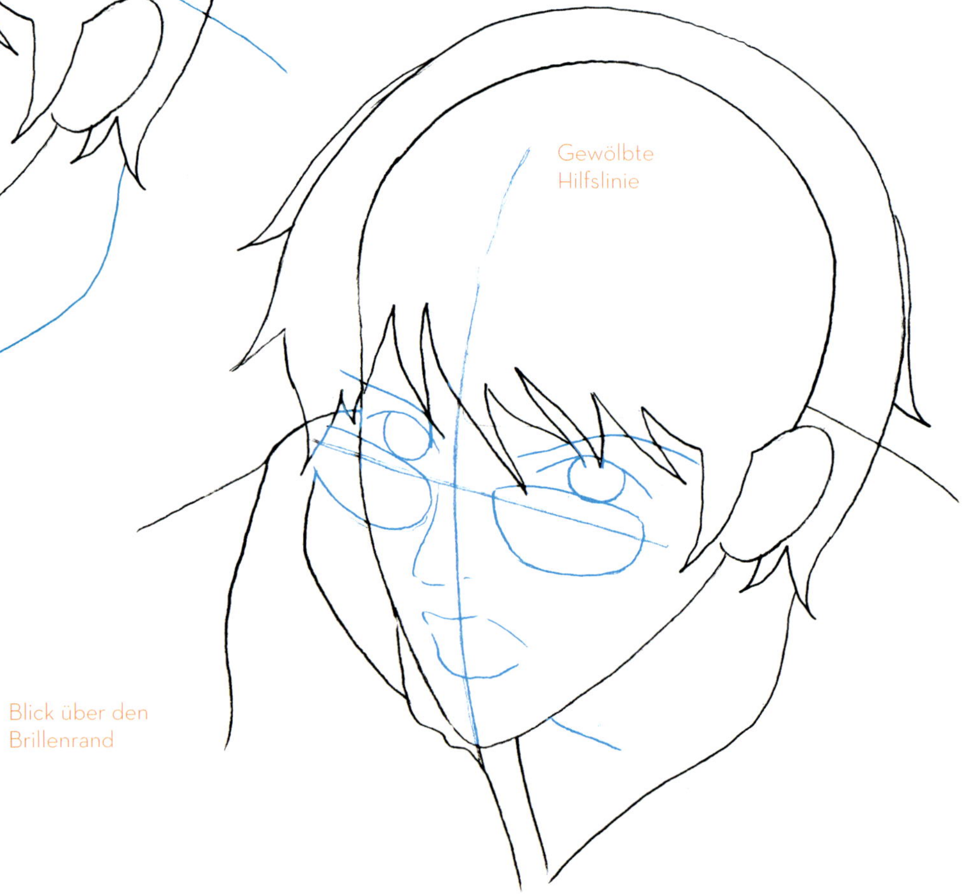

SCHRITT 3

Gestalte die Haarsträhnen und die Pupillen. Das Shirt hat nur wenige Falten.

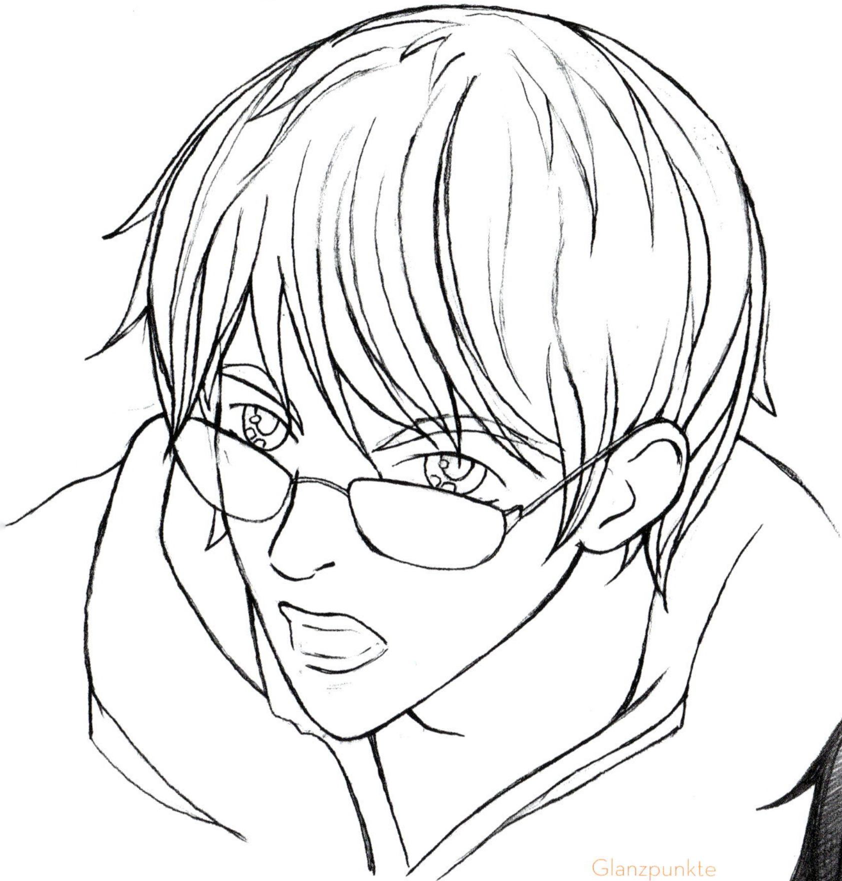

Offener Mund

Glanzpunkte in den Augen

Detail

DIE IRIS

Das Detail zeigt den Unterschied zwischen der Gestaltung der Iris und des Brillenglases. Während der Glanz des Brillenglases durch feine, parallel verlaufende Schraffuren angedeutet wird, verlaufen die Schraffuren der Iris sternförmig von der Pupille aus nach außen.

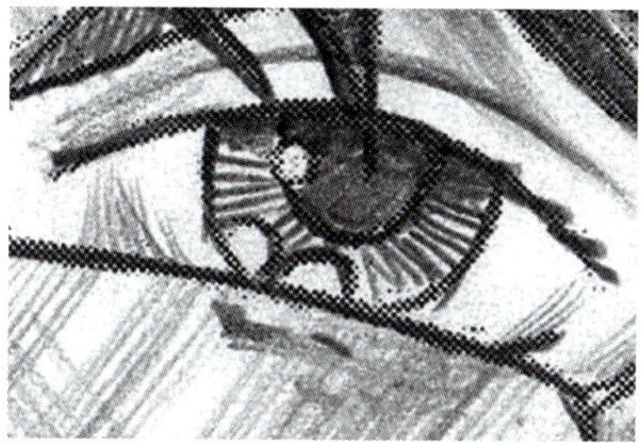

Transparente Durchsicht des Brillenglases

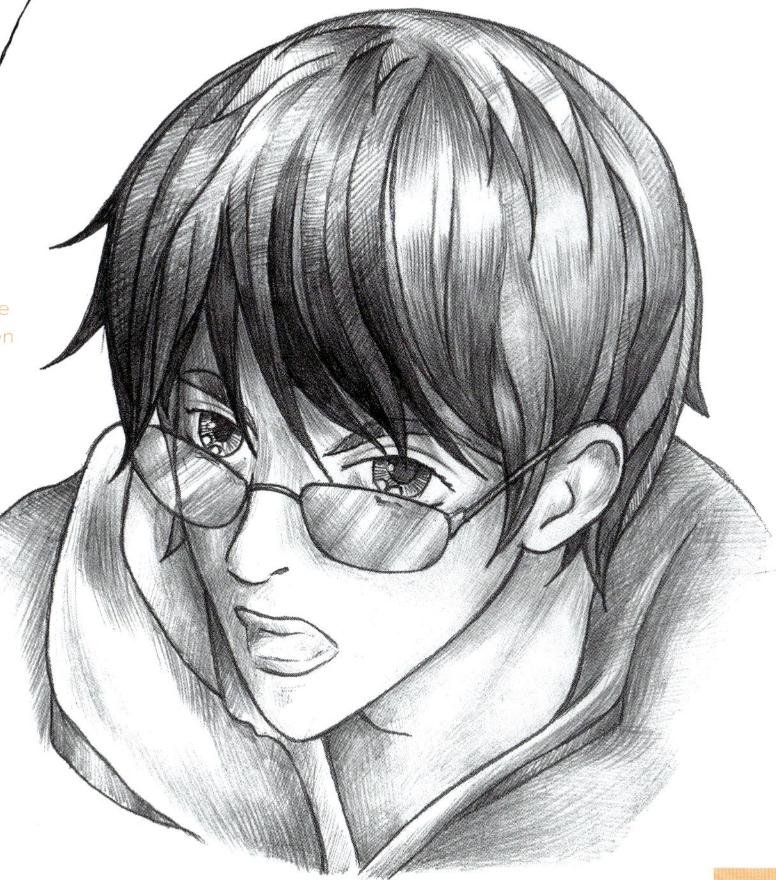

SCHRITT 4

Die Haare werden bis auf die hellen Glanzflächen dunkel schraffiert, ebenso die Pupille und Teile der Iris. Lege im Gegensatz dazu bei der Brille, im Gesicht und auf dem Shirt hellere Schraffuren an.

Auf Knien

Man kann sich viele Situationen vorstellen, bei der eine kniende Person eine wichtige Rolle spielen könnte, zum Beispiel bei einer Mannschaftsbesprechung, bei der Unterhaltung mit einem oder mehreren kleinen Kindern, oder sogar bei einem Heiratsantrag? Wie du eine kniende Pose zeichnerisch in den Griff bekommst, zeigt dir dieses Motiv.

SCHRITT 1

Beginne wie immer mit der Kontur des Kopfs und der Haare. Es folgen der Hals mit dem Hemdkragen und die Arme mit den hochgekrempelten Ärmeln des Shirts. Ergänze noch die Unterarme samt Händen und die beiden Oberschenkel.

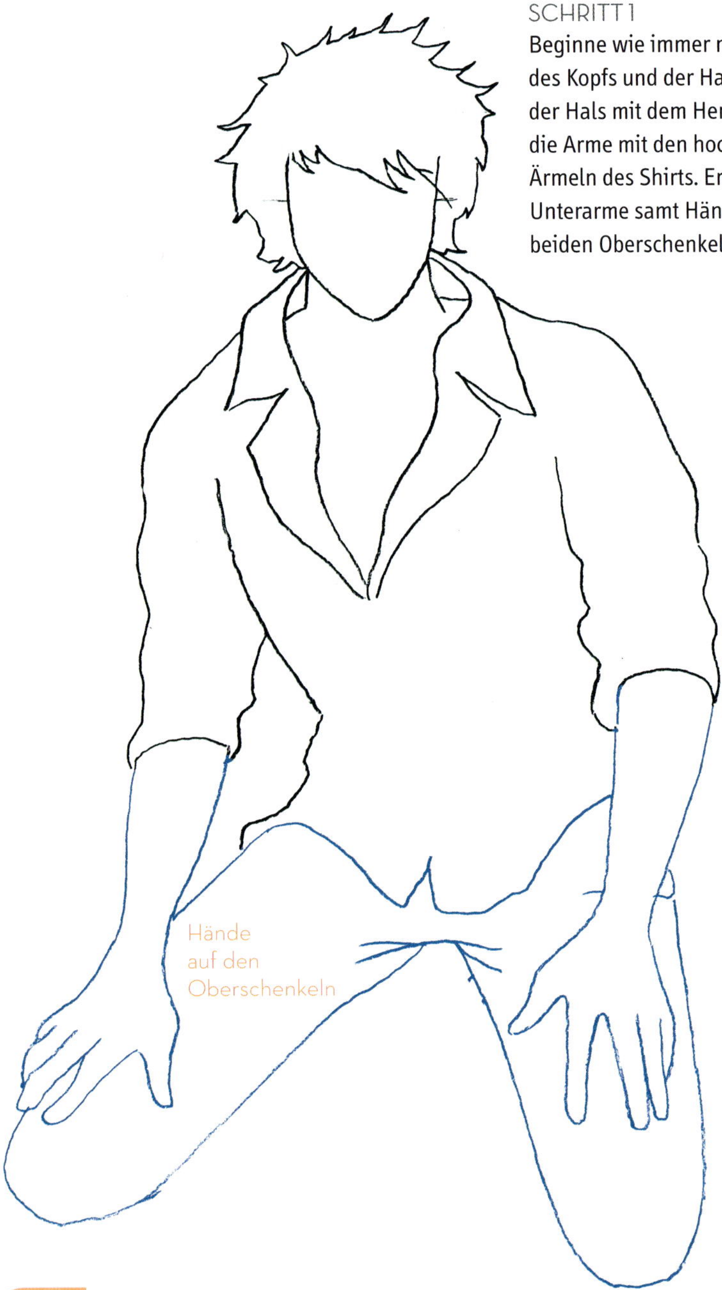

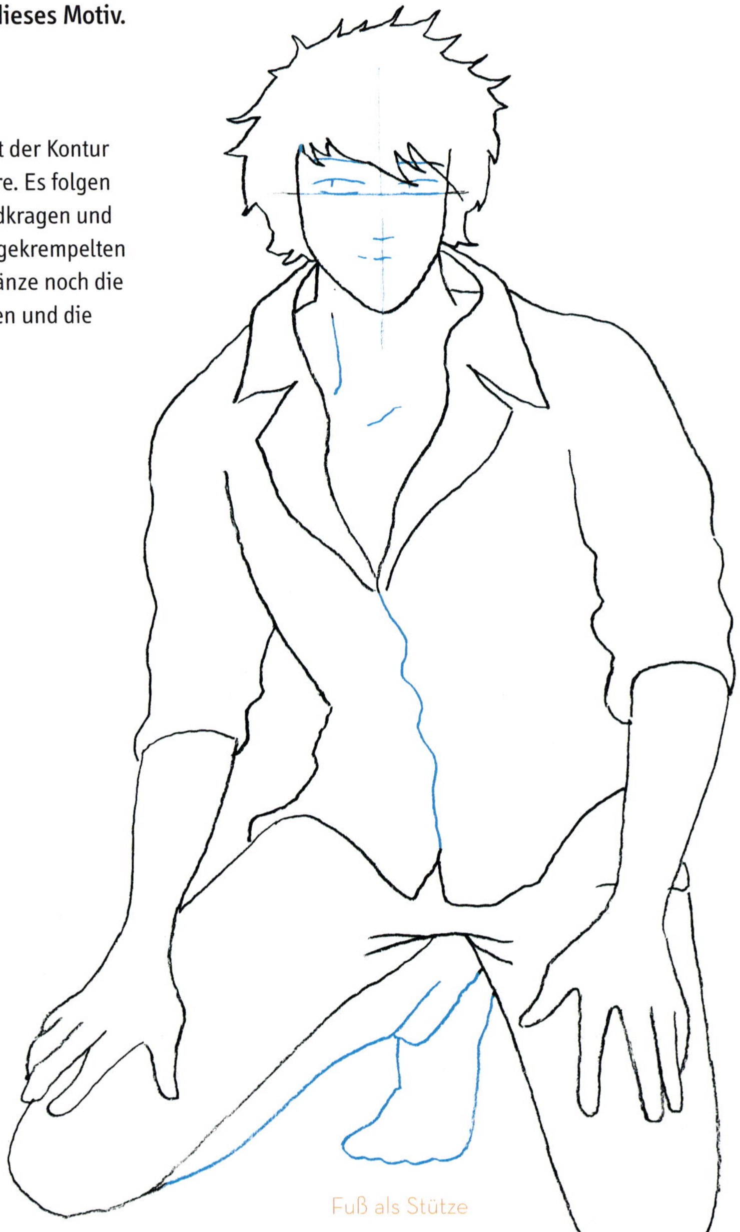

SCHRITT 2

Für das Gesicht reichen einfache Striche. Wichtig ist die korrekte Darstellung des hinteren, sichtbaren Unterschenkels mit dem Fuß.

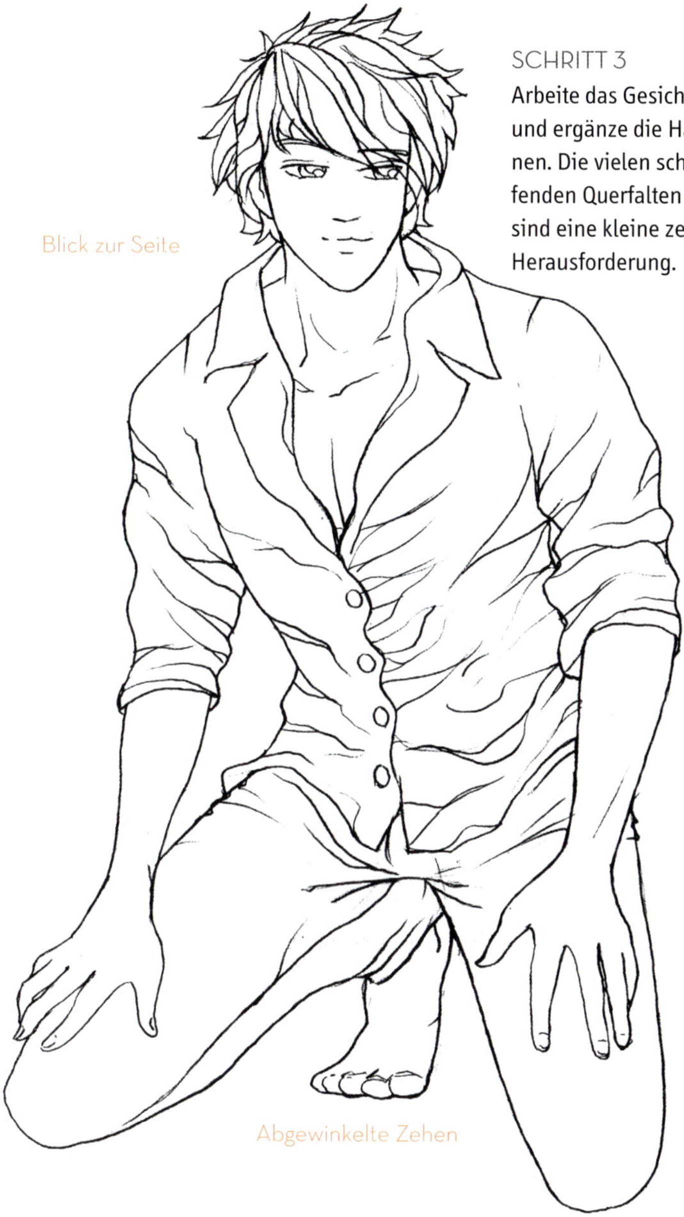

SCHRITT 3
Arbeite das Gesicht fertig aus und ergänze die Haarsträhnen. Die vielen schräg verlaufenden Querfalten am Hemd sind eine kleine zeichnerische Herausforderung.

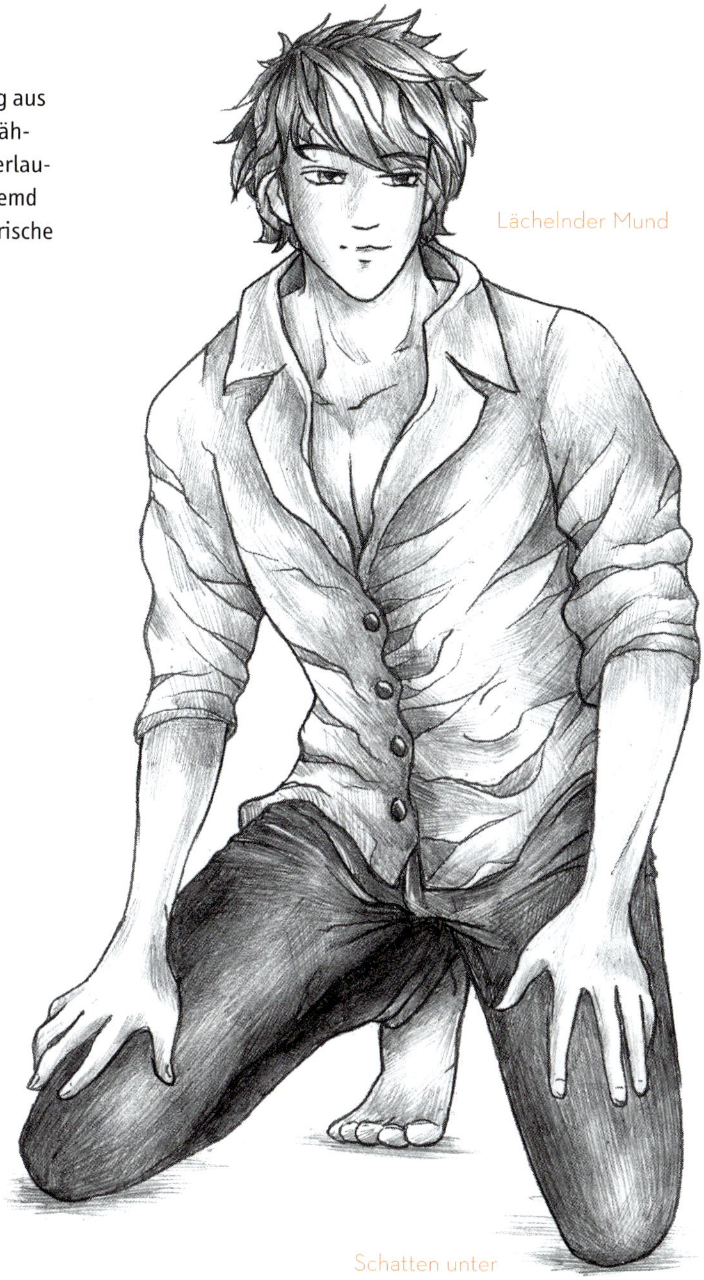

Detail

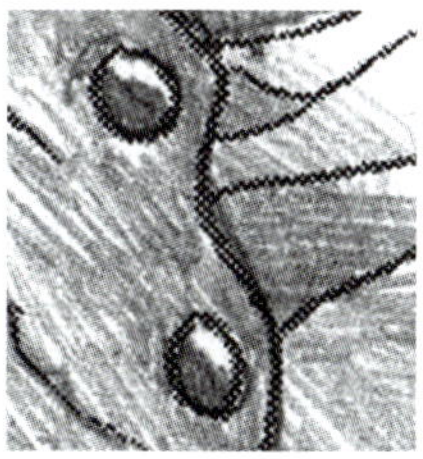

ZUGEKNÖPFT
Das Bild zeigt die Knopfreihe am Hemd. Siehst du, dass selbst die kleinen Flächen der Knöpfe noch weiße Glanzpunkte haben? Das lässt sie noch plastischer und etwas abgerundeter wirken.

SCHRITT 4
Gestalte die Hose mit dichten Bleistiftschraffuren recht dunkel, damit sie wie eine Jeans wirkt. Der sichtbare Unterschenkel liegt im Schatten, hier sollten die Schraffuren noch etwas dunkler sein. Schraffiere Hemd und Gesicht etwas heller, die Haare wiederum etwas dunkler.

Vampir

Ein junger Vampir darf in der Shōnen-Manga-Welt auf gar keinen Fall fehlen, denn diese Nachtgestalten bevölkern viele Manga Novels. Unser Vampir hat seine Mahlzeit bereits hinter sich und lehnt ganz entspannt und zufrieden an einer Mauer. Sein Blick scheint zu fragen: „Willst du die oder der Nächste sein?" Mit Blick und Pose will er verführen, während noch ein Tropfen Blut vom spitzen Eckzahn tropft.

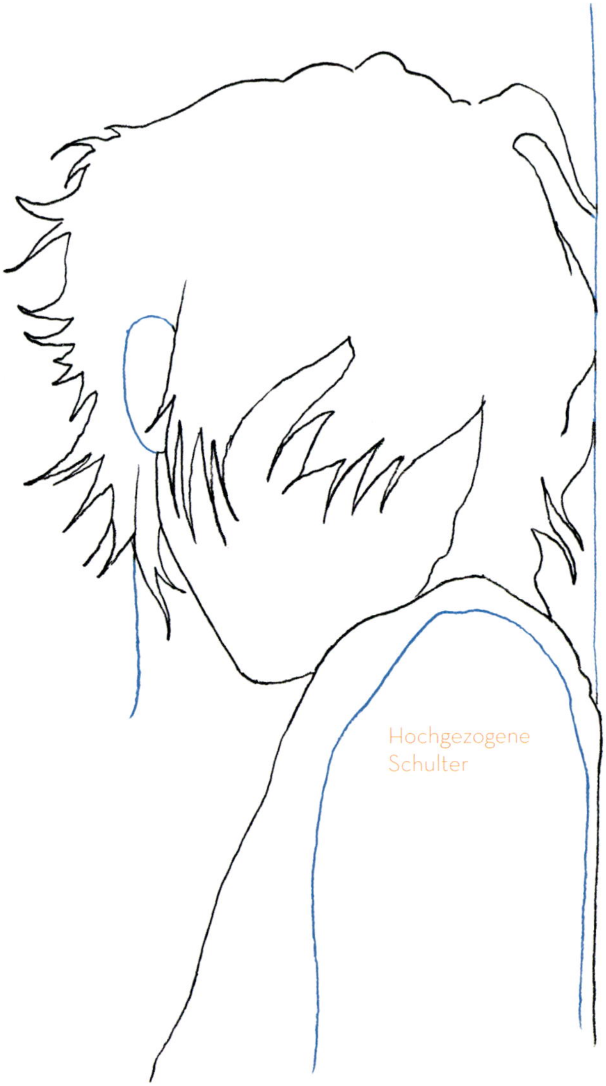

SCHRITT 1

Zeichne zunächst das am Arm angelegte Kinn und die vielen kleinen Haarspitzen des wilden Haarschopfs. Es folgen Ohr und Hals sowie die Kontur des vorderen Arms.

SCHRITT 2

Durch die geneigte Kopfhaltung sind hier die Hilfslinien für Augen, Nase und Mund besonders wichtig. Zeichne auch den Bereich der Brust und des hinteren Arms.

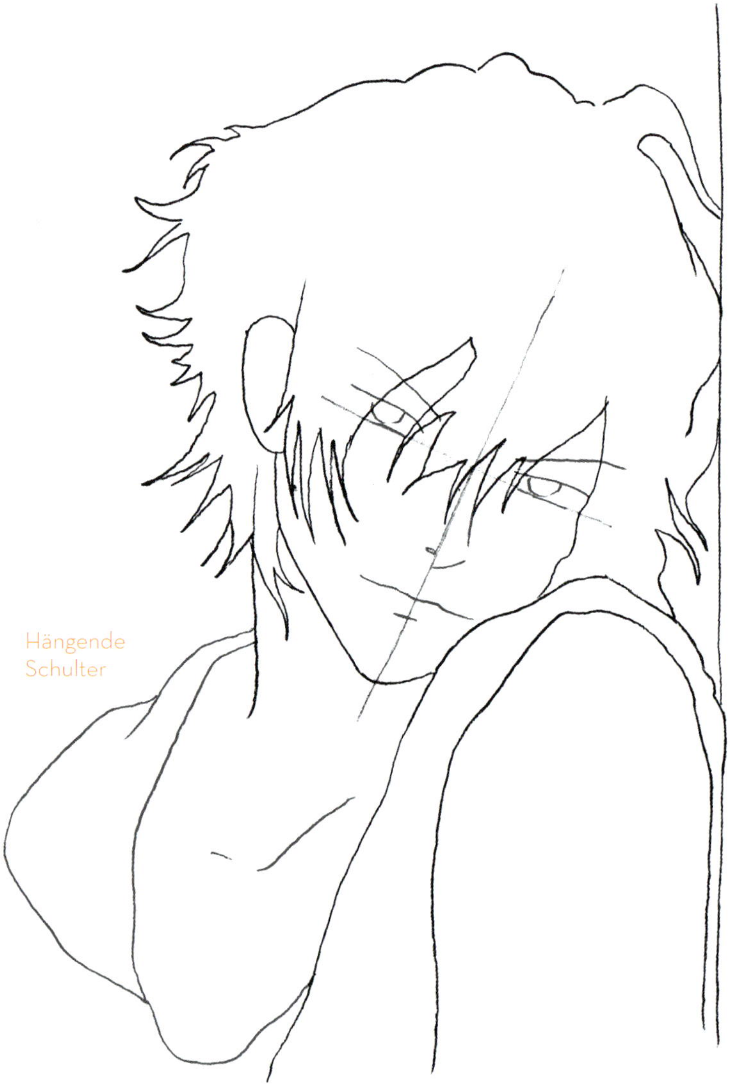

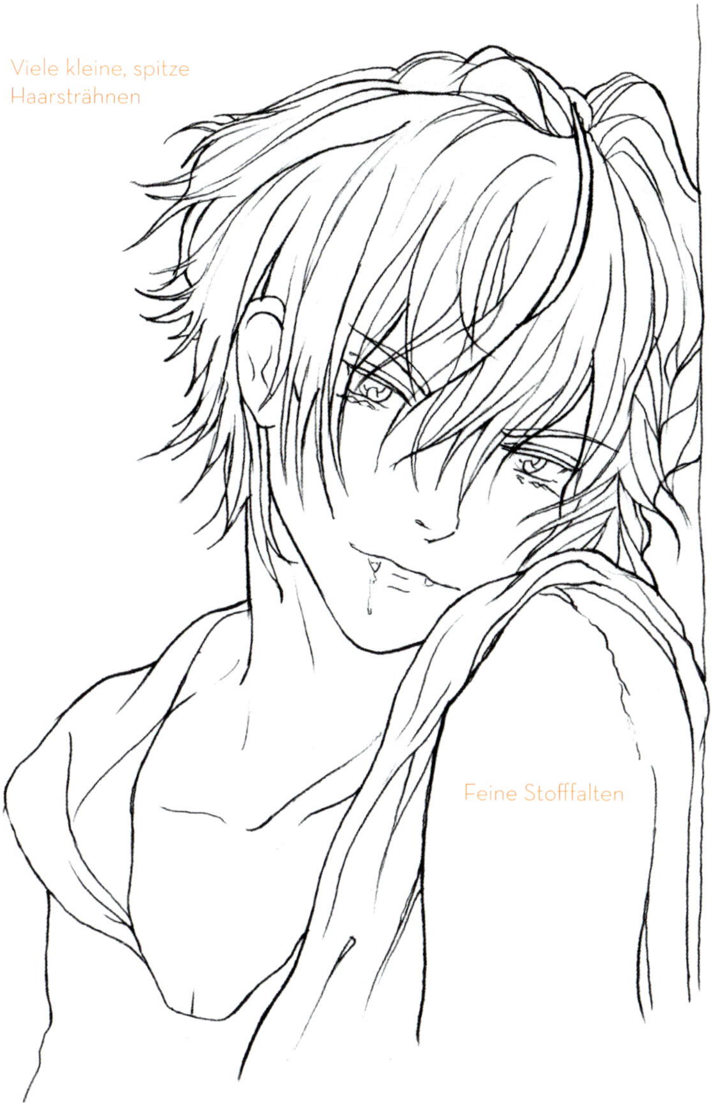

SCHRITT 3

Bei den Details der Augen ist besondere Sorgfalt angebracht. Zeichne auch die feinen, teilweise von der Mauer begrenzten Haarsträhnen und die Falten am Shirt.

SCHRITT 4

Gestalte das Shirt dunkel, ebenso die Konturen der Augen. Lasse beim Schraffieren Haare und Haut des Vampirs bewusst sehr hell, schließlich verträgt er keine Sonne.

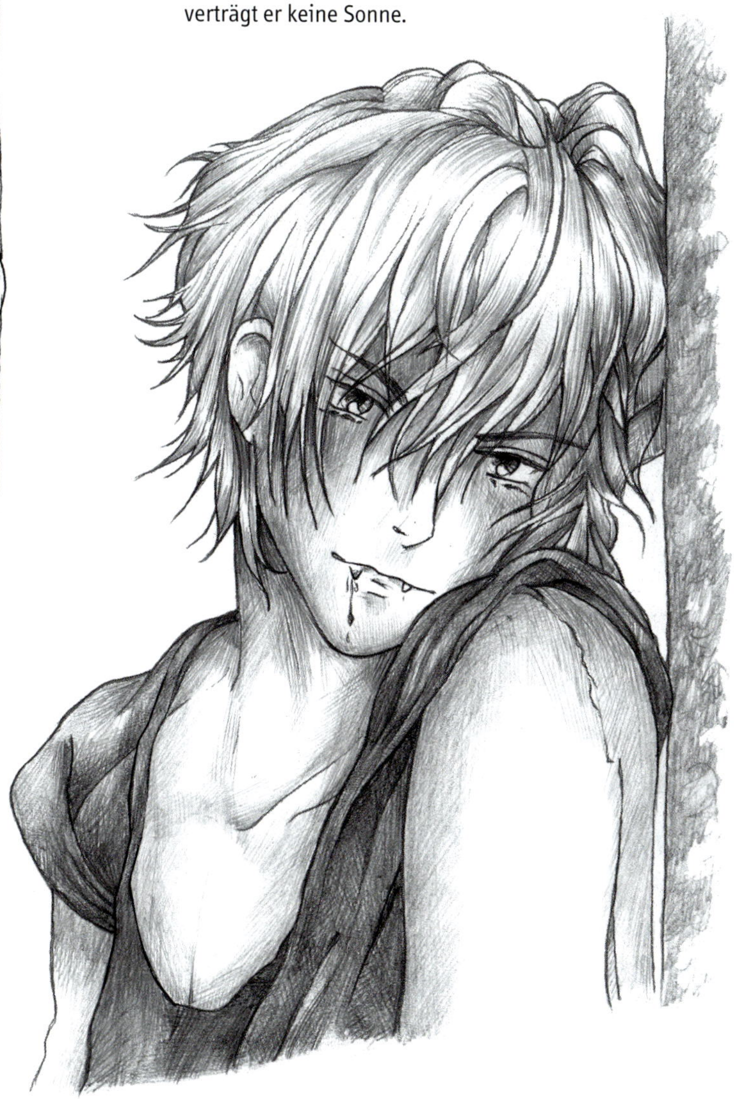

Detail

DETAIL ALS EYECATCHER

Der spitze Eckzahn mit dem herabrinnenden Blutstropfen ist nur ein kleines Detail, das aber sofort den Blick auf sich zieht.

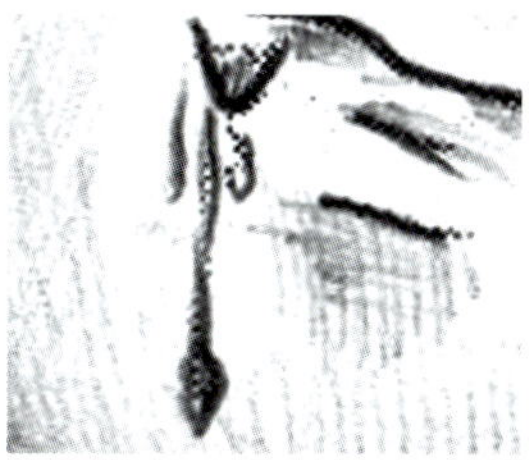

Fantasy-Ritter

Zwei Schwertkämpfern bist du in diesem Buch bislang begegnet, hier kannst du dich an einem dritten Motiv versuchen. Dieser Kämpfer nimmt keine Pose in Aktion ein, sondern steht ruhig und abwartend da. Die Figur verfügt einerseits über die typischen Accessoires eines Ritters, allerdings passt sie aufgrund einiger modischer Details eher in eine Fantasy-Welt.

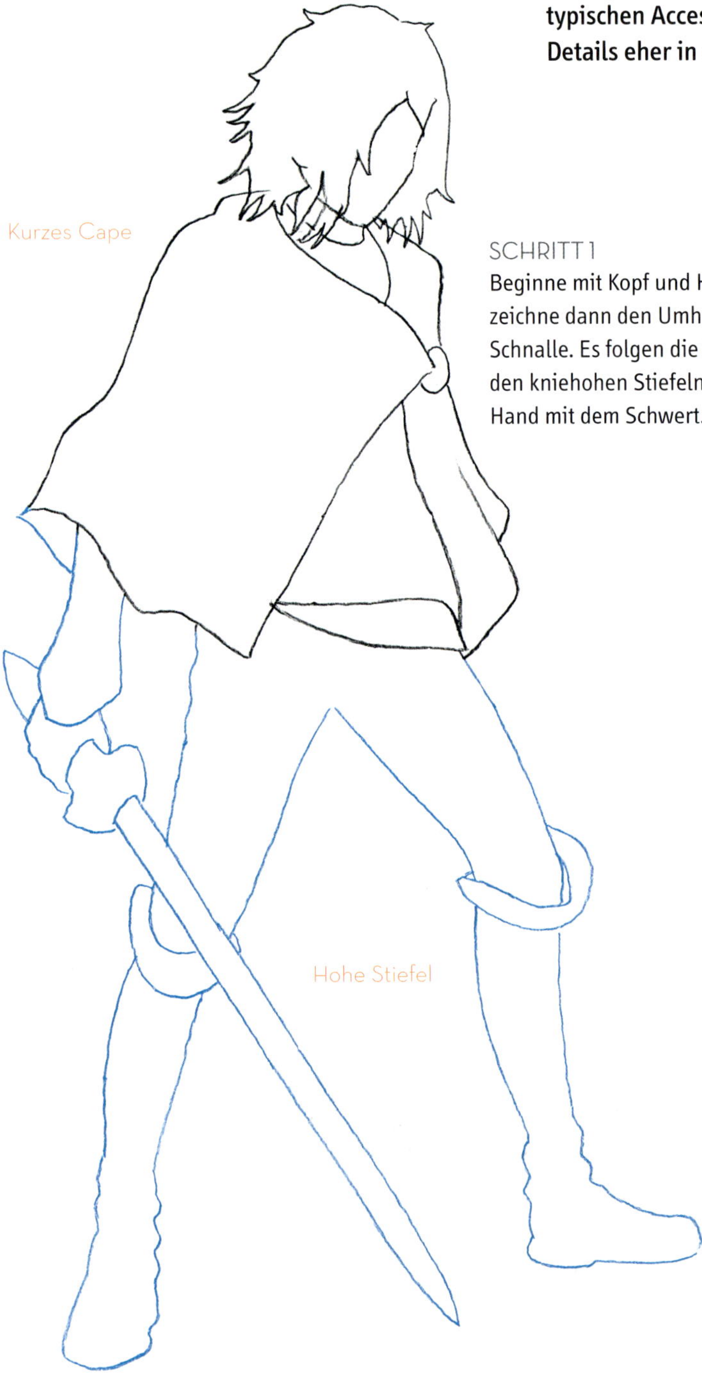

SCHRITT 1

Beginne mit Kopf und Haaren und zeichne dann den Umhang mit der Schnalle. Es folgen die Beine mit den kniehohen Stiefeln und die Hand mit dem Schwert.

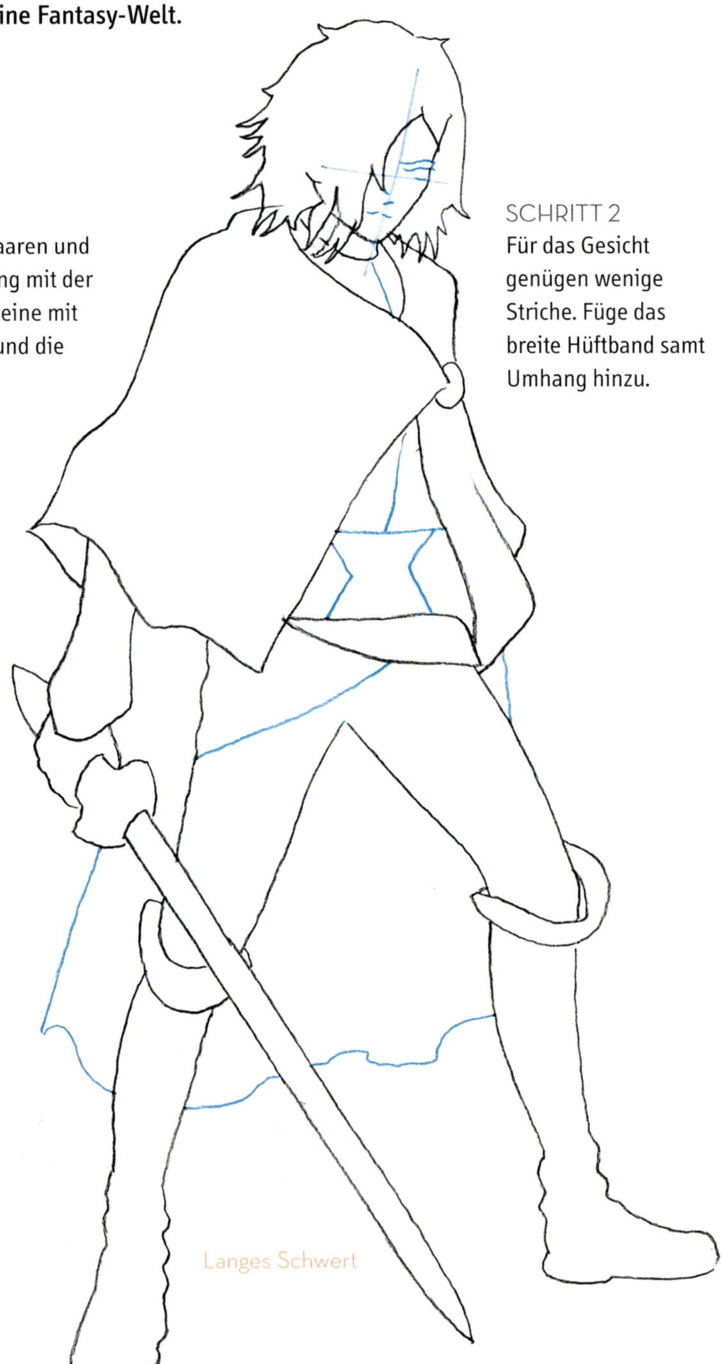

SCHRITT 2

Für das Gesicht genügen wenige Striche. Füge das breite Hüftband samt Umhang hinzu.

SCHRITT 3

Die vielen Details an den Schuhen erfordern etwas Geduld, ebenso die zahlreichen Falten an der Kleidung und die dichten Haarsträhnen. Lass deinen Kämpfer auf einer Bodenlinie stehen.

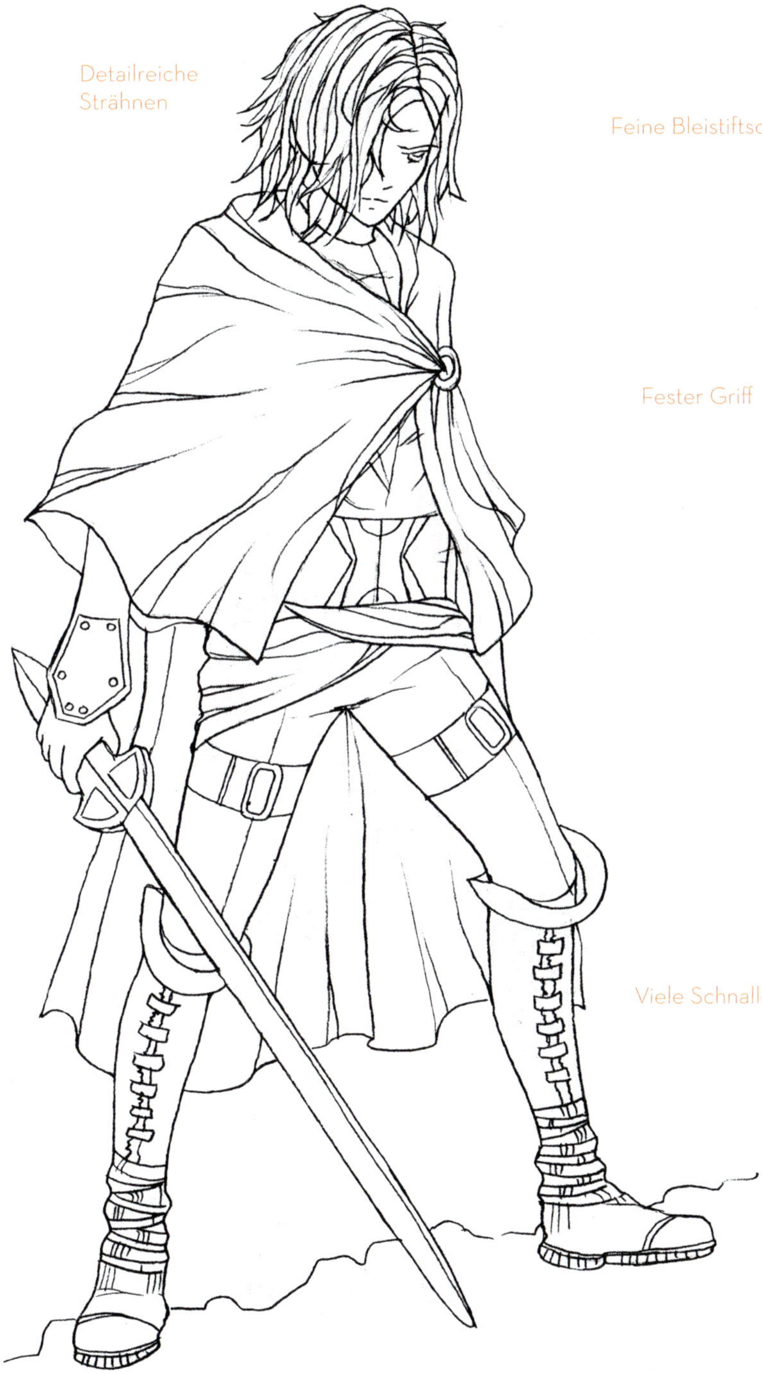

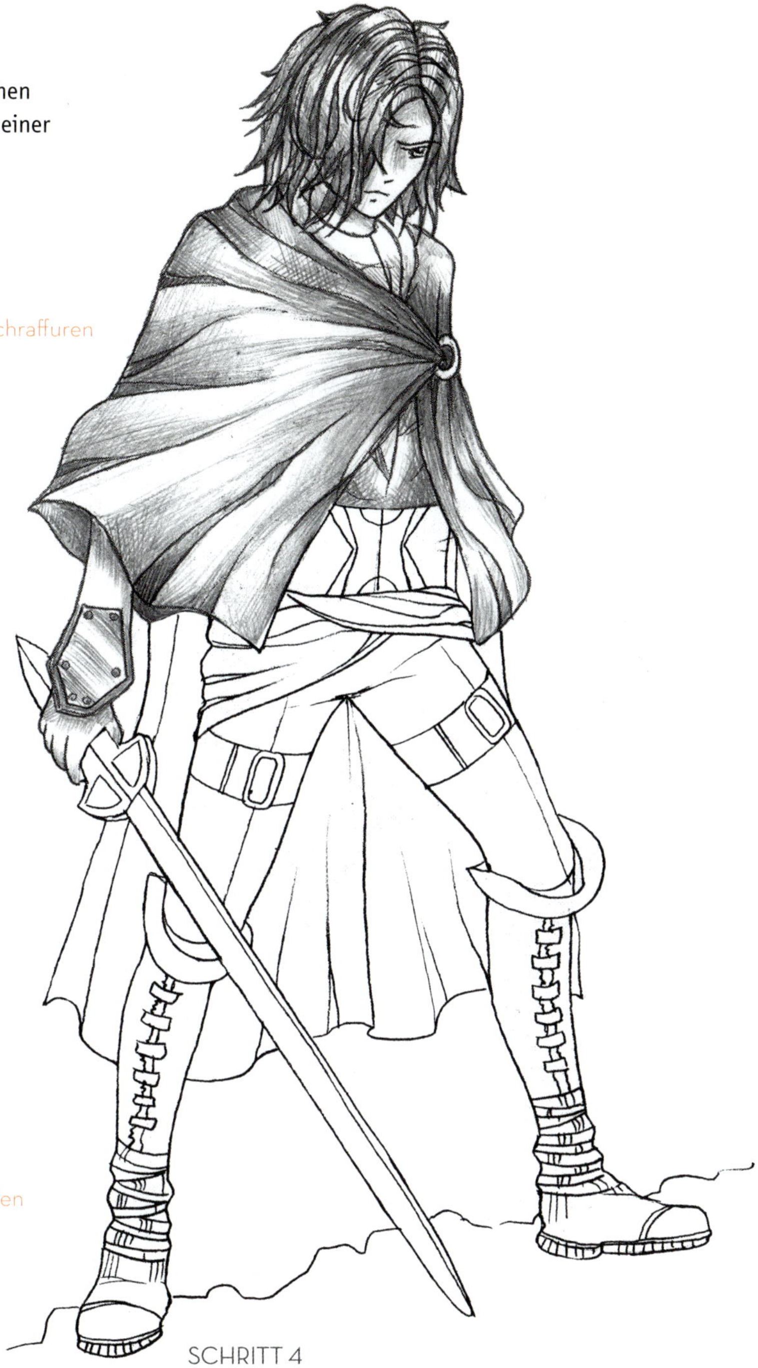

SCHRITT 4

Arbeite die Haare mit vielen, mehr oder weniger dichten Schraffuren aus. Dunkle und hellere Partien wechseln sich ab. Gestalte dann den oberen Bereich der Figur mit ersten, feinen Schraffuren.

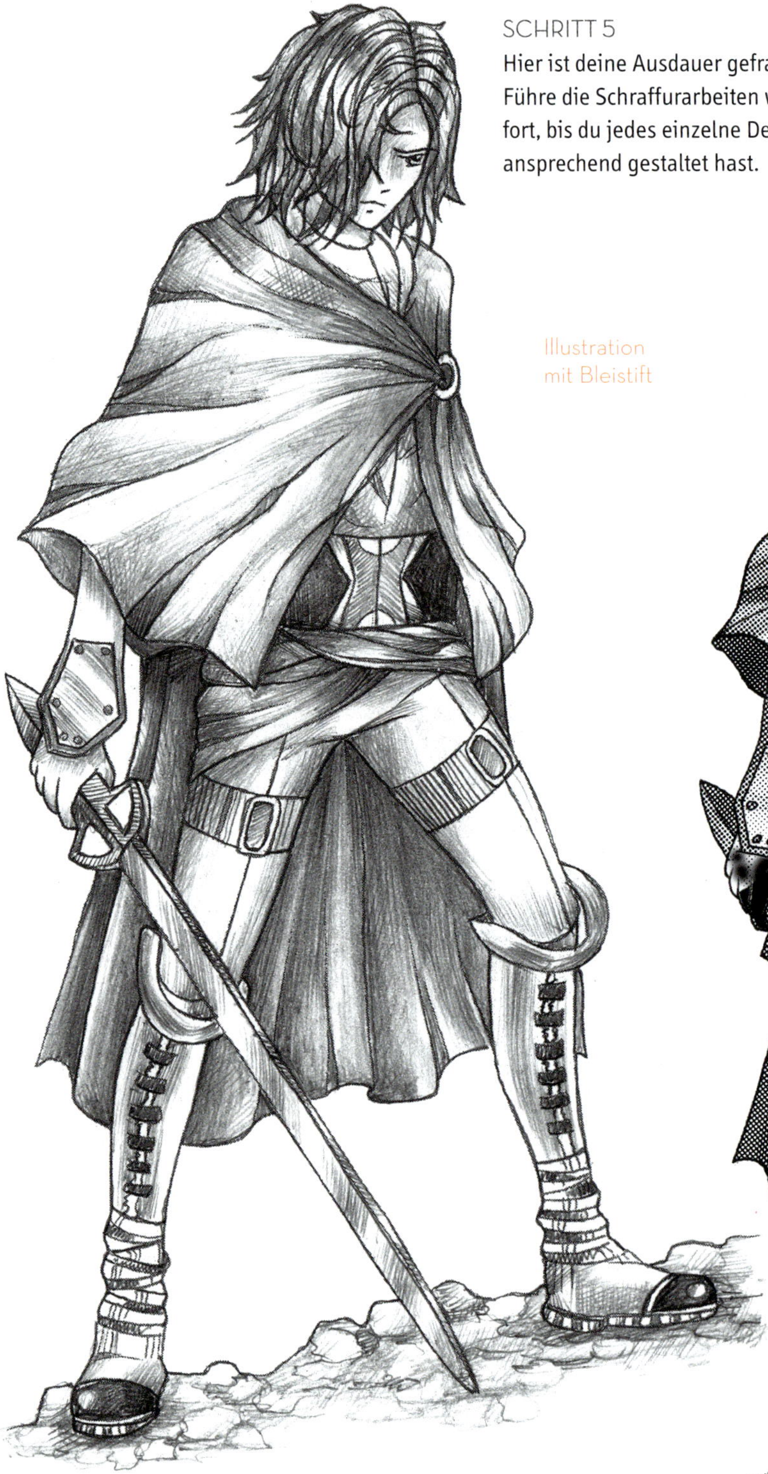

SCHRITT 5

Hier ist deine Ausdauer gefragt: Führe die Schraffurarbeiten weiter fort, bis du jedes einzelne Detail ansprechend gestaltet hast.

Illustration mit Bleistift

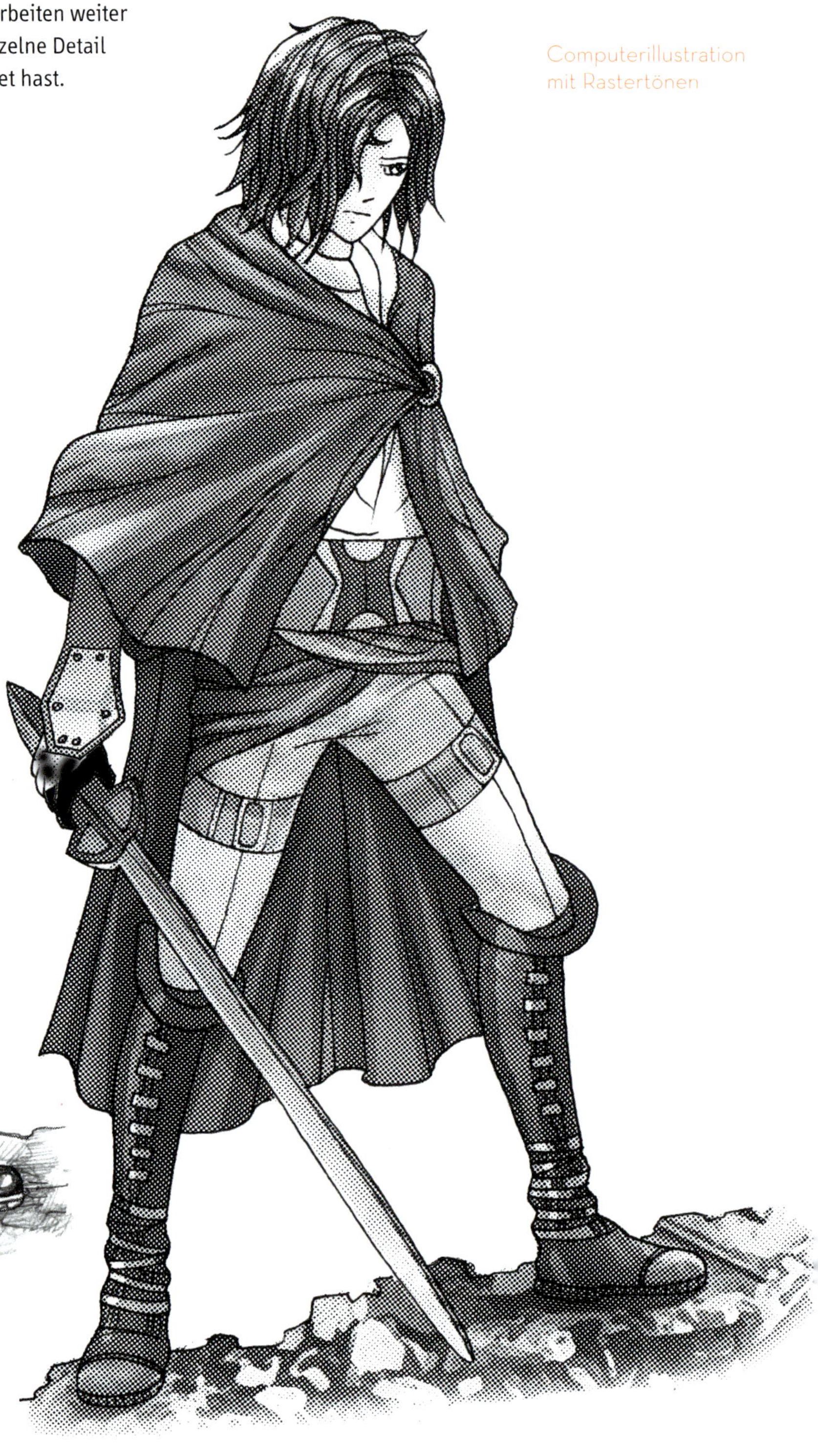

Computerillustration mit Rastertönen

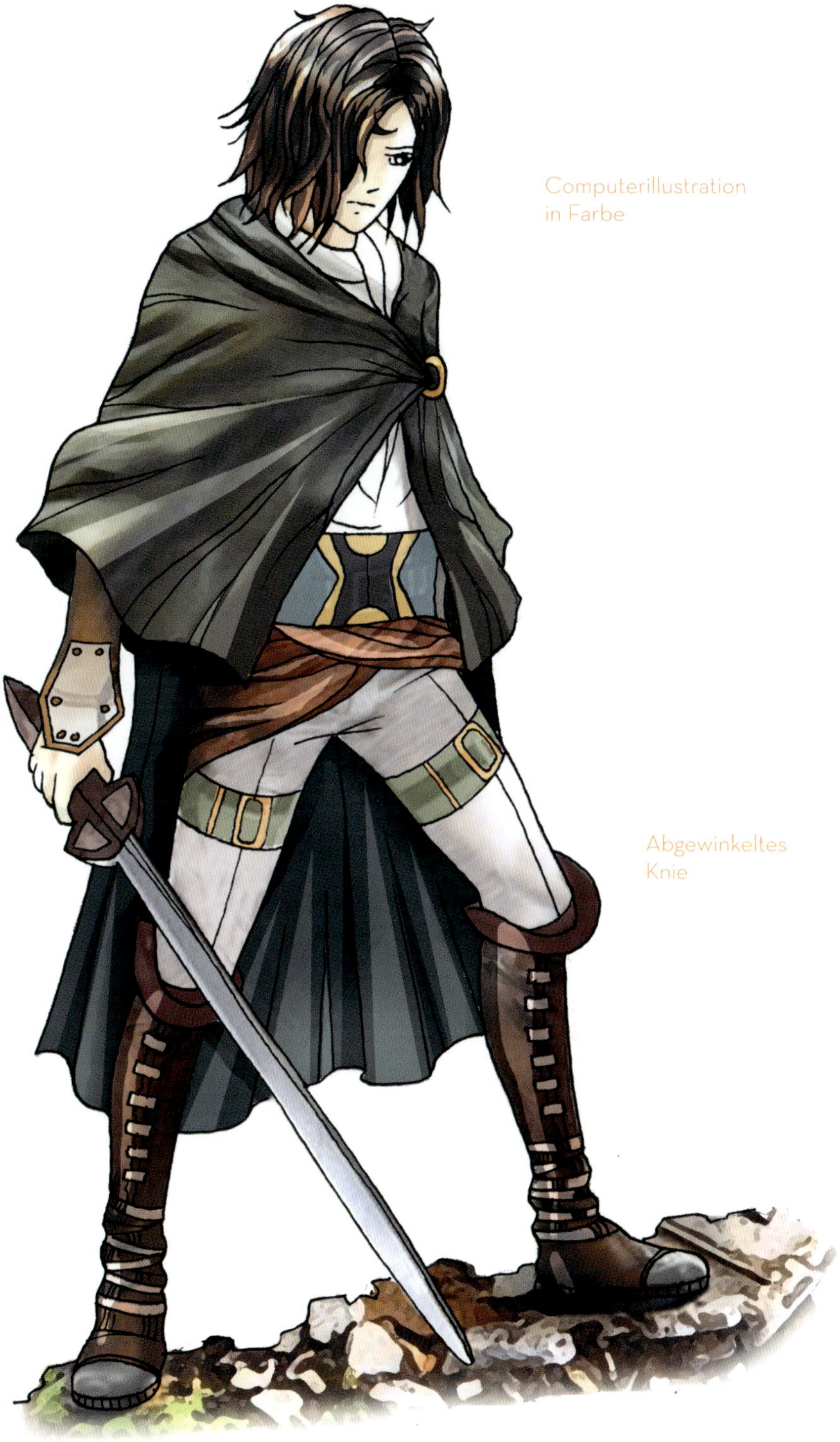

Computerillustration in Farbe

Abgewinkeltes Knie

Detail

GERAFFT

An der Kleidung gibt es immer wieder Stellen, an denen Faltenwürfe gehäuft und dicht auftreten können – wie hier an der Spange, die alles zusammenhält. Achte an diesen Stellen auf den Verlauf der Falten in eher horizontaler Richtung.

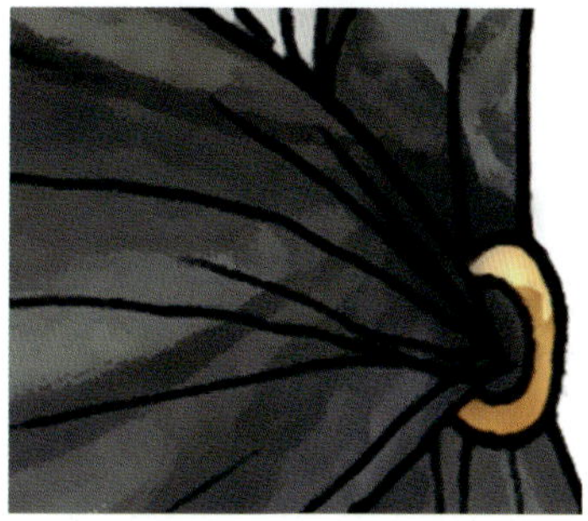

VARIANTEN

Dieses Motiv wurde sowohl in Graustufen mit Bleistift als auch in Graustufen durch Rastertöne und in einer farbigen Illustration am Computer ausgearbeitet. Wenn du Zeit und Lust hast, versuche dich doch mal an allen drei Versionen, um den direkten Vergleich zu haben.

Der Tierfreund

In vielen Mangas spielen auch Tiere eine größere Rolle. Oftmals sind es keine realistischen Tiere, sondern Fabelwesen, die aus entsprechenden Fantasiewelten stammen. Wir beschäftigen uns hier dennoch mit einem sehr konkreten Tier, nämlich einem Hund. Ganz offensichtlich sind er und sein Herrchen beste Freunde, wofür der glückliche Gesichtsausdruck des Jungen spricht und die Begeisterung des Hundes, der sich wohlig in dessen Arme kuschelt.

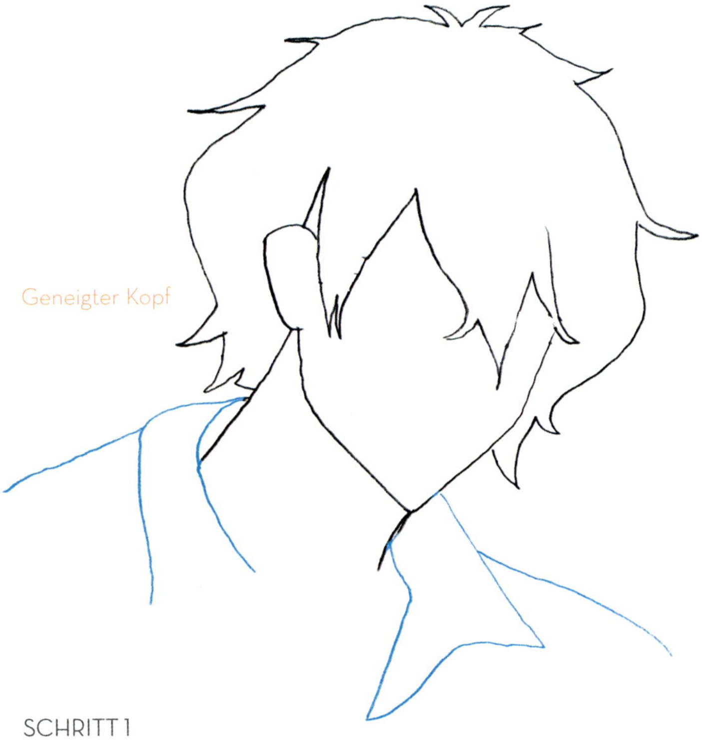

SCHRITT 1
Zeichne die Kontur des Halses, dann Kinn und Wangen, das Ohr und die Umrisse der Haare. Es folgen der Hemdkragen und die Armansätze.

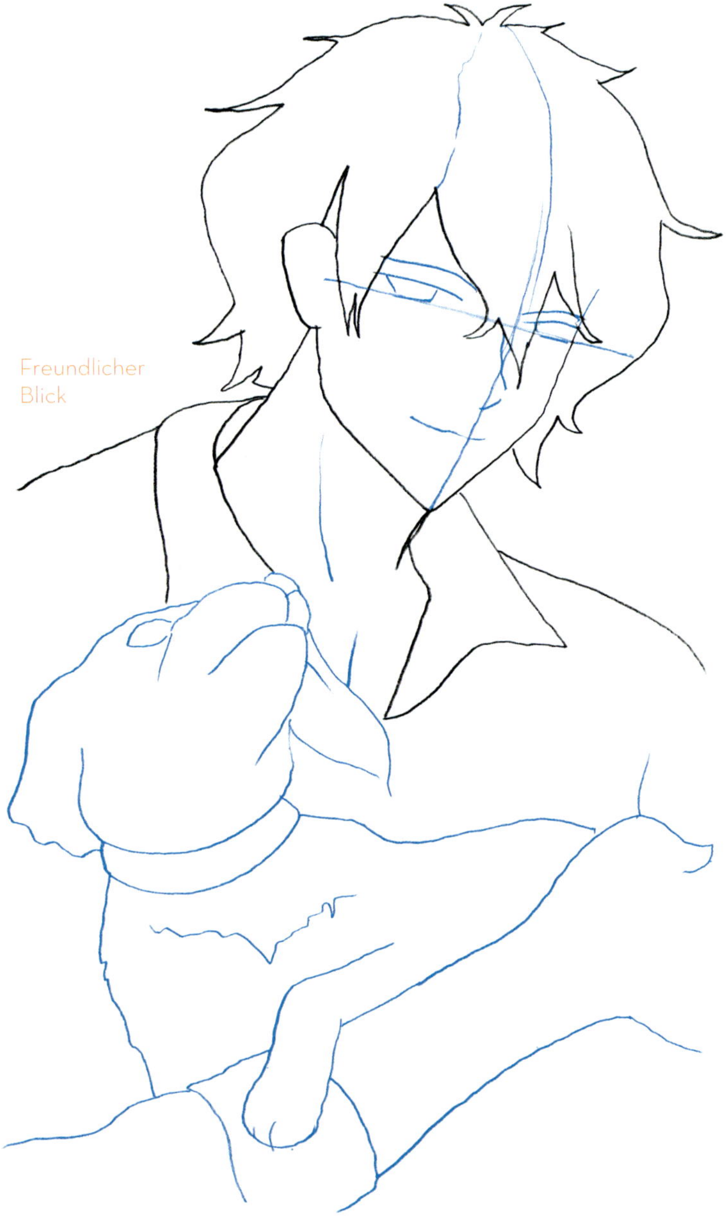

SCHRITT 2
Zeichne das Gesicht des Jungen auf Basis der Hilfslinien. Der nach oben blickende Hund ist eine kleine zeichnerische Herausforderung. Orientiere dich an der Vorlage und zeichne den Hundekörper mit der herabhängenden Pfote und das Halsband. Vergiss nicht den Arm, der den Hund hält.

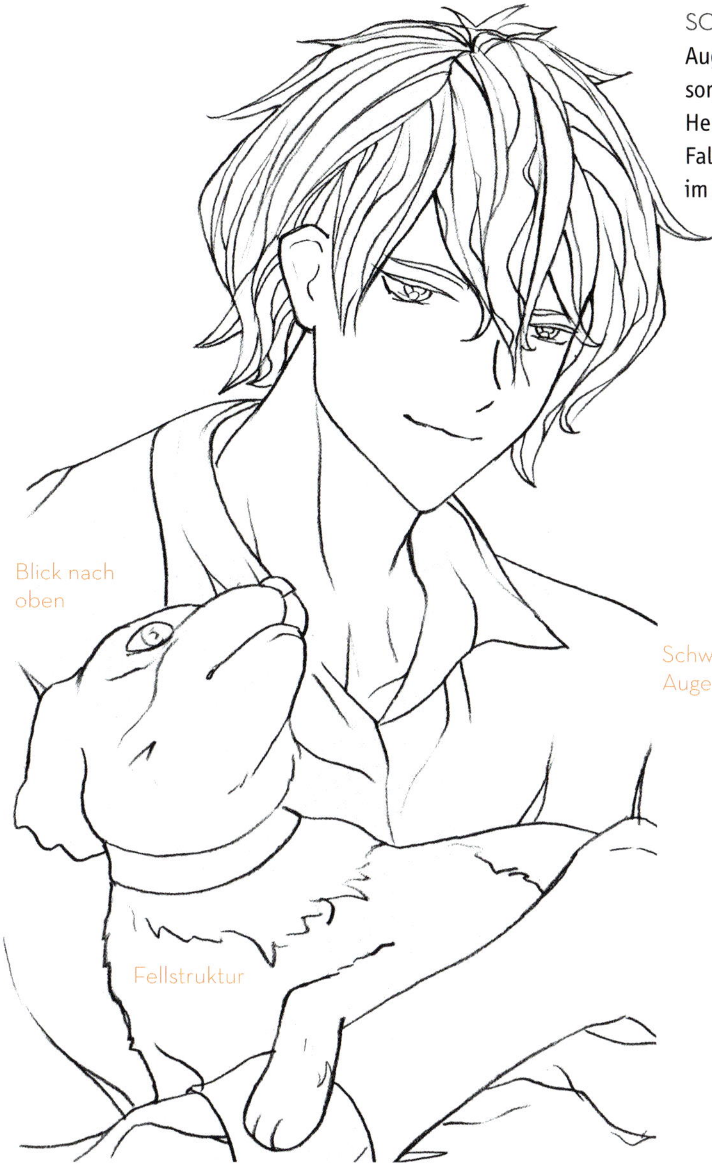

SCHRITT 3

Augen und Frisur werden sorgfältig ausgearbeitet. Das Hemd benötigt noch ein paar Falten. Deute erste Strukturen im Fell des Hundes an.

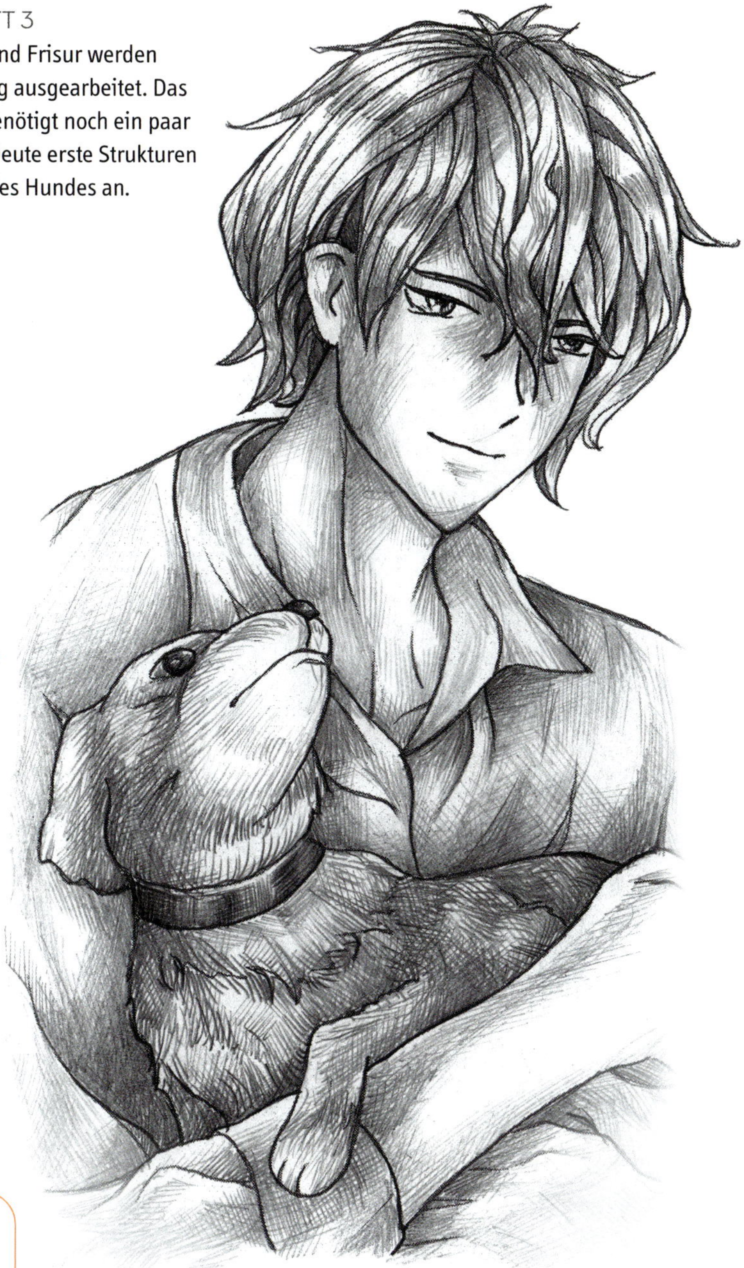

Detail

BLICK NACH OBEN

Der Hund schaut nach oben zu seinem Herrchen. Diese Perspektive ist nicht einfach – hier bietet der in seinen Proportionen gut überschaubare Hundekopf eine gute Möglichkeit, eine solche Ansicht zu üben.

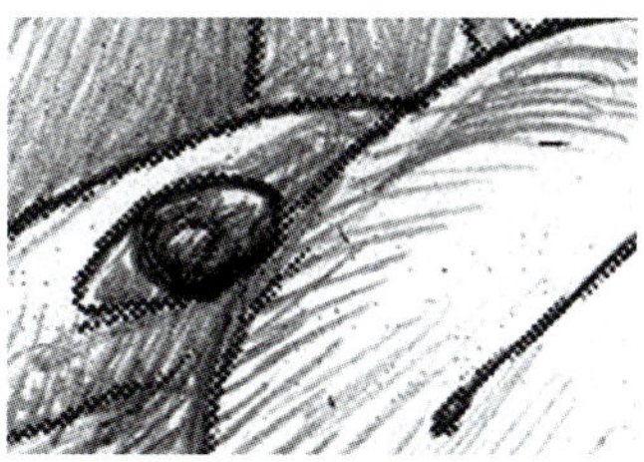

SCHRITT 4

Arbeite das Fell des Hundes mit feinen Schraffuren aus. Achte darauf, dass die Linien den Verlauf des Fells wiedergeben. Das Hundehalsband wird dunkel, während Haare, Gesicht und Hemd des Hundebesitzers eher hell gestaltet sind.

Mystery Boy

Auf den ersten Blick sieht dieses Porträt eines Shōnen mit langen Haaren recht einfach aus, doch es hat zeichnerisch seine Tücken. Denn während man Schulter und Arm von der Seite sieht, ist der Kopf leicht aus dem Profil ins Halbprofil gedreht. Dazu wird auch noch ein Auge von langen Haarsträhnen verdeckt. Wagst du dich an das Motiv?

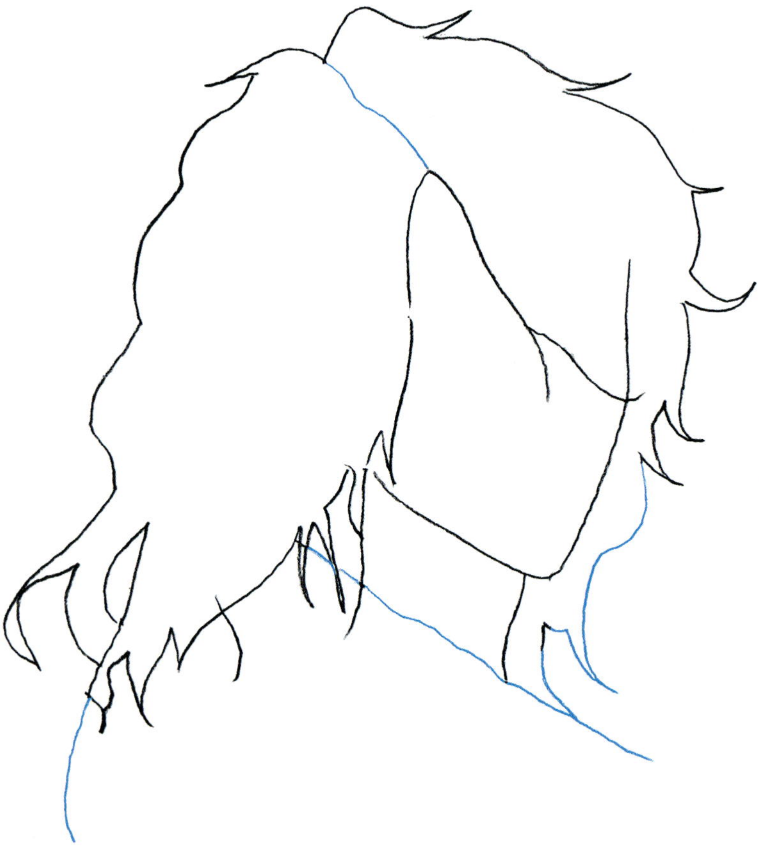

SCHRITT 1
Zuerst sind die Konturen des Halses, des Kinns und die Umrisse der langen Haare an der Reihe, gefolgt von weiteren Haarsträhnen im Hintergrund und der oberen Kontur des Arms.

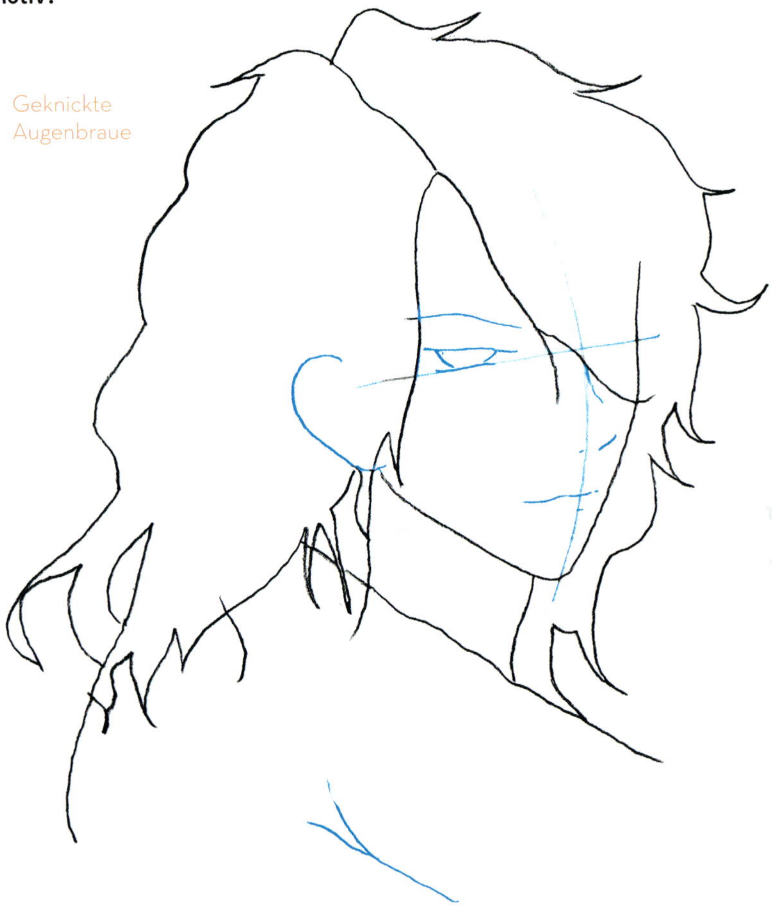

SCHRITT 2
Um das Auge, den Mund und die Nase richtig zu positionieren, sind die Hilfslinien sehr wichtig. Füge das sichtbare Ohr und die untere Kontur des Oberarms hinzu.

SCHRITT 3

Arbeite den Faltenwurf am Shirt und vor allem die langen, gewellten Haarsträhnen sorgfältig aus.

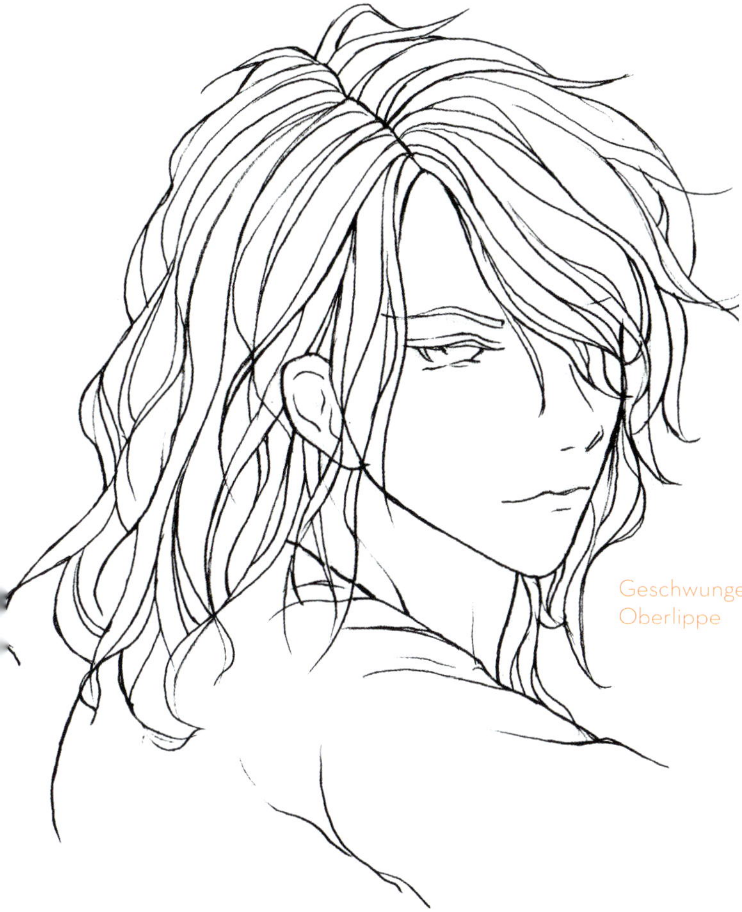

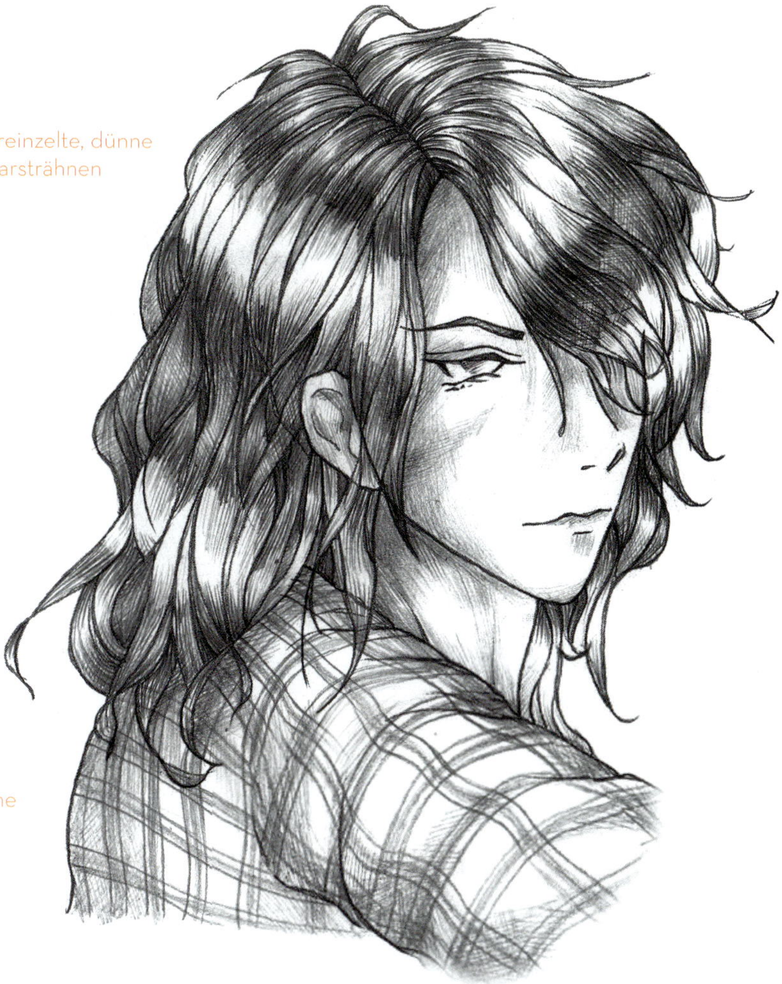

SCHRITT 4

Achte bei der Ausarbeitung der Haare auf die wechselnden Hell-Dunkel-Partien, die für Lebendigkeit sorgen. Das karierte Muster des Hemds ist dagegen einfach zu zeichnen.

Info

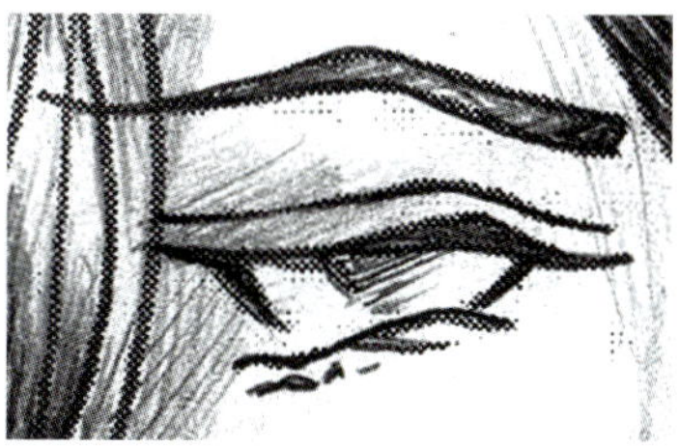

GEHEIMNISVOLLER BLICK

Bei der Gestaltung des Auges wurde sowohl auf eine Pupille verzichtet als auch auf Glanzpunkte. Eine kleine Schraffur, die Iris und Pupille zusammen andeutet, erzeugt diesen verhangenen, geheimnisvollen Blick.

Topmodel

Die Modebranche ist stark auf ein weibliches Publikum ausgerichtet und die berühmten und hochbezahlten Topmodels sind meistens Frauen. Doch dieser Typ könnte vielleicht mit ihnen konkurrieren. Perfekt und lässig gestylt präsentiert er seinen Look – öffnet mit einer Handbewegung die Freizeitjacke, um das gestreifte Shirt mit V-Ausschnitt besser zur Geltung zu bringen.

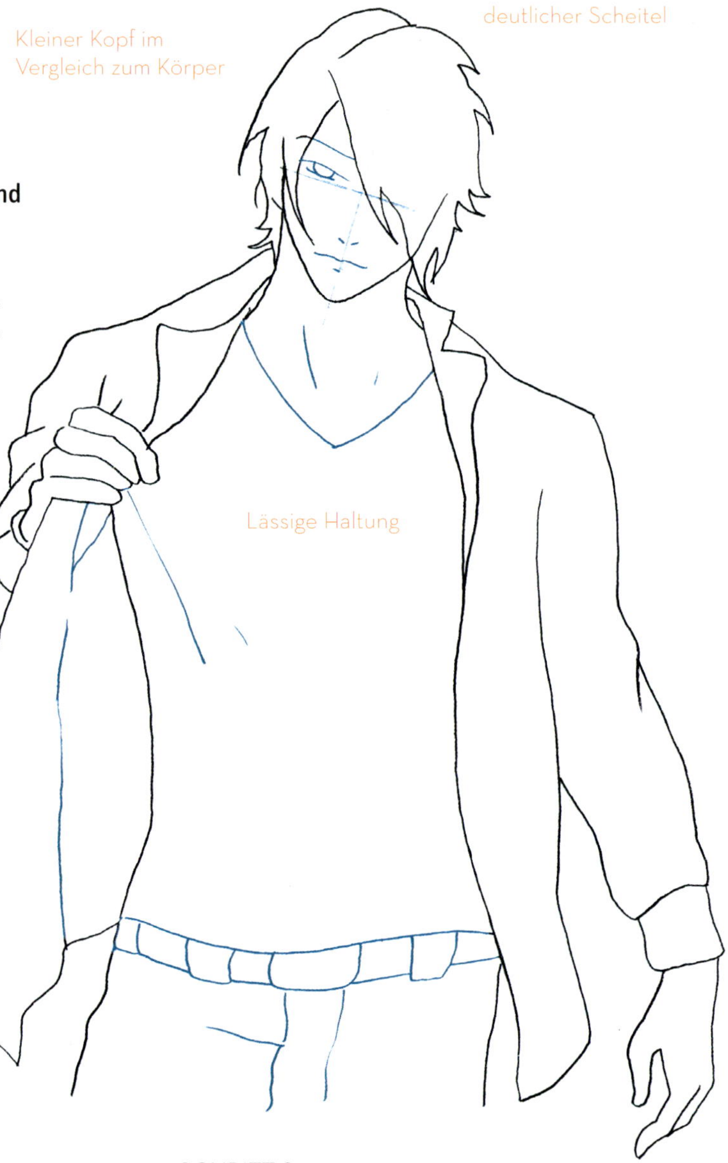

SCHRITT 2
Zeichne Augen, Nase und Mund ein und ergänze den V-Ausschnitt des Shirts sowie die Hose mit dem Gürtel.

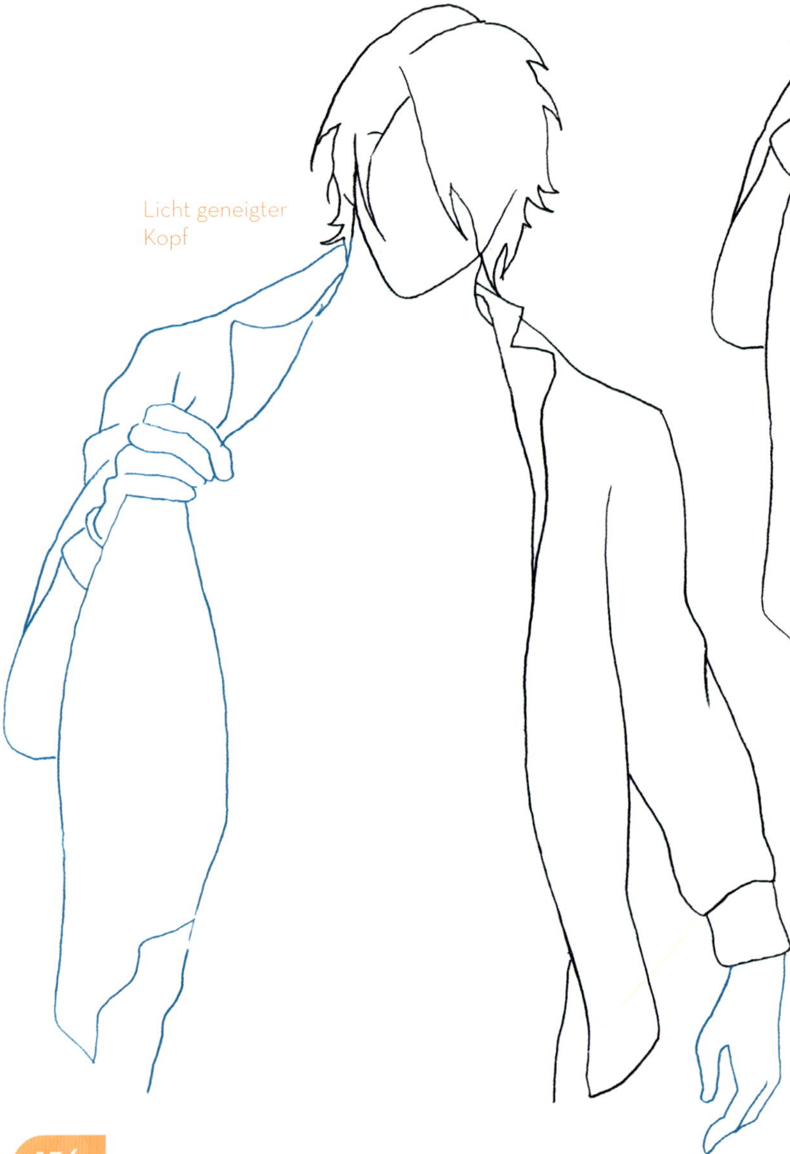

SCHRITT 1
Beginne mit dem Kinn und den Haaren. Zeichne die vom Betrachter aus rechte Seite der Jacke, gefolgt von der linken Seite und den beiden Händen.

Wichtig

Achtung, das Detail zeigt einen wichtigen Aspekt bei der Gestaltung von Oberflächen und Mustern! Denn die Linien des Shirts verlaufen nicht einfach nur gerade und parallel, sie folgen vielmehr den Wölbungen des Faltenwurfs, auch wenn dieser noch so fein ist.

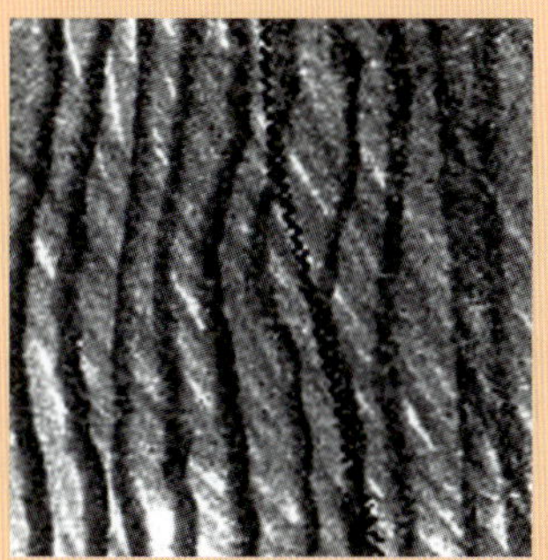

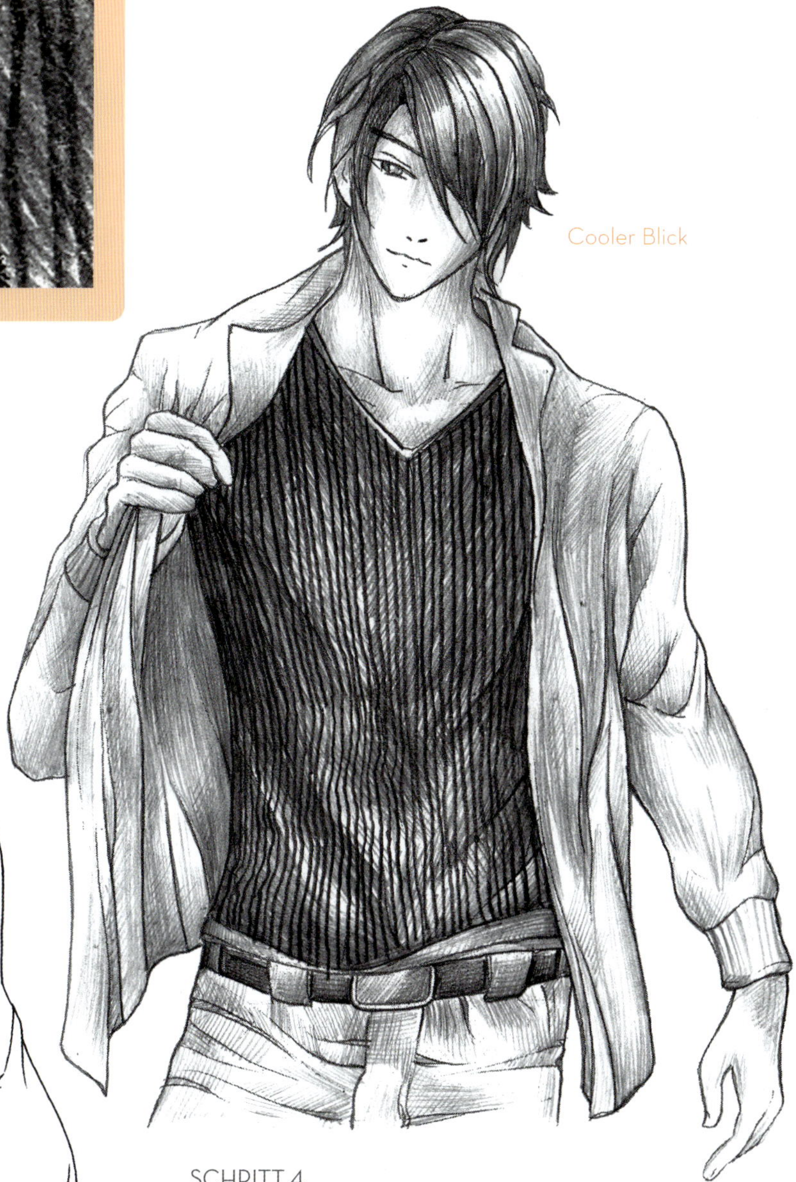

SCHRITT 3

Zeichne für die Frisur noch mehr Haarsträhnen ein. Die lässige Kleidung wirft viele Falten, die dort, wo die Hand den Stoff der Jacke rafft, besonders dicht sind.

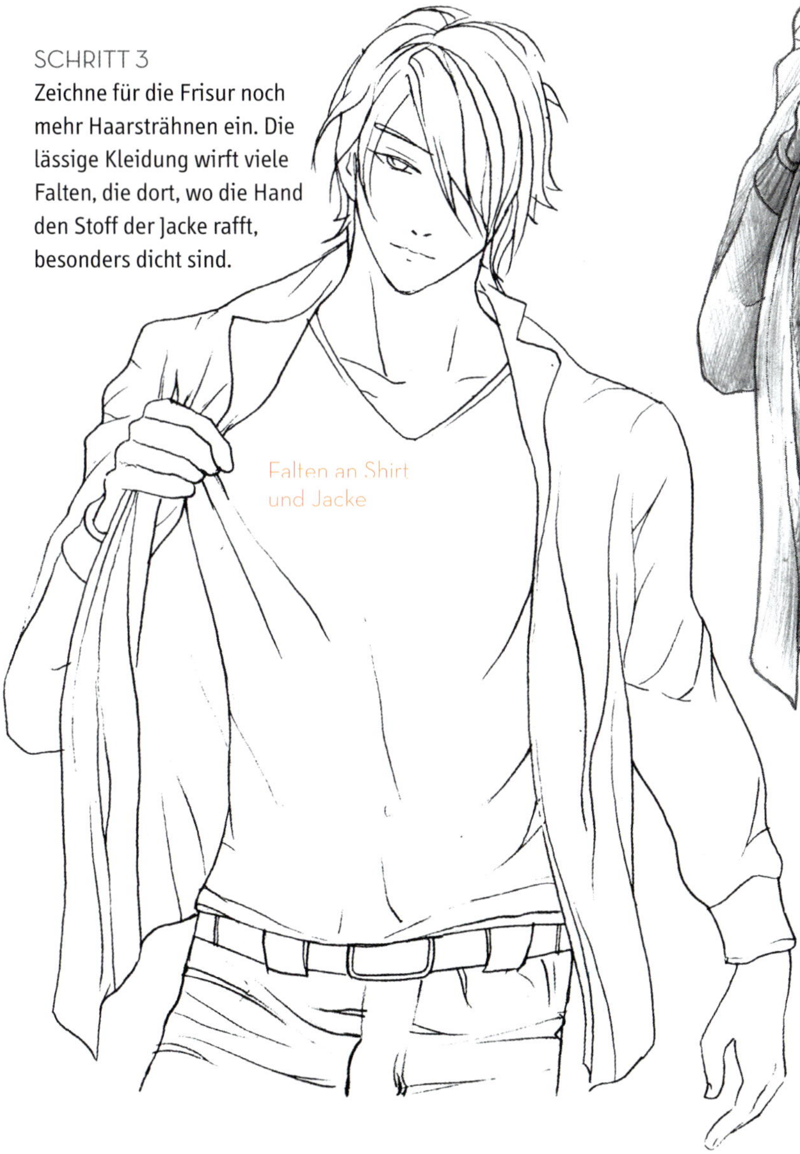

SCHRITT 4

Das Motiv lebt vom Kontrast des dunklen Shirts und der dunklen Haare zur hellen Jacke, dem hellen Gesicht und der hellen Hose. Das Streifenmuster des Shirts zu gestalten, ist eine fast schon meditative Aufgabe.

Kaffee oder Tee?

Erinnerst du dich noch an die Handstudien aus dem Manga-Basics-Kapitel? Auch da war eine Hand mit einer Tasse zu sehen, allerdings in einer anderen Pose. Hier wird nun ein richtiges Motiv daraus, nämlich das eines Genießers, der sich gerade eine Pause mit seinem Lieblingsgetränk gönnt. Wenn du heute bereits viel gearbeitet oder gezeichnet hast, dann gönne dir doch ebenfalls eine kleine Pause.

SCHRITT 1

Beginne wie immer mit der Form des Kinns, gefolgt von der Kontur der Haare mit den kleinen Haarspitzen und der grob skizzierten Jacke. Füge dann die Finger mit der Tasse hinzu und auch den Kragen des Pullovers.

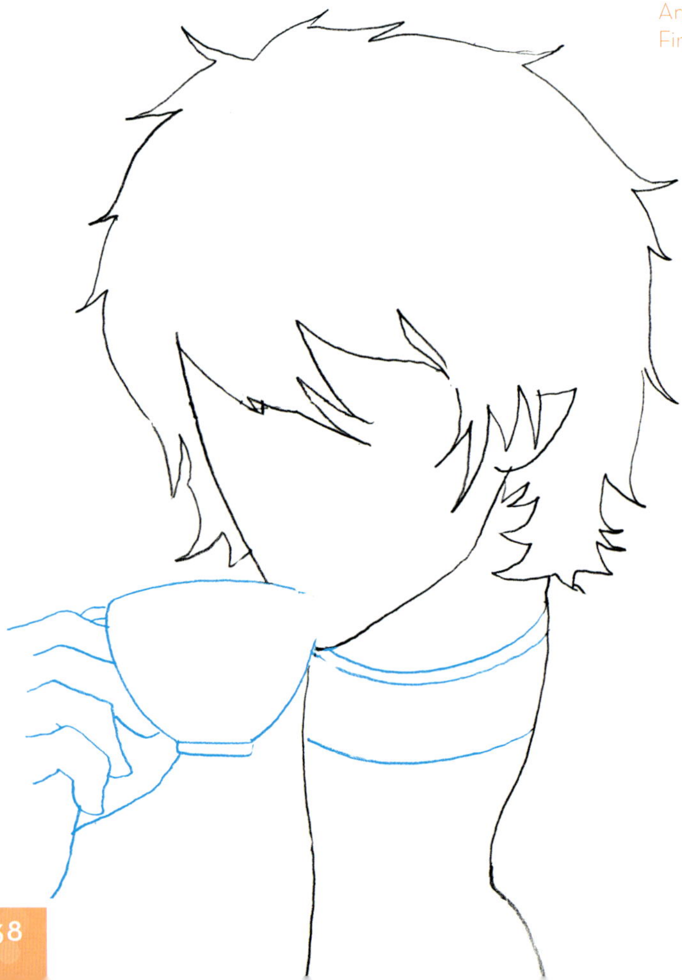

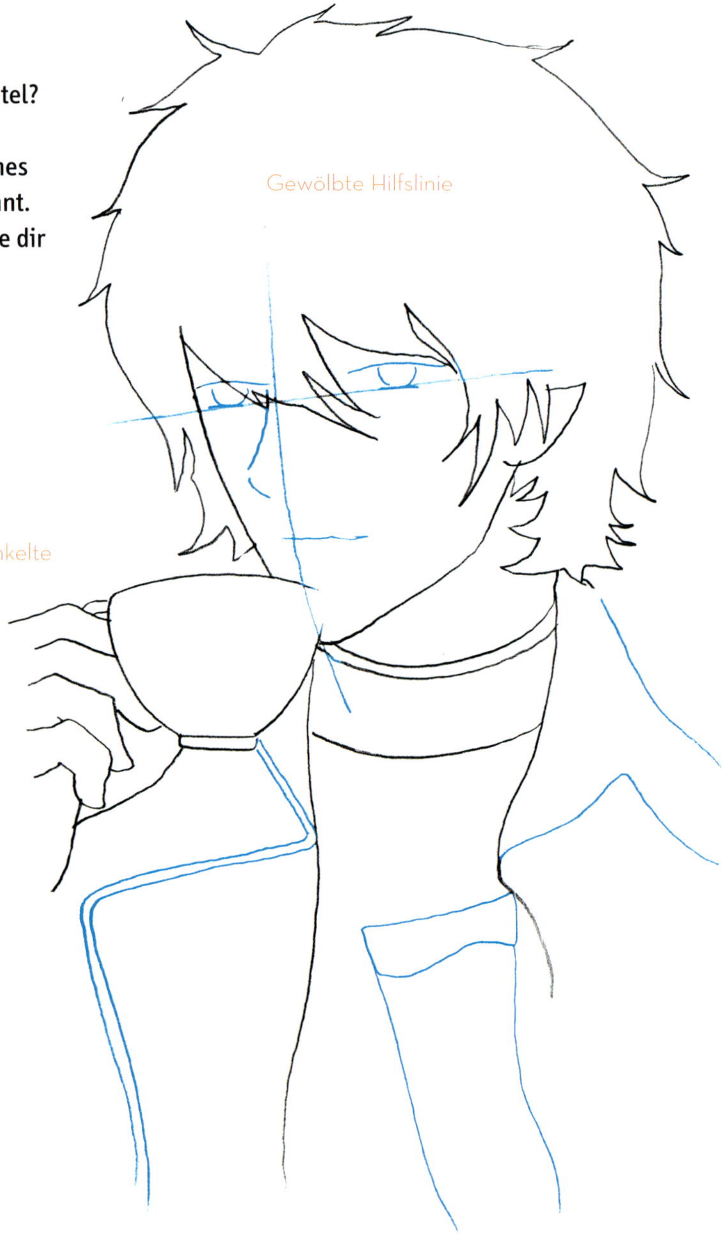

SCHRITT 2

Orientiere dich bei der Platzierung von Augen, Nase und Mund an der leicht gewölbten, vertikalen Hilfslinie. Skizziere die Revers der Jacke.

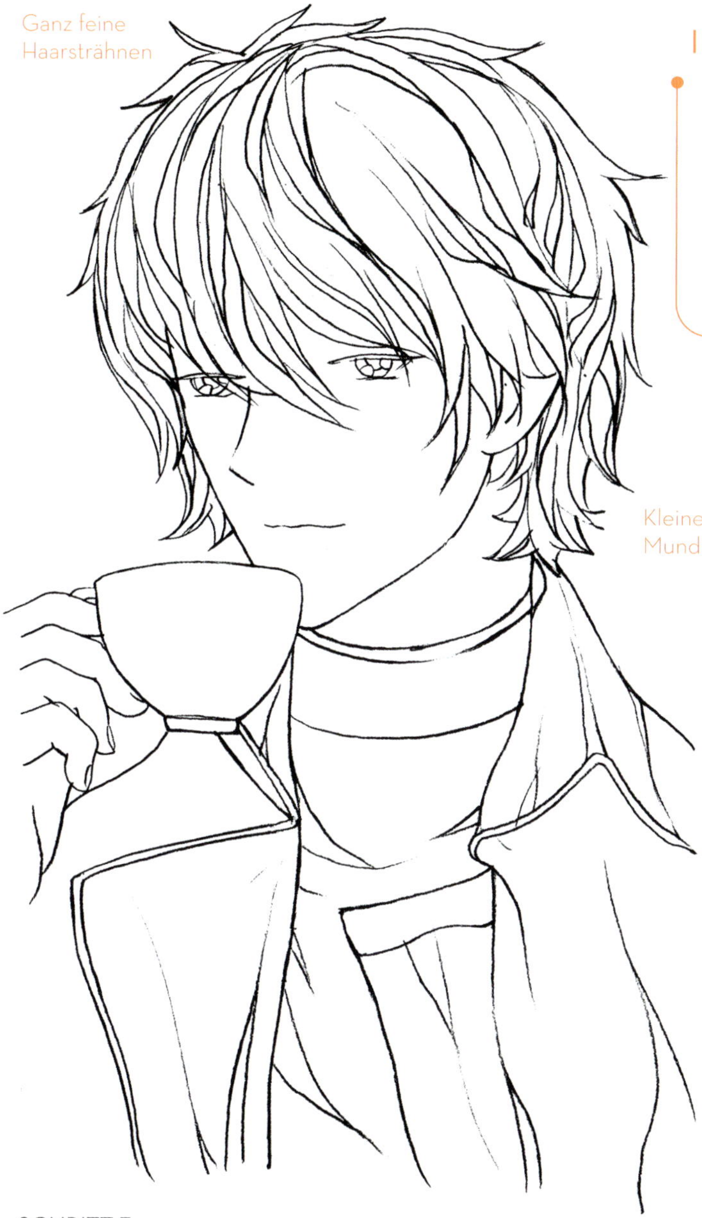

Info

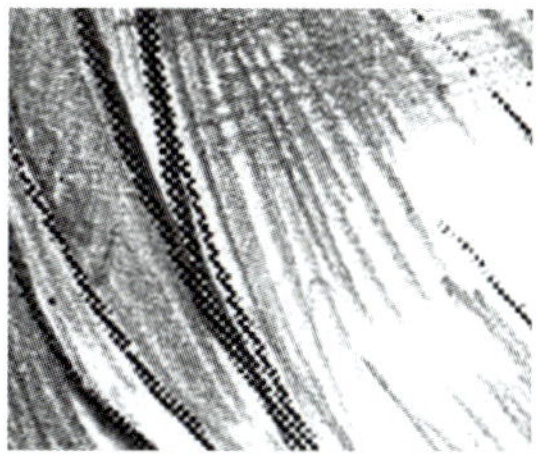

SPIEL MIT DEM LICHT

Im Gegensatz zu vielen anderen Motiven wurden hier die Haarspitzen zum Gesicht hin hell gelassen, dafür sind die Haare am Oberkopf dunkler. Dadurch scheint das Licht eher auf das Gesicht zu fallen und nicht von oben auf die Haare.

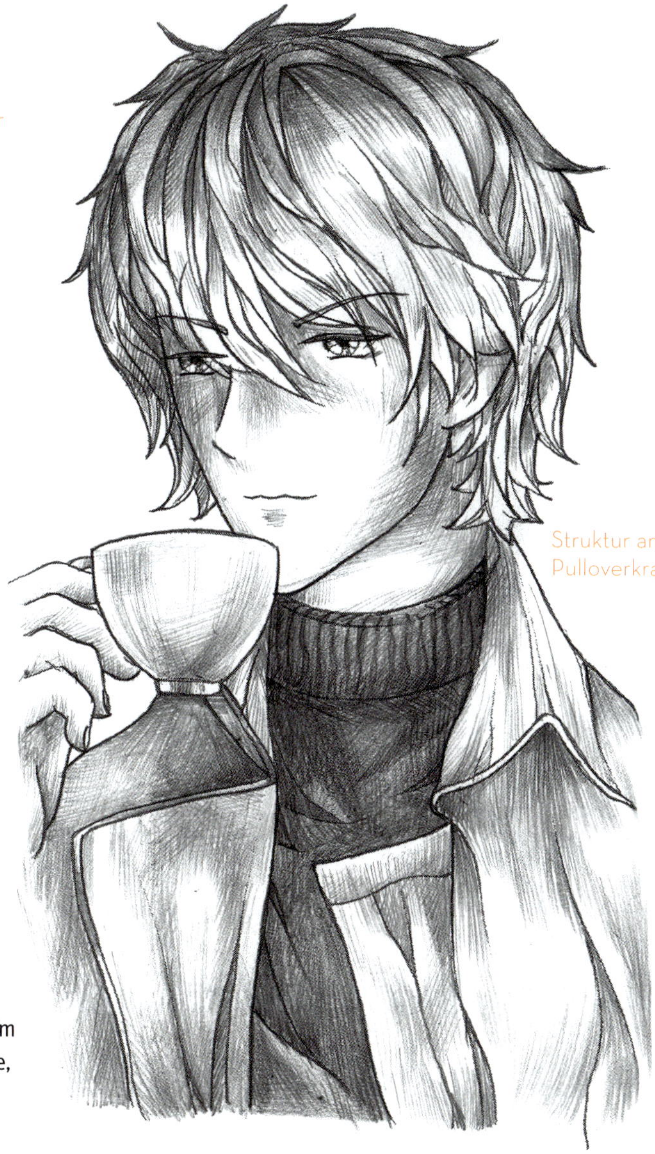

SCHRITT 3

Widme dich nun den Details der Augen und der Frisur. Schau, wo sich an der Kleidung noch Falten befinden.

SCHRITT 4

Arbeite den dunklen Pullover mit Schraffuren im Kontrast zu der hellen Jacke aus. Auch die Tasse, das Gesicht und Teile der Haare sind hell.

Vielleicht ein Held

Im Gegensatz zu dem Motiv auf Seite 136/137 ist dieser Junge alles andere als ein Topmodel. In ganz normalen Straßenklamotten sitzt er da, den Kopf in die Hand gestützt. In vielen Shōnen-Mangas sind es aber genau diese „normalen“ Jungs, die eine zentrale Rolle spielen, denn sie bergen meist irgendein Geheimnis. Der eine kann sich vielleicht in einen Superhelden verwandeln, der andere hat außergewöhnliche sportliche Fähigkeiten. Was kann dein „normaler“ Alltags-Held?

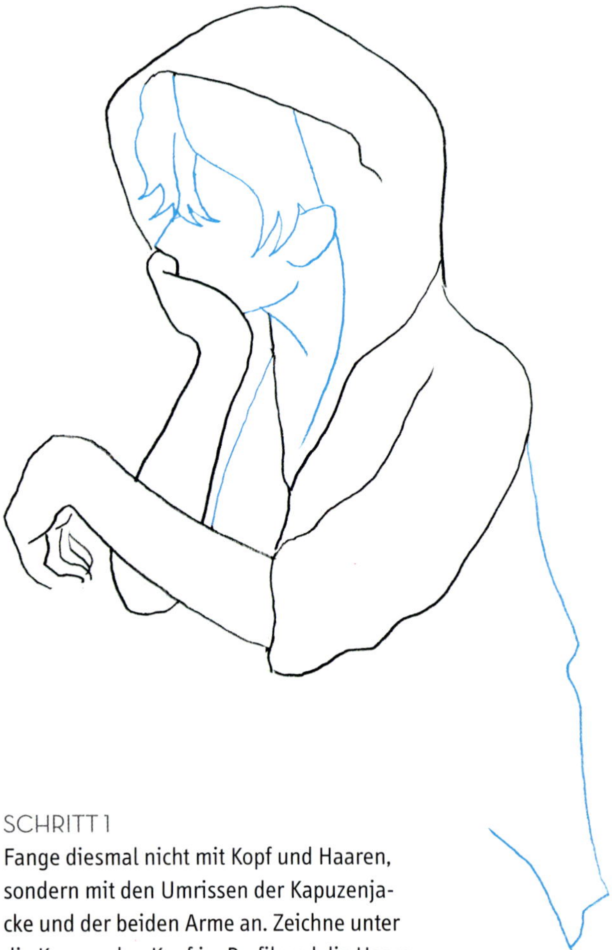

SCHRITT 1

Fange diesmal nicht mit Kopf und Haaren, sondern mit den Umrissen der Kapuzenjacke und der beiden Arme an. Zeichne unter die Kapuze den Kopf im Profil und die Haare und ergänze die Linie des Rückens.

SCHRITT 2

Ergänze mit wenigen Strichen das sichtbare Auge. Die Beine sind angewinkelt – eine nicht ganz leichte Pose. Denke an die Schuhe.

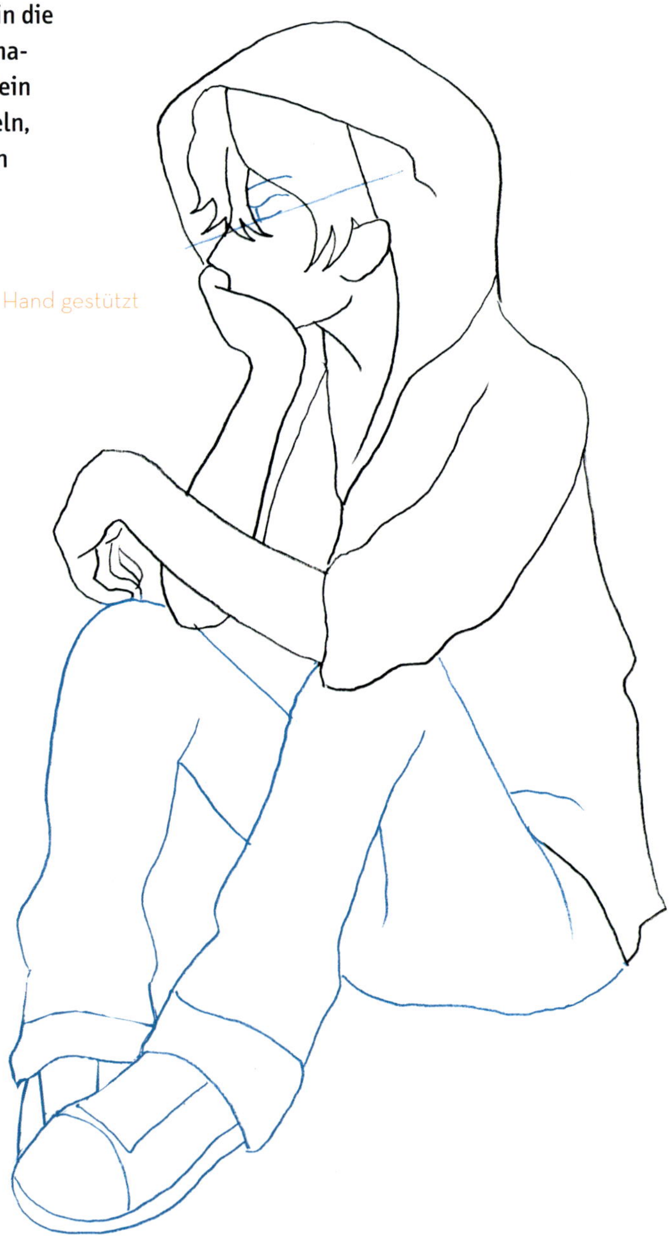

SCHRITT 3

Der Junge ist sehr schlank, deshalb wirft die Kleidung viele Falten. Zeichne auch weitere Strähnen in die Frisur und die Details an den Schuhen.

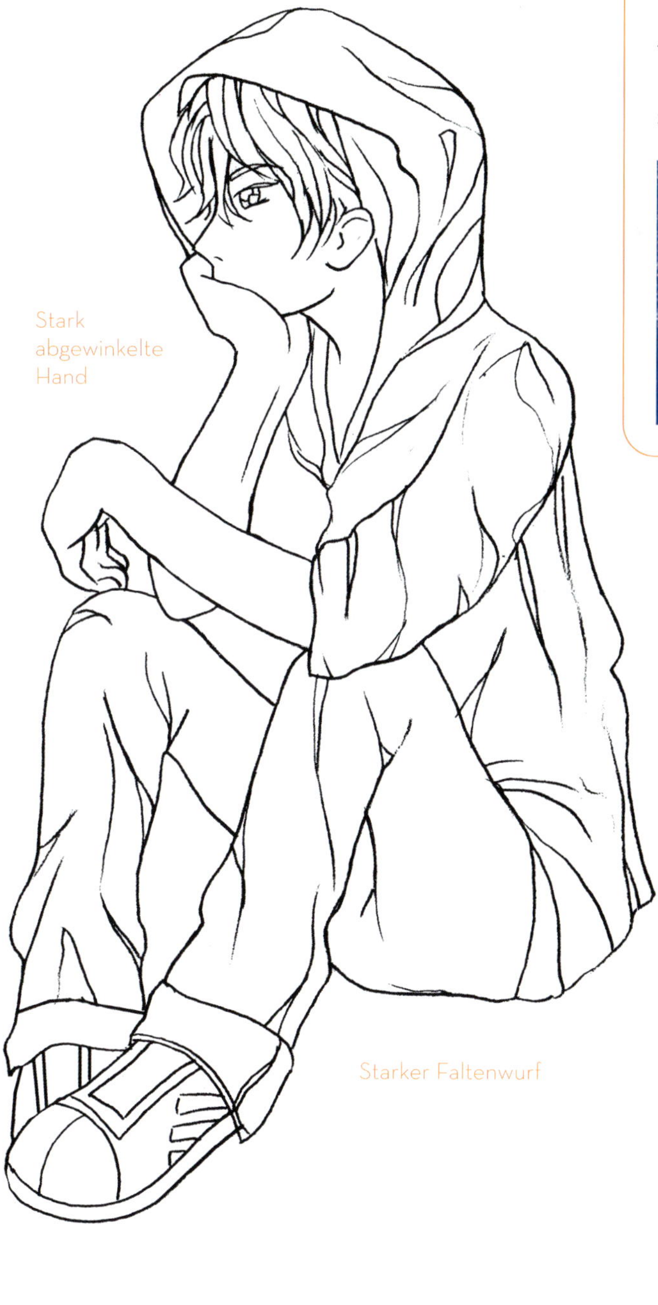

Stark abgewinkelte Hand

Starker Faltenwurf

Detail

LICHT UND SCHATTEN

Hier siehst du, welchen Einfluss Licht und Schatten auf die Gestaltung haben. Während auf das vordere Hosenbein Licht fällt, liegen Teile des hinteren Hosenbeins im Schatten und werden deshalb dunkel schraffiert.

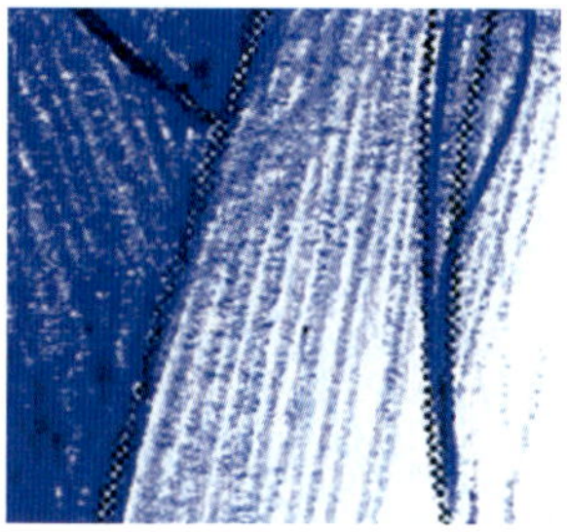

SCHRITT 4

Sorge für einen schönen Kontrast, indem du die Kapuzenjacke und die Schattenbereiche mit dunklen Schraffuren ausfüllst. Die Kapuze selbst, das Gesicht, die Hose und auch die Arme werden feiner und heller schraffiert. Diese finale Zeichnung entstand mit einem Kuli.

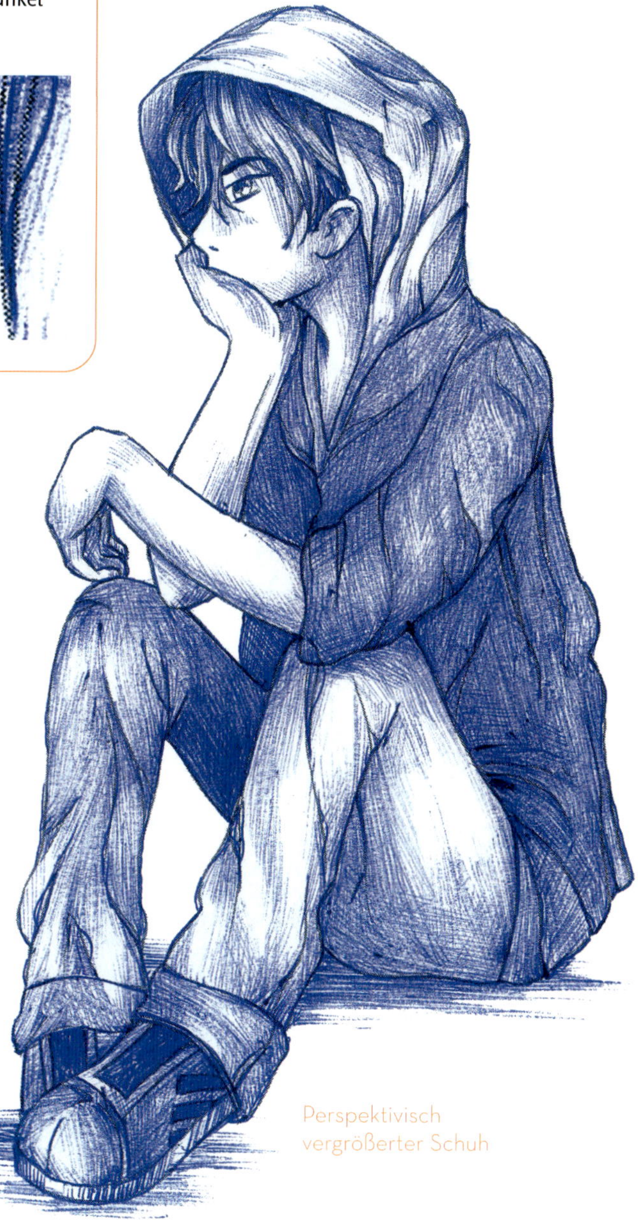

Perspektivisch vergrößerter Schuh

Wallstreet-Karriere

Wie lautet wohl die Geschichte dieses jungen Mannes? Seiner Kleidung nach zu urteilen, kommt er entweder aus einem wohlhabenden Elternhaus oder er hat, vielleicht als Broker an der Wallstreet, bereits Karriere gemacht. Einerseits versucht er cool und lässig zu erscheinen, andererseits ist sein Blick nicht offen. Auch die Weste passt nicht so recht. Es scheint, als ob die nach außen zur Schau gestellte Coolness im Inneren doch etwas wankt.

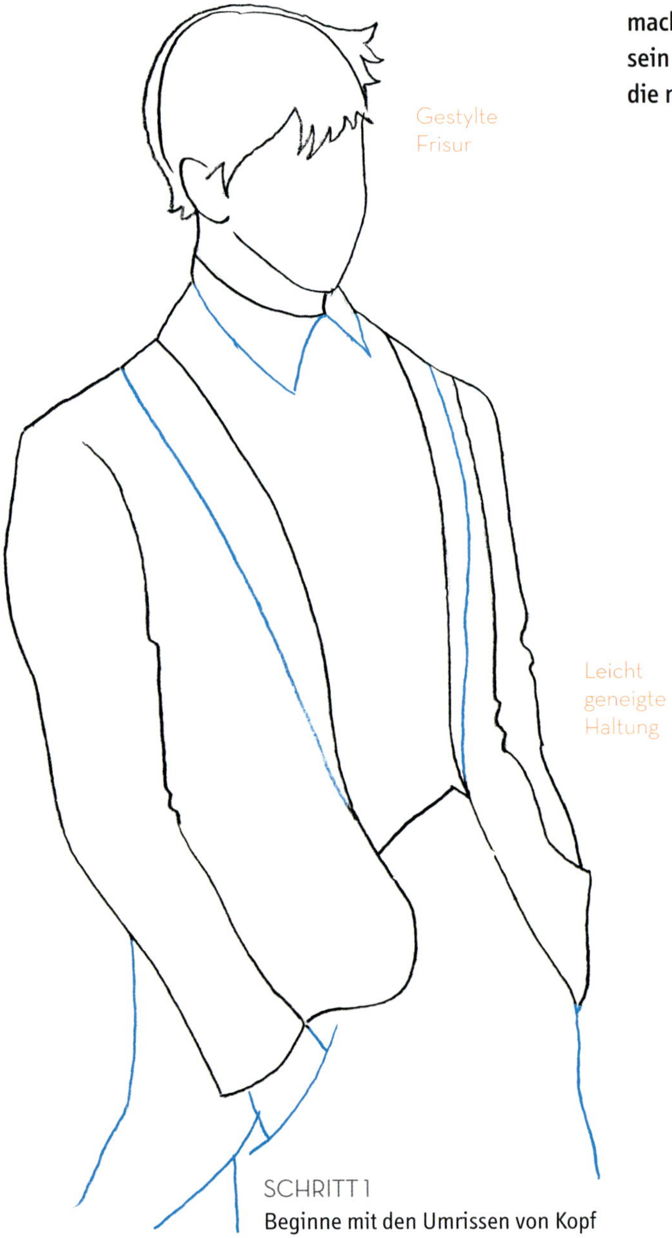

SCHRITT 1
Beginne mit den Umrissen von Kopf und Haaren, dann folgt die Kontur des Jacketts. Füge noch weitere Details an der Kleidung hinzu.

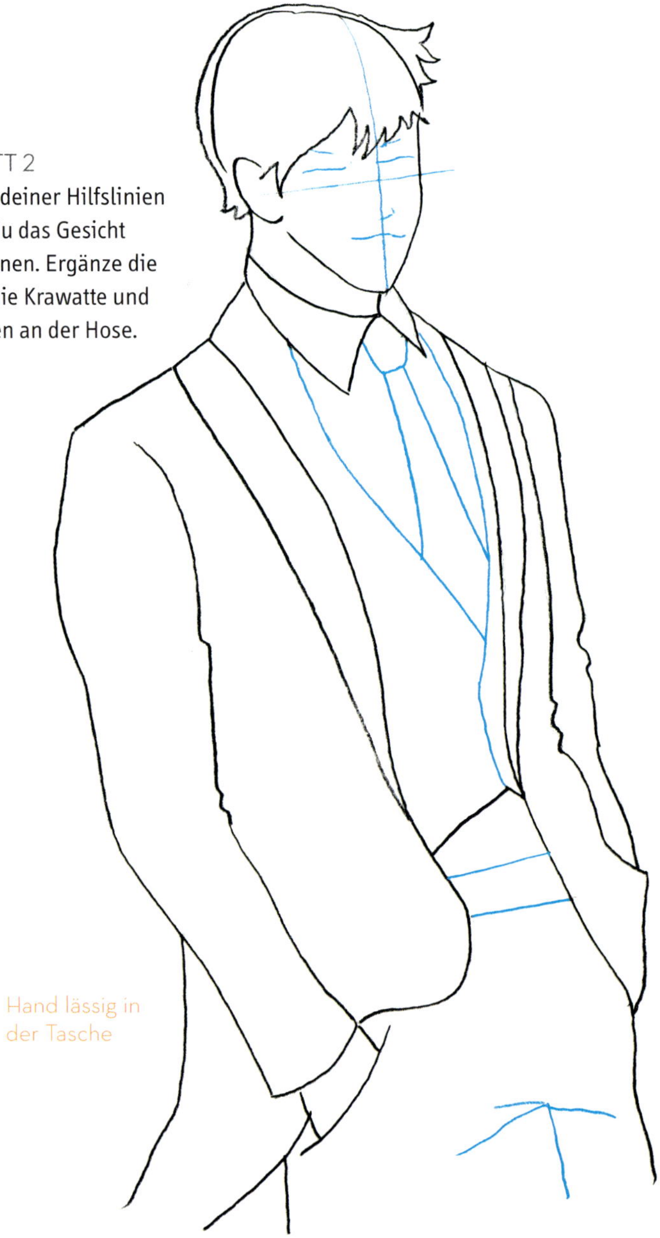

SCHRITT 2
Mithilfe deiner Hilfslinien kannst du das Gesicht einzeichnen. Ergänze die Weste, die Krawatte und die Falten an der Hose.

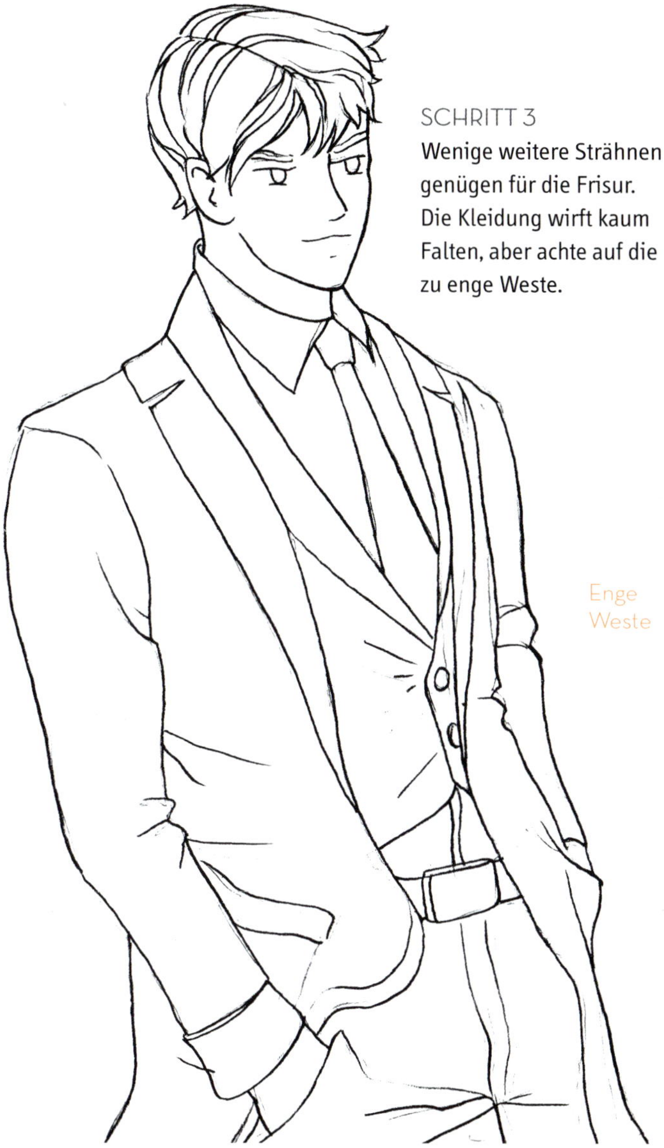

SCHRITT 3

Wenige weitere Strähnen genügen für die Frisur. Die Kleidung wirft kaum Falten, aber achte auf die zu enge Weste.

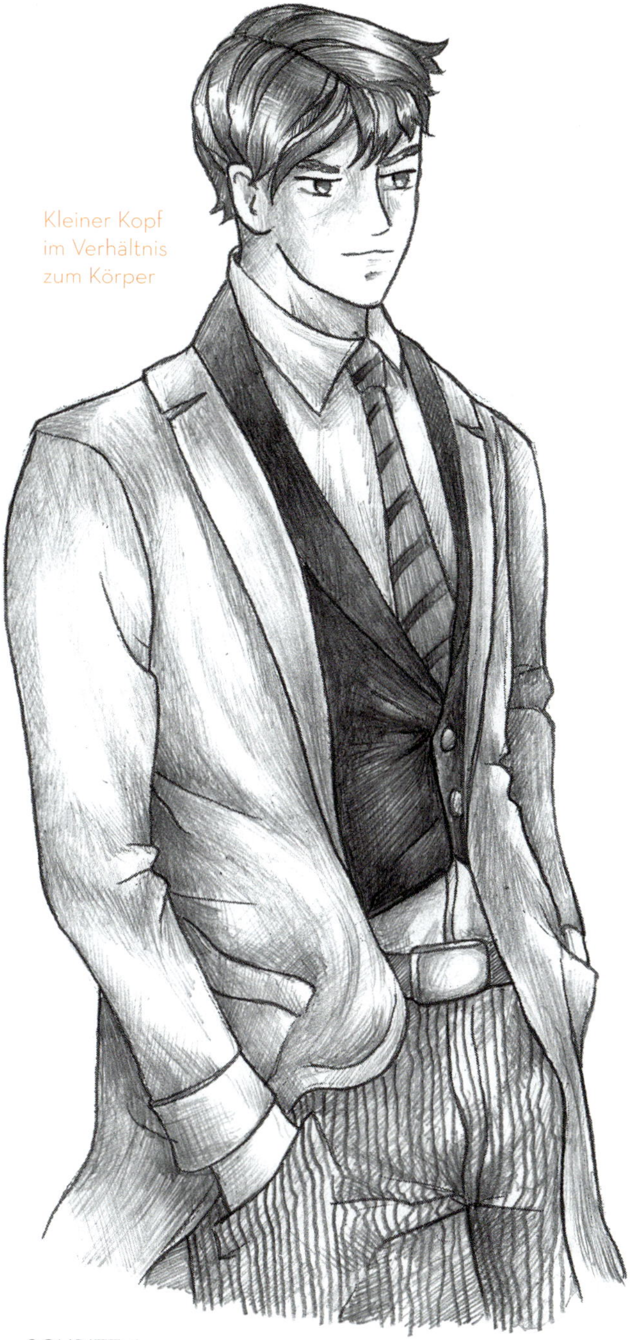

Info

NICHT IMMER WILD

Regeln sind dazu da, gebrochen zu werden. Sind Shōnen-Haare oft wild und expressiv, so zeigt dieses Beispiel genau das Gegenteil: eine Frisur, bei der die Haare nahezu perfekt glatt anliegen.

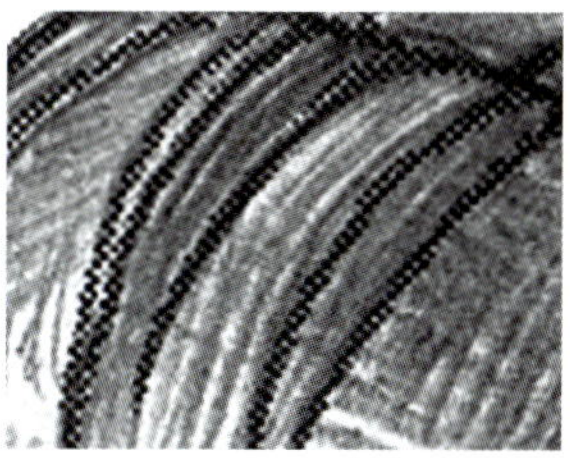

SCHRITT 4

Arbeite die etwas knappe Weste dunkel aus, das Jackett im Kontrast dazu hell. Die Haare liegen glatt an und glänzen. Auf der Hose befindet sich ein feines Streifenmuster, die Krawatte ist breiter gestreift.

Konkurrenz

Jeder Star hat auch eine Konkurrenz, die nur darauf wartet, aus dem Schatten treten zu können, wenn der Stern des anderen sinkt. So hat dieser Shōnen zweifellos auch Celebrity-Appeal und checkt mit selbstbewusstem Blick schon mal die Lage.

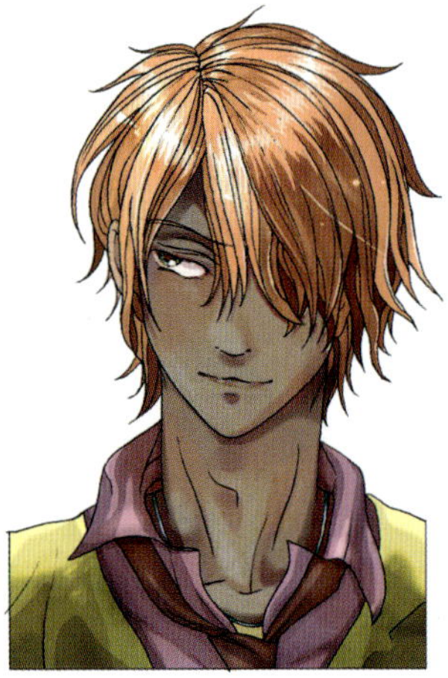

ANDERE FARBE, ANDERE WIRKUNG

Eine weitere, am Computer erstellte Variante: Die warmen Farbtöne in Rot, Gelb und Orange lassen den jungen Mann unwirklicher und fremdartiger erscheinen.

SCHRITT 1

Das Kinn mit den Konturen des vollen Haarschopfs und den tief ins Gesicht fallenden Strähnen – das ist hier dein Einstieg. Ergänze noch den Kragen des Hemds.

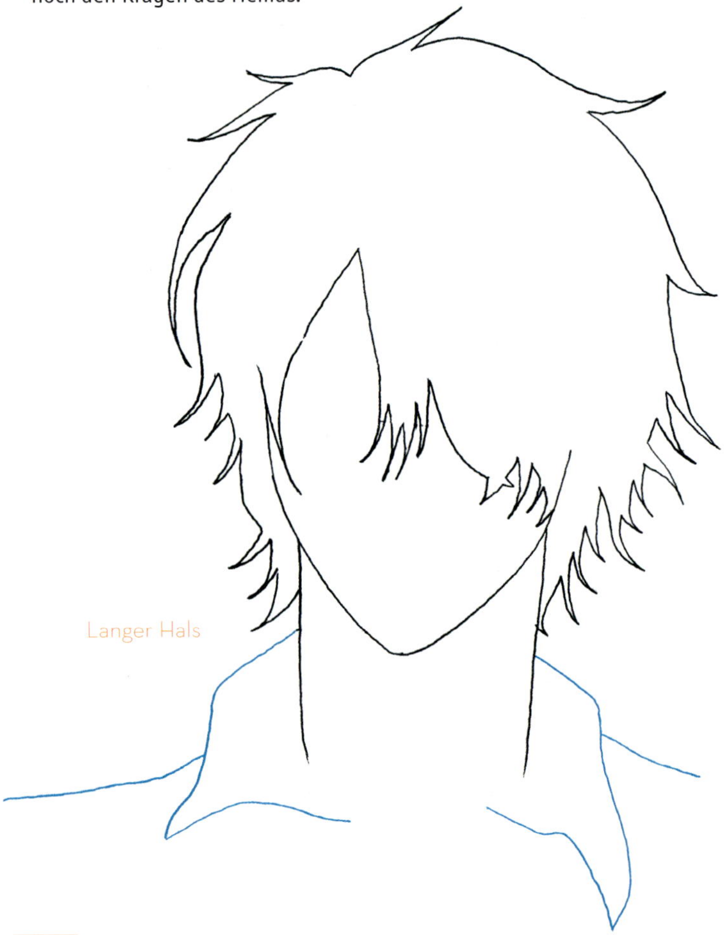

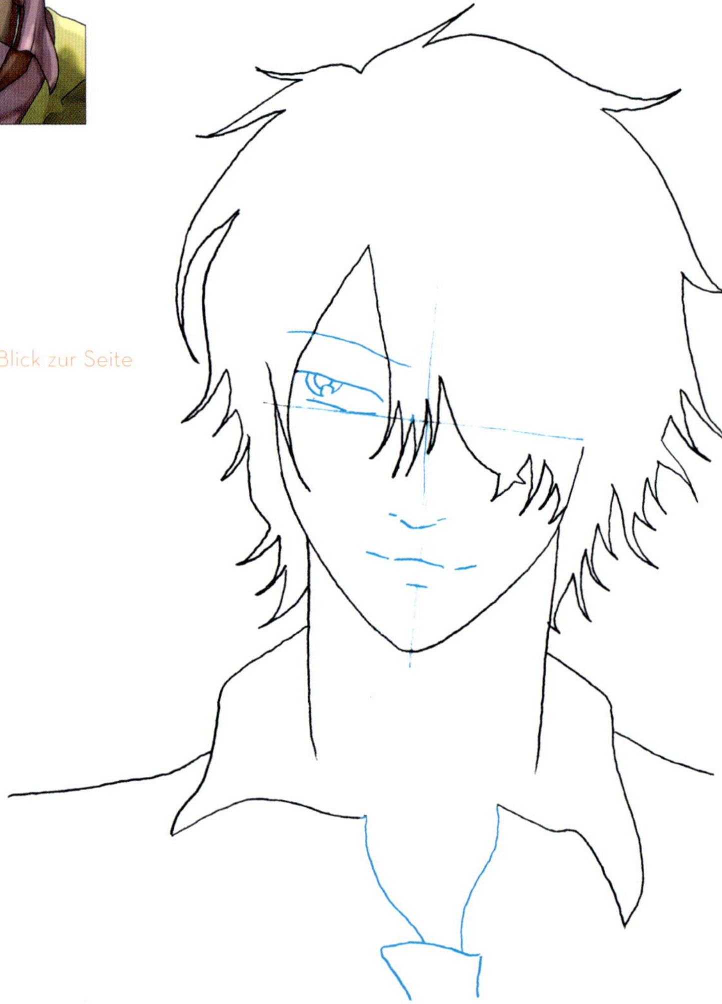

SCHRITT 2

Auch bei diesem Motiv helfen dir die vertikale und horizontale Hilfslinie, die richtige Position für Augen, Nase und Mund zu finden. Zeichne auch den Ansatz der Krawatte.

Info

BÜHNE FREI

Das Detail zeigt, wie sich Haarsträhnen wie Vorhänge auf einer Theaterbühne öffnen, um die Dramaturgie des Blicks zu präsentieren. Wer solche gestalterischen Ideen bewusst einsetzen kann, der ist künstlerisch auf einem sehr guten Weg.

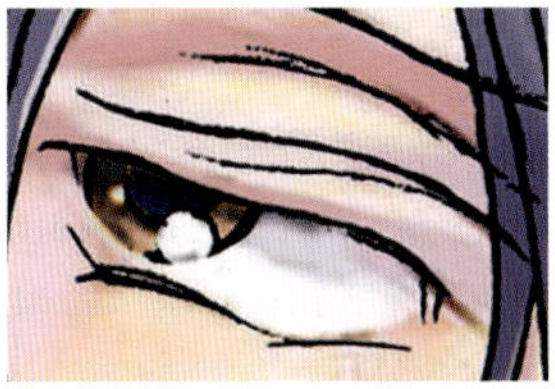

SCHRITT 3

Die volle Haarmähne hat viele feine, einzelne Haarsträhnen. Arbeite auch die Falten und Details am Hemd aus.

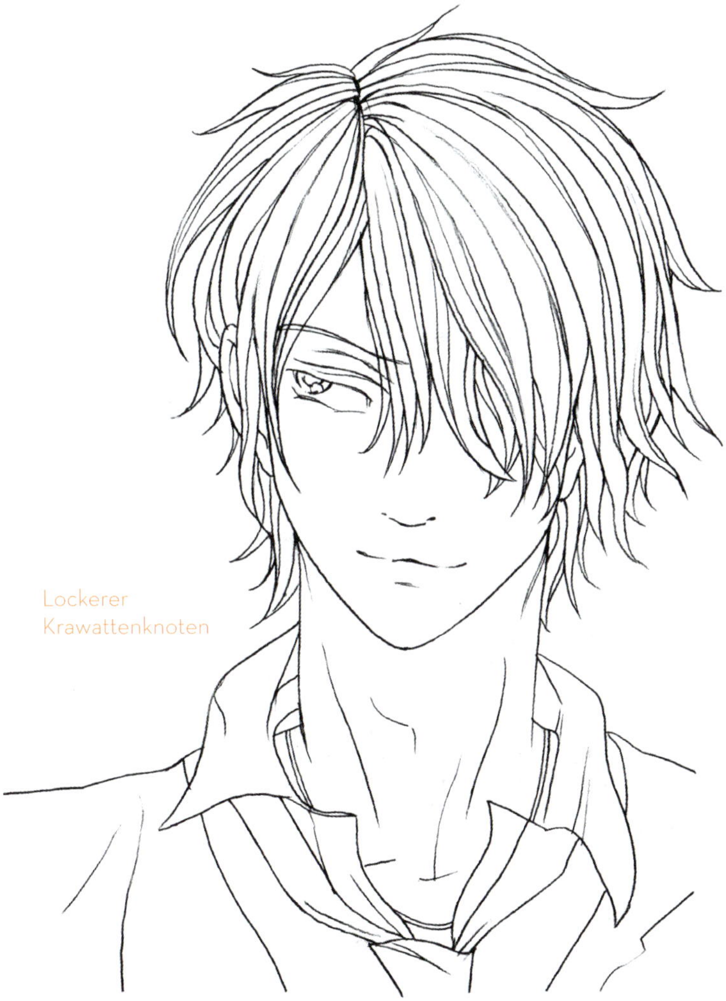

Lockerer Krawattenknoten

Feiner Glanz auf den Haaren

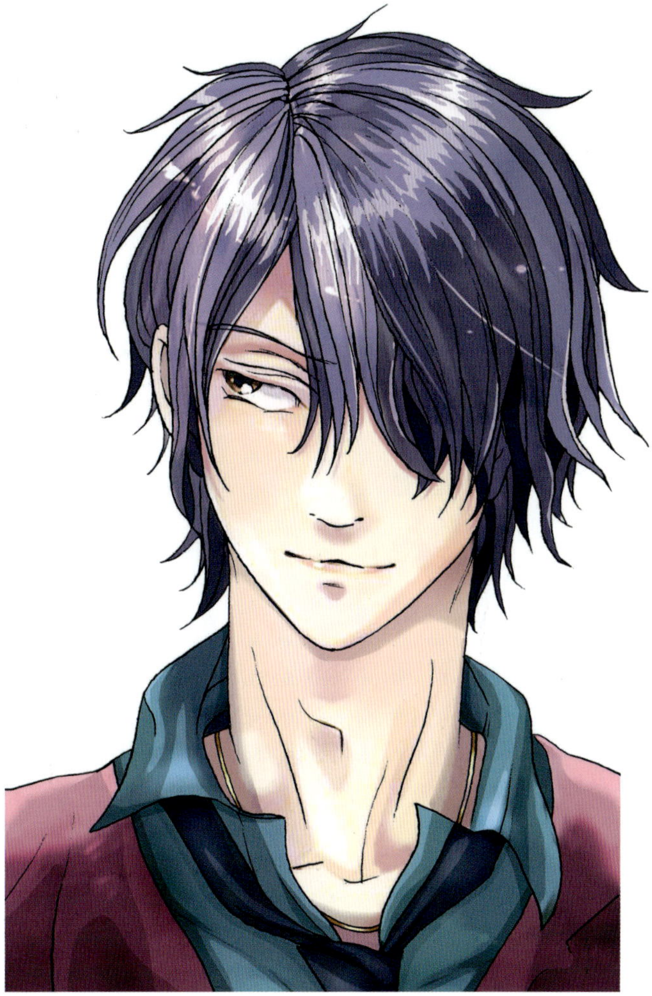

SCHRITT 4

Die farbige Reinzeichnung erfolgte am Computer. Ziel war es, einen auffälligen Kontrast zwischen der hellen Haut und den dunklen Haaren zu erzeugen. In den Haaren befinden sich einzelne, kleine Glanzpunkte.

Mafia-Nachwuchs

Woran erkennt man einen Mafioso? Auf den ersten Blick vielleicht gar nicht, da die Mitglieder dieser Organisationen in der Regel perfekt gekleidet sind und eher nicht dem Klischee eines Verbrechers entsprechen. Auch dieser Junge sieht ganz harmlos aus, allerdings lässt der Blick unter sein Jackett vermuten, dass er zum Mafia-Nachwuchs gehören könnte. Die Tasche, wie sie hier zu sehen ist, wird nämlich üblicherweise für Waffen verwendet.

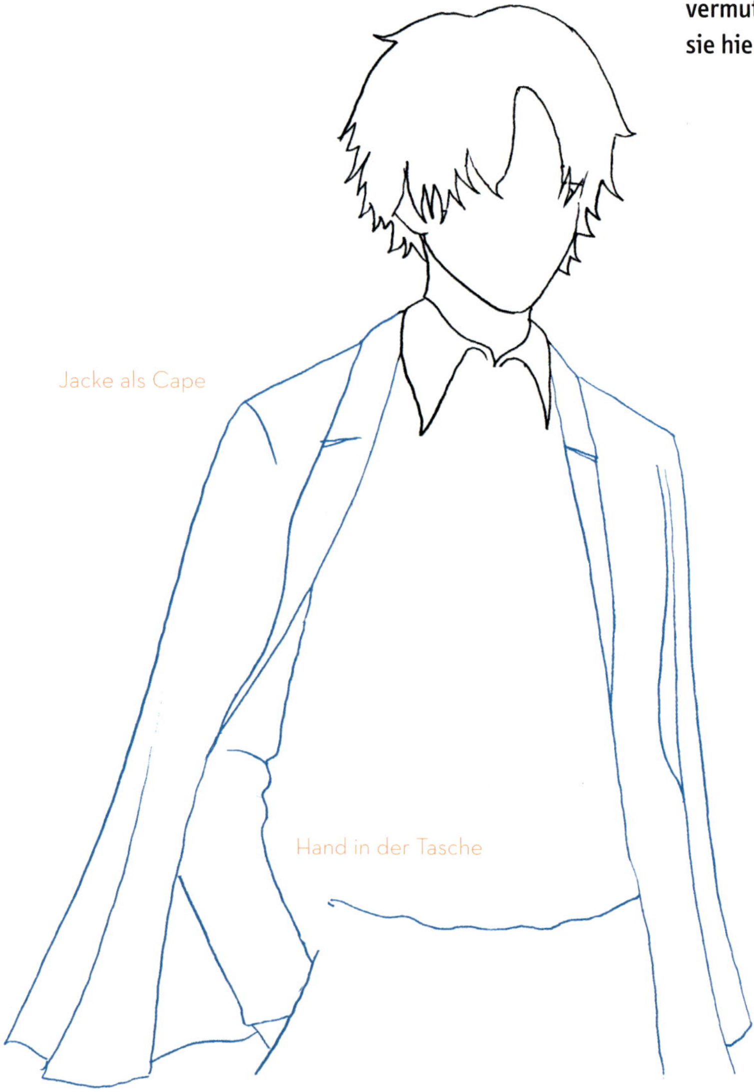

SCHRITT 1

Beginne beim Hals mit dem Hemdkragen und zeichne darüber den Kopf mit den Haaren. Es folgen die Umrisse des offenen Jacketts, der Arm und der Hosenbund.

SCHRITT 2

Füge das Gesicht ein. In Verlängerung der vertikalen Hilfslinie verläuft der Scheitel der Frisur. Zeichne die Krawatte, die Tasche mit den Riemen, die Uhr und den Gürtel.

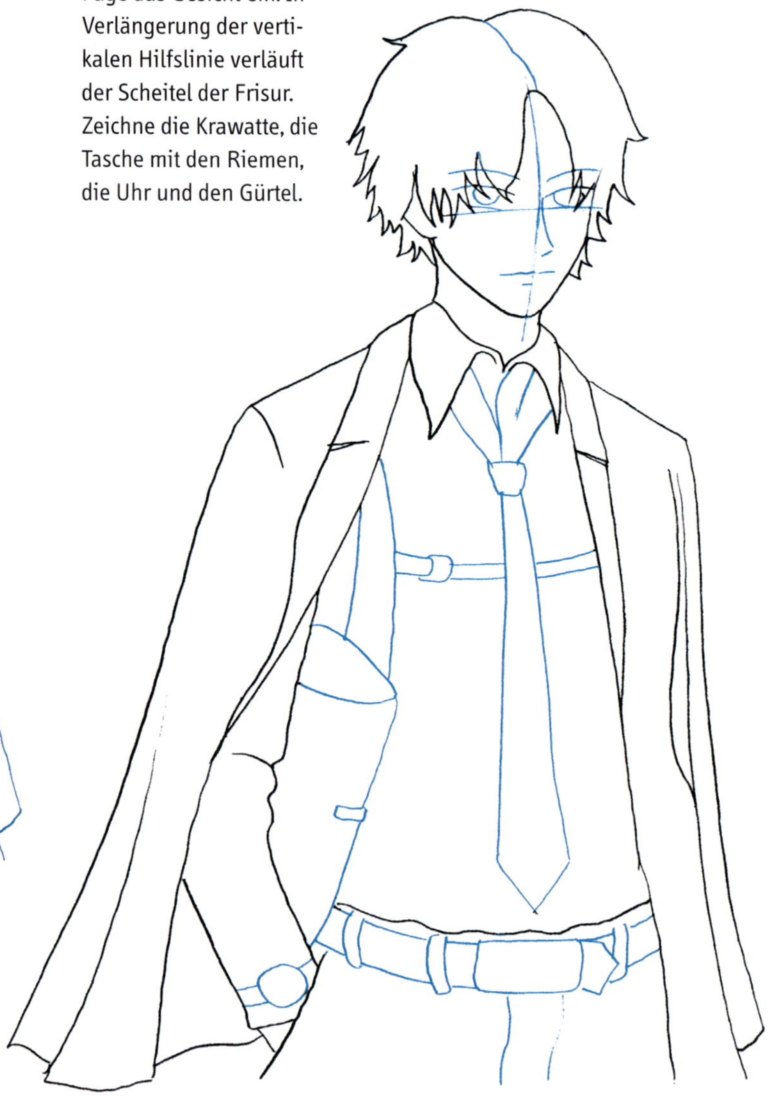

SCHRITT 3

Widme dich besonders dem Faltenwurf des Hemds oberhalb des Gürtels. Zeichne weitere Haarsträhnen ein. Verfeinere dabei auch die Konturen.

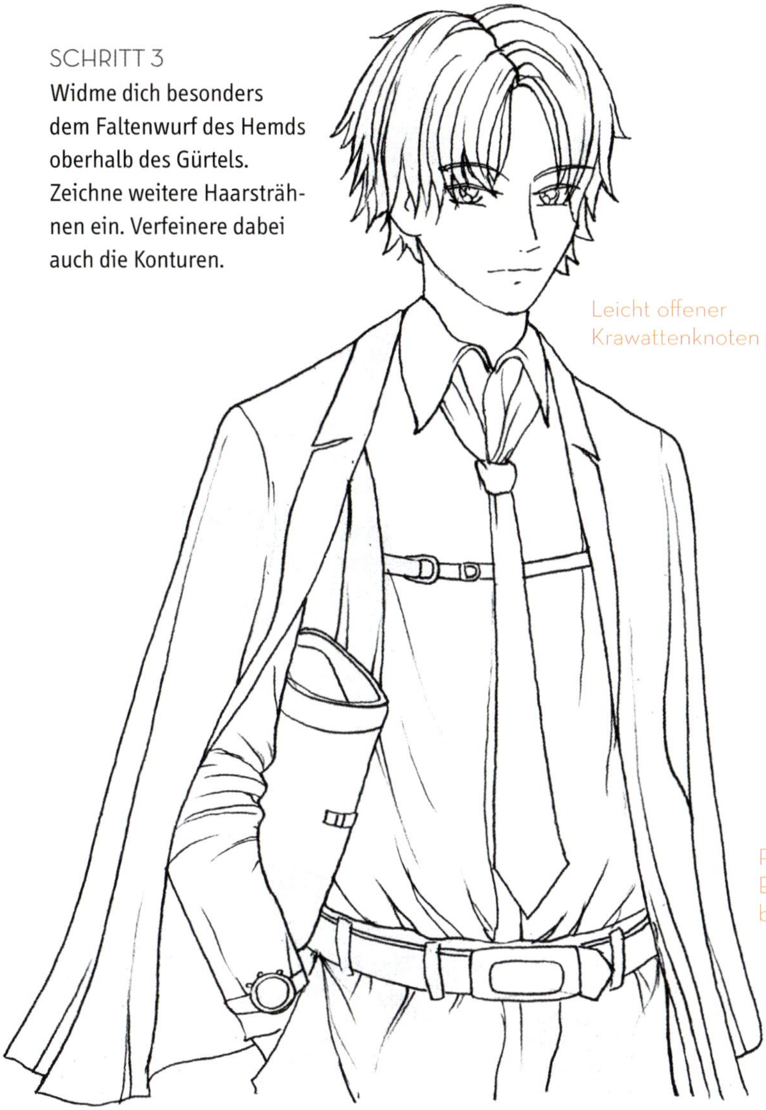

SCHRITT 4

Krawatte, Hose und die Tasche werden mit dichten Schraffuren dunkel angelegt, Jackett und Haare etwas heller. Das Hemd ist hell, natürlich auch, um den Eindruck von Unschuld zu erwecken.

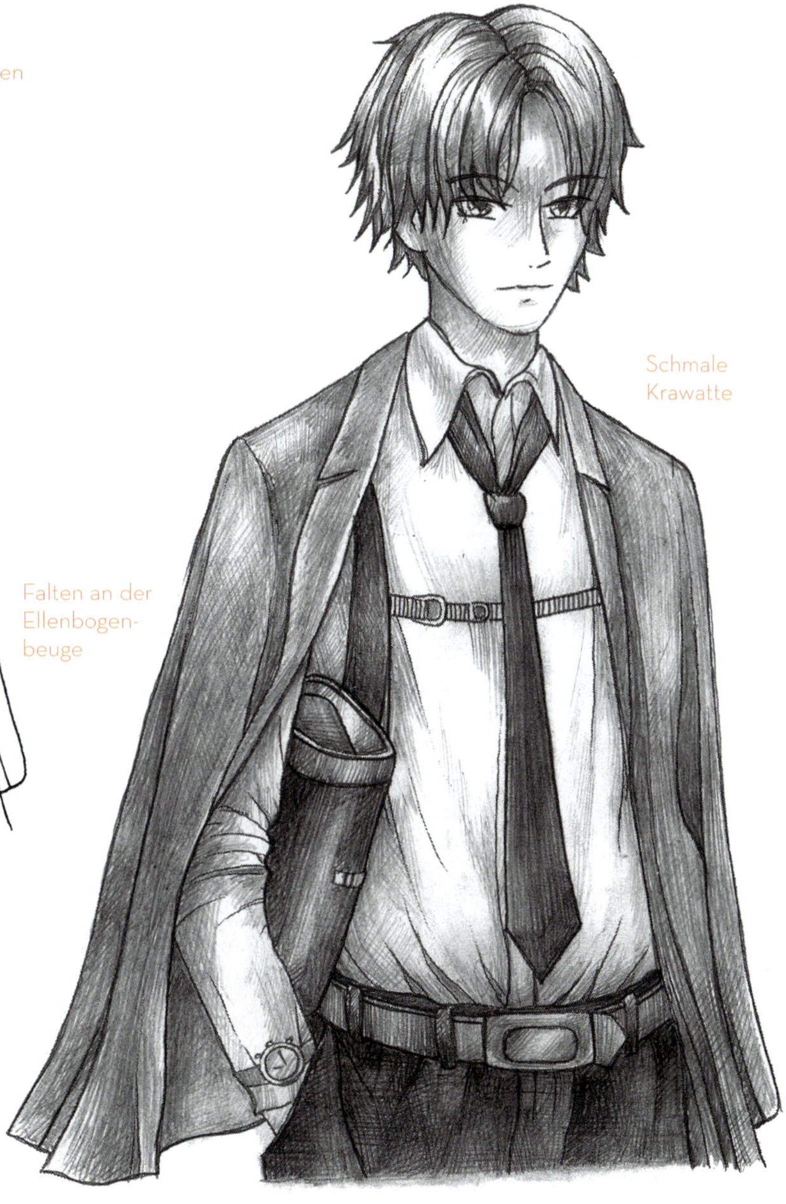

Detail

GERIFFELTE STRUKTUR

Bereits an anderer Stelle wurde darauf hingewiesen, dass es die kleinen Details sind, welche die Qualität einer Zeichnung ausmachen. So ist es auch hier: Der dünne Riemen der Tasche ist nicht einfach nur glatt, sondern weist Riffelungen auf, die mit feinen Linien erzeugt wurden.

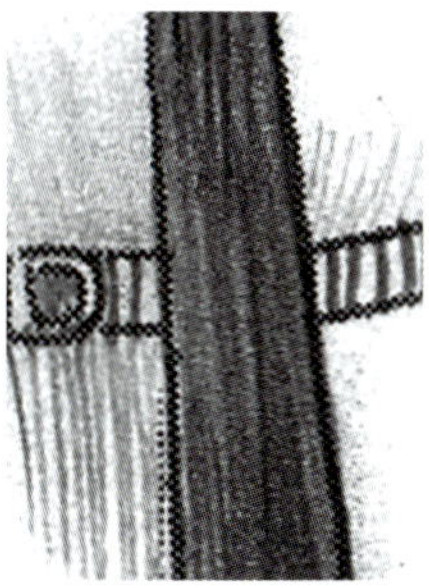

Manga Kunst

Zum Schluss unseres Manga-Shōnen-Kurses folgt noch ein kleiner Exkurs, denn Mangazeichnen bedeutet viel mehr als nur coole Haare, glänzende Augen und spezielle Typen darzustellen. In vielen Lebensbereichen, von der Mode über Lifestyle bis hin zur Musik haben sich Einflüsse aus der Manga-, Anime und Cosplay-Szene etabliert.
Und natürlich hat auch die Kunstszene längst die Manga-Kultur für sich entdeckt und Stilelemente daraus aufgegriffen. Die folgenden Seiten sind deshalb ein kleiner Ausblick in die Kunst und sollen dich inspirieren, außergewöhnliche Gestaltungsformen auszuprobieren und überraschende Kompositionen zu entwerfen. Bestimmt erkennst du einige der Figuren, die du im vorausgehenden Kapitel geübt hast.

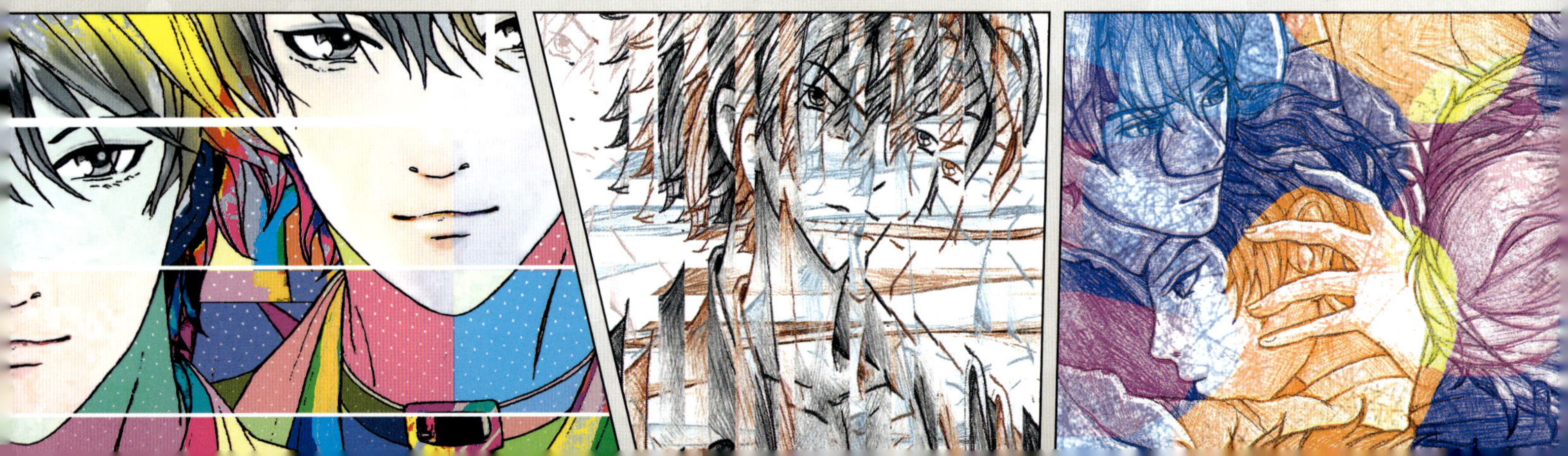

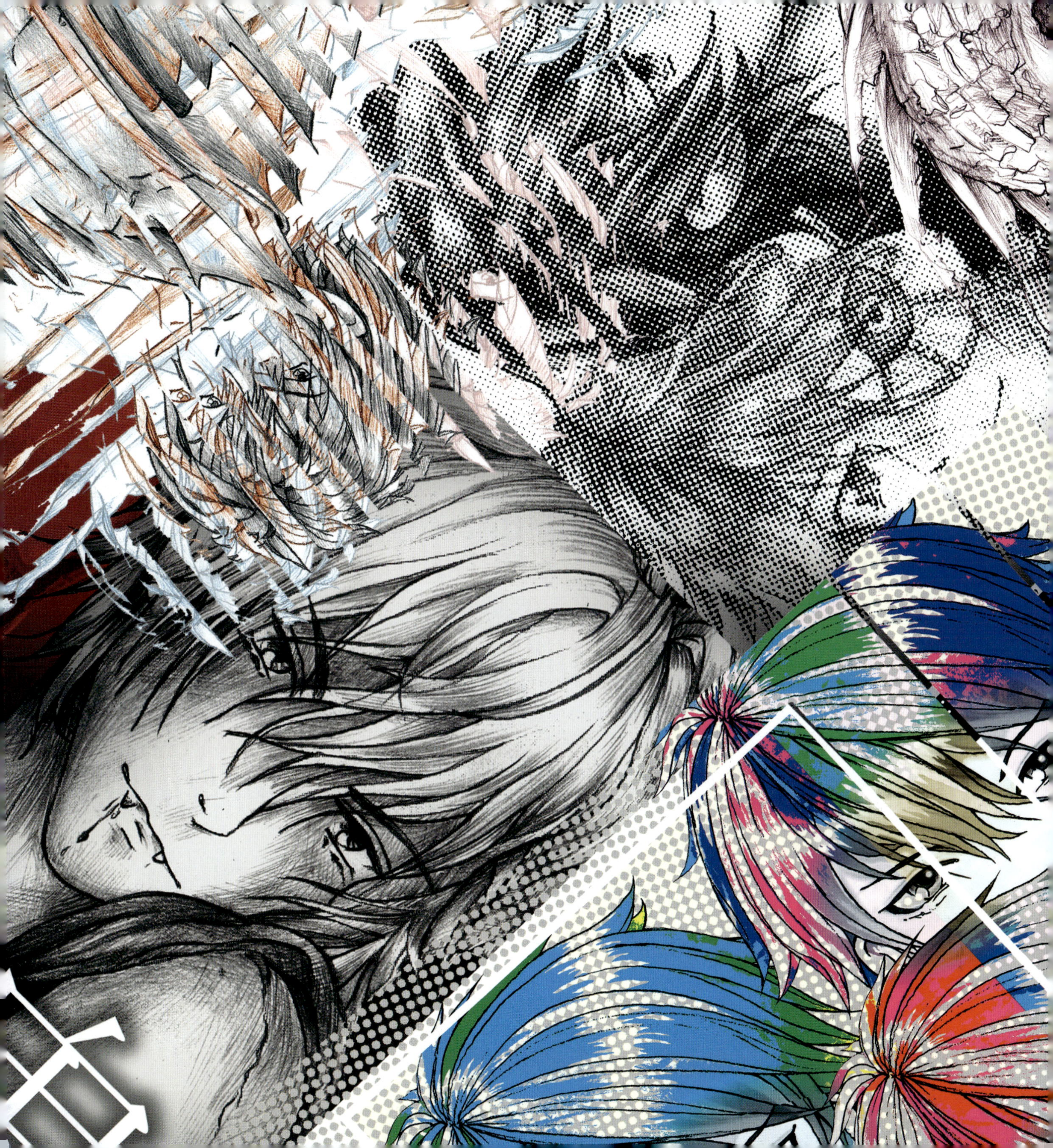

Vampir

Erkennst du den jungen Vampir wieder? Hier wurde er vor einem grellroten Hintergrund, von dem das Blut nur so tropft, in Szene gesetzt. Der japanische Vampir-Schriftzug im Vordergrund betont den plakativen Ausdruck des Motivs.

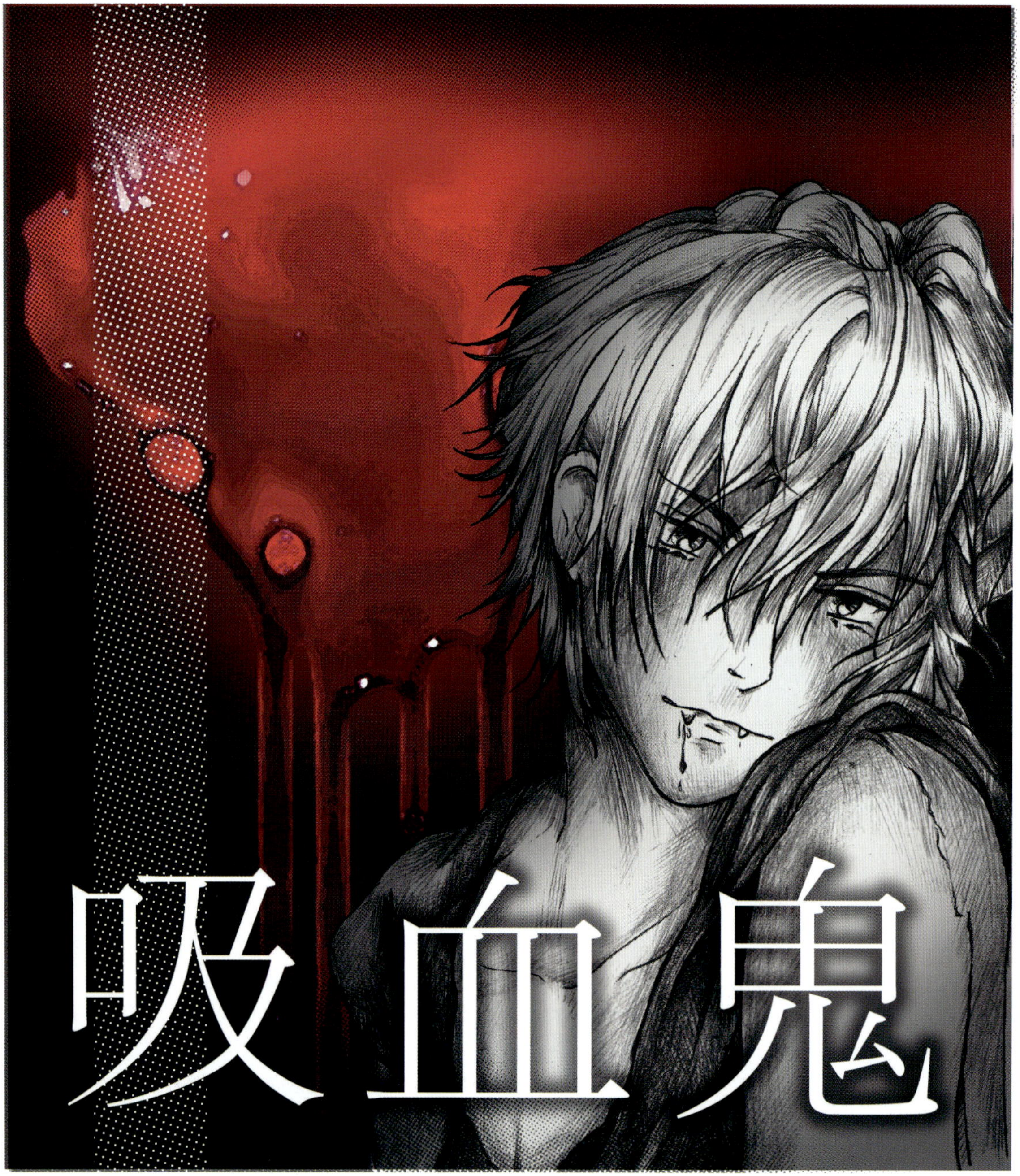

Manga-Pop-Art

Diese Darstellung erinnert an die Werke der Künstler Roy Lichtenstein oder Andy Warhol. Lichtenstein arbeitete mit Rasterflächen, während Warhol seine Motive, zum Beispiel ein Porträt der Schauspielerin Marilyn Monroe, mehrfach und in Farbvarianten auf seinen Bildern wiederholt hat. Die Gesichter lösen sich so von ihrem gewöhnlichen Ausdruck und bekommen etwas Realitätsfernes.

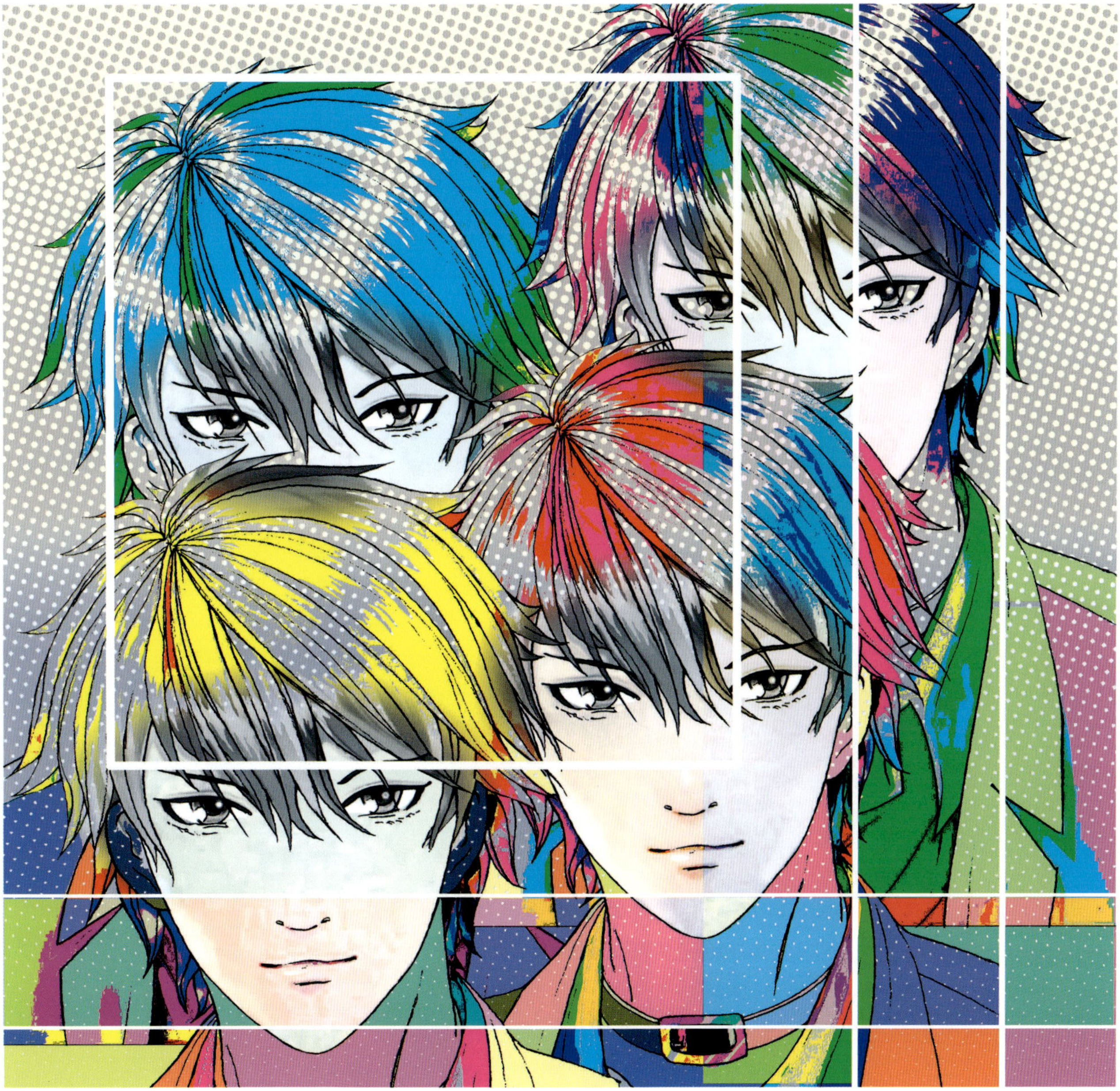

Trugbild

Träume oder Visionen sind in der Kunst elementar, um Inhalte jenseits der sichtbaren Realität darzustellen. Das Motiv des sich im Raum auflösenden Jungen irritiert, denn einerseits ist die Person noch da, während sich ihre Konturen parallel schon im umgebenden weißen Raum zerfasern. Schau dir die Bilder von Alberto Giacometti, Francis Bacon oder der Kubisten an und du wirst Parallelen erkennen.

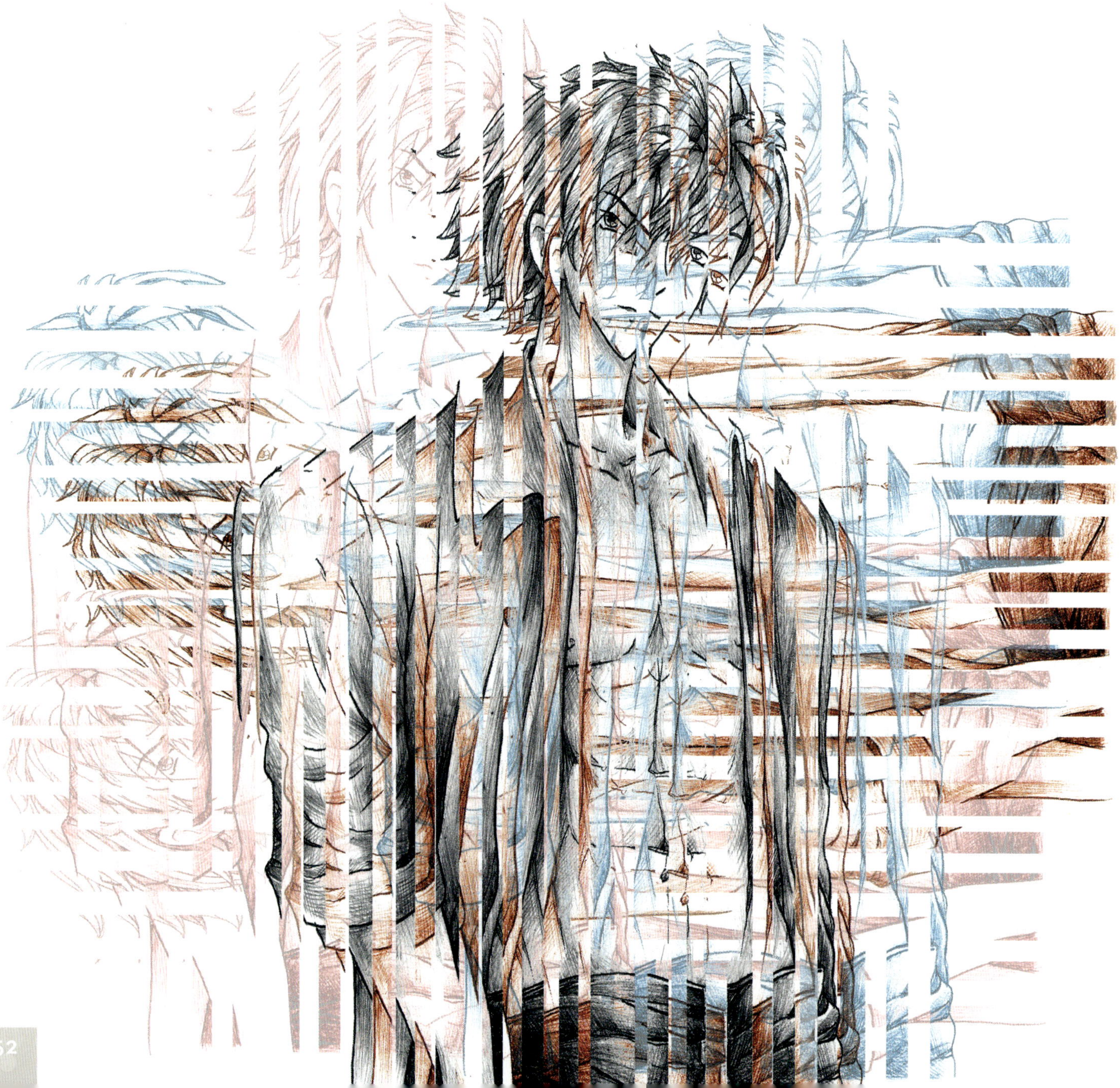

Zukunftsvision

Wie aus einer fremden und bedrohlichen Welt entsprungen erscheint diese Zukunftsvision. Man sieht einen nachdenklichen Jungen, der sich im Raster auflöst und gleichzeitig im eigenen Schatten schon als Mischwesen aus Mensch und Roboter erscheint. Den Vordergrund beherrscht eine sehr konkrete Kreatur wie aus einem Science-Fiction-Film.

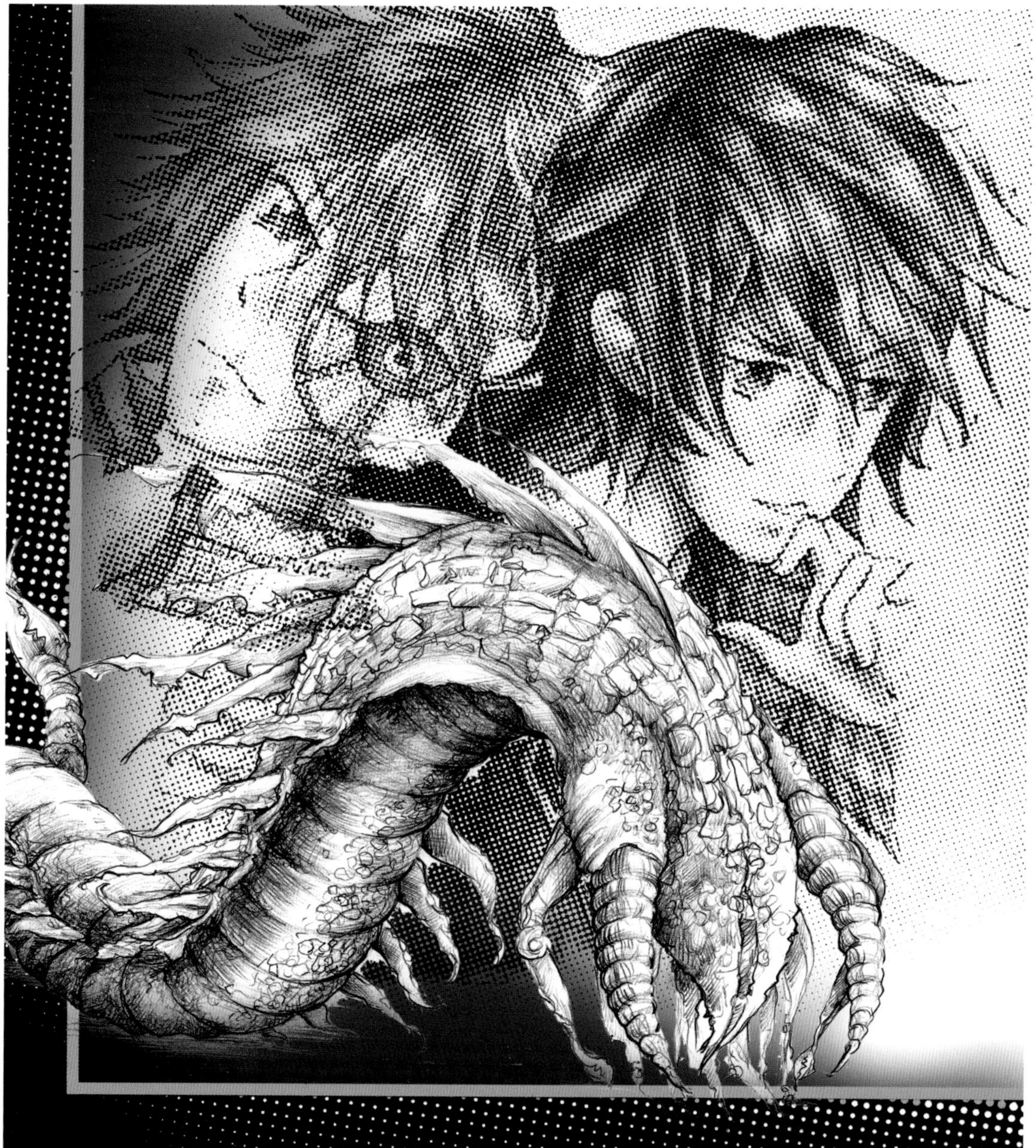

Patchwork

Mit diesem Motiv beenden wir unsere kleine Kunstreihe. Zu sehen ist eine Zusammenstellung verschiedener Motive aus diesem Buch. Gesichter, Hände und Körper gehen ineinander über und symbolisieren so die bewusste oder unbewusste Verbundenheit von Individuen, ihren Lebensräumen und ihren Leben.
Durch die Farben wirkt das Motiv bunt und vielfältig, andererseits aber auch abstrakt. Es sind vor allem die Augen, die inmitten der farbigen Flächen noch eine Orientierung geben.

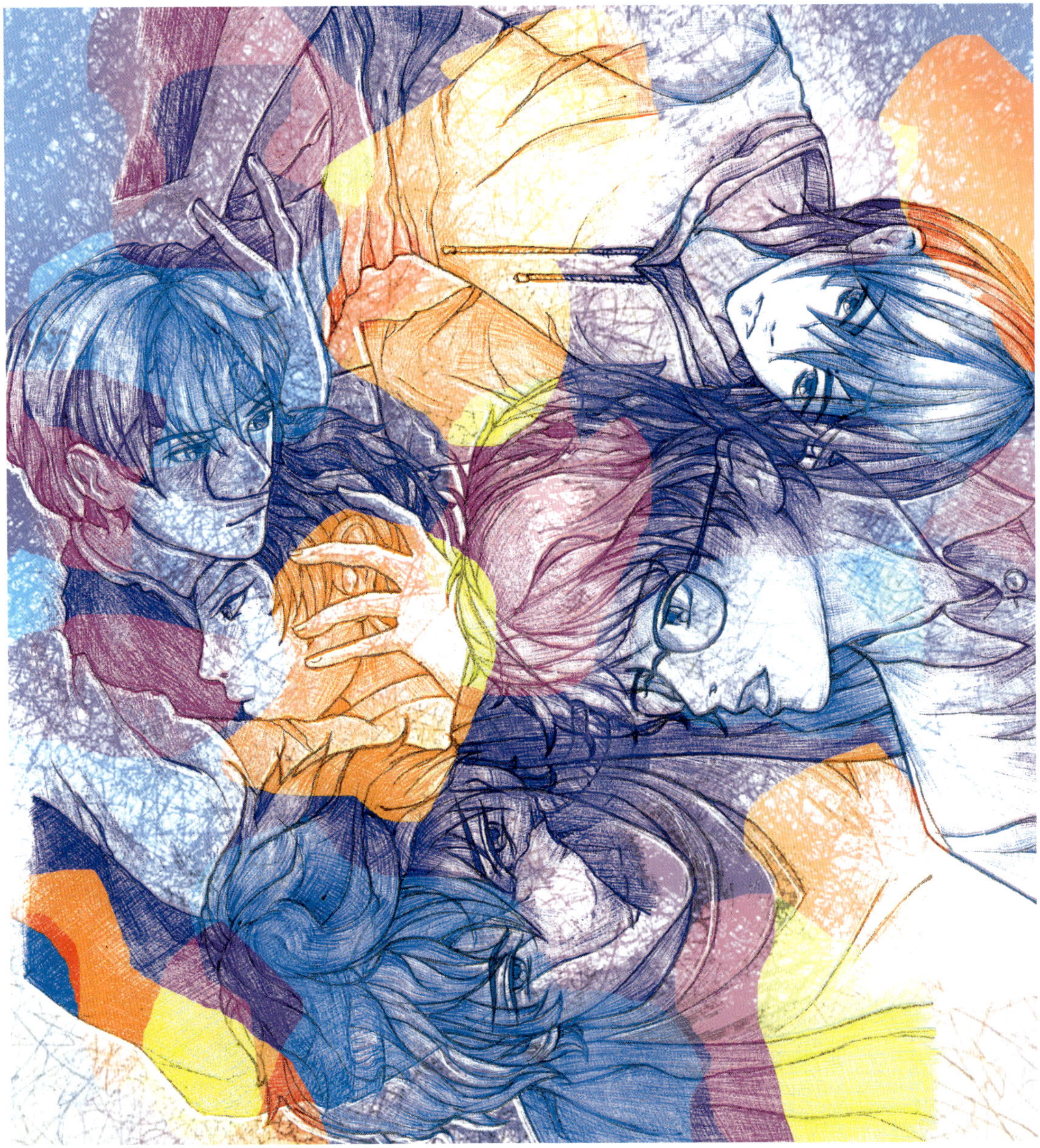

Werde Teil der Community

Du möchtest dich gerne mit anderen Manga-Künstlern austauschen und dich inspirieren lassen? Du hast Interesse an neuen Trends, Produkten, Kursangeboten, Wettbewerben und Informationen rund um das Thema Manga? Dann werde über Facebook Mitglied der Community.

I love Manga

Ich freue mich auf euch!

Euer Gecko

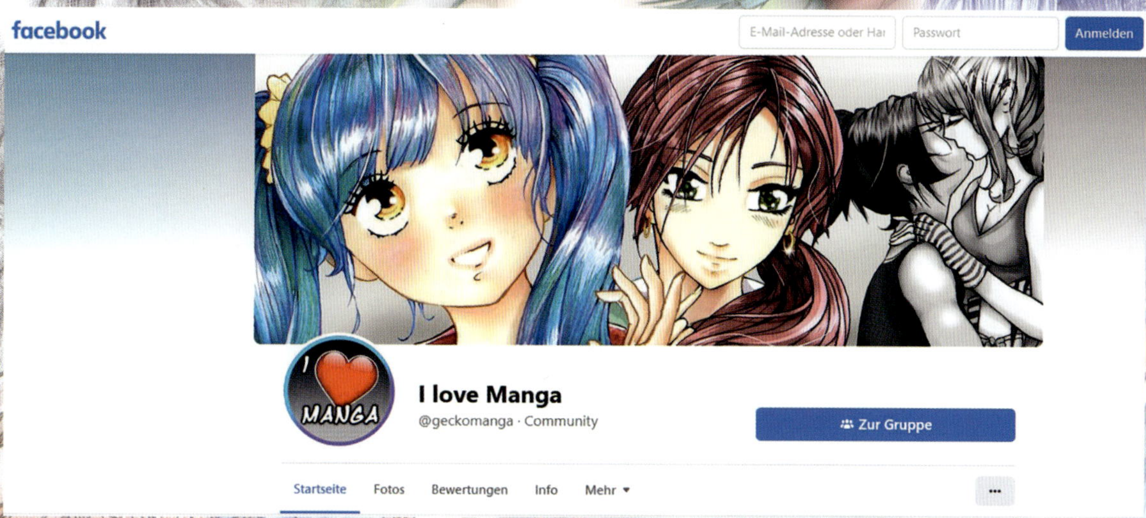

Buchempfehlungen

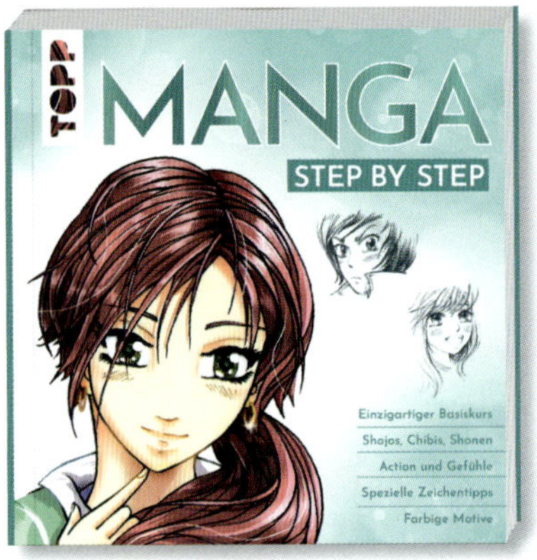

ISBN 978-3-7358-8042-0

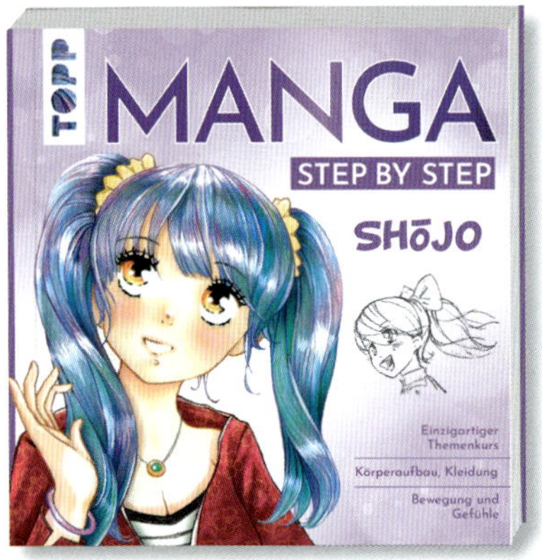

ISBN 978-3-7358-8040-6

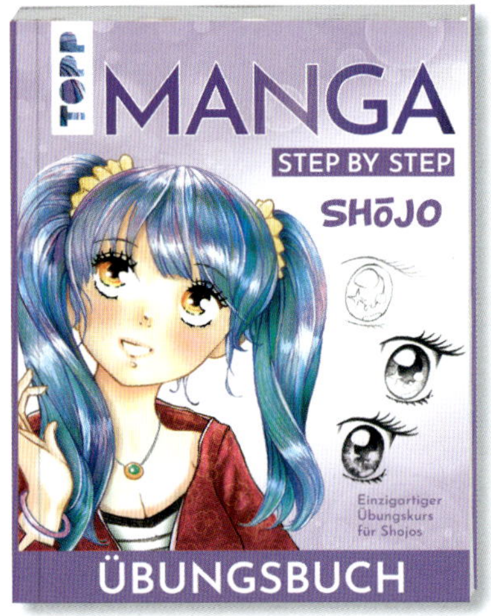

ISBN 978-3-7358-8041-3

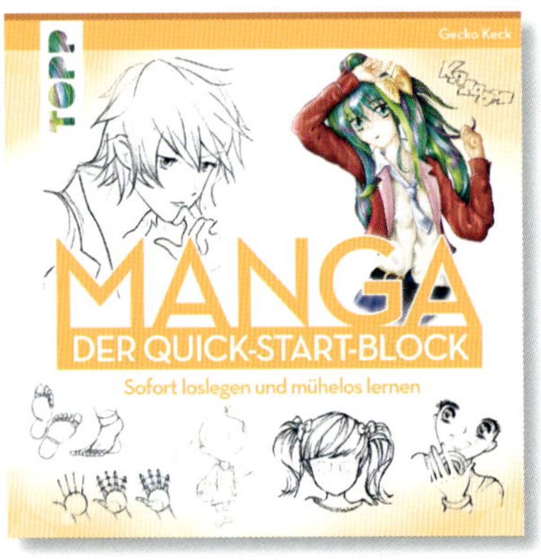

ISBN 978-3-7724-4784-6

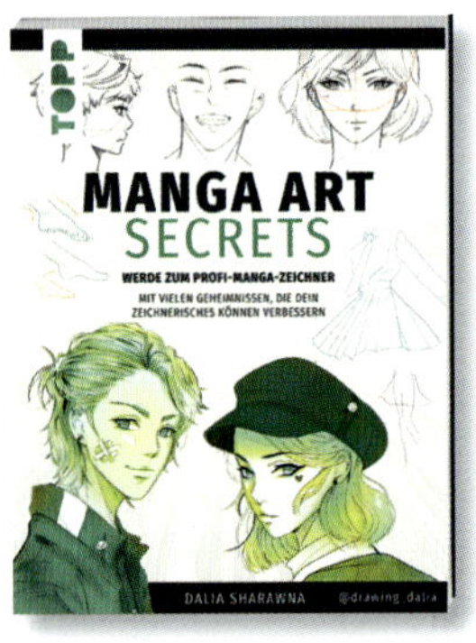

ISBN 978-3-7724-4694-8

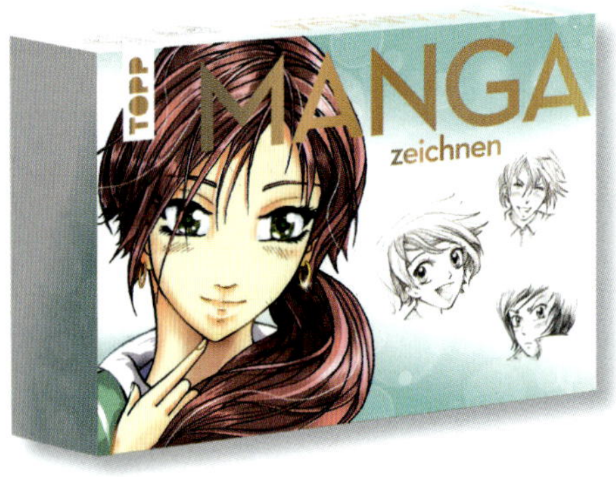

GTIN 40-07742-18287-8

Die Kunst des Zeichnens entdecken

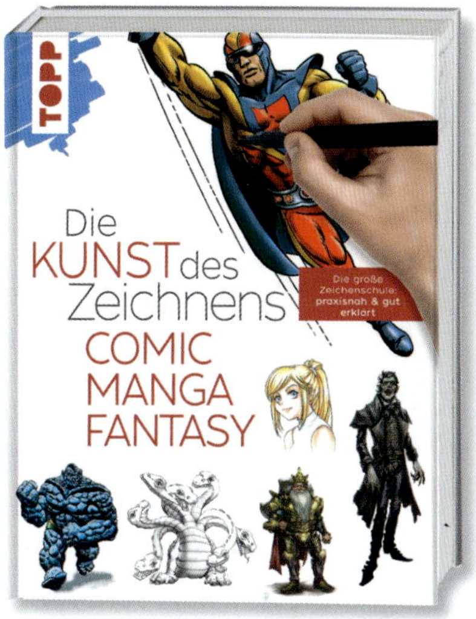

ISBN 978-3-7724-4755-6

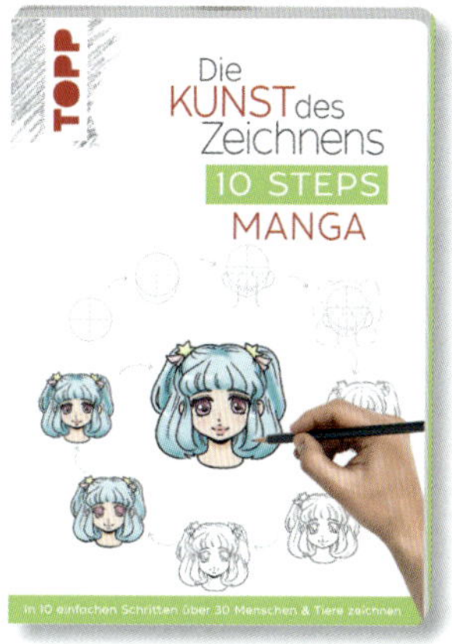

ISBN 978-3-7724-4794-5

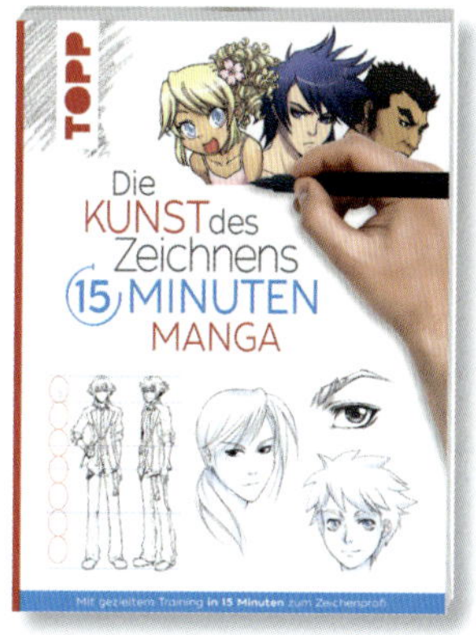

ISBN 978-3-7724-4778-5

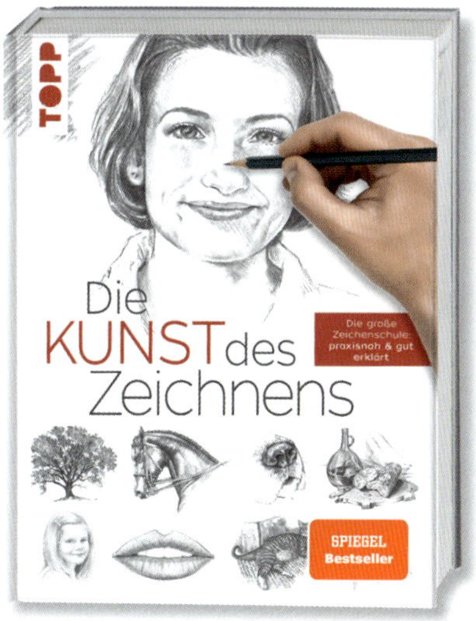

ISBN 978-3-7724-4750-1

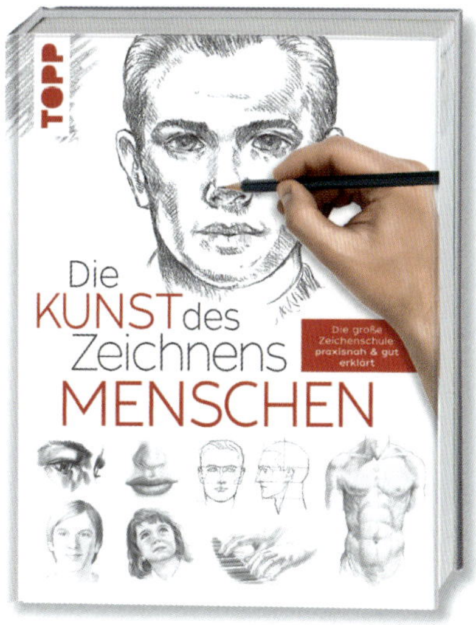

ISBN 978-3-7724-4751-8

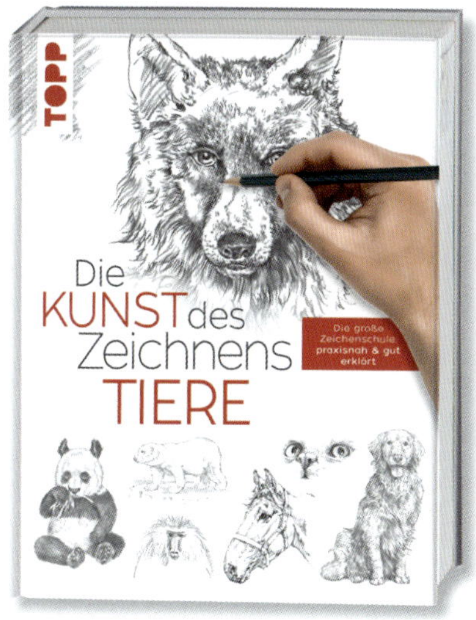

ISBN 978-3-7724-4752-5

#TOPPPROJEKT

Die eigene Kreativität zeigen: TOPPprojekt mit anderen Kreativen teilen und Teil der Gemeinschaft werden.

DIY-begeistert und auf Instagram? Dann unbedingt mitmachen! Hier gibt's Tipps und Feedback zu den eigenen Projekten. Außerdem verlosen wir jeden Monat ein Überraschungspaket. Um am Gewinnspiel teilzunehmen, einfach ein Bild vom Kreativ-Projekt aus unseren Büchern mit #TOPPprojekt posten und unserem Account @frechverlag folgen. Mehr Infos auf TOPP-kreativ.de/TOPPprojekt

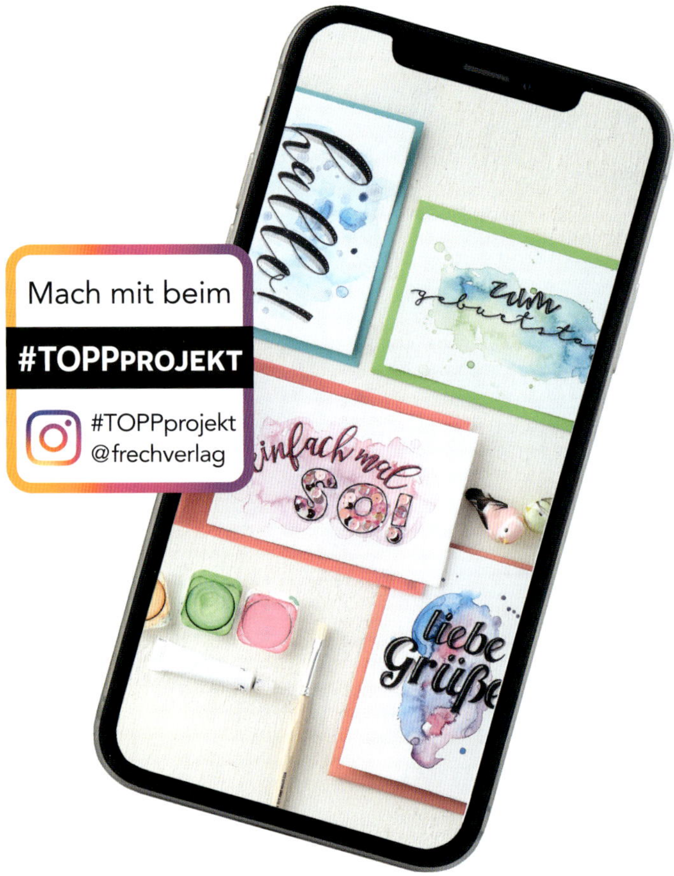

Website
Auf TOPP-kreativ.de kannst du ein riesiges Angebot von über 1.000 Kreativbüchern, Sets & mehr entdecken.

Newsletter
Gleich anmelden unter: TOPP-kreativ.de/newsletter und immer als Erstes von unseren Neuheiten und Sonderaktionen erfahren.

Instagram
@frechverlag

Pinterest
pinterest.com/frechverlag

Facebook
facebook.com/frechverlag

DigiBib
Hier findest du zusätzlich zu vielen unserer Bücher digitale Extras, wie Video-Tutorials, Plotter-Dateien, Vorlagen, Übungsblätter & vieles mehr. Einfach im Impressum deines TOPP-Buchs den Freischalte-Code nachschlagen und exklusive Inhalte freischalten. TOPP-kreativ.de/digibib

Youtube
youtube.com/frechverlag

Wer wir sind, wie wir arbeiten, was wir lieben ...

Auf Instagram, Facebook und Pinterest findest du mehr über uns und unsere Arbeit und wirst immer schnell und einfach mit den neuesten Infos versorgt.

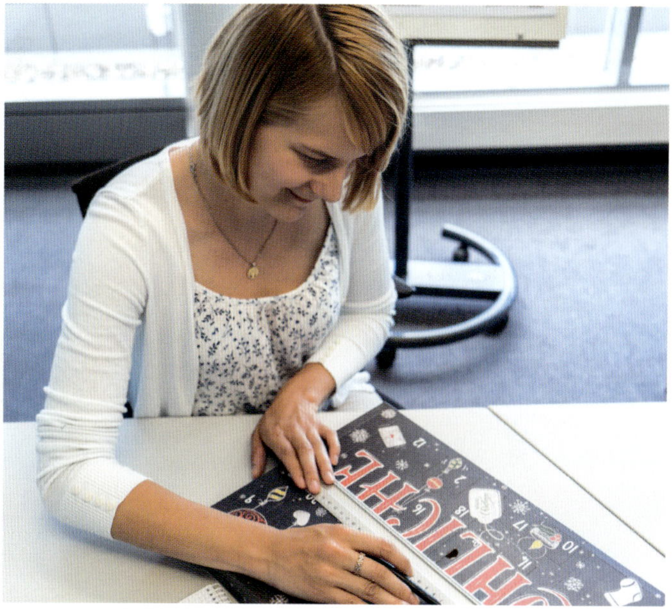

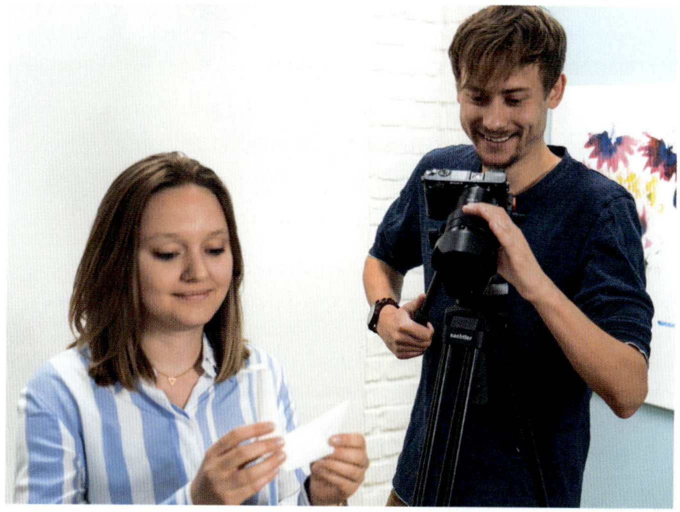

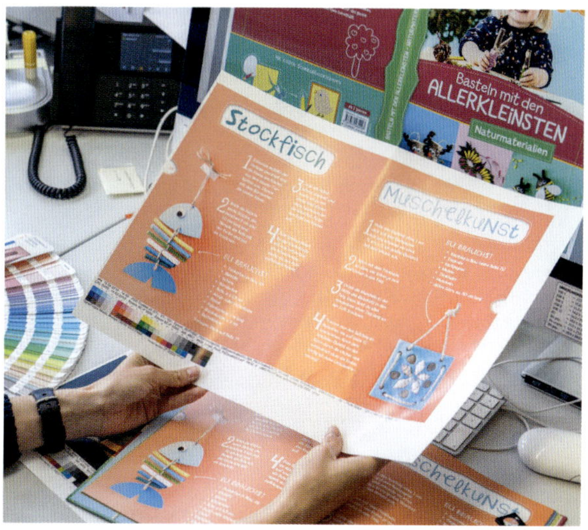

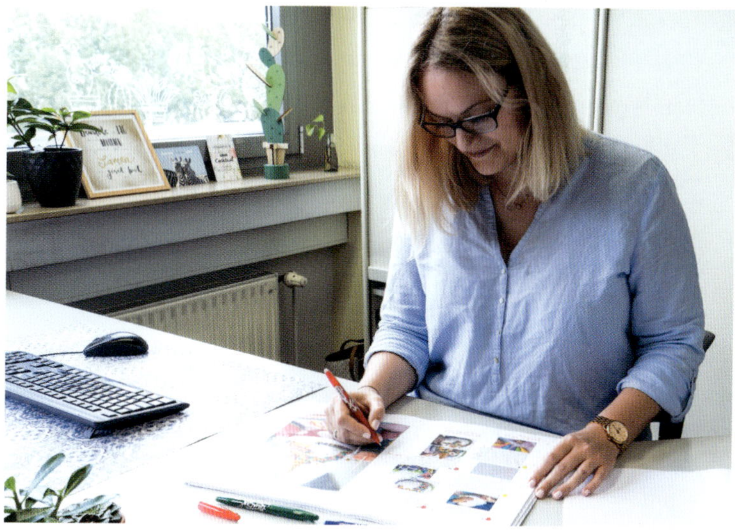

Alle News, alle Infos und alle Links findest du auf www.TOPP-kreativ.de

„Manga zeichnen ist nicht nur die einfache Lust am Zeichnen. Ein Mangaka sieht die Welt mit anderen Augen und übersetzt Geschichten und Gefühle in seine eigene Manga-typische Ausdrucksform. Jeder ist dabei einzigartig und bringt seine Ideen ein, und doch sind die Manga-Zeichner und Manga-Fans wie eine große weltweite Familie."

Gecko Keck, alias Gerhard Wörner, ist schon seit vielen Jahren als Künstler, Autor und Designer tätig und arbeitete für namhafte Firmen wie FERRERO (Kinderüberraschung) oder SCHLEICH® (Bayala®, Schlümpfe™).
In den letzten fünfzehn Jahren sind die meisten seiner Bücher entstanden, viele davon zum Thema „Malen und Zeichnen".

Inspiriert durch eine Japanreise und verschiedene Designprojekte beschäftigt sich Gerhard Wörner eingehender mit dem Thema Manga, wobei sein Schwerpunkt im Charakterdesign liegt.

www.facebook.com/GeckoKeckBuecher

KREATIV-HOTLINE

Hilfestellung zu allen Fragen, die Materialien und Bücher zu kreativen Hobbys betreffen:
Wir beraten Sie. Rufen Sie an oder schreiben Sie eine E-Mail!
Telefon: 0711 / 123 757 20*
E-Mail: mail@kreativ-service.info
*normale Telefongebühren

IMPRESSUM

ZEICHNUNGEN: Gerhard Wörner, Stuttgart
PRODUKTMANAGEMENT: Nele Schlötzer
LEKTORAT: Betz Lektorat + Redaktion, Tübingen
COVERGESTALTUNG: Eva Hook
HERSTELLUNG: Sophia Höpfner
SATZ: Arnold & Domnick, Leipzig
DRUCK UND BINDUNG: DZS Grafik, Slowenien

FSC MIX Papier aus verantwortungsvollen Quellen FSC® C106600 www.fsc.org

Penguin Random House Verlagsgruppe FSC® N001967

1. Auflage 2023

ISBN 978-3-7358-8039-0 • Best.-Nr. 28039